特殊教育专业系列

婴幼儿早期干预

苏雪云　编著

华东师范大学出版社
·上海·

图书在版编目(CIP)数据

婴幼儿早期干预/苏雪云编著. —上海:华东师范大学出版社,2016.3
教师教育精品教材. 特殊教育专业系列
ISBN 978-7-5675-4989-0

Ⅰ.婴… Ⅱ.苏… Ⅲ.①婴幼儿—特殊教育—早期干预—师范大学—教材 Ⅳ.①G76

中国版本图书馆 CIP 数据核字(2006)第 063030 号

教师教育精品教材 特殊教育专业系列

婴幼儿早期干预

编　　著　苏雪云
项目编辑　李　帆
特约审读　张　伟
责任校对　胡　静
版式设计　卢晓红

出版发行　华东师范大学出版社
社　　址　上海市中山北路 3663 号　邮编 200062
网　　址　www.ecnupress.com.cn
电　　话　021-60821666　行政传真 021-62572105
客服电话　021-62865537　门市(邮购)电话 021-62869887
地　　址　上海市中山北路 3663 号华东师范大学校内先锋路口
网　　店　http://hdsdcbs.tmall.com

印 刷 者　常熟市文化印刷有限公司
开　　本　787 毫米×1092 毫米　1/16
印　　张　18.75
字　　数　386 千字
版　　次　2016 年 6 月第 1 版
印　　次　2024 年 1 月第 5 次
书　　号　ISBN 978-7-5675-4989-0/G·9302
定　　价　41.00 元

出 版 人　王　焰

自序

据相关数据，我国每年新生儿约 1 600 万，而出生缺陷率达到 5.6%，即每年都有约 90 万的缺陷新生儿出生，[①]而一个重度“缺陷婴儿”生命周期平均需要的抚养、医疗费用高达 109 万元[②]，还有更多的婴幼儿可能患有其他的没有明显的生理缺陷的发展性障碍疾病，比如自闭症或者其他的发展迟缓。这些孩子对家庭会造成很大的影响，同时也亟需社会为他们提供综合有效的早期干预。

中国家庭对于“残疾”的看法有自己的文化背景，很多家庭无法接纳自己有一个“残疾”的孩子，有的家长会内疚自责，甚至有负罪感，而社会大众对于“残疾”的正确看法和态度也需要不断地推动。当然近些年，人们的观念已经越来越进步，越来越多的人(包括家长和公众)意识到应该为特殊婴幼儿争取更高质量的早期干预，而且应该越早开始越好!

“尼克·胡哲”是在教学过程中时常会被举的事例，他让我们理解了每一个生命都存在的无限可能性，同时表明了为每一个生命提供机会的重要性。

> 尼克·胡哲出生于 1982 年 12 月 4 日。他一生下来就没有双臂和双腿，只在左侧臀部以下的位置有一个带着两个脚趾头的小“脚”，他妹妹戏称它为“小鸡腿”，因为尼克家的宠物狗曾经误以为那个是鸡腿，想要吃掉它。父母对这一病症发生在他身上感到无法理解，多年来到处咨询医生也始终得不到医学上的合理解释。“我母亲本身是名护士，怀孕期间一切按照规矩做，”英国《每日邮报》7 月 1 日援引尼克·胡哲的话报道，“她一直在自责。”但是，尼克·胡哲的双亲并没有放弃对儿子的培养，而是希望他能像普通人一样生活和学习。尼克·胡哲 6 岁时，父亲开始教他用两个脚指头打字。后来，父母把尼克·胡哲送进当地一所普通小学就读。尼克·胡哲行动得靠电动轮椅，还有护理人员负责照顾他。母亲还发明了一个特殊塑料装置，可以帮助他拿起笔。最终他完成大学学习。而且他还学会游泳、冲浪等，由于尼克的勇敢和坚忍，2005 年他被授予“澳大利亚年度青年”称号。他后来到全世界演讲，激励了很多人，而且还拥有了自己的婚姻和家庭，成为一个“四肢健全”的男孩的父亲。

---

① 卫生部. 中国出生缺陷防治报告(2012)[EB/OL]. http://www.moh.gov.cn/wsb/pxwfb/201209/55840/files/0af7007b1a68469397531b154d9425f9.pdf.

② 郴州市第一人民医院副院长雷冬竹对媒体说。见 http://epaper.ynet.com/html/2015-03/14/content_121431.htm?div=-1

在与很多家庭一起工作的过程中，我发现早期干预效果非常显著的个案有一个共同点：那就是父母要调整好自己，理解儿童，进而接纳儿童，同时寻求一切资源来支持和帮助儿童发展和成长。而且作为早期干预工作者，无论是教师，还是其他的专业人员，首先最重要的同样是对特殊婴幼儿有积极合理的态度，有科学的早期干预理念，接下来才是干预技术和策略的专业性。

党的二十大报告提出，要“强化特殊教育普惠发展”，早期干预能促进特殊幼儿在生理、认知等多方面的发展，为后续的特殊教育打下良好基础。我在华东师范大学开设“特殊幼儿早期干预”的课程已经有八年，基于自己在美国乔治敦大学医学院儿童与人类发展中心进行博士后研究的经历以及回国后多年的早期干预研究和社会服务的经历，越来越觉得需要进一步去关注“特殊婴幼儿”，以及他们的教育康复。正好华东师范大学出版社有这样一个契机，于是开始编写《婴幼儿早期干预》这本教材。编写这本教材的初衷一方面是希望可以与读者分享国内外相关的早期干预的最新研究和实践，另一方面也希望能就自己博士毕业十年的思考和研究，以及在为特殊婴幼儿及其家庭提供服务的过程中的反思和体会进行梳理小结。

本书在结构上分为三大部分：早期干预的理论基础，早期干预的实施过程，早期干预的内容与方法。本书不仅讨论了早期干预的具体的干预内容与策略，也从宏观上讨论了早期干预的服务体系和服务提供的方式等，同时也讨论了基本的概念与理论，以及相关的政策等问题，试图给读者展开一个视角多元的关于婴幼儿早期干预的图景，让读者可以在本教材中与最新的早期干预发展趋势相碰撞，进而思考基于我国文化的早期干预系统的建构和发展。

在本书编写完成之际，非常感谢参与本书的部分章节资料收集和编写工作的吕梦（第六章、第九章）、李爱荷（第三章）、顾小芬（第五章）、吴择效、王利丽（第八章）、汪菲（第十章）；也感谢罗玉清和向璨同学参与资料的整理工作。非常感谢华东师范大学出版社吴海红老师悉心督促。同时也感谢基层特殊学校和早教中心提供个案的老师们：陈奇（上海宝山培智学校）、江敏红（上海市第四聋校）、沙英姿（普陀区早期教育指导中心）、黄牧君（上海市长宁区特殊教育指导中心）、王红（普陀区早期教育指导中心）、王驰宇（普陀区早期教育指导中心），以及特别感谢台湾的朱恩馨（台湾台北护理健康大学）和杨炽康老师（台湾东华大学）。感谢解慧起博士和卞晓燕医生对于 ASQ 和 AEPS 部分的贡献。

限于作者的经验和认知，本书肯定存在不足和遗漏之处，期待本书的使用者和读者的反馈和批评指正，希望可以与早期干预工作者一起促进特殊婴幼儿的发展，提升家庭养育特殊婴幼儿的信心和能力，期许未来我们的特殊婴幼儿拥有一个有意义的成年生活。

苏雪云

2024 年 1 月　于尤金

目录

第一部分　早期干预的理论基础

第二部分　早期干预的实施过程

第三部分　早期干预的内容与方法

第一部分 早期干预的理论基础

早期干预是非常强调实践的，但理论与实践时常是相互支持的，我们首先要了解早期干预是什么，哪些儿童需要早期干预，早期干预的意义，以及深入了解从不同的学科角度，包括医学、心理学、生物学、教育学等已有的科学实践基础上总结出来的理论，看看不同的理论为我们的早期干预提供了什么样的方向和基础，每一位早期干预实践者都会有自己的理论基础，需要时常反思自己的理论倾向对自己的干预内容和过程的影响，同时我们还需要注意到早期干预是一个体系，特别需要政策的支持，而我们的理论和实践也为政策的制定提供依据。

第一章

早期干预概论

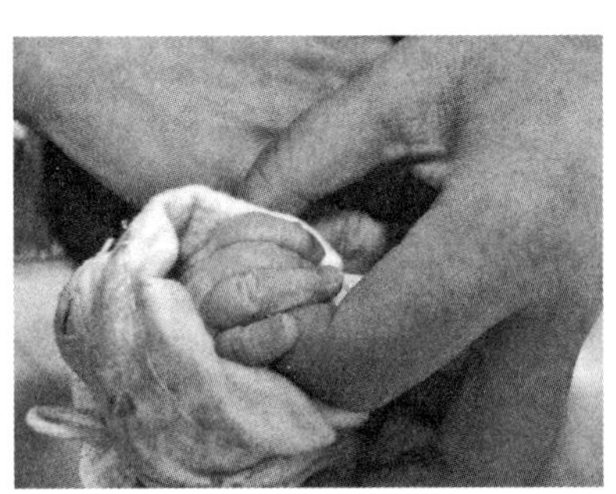

你认为早期干预应该从什么时候开始？什么样的婴幼儿需要早期干预呢？早期干预的意义是什么，为什么会对婴幼儿的发展有帮助？请将你的想法写下来，与周围的同伴一起讨论一下，然后我们一同进入本章的学习。

通过本章的学习，你能够

- 理解早期干预的含义、个体差异的内涵；
- 了解早期干预的对象有哪些，特别是发展迟缓的概念；
- 理解早期干预对于儿童、家庭和社会的意义；
- 了解早期干预的发展趋势。

本章内容索引

第一节　个体差异与早期干预

人类婴儿是一种无比脆弱但又充满神奇力量的存在，在最初几年的生命过程中，婴儿以其特有的方式和节奏“发展”。在我们中国的文化里最常见的一个关于“儿童”的隐喻是“儿童是花朵”，如果儿童是花朵，每一朵花都是不同的，不同在每朵花盛放的季节不同，花期有长有短，而同样“园丁”的“养育”过程也会对“花朵”产生影响，比如浇水的多少施肥的分量还有修剪的技巧等，而且儿童相比起花朵，他的发展过程更为精妙和复杂。在谈到早期干预的含义之前，我们先来了解儿童发展中的两个很重要的概念——个体差异与典型发展，这将有助于我们更好地理解什么是早期干预。

一、儿童发展与个体差异

（一）儿童的发展

当我们想要定义“发展”(development)这个概念的时候，需要考虑这样几个问题：“变化是否就是发展”、“成熟(mature)是否就是发展”。

发展的本质上包含了变化，但不是所有的变化都是发展，因此有学者[①]认为只有符合以下三个条件的“变化”才可以被称为“发展”：

第一，变化必须有顺序——并非行为的随机变动。

第二，变化必须是持续修正行为的结果。

第三，变化必须增强个人的行为功能。

而发展可以是量的变化，也可以是质的变化。比如身高、体重、头围的增加是量的变化，可以直接测量，而复杂的生理和心理的成熟则是质的变化，后者虽然无法直接测量，但却从行为表现上“可见”。当一个儿童开始会用语言来表达自己的想法和情感，当他学会用复杂的规则与人进行交往等，我们都可以看到儿童的质与量的共同变化。

而成熟与发展有很多时候很相似，早期干预辞典对于“发展”的定义是“终生的成长到成熟的过程，使得个体可以获得不断增加的复杂的能力”[②]。发展是一个过程，而成熟可以作为发展的最终阶段。发展是一个复杂的过程，个体本身的遗传因素和环境因素相互作用，都会对最终的发展成熟程度产生影响。

多年的儿童发展心理学的研究表明发展具有以下的原则或者原理[③④]：

- 发展是遗传与环境交互作用的过程，发展不能脱离社会与文化的影响。
- 发展的过程是持续不断的，而且遵循一定的顺序进行。
- 发展是分化和统整的过程，个体的功能会更为明确或分化，并且将这些明确的功能整合成更大的反应形态。
- 儿童发展的速度不一致，儿童早期最为快速，即使在同一个儿童身上不同领域的发展也会不同。

（二）个体差异

正如前面把儿童比作花朵的隐喻所暗示的那样，儿童的发展也是各不相同的，每个儿童的发展基础和发展速度都不尽相同，而且儿童最终发展的结果各不相同，这就是我们所讲的个体差异(individual differences)的存在。个体差异是个体在成长过程中受遗传和环境的交互影响，在身心特征上显示出的彼此各不相同的现象。

个体差异包括个体内差异和个体间差异。个体内差异是指个体内部不同发展领域(结构)的差异，比如一个幼儿可能会存在语言能力发展相对其运动能力发展而言要缓慢得多的情况；而个体间差异是指个体与另一个个体之间的发展差异，比如同样是两周岁的一个男孩和一个女孩，在各个方面的发展可能存在很多不同。个体差异可能是性

---

① Hooper, S.R., Umansky, W.幼儿特殊教育[M].杨碧珠，译.台北：心理出版社，2011：41.

② Coleman, J. The Early Intervention Dictionary: A Multidisciplinary Guide to Terminology [M] 3rd ed. Bethesd Woodbine House, 2006: 111.

③ Hooper, S.R., Umansky, W.幼儿特殊教育[M].杨碧珠，译.台北：心理出版社，2011：46-48.

④ 何华国.特殊幼儿早期疗育[M].台北：五南图书出版公司，2005：3-5.

别的发展性差异、种族的差异，比如女孩相对在社会性上比男孩早熟，非洲裔美国儿童的骨骼成熟速度则比白人儿童快[①]。

（三）典型发展

个体差异是儿童与其他人比较的基础，而且这些差异的存在是标准化教育学和心理学测验的基本假设。这些差异可能是量的差异，也可能是质的差异。幼儿早期的发展过程中，有很多差异是在正常范围内的，有的孩子发展比较快，有的孩子发展比较慢，比如一个男孩 11 个月会走路，另一个男孩 13 个月会走路，但我们会说两个都是在正常的差异范围内，是“典型发展”（typical development）。典型发展意味着儿童的发展速度以及发展的顺序都符合同龄儿童的标准，这直接与另一个概念密切相关——“发展里程碑”（developmental milestones）。发展里程碑是指在特定年龄阶段的大部分儿童可以达成的一系列功能性的技能或者年龄特定的技能，比如在运动领域，12 个月大的儿童一般会走路，但特别要关注的是每一个儿童达到他的发展里程碑的具体时间可能会有一个变化范围。当儿童的发展超出了这个“常态”范围，差异达到质的水平，比如到了 15 个月仍不会走路，我们可能就要担心他的发展是“非典型发展”（atypical development），也就意味着这个儿童很可能要比其他典型发展的同伴在运动领域落后很多，而这意味着这位儿童可能需要特别的关注和教育干预。

补充阅读材料 1-1

如何解读发展里程碑（developmental milestone）的意义[②]

儿童发展遵循一定规律，既有连续性，又有阶段性。在不同年龄阶段，有明显不同的发展标志。我们可以通过观察、分析这些标志，了解儿童身心发展的状况是否在正常范围内。而这些标志又可以被称为“发展里程碑”，也就是儿童发展到一个阶段的一个显著的标志。

但由于儿童的发展同时受多种因素（遗传、教育等）的影响，儿童的发展又有明显的个体差异，比如有的儿童说话早，但走路晚，这都是正常的情况。各年龄阶段的“发展里程碑”不是绝对的，但如果儿童某些领域一直没有达到“里程碑”，某些方面的发展明显落后，出现“发展警示”中的情况，就需要注意观察，并在必要时咨询医生或者幼儿教育工作者，必须及时查明原因，采取措施。更多的时候，发现迟缓，尽早开始教育干预和康复，对儿童的发展会有极大的意义。

本章最后的附录 1-1《0～6 岁儿童发展里程碑》中给出了儿童整体发展的里程碑和发展警示[③]，并特别标注了儿童在某个发展阶段可能出现的“发展警示”。

---

① Hooper, S.R., Umansky, W. 幼儿特殊教育[M]. 杨碧珠，译. 台北：心理出版社，2011：42.

② 苏雪云. 如何理解早期干预与自闭谱系障碍[M]. 北京：北京大学出版社，2014：42.

③ 苏雪云. 如何理解早期干预与自闭谱系障碍[M]. 北京：北京大学出版社，2014：42.（参考中华人民共和国教育部. 联合国儿童基金会. 0～6 岁儿童发展里程碑. 2012.5.）

二、早期干预的内涵

(一) 现有文献中的界定

早期干预(early intervention)这个概念,不同学者有不同的界定、不同的侧重点,我们先来看看我国台湾学者对已有的文献关于早期干预的界定的归纳和比较:①

- 早期干预指在协助从出生到五岁年幼、残障、发展不利儿童及其家庭,所做的持续和系统性的努力(Meisels & Shonkoff, 1990)。
- 早期干预是指为残障或者具有发展障碍风险的幼儿及其家庭,结合教育、健康照料与社会服务目标的服务的总和(Hanson & Lynch, 1995)。
- 早期干预指的是在怀孕期、婴儿期、幼儿期,对儿童、家长与家人所提供的一系列服务(Dunst, 1996)。
- 早期干预通过提供治疗(如语言)或辅具帮助儿童行动(如轮椅),来预防或改善现存的残障,而且最重要的是对残障儿童给以新的观点,通过教与学的经验来培养其优势。早期干预无法治愈动作或者感官的损伤。然而,它对预防进一步的缺损并改善功能却有实效。例如,聋童可能无法听到声音,却能使用手语来发挥其认知与社交的潜能(Kirk, Gallagher & Anastasiow, 2000)。
- 早期干预包含支持、服务与经验的组合,以尽可能早一点预防或减少长期的问题。通常接受早期干预的儿童,由于生物学(如出生体重过低)或环境(如贫穷)的因素,具有发展、情绪、社会、行为与学校问题的风险(Feldman, 2004)。

从中我们可以发现这样一些问题:

第一,早期干预的对象是谁?仅仅针对儿童,还是包括家庭?哪些儿童需要早期干预?

第二,介入的时机,我们可以肯定越早越好,但早要早到什么时候?

第三,早期干预的目标是什么?以预防缺陷还是改善功能为主,缺陷补偿还是基于优势来促进全面发展?

第四,早期干预的内容是什么?仅仅是医学介入?还是主要是教育心理学的干预?还是需要多学科多团队的协作的综合服务?

(二) 早期干预的含义

早期干预,从字面来理解是指在儿童生命的早期"介入",然后促进儿童的发展。具体而言,基于前人的研究和定义,我们从以下四个角度来界定:

第一,干预的时机上,"越早越好",可能可以早到"怀孕前",针对一些可能存在的风险就要进行干预,一般狭义的早期干预指的是为0~3岁期间特殊婴幼儿提供的各种服务的整合,广义来说,则可以是孕期直到学前的幼儿期(有的法律会规定直到8岁)。

第二,早期干预的对象,除了确定患有缺陷和障碍的婴幼儿,还包括可能存在发展风险的婴幼儿,包括出生时低体重(低于2 500克)、难产、早产(孕期不到32周)、营养不良、贫穷等风险因素,同时由于家庭是特殊婴幼儿的主要照料者,早期干预的对象应该

① 何华国.特殊幼儿早期疗育[M].台北:五南图书出版公司,2005:5-6.

是围绕特殊婴幼儿及其家庭进行的。

第三，干预目标，普遍的早期干预的目标是，预防缺陷或改善现存的残障，以促进特殊幼儿在生理、认知、语言、社会情绪，或自我照料技能等方面的发展。

第四，干预内容，早期干预为结合医疗、教育与社会福利，以对特殊幼儿提供个别化发展、教育与治疗，并对其家庭提供必要的支持，为所有的持续和系统化的专业团队服务的综合。

补充阅读材料 1-2

美国早期干预服务类型①

	服务类型		服务类型
1	辅助技术(assistive technology)	10	特殊教学
2	作业治疗(occupational therapy)	11	护理服务(nurse)
3	听力学(audiology)	12	言语—语言病理学(speech-language pathology)
4	物理治疗(physical therapy)	13	营养学服务
5	家庭培训	14	缓解(respite)[1]
6	咨询	15	交通和相关费用
7	心理服务	16	视力服务
8	家访，服务协调(service coordinator)	17	诊断/评估为目的的医学服务以及有利于其他早期干预服务的一些健康服务
9	社工(social worker)		

[1] 缓解指为那些照料慢性病患儿的家庭成员提供暂时性的照料服务，使得他们可以获得短暂的休息。

综上所述，一般而言，早期干预是针对6岁以前经确认或疑似身心障碍的幼儿及其家庭，以预防缺陷或者改善身心功能为目标，结合医疗、教育与社会福利等专业团队所做的持续与系统化的服务。而特别需要强调的是，国外非常关注0～3岁阶段婴幼儿的早期干预，而在我国0～3岁的早期干预服务还更多的是医疗机构提供的医疗形态为主的服务，3～6岁则为幼儿园或教育康复机构提供幼儿特殊教育。

第二节　早期干预的对象

在第一节中我们定义早期干预的概念时指出早期干预的对象除了患有确定缺陷和

① 苏雪云. 美国早期干预政策及启示[J]. 社会福利，2011，2(2)：34-35.

障碍的婴幼儿，还包括可能存在发展风险的婴幼儿，包括出生时低体重、难产、早产、营养不良、贫穷等风险因素，除了婴幼儿，还要包括其家庭，因为家庭成员是特殊婴幼儿的主要照料者。本节主要详细介绍哪些婴幼儿是早期干预的对象，在立法完善的西方国家，这个问题不仅仅意味着哪些婴幼儿需要早期干预服务，也意味着法律规定了哪些婴幼儿应该并可以获得早期干预服务。

一、患有缺陷或者障碍的婴幼儿

我国目前立法中一般使用“残疾”的概念，强调“儿童的缺陷或者疾病等问题”，而我国目前规定的残疾类型包括：视力残疾、听力残疾、言语残疾、肢体残疾、智力残疾、精神残疾、多重残疾这七类。但需要早期干预的患有确定缺陷或者障碍的婴幼儿的类型可能会更广泛，主要包括：

第一，存在造成发展迟缓或者发展障碍的遗传和生物医学的因素，如染色体异常、先天代谢异常、先天畸形、神经管缺陷、先天感染、感觉丧失等。举例来说，染色体异常可能是遗传导致的，比如软骨发育不全、囊状纤维化(CF)、苯丙酮尿症(PKU)、泰-沙氏症(Tay-Sachs disease)、X染色体脆裂征、杜双肌萎症、血友病等都是这一类型；还可以能是因为突变，比如唐氏综合症、猫啼症等。而先天畸形有65%原因不明，其他可能的畸胎源包括辐射、化学药物等。神经管缺陷包括脊椎和脊髓的缺陷，比如脊髓膨出脊柱裂、脑水肿症。先天感染的情况包括出生前或者生产过程中受到细菌、病毒或者原虫的感染，如住血原虫病、麻疹、巨细胞性包涵体病、疱疹、梅毒、艾滋病等。具体的致病因素和预防等内容会在第五章中详细论述。

还有一些其他的危险状况，包括脑瘫、童年意外事故、受虐伤害、盲、聋等都会造成婴幼儿缺陷或者障碍的发生。

第二，一些生物学的危险因素很可能会导致障碍，比如早产(孕程少于37周)、出生时患重病、出生体重过轻(低于2 500克)、出生前药物的接触(酒精、尼古丁、古柯碱、海洛因、大麻等)。

二、发展迟缓婴幼儿

发展迟缓(developmental delay, DD)是指儿童在一个或多个发展领域(沟通、运动、认知、社会—情感或适应技能等)没有达到儿童的年龄所期望的发展里程碑或者发展缓慢。儿童的发展缓慢可能不是因为特定的障碍导致的，也可能并没有特定的诊断。这一概念在美国2004年修订的《障碍者教育法案》的C部分进行了规定：0～3岁的儿童如果存在发展迟缓现象，只要符合联邦或州的标准，就可以依法获得早期干预服务，当然如果一位婴幼儿已经被诊断为存在特定的生理或心理问题，而且该问题可能会导致发展迟缓，也可以获得相应的服务。

美国不同的州对于迟缓多少算“发展迟缓”的标准也不同，比如阿拉斯加州和哥伦比亚特区都是要求五个发展领域中至少有一个领域要比该年龄段平均水平低50%，才算发展迟缓，而其他州可能只需要低25%，有的州要求要超过1个以上的发展领域迟缓等。①

而在法案的 B 部分，在原有的具体的障碍类型之外，也提出可以使用发展迟缓这个概念，发展迟缓的儿童可以在学校系统获得法定的特殊教育和相关服务，有的州规定发展迟缓的儿童的年龄到 3 岁为止，但有的州规定是到 9 岁为止。同样 3 岁以上的“发展迟缓”也需要评估来确定。9 岁后一般都必须要确定特定的障碍类型才能获得服务。②

“发展迟缓”的概念，强调的是早期发现后，及早开始干预，而不需要“纠结”获得一个病因和诊断，而且不同的文化背景和养育环境对于儿童的发展的期望会不同，儿童在不同的环境里获得的学习机会也会不同，因此发现儿童可能存在发展迟缓现象后，应该与家庭协作，在日常生活里为儿童创造各种学习机会，丰富儿童的学习经验，让儿童尽可能地“赶上来”，不再落后。

三、特殊婴幼儿

“特殊婴幼儿”的概念，与“特殊需要儿童”的概念一致的是，强调去标签化，强调早期干预。关注“预防”，关注“及早介入”，不仅要对已经确诊或者确定会导致婴幼儿发展障碍或迟缓的因素进行早期干预，还要对一些“可能”存在风险的因素进行干预。因此特殊婴幼儿的概念比较广泛，不仅包括年幼的(一般指 0～6 岁)有障碍儿童，比如美国法律规定的十三类障碍，包括自闭症、聋一盲、聋、情绪紊乱、听力损伤、智力障碍、多重障碍、肢体损伤、其他健康损伤、特定学习障碍、言语与语言损伤、外伤性脑损伤、视力损伤(包括盲)(在第 7 章中有补充材料对这些障碍进行了界定)，同时还包括一些处境不利或者高危(at-risk)的儿童，包括贫困家庭的儿童、孤残儿童、来自少数民族或群体家庭的儿童、农村的留守儿童、受虐或者被忽视的儿童、早产儿或低体重儿等，每一个特殊婴幼儿都应该享有早期干预服务权利，也需要早期干预服务。环境的危险因素会妨碍儿童身心健康发展，且具有累积性，会导致各种发展与行为的问题，而这些问题又随着儿童年龄增长而恶化。

综上所述，早期干预的对象应该包括确定身心障碍/缺陷的婴幼儿、发展迟缓的婴幼儿、高危的婴幼儿及其这三类群体的家庭。

第三节　早期干预的意义

早期干预之所以得到越来越多的关注，是因为随着儿童心理学以及人们对于儿童发展的深入了解后，很多研究证明婴幼儿的生理和心理的发展受到环境的极大影响，而持续的系统化的医疗、教育、家庭、社会福利等综合服务在儿童生命早期的“介入”，可以促进障碍婴幼儿、发展迟缓婴幼儿和高危婴幼儿的发展。除此之外，早期干预对于婴幼

---

① Individuals with Disabilities Education Improvement Act 2004 [EB/OL] http://idea. ed. gov/download/statute. html.

② Danaher, J. *Eligibility policies and practices for young children under Part B of IDEA* (NECTAC Notes No. 24) [EB/OL]. Chapel Hill: The University of North Carolina, FPG Child Development Institute, National Early Childhood Technical Assistance Center, 2007. http://www. nectac. org/～pdfs/pubs/nnotes24. pdf.

儿所在家庭以及整个社会都有非常重要的意义。

一、早期干预对于儿童的发展的重要性

国外很早就有很多经典研究证明了早期干预对于特殊婴幼儿的发展有着很重要的促进作用，短期而言，可以促进儿童不同领域（比如语言、认知或者运动等）的发展，长期而言，经过早期干预的儿童有更高的中学完成率，成人后能经济独立等①；对于特定的群体的研究②也验证了这点，比如出生体重过低婴儿容易出现较多健康、神经发展与心理方面的问题，很多研究探讨中心或家庭为本位的干预模式的有效性，发现：早期干预可以减少出生体重过低婴儿与出生体重正常婴儿的出生后前几年的智商（IQ）分的差距；越早开始、越完整密集地干预越有可能产生效果；效果还受到出生时的体重和母亲受教育程度的影响。

因此早期干预对于儿童的发展的意义可以归纳为下面几点：

第一，早期干预预防特殊婴幼儿出现进一步的缺陷，早期干预的一个被公认的重要性就是在于"预防"，可以预防或补偿影响婴幼儿发展的不利因素。

第二，通过为婴幼儿及其家庭提供的支持，以增进和提升儿童的发展，改善儿童的功能，包括运用辅助技术等，使得儿童可以获得适应日常生活和学习的相应的功能。

第三，促进婴幼儿各个领域技能的发展，很多研究都显示婴儿早期的大脑具有很强的可塑性，早期干预可以极大地促进婴幼儿在语言和沟通、运动、认知、游戏能力以及社会交往、生活自理等方面的能力的获得和发展。

第四，系统的持续的早期干预还为婴幼儿创造了一个更丰富更有回应性的环境，通过干预，特殊婴幼儿获得与同伴互动的更多机会，能力得到发展，功能得到改善，发展出更好地适应未来学校学习的能力，甚至可以影响儿童的就学和职业发展，使得他们可以适应社会、融入社会，拥有一个有意义的成年生活。

补充阅读材料 1－3

早期干预的有效性的研究证据

早在 1939 年，Skeels & Dye 进行了一项研究③，证明了早期积极教养环境对于身心障碍儿童早期进行干预的有效性，挑战了"人的智力及其他能力在出生时已经固定"的观念。该研究包括了实验组与控制组，其中实验组是 13 名 3 岁以下的孤儿，平均智商为 64.3；控制组是 12 名孤儿，平均智商是 87。实验

---

① Karoly, L.A., Greenwood, P.W., Everingham, S., et al. *Investing in Our Children: What We Know and Do Not Know About the Costs and Benefits of Early Childhood Intervention Programs* [M]. Santa Monica, CA: RAND Corp, 1998.

② Blair, C., Ramey, C.T., Hardin, J.M. Early intervention for low birthweight, premature infants: participation and intellectual development [J]. *American Journal on Mental Retardation*, 1995, 99(5): 542－554.

③ 何华国.特殊幼儿早期疗育[M].台北：五南图书出版公司，2005：36－37.

组被安置于智力障碍教养机构与智障女性同住。这些智障的女性和实验组的孩子们混在一起，他们一起游戏，也会提供具有启发性的材料让实验组的孩子去操作。控制组的儿童则留在孤儿院中。在孤儿院里缺乏启发心智的活动，孤儿院的工作人员只在孩子需要照顾的时候才会和他们有接触，而且即使那样的接触也是非常少的。经过一段时间后，13 名实验组的儿童的智商分数的增加皆在 7 分以上（有 1 人增加 58 分，有 8 人增加超过 20 分）；可留在孤儿院的控制组在 21 个月到 43 个月后，有 11 人的智商降低了（有 10 人所降低的智商分数介于 18～45 分，而有 5 人的智商分数降低超过 35 分以上）。到最后，实验组的儿童除了 2 名儿童外，其余皆被领养，领养者大部分是中下社会阶层的夫妇。而所有 12 名控制组的儿童则不是仍留在孤儿院，就是被安置在周六的启智教养机构。

而在二十年后，Skeels（1966）与 Skodak（1968）再做追踪研究，发现：

实验组的情况是：

- 平均曾受过 12 年的学校教育。
- 有三名男性分别做职业辅导员、房地产销售经理、空军士官。
- 就业的女性有一名是小学教师、两名护士、一位美容师、一名店员，与一位空中小姐、两位家庭帮佣。

控制组的情况是：

- 平均完成 4 年的学校教育。
- 四名仍在教养机构中并未就业，三名做洗碗工、一名为非技术工人、一名在餐厅工作。
- 有一名男性从教养院进出多次，当他出来时与其祖母同住，并代其打杂。另有一名男性为他曾经待过的教养机构工作。
- 而在控制组唯一适应比较良好的成员是报纸的排版员，他曾参与一位博士的论文的研究（一项密集启发训练方案），而在该方案实施不久后，他在居住的机构受到一位女舍监特别的照顾。

当然这项研究从伦理学角度存在一些令人可惜的地方，但在当时极大地论证了“早期干预”对于儿童发展的短期和长期的影响，而且是非常积极的影响。到了二十一世纪，早期干预的意义对大家而言已经不言而喻，也有大量的实证研究证实。

二、早期干预对于家庭的意义

我们一直强调早期干预的对象除了特殊婴幼儿，还有家庭，特别是 0～3 岁的婴幼儿家庭，通过提供综合系统持续的早期干预服务，可以为家庭带来以下积极的影响。

第一，减少家庭的压力和负担。特殊婴幼儿的教育康复对于每一个家庭来说都是“一场持久战”，特别是我国目前还没有完全建立系统的早期干预体系，家庭需要为特殊婴幼儿承担极大的经济压力和心理压力。有研究对中国大陆地区的自闭谱系障碍儿童家庭进行调查，89.7％的研究对象报告需要经济支持，94％的被研究家庭报告承受心理压力和焦虑等[①]。

---

① Su, X. Y., Long, T., Chen, L. J., et al. Early Intervention for Children with ASD in China: A Family Perspective" [J]. *Infants and Young Children*, 26(2): 111 - 125.

而早期干预服务，一方面可以缓解家庭的心理压力，一方面也为家庭提供经济支持，比如上海市政府为五类0～7岁残疾儿童提供特殊康复服务，只要经过认定，儿童就可以得到残联颁发的阳光宝宝卡，自闭谱系障碍儿童在指定机构训练每年每人可以得到12 000元的康复补贴。

第二，增进家长对于幼儿和障碍的理解。家长作为儿童的第一任老师的重要性越来越被认可，家庭教育的观念也越来越深入，但是很多家长并没有通畅的途径来获取关于婴幼儿发展的科学知识，特别是缺乏关于特殊婴幼儿的科学的认知和理解，比如很多家庭会认为“贵人语迟”，当儿童语言发展迟缓，仍抱着等待观望的态度，反而错过了最佳的干预时机，而系统的早期干预体系会帮助家长更科学地理解儿童发展的规律，对障碍有更为科学的认识，比如了解自闭症目前并没有医学的治疗手段，早期的教育康复是关键，自然环境下为儿童提供积极的经验会极大促进儿童的功能改善。

第三，提升家长帮助幼儿的技能和能力。我们都相信环境对于婴幼儿的发展有着非常关键的影响，婴幼儿的很多技能和能力也都需要慢慢获得或者学习，但家长是否就天生也具备“教养”的技能和能力呢？家长也需要学习，特别是面对特殊婴幼儿，需要家长为这些孩子提供更丰富更具回应性的环境，需要家长具备更为综合专业的技能，特别是要学会心理调适、学会寻找支持和资源、掌握特定的帮助自己的孩子的能力。

第四，改善家庭的生活质量。养育一个特殊婴幼儿对于家长的要求非常高，不仅仅是经济压力，还有更多的是心理压力，甚至来自社会的压力。早期干预一方面直接改善婴幼儿的各个领域的发展，促进婴幼儿获得更好的适应能力，同时另一方面随着家长的能力提升，家长的自我效能感，以及与婴幼儿进行互动的能力、亲子关系等都可以得到改善，也会促进家庭成员之间的关系，进而提升整个家庭的生活质量。

三、早期干预对于社会的意义

儿童是社会的未来，家庭是社会的基础单位，早期干预对于整个社会的意义却远远超过为婴幼儿及其家庭提供了直接或间接的服务和支持。

第一，减少未来儿童成年后社会性依赖和机构性收容的可能性。通过补充阅读材料1-3中的追踪研究的结果我们可以发现，早期干预可以极大地改善儿童的短期发展，也有非常好的长期效应，在早期获得积极的养育环境和教育干预机会，成年后儿童可以完成更长时间的学业、就业几率提升并且可以独立生活，成为可以为社会贡献力量的公民，而不是依赖社会救助和供养，生活在收容性的机构里，后者将需要政府投入更多的财政和人力支持。

第二，减少儿童入学后需要特殊教育的可能性，即使是对被称为“特殊儿童之王”的自闭谱系障碍儿童，早期干预也可以减少他们小学阶段后需要特殊教育的可能性，比如2013年的一项研究发现①，有效的早期干预确实能让一部分原本诊断为自闭谱系障碍的儿童在后来摘掉这一诊断，在普通教育环境内与其他典型发展儿童一样学习，并且能

---

① Fein, D., Barton, M., Eigsti, I. M., et al. Optimal outcome in individuals with a history of autism [J]. *Journal of Child Psychology and Psychiatry*, 54: 195-205.

顺利地适应学习和生活。虽然我们还不能说自闭谱系障碍可以被治愈,因为他们可能还是会存在一些特殊的需要,但这项研究发现,项目中三十多位儿童可以无需特殊教育支持和服务,在普通教育环境内像他们的同伴一样学习和生活。

第三,早期干预也具有非常重要的经济效益,这一点主要是从国家和政府对于早期的投入具有最高的回报率的角度来说的。一项研究表明[①],在不同的发展阶段对处境不利的儿童进行经济投入,获得的回报率最高的是学前教育阶段,具体见图 1-1。

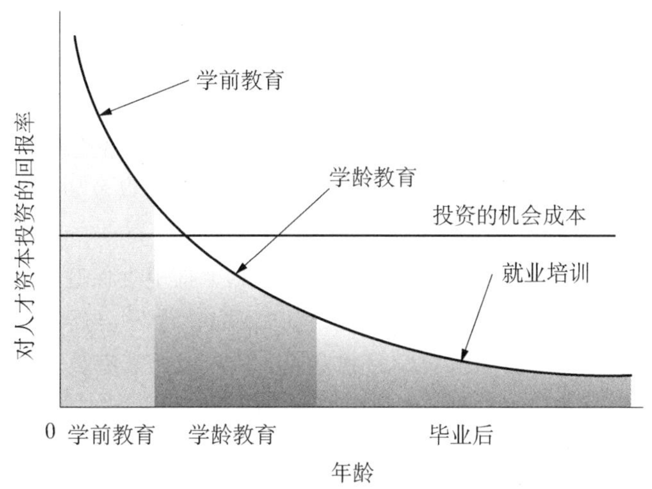

图 1-1 不同的发展阶段对处境不利的儿童进行经济投入的回报率

第四,早期干预也具有非常重要的社会效益,儿童作为社会的未来,而家庭作为社会的基石,通过系统持续的早期干预为特殊婴幼儿及其家庭提供直接和间接的支持和服务,也是为整个社会作出很大的贡献,一方面可以促进整体人口的素质,提升国民的健康水平,另一方面未来这些特殊婴幼儿需要社会照料的可能性减少,也具有非常重要的社会价值。

第四节 早期干预的发展趋势

国外的早期干预也都经历了一个从萌芽到逐步发展,从慈善到法制化的过程,从早期的幼儿教育的兴起,到特殊教育的发展,结合妇幼保健工作的进步,从零星的个案和慈善活动,慢慢到通过立法来保障儿童和家庭的权利,保障服务的质量等,本节并不是要对国外早期干预与国内现状进行比较,毕竟国情不同,通过对国外的发展趋势的归纳和小结,以期可以为我国早期干预的发展提供一些参考和借鉴。

一、国外早期干预的发展趋势

1. 重视早期发现与预防

随着医学的发展,很多疾病在胎儿期便可以检测出来,比如唐氏综合症,当然这也

① Heckman, J. Skill formation and economics of investing in disadvantaged children [J]. *Science*, 312(5782): 1900-1902.

使得很多即将为人父母者面临艰难的选择，但抛开伦理学问题，在具备基本完善的早期干预体系的基础上，早期发现和预防可以使得儿童和家庭在最佳的时机获得最及时的介入，可以使得儿童获得最大限度的康复和发展。

早期发现、追踪和干预的研究，比如大量关注自闭谱系障碍的早期发现的研究，包括对已经诊断为自闭症的儿童的年幼兄弟姐妹的追踪研究，可以让我们对高危儿童在最早就进行教育干预，提供相应的支持和服务。同样，遗传科技也使得基因治疗成为很大的可能，未来也许可以通过修复异常基因来从根本上预防某些身心障碍的发生。

2. 重视家长的作用，提供早期家庭教育

儿童的发展是遗传与环境相互作用的结果，而家长既是儿童最重要的遗传因素，也是儿童最重要的环境因素。孕期的危险行为(如吸烟、酗酒等)、儿童早期的经验剥夺等都可能导致儿童发展的障碍。可以肯定的是，有些障碍是可以避免或预防的，特别是通过对父母和"准爸爸准妈妈"的教育，让他们了解儿童的发展以及如何来保护并促进儿童的发展。

在各个不同阶段，为家长提供相应的教育：包括产前卫生保健、儿童发展的信息、亲子教育等知识和咨询。我国台湾学者提出的"亲职教育"[①]，与国外学者的"家长教育"理念都是强调"为人父母是需要学习和发展的"，积极的家庭教养有利于儿童的成长，对于特殊婴幼儿而言，家长更是在早期干预中起着"发现者"、"服务协调人"以及最重要的"干预者"的角色，家长要学习科学的干预策略，特别是在自然环境下通过游戏与儿童积极互动，来促进亲子关系的建立和儿童的全面发展。

3. 强调提供最适当的个别化的教育康复

特殊婴幼儿即使被诊断为相同的障碍，其身体和心理发展状况以及特殊需求也会存在明显的差异，同时从发展生态学的角度，特殊婴幼儿的父母、家庭还有生活的社区等环境的因素也会直接影响到儿童的服务和支持的内容和方式，因此我们需要为每个特殊婴幼儿提供适应其发展特征和特殊需要的个别化的计划，同时能定期审核，及时调整。

4. 早期干预概念的扩展与延伸

早期干预从零星的服务到逐渐被重视形成系统化服务的过程中，早期干预的概念一直有拓展的趋势。一方面是服务期限向上和向下的延伸，各国的立法中对于早期干预的服务起始年限都逐渐扩展到 0～3 岁，我国台湾地区也是，非常关注特殊婴幼儿的早期通报[②]，同时由于有些儿童可能没有被及早发现，为了发挥早期干预的持续效应，服务年限也需要延伸到小学低年级。另一方面，早期干预的目标和内容也在不断拓展，从最初的认知发展到越来越关注特殊婴幼儿的社会能力的发展，强调培养儿童未来作为一个成人应该具备的基础能力，强调自理自立能力和功能的改善；特别关注儿童未来的行为问题预防等。

---

① 何华国. 特殊幼儿早期疗育[M]. 台北：五南图书出版公司，2005：42.

② 何华国. 特殊幼儿早期疗育[M]. 台北：五南图书出版公司，2005：43.

5. 强调早期干预的自然环境和融合

早期干预最初的干预场所多为医院或者特殊婴幼儿的早期康复机构等，这类场所的专业人员和物理环境对于特殊婴幼儿的某些领域的康复发展还是起到了很大的促进作用。但随着早期干预的发展，对于儿童学习和发展的认识的深入，越来越强调把干预情境扩展到社区和家庭，特别是在儿童的自然环境下为儿童提供基于日常生活的学习机会和经验，为儿童创造与同伴游戏、融入社区生活的融合的教育康复经验，促进儿童的社会性发展。

6. 专业人员的角色改变：趋向间接地提供服务

随着早期干预的相关专业人员的专业化水平的提升，国外的专业人员目前多为在社区环境中，采取更融合、协调、综合的以家庭为中心的服务方式，强调以家庭的需求和资源为中心，强调生态观点，"授人以渔"而不是仅仅直接"授人以鱼"，专业人员的角色更多的是灵活弹性地充当协调、培训和指导的角色，需要具备综合的能力，特别是评估儿童发展、特定专业技能以及人际沟通等方面的技能。

7. 强调采取团队合作的服务模式

这个趋势是与第六条专业人员角色的转变密切相关的，目前的趋势是要求建立一个协调良好的服务体系，强调多学科甚至跨学科的合作，有效运用各种资源，提升早期干预的服务品质。同时不同学科的专业人员的合作，还可以降低早期干预中服务的重复提供，另外整合、广泛和长期规划的服务，有利于不同阶段的转衔的顺利进行，比如从医疗系统到教育系统，从幼儿园到小学的转衔等。

8. 充分运用辅助技术

科技的进步带来了无限可能性，当科技与人文结合，辅助技术(Assistive Technology)在早期干预中越来越多的应用，无论是低技术还是高科技含量的辅助技术，都可以积极地强化特殊幼儿的身心功能，提升特殊婴幼儿的行动能力，增进学习与沟通能力，促进特殊婴幼儿的功能改善和独立自主，进而提升生活品质。

补充阅读材料 1－4

开端项目(Head Start)

开端项目是基于早期干预的研究，原本是为贫困家庭的儿童及其家庭设定的早期干预项目，后来也包括了障碍婴幼儿。该项目旨在促进家庭的稳定关系，提升儿童的身心健康，并通过环境的改善来促进儿童的认知、情绪等能力的发展。

项目每年服务遍布全美的 100 万儿童和家庭，服务还包括学前教育的健康筛查、健康检查和复查、牙科检查等，并帮助家庭能获得社区的资源。所有的服务都应该适应不同家庭的文化背景。很多研究都证明了该项目的有效性，帮助儿童更好地发展。

二、我国早期干预的发展与展望

在中国，早期干预也受到越来越多的关注，2008年《残疾人保障法》提出了“建立健全出生缺陷预防和早期发现、早期治疗机制”，2013年10月12日中国残疾人联合会办公厅、国家卫生和计划生育委员会办公厅一起发布了《0～6岁儿童残疾筛查工作规范（试行）》，为进一步加强部门间合作，规范0～6岁儿童残疾早期筛查、治疗和康复工作，建立0～6岁儿童残疾筛查工作机制，为残疾儿童能够及时发现并得到康复服务提供政策指导。但基于我国特殊的国情，构建一个高效的早期干预体系，还存在很多障碍和挑战，未来还需要进一步发展和完善的方面包括：

第一，完善早期筛查、早期发现、早期转介的体制，需要政策和相关部门的协作。保证缺陷婴幼儿、高危婴幼儿等各类特殊婴幼儿可以及早被发现，并能进入后续的专业评估和教育干预体系。

第二，建构多学科多部门协作的早期评估与早期教育干预体系和工作机制。目前我国大部分的诊断与评估是医院系统完成的，虽然近年有一些学科协作的努力，如“医教结合”，但如何让各个学科的专业人员成为一个团队，为儿童及其家庭提供相关的全面科学的评估信息，以及制定可以实施的早期干预方案，将是未来我国早期干预体系发展的一个重点。

第三，关注对于家庭的支持和服务。在早期为家长提供预防知识、儿童发展的相关知识，提供养育策略的培训等，都将成为“家庭/儿童为中心”的早期干预的难点和关键，也是0～3岁特殊婴幼儿早期干预发展的趋势。

第四，早期干预服务人员的专业化发展。我国目前相关服务人员数量极度缺乏，大量的民间机构依然无法满足家庭需求，但机构的资质和人员的专业性都是需要关注的问题，通过政策保障和相关的举措来确保服务人员的专业性，直接关系到早期干预的质量和效果。

第五，科技与教育的结合。国际早期干预中辅助技术一直是热点，如何让科技帮助和支持特殊婴幼儿的发展，考虑通用设计，关注人的需求，来促进特殊婴幼儿的独立和功能。

除了上述几点，当然还有很多其他的内容，随着我国经济发展，以及政府和公众对于儿童的早期发展的关注，逐渐完善的早期干预体系将会为我国的特殊婴幼儿及其家庭提供高质量的有效的早期干预。

➢本章小结

基于个体差异来看儿童的发展，对于特殊婴幼儿早期干预的内涵的理解会超越“残疾”或者“缺陷”。早期干预是为有特殊需要的婴幼儿及其家庭提供的综合的持续的各种服务，最终的目标是促进特殊婴幼儿的发展，提升家庭的能力。

早期干预的对象在不断拓展，早期干预的内容也在不断延伸；早期干预需要不同学科和专业的协作，以家庭和儿童为中心，通过团队合作来为他们提供专业服务；早期干预需要借助科技的力量，改善儿童的功能，提升家庭生活质量。早期干预的意义非常重大，在我国急需基于中国的文化和国情，建构一个完备的早期干预系统。

➢关键术语

典型发展　个体差异　早期干预　特殊婴幼儿

➢讨论与探究

1. 你如何理解早期干预的涵义?

2. 假设你遇到一位唐氏综合症的幼儿,你觉得早期干预可以为这位幼儿带来什么?

3. 结合附录 1-1,讨论个体差异与典型发展。

附录 1-1

0~6 岁儿童发展里程碑

儿童年龄	发展里程碑	要注意咯!(发展警示!)
0~1 个月	○ 头可以从一边转向另一边 ○ 醒着时,目光能追随距眼睛 20 厘米左右的物体 ○ 在儿童身边摇响铃,儿童的手脚会向中间抱紧 ○ 与陌生人的声音相比,儿童更喜欢听母亲的声音 ○ 能分辨味道,喜欢甜味 ○ 对气味有感觉,当闻到难闻的气味时会转开头 ○ 当听到轻音乐、说话声时会安静下来 ○ 会微笑,会模仿人的表情	◎ 对大的声音没有反应 ◎ 对强烈的光线没有反应 ◎ 不能轻松地吸吮或吞咽 ◎ 身高、体重不增加
1~3 个月	○ 俯卧时能抬头,逐渐能撑起前臂 ○ 能把小手放进嘴里,能握着玩具 ○ 能配合成人翻身,由仰卧转为侧卧 ○ 喜欢看妈妈的脸,看到妈妈就高兴 ○ 听到悦耳的声音会停止哭泣 ○ 开始认识物体,眼睛盯着喜欢的东西看 ○ 会笑出声,会叫,喜欢与人"交流",见人会笑 ○ 能以不同的哭声表达不同的需要 ○ 喜欢让熟悉的人抱,吃奶时发出高兴的声音	◎ 儿童的身高、体重和头围指标没有增加 ◎ 不能对别人微笑 ◎ 两只眼睛不能同时跟随移动的物体 ◎ 听到声音时,不能转头寻找 ◎ 俯卧时,不能撑起头和上半身
4~6 个月	○ 乳牙萌出 ○ 能翻身,靠着东西能坐或能独坐 ○ 会紧握铃铛,主动拿玩具,拿着东西就放嘴里咬 ○ 玩具能在两只手间交换 ○ 喜欢玩脚和脚指头 ○ 喜欢看颜色鲜艳的东西,会盯着移动的物体看 ○ 会大声笑,会自己发出"o"、"a"等声音,喜欢别人跟他说话,并且发出应答的声音 ○ 开始认生,认识亲近的人,见生人就哭 ○ 会故意扔、摔东西 ○ 喜欢与成人玩"藏猫猫"游戏 ○ 对周围事物都感兴趣 ○ 能区分成人说话的口气,受到批评会哭 ○ 有明显的害怕、焦虑、哭闹等反应	◎ 不会用手抓东西 ◎ 体重、身高不能逐渐增长(太慢或者太快都要注意) ◎ 不会翻身

续　表

儿童年龄	发展里程碑	要注意咯！（发展警示！）
7～9 个月	○ 能自己坐，扶着成人或床沿能站立，扶着成人的手能走几步 ○ 会爬 ○ 能用一个玩具敲打另一个玩具 ○ 能用手抓东西吃，会自己抱奶瓶喝奶，能用拇指、食指捏起细小物品 ○ 能发出“ba ba”等音 ○ 能听懂成人的一些话，如听到“爸爸”这个词时能把头转向爸爸 ○ 喜欢要人抱，会对着镜子中的自己笑 ○ 学拍手，能按成人的指令用手指出灯、门等常见物品和五官等 ○ 喜欢成人表扬自己	◎ 不能用拇指和食指捏取东西 ◎ 对新奇的声音或不寻常的声音不感兴趣 ◎ 不能独坐 ◎ 不能吞咽菜泥、饼干等固体食物
10～12 个月	○ 长出 6～8 颗乳牙 ○ 能熟练地爬 ○ 扶着家具或者别的东西能走，有的儿童能自己走 ○ 能滚皮球 ○ 能反复拾起东西再扔掉 ○ 不像以前那样经常把玩具放进嘴里 ○ 会找到藏起来的东西，喜欢玩藏东西的游戏 ○ 用面部表情、手势、简单的词语与成人交流，如微笑、拍手欢迎、伸出一个手指表示 1 岁等，会随着音乐做动作 ○ 能配合成人穿脱衣服 ○ 会搭 1～2 块积木 ○ 喜欢听儿歌、讲故事，听成人的指令能指出书上相应的东西 ○ 能模仿叫“爸爸”、“妈妈” ○ 喜欢跟小朋友一起玩	◎ 当快速移动的物体靠近眼睛时，不会眨眼 ◎ 不会模仿简单的声音 ◎ 不能根据简单的口令做动作，如“再见”等 ◎ 不能自己拿奶瓶喝水或奶
1 岁～1 岁半	○ 有 8～14 颗乳牙 ○ 能单独站立、行走、蹲下再起来，会抬一只脚做踢的动作 ○ 走路时能推、拉或者搬运玩具 ○ 能敲打瓶子、鼓等发声的玩具 ○ 重复一些简单的声音或动作 ○ 听懂和理解一些话，能说出自己的名字 ○ 能用一两个字表达自己的意愿 ○ 喜欢看书，学着翻书，但不能一页一页地翻 ○ 能从杯子中取出或放进小玩具 ○ 喜欢玩“捉迷藏”的游戏 ○ 能有意识地叫“爸爸”、“妈妈” ○ 能指出或命名熟悉的东西 ○ 能认出镜子中的自己 ○ 能堆起 3～5 块积木 ○ 能自己用杯子喝水，用勺吃饭 ○ 能指出身体的各个部位 ○ 能和小朋友一起玩一小会儿	◎ 还没有长牙 ◎ 不能表现出愤怒、高兴、恐惧等情绪 ◎ 不会爬 ◎ 不会独站

续 表

儿童年龄	发展里程碑	要注意咯!(发展警示!)
1岁半～2岁	○ 能向后退着走,能扶栏杆上下楼梯 ○ 在成人照顾下,能在宽的平衡木上走 ○ 能快跑 ○ 能扔球 ○ 喜爱童谣、歌曲、短小故事和手指游戏 ○ 能拉开和闭合普通的拉链 ○ 模仿做家务(如给成人搬个小凳子,学着捏面食) ○ 能手口一致说出身体各部位的名称 ○ 能主动表示大小便的意愿 ○ 知道并运用自己的名字,如,"宝宝要" ○ 能自己洗手、擦手 ○ 会说3～4个字的短句 ○ 能一页一页地翻书 ○ 模仿折纸,能堆6～10块积木,拼1～3块拼图 ○ 喜欢玩沙、玩水 ○ 能认出照片上的自己	◎ 不会独立走路 ◎ 不试着讲话或者重复词语 ◎ 对一些常用词不理解 ◎ 对简单的问题,不能用"是"或"不是"回答 ◎ 认不出镜子中的自己 ◎ 囟门没有闭合
2～3岁	○ 乳牙出齐20颗 ○ 会骑三轮车;能跳远;能爬攀登架;能双脚向前跳;能独自绕过障碍物(如门槛) ○ 能用手指捏细小的物体,能解开或扣上衣服上的大纽扣 ○ 能走较宽的平衡木 ○ 能自己上下楼梯 ○ 会拧开或拧紧盖子 ○ 能握住大的蜡笔在纸上涂鸦 ○ 喜欢倒东西和装东西的活动,如玩沙、玩水 ○ 开始有目的地使用东西,如把一块积木当做一艘船到处推 ○ 能把物体进行简单的分类,如把衣服和鞋子分开 ○ 熟悉主要交通工具及常见动物 ○ 说出图画书中物品的名称 ○ 喜欢听成人念书 ○ 能听懂较多话,但不能说出来 ○ 能说出6～10个词的句子,能比较准确地使用"你"、"我"、"他" ○ 情绪不稳定,没有耐心,很难等待或者轮流做事 ○ 喜欢"帮忙"做家务;爱模仿生活中的活动,如喂玩具娃娃吃饭 ○ 喜欢和别的儿童一起玩	◎ 不能自如地走,经常会摔倒;不能在成人帮助下爬台阶 ◎ 不能指着熟悉的物品说出它的名称;不能说2～3个字的句子 ◎ 不能根据一个特征把熟悉的物品分类,如把吃的东西和玩具分开 ◎ 不喜欢和小朋友玩

续 表

儿童年龄	发展里程碑	要注意咯！（发展警示！）
3～4 岁	○ 能交替迈步上下楼梯 ○ 能倒着走，能原地蹦跳 ○ 能短时间单脚站立 ○ 能画横线、竖线、圆圈 ○ 能一页一页地翻书 ○ 喜欢堆积木 ○ 能认真听适合他年龄段的故事，喜欢看书，并假装“读书” ○ 认识三角形、圆形、正方形 ○ 能说出红、黄、蓝三种颜色的名称 ○ 能用简短的话表达自己的愿望和要求 ○ 问越来越多的问题，如“是什么”、“为什么”等 ○ 能简单讲述看到和发生的事情 ○ 能记住家人的姓名、单位、电话和家庭住址等 ○ 能熟练使用筷子、勺等餐具 ○ 知道家里东西的位置 ○ 能按“吃的”、“穿的”、“用的”将物品分类 ○ 能用手指着东西数数 ○ 能与他人友好相处，懂得一些简单的规则，但常常不能坚持做 ○ 能参加一些简单的游戏和小组活动 ○ 非常重视看护自己的玩具；有时会变得有侵略性，如抢玩具，把玩具藏起来	◎ 听不懂别人说的话 ◎ 不能报出自己的名字和年龄，不能说 3～4 个字的句子 ◎ 不能自己一个人玩三四分钟 ◎ 不会原地跳
4～5 岁	○ 能熟练地单脚跳 ○ 能沿着一条直线行走 ○ 轻松地起跑、停下、绕过障碍物 ○ 能正确地握笔，能画出简单的图形和人物 ○ 能串较小的珠子 ○ 理解 10 以内数的意义 ○ 能按照物体的颜色、形状等特征分类并进行有规律的排列 ○ 能独自看懂并说出简单图画的意思 ○ 喜欢听有情节的故事、猜谜语 ○ 理解日常生活的顺序：“我早上起床，穿衣服，刷牙，然后上幼儿园” ○ 能回答“谁”、“为什么”、“多少个”等问题 ○ 能说比较复杂的话，如“我还没看清楚猫的颜色，它就跑过去了” ○ 能比较清楚地表达自己的意愿 ○ 能努力控制自己的情绪，不乱发脾气，但有时会因为小挫折(如，搭积木无法搭成自己想要的形状)而发脾气 ○ 喜欢与小伙伴玩；开始有“最好”的朋友，乐于参加集体活动 ○ 喜欢成人的表扬，对取得的成绩很自豪	◎ 无法说出自己的全名 ◎ 无法辨认简单的形状：圆形、正方形、三角形 ◎ 不能单脚跳跃 ◎ 不能独立上厕所，不能控制大小便，经常尿裤子

续 表

儿童年龄	发展里程碑	要注意咯!(发展警示!)
5～6 岁	○ 学习交替单脚跳 ○ 能连续跳绳 ○ 能快速、熟练地骑三轮车或有轮子的玩具 ○ 能自己穿衣服、进餐 ○ 能比较熟练地使用笔,能画出许多形状 ○ 能用各种形状的材料拼图 ○ 能把各种各样的物体分类,按从短到长、从小到大的顺序为物体排序 ○ 能把时间和日常生活联系起来:"5 点钟了,该看电视了" ○ 能辨认一元、五元等钱币 ○ 能边看图画,边讲故事 ○ 能接电话,并能正确地转告简短的口信 ○ 喜欢伙伴,有一两个要好的伙伴 ○ 能与小朋友分享玩具、轮流玩、一起玩 ○ 喜欢参加集体游戏和活动 ○ 能关心别人,尤其是对比自己年龄小的儿童、受伤的儿童和动物特别体贴 ○ 有更强的自我约束能力;情绪大起大落的情况减少	◎ 不能交替迈步上下楼梯 ◎ 不能安静地听完一个 5 到 7 分钟的小故事 ◎ 不能独立地完成一些自理技能,如刷牙、洗手等

➢进一步阅读的文献/网站

Jack Shonkoff (2000). Neurons to Neighborhoods[EB/OL]. http://www.nap.edu/openbook.php?isbn=0309069882.

美国国家婴幼儿及家庭中心. http://www.zerotothree.org/.

第二章

早期干预理论

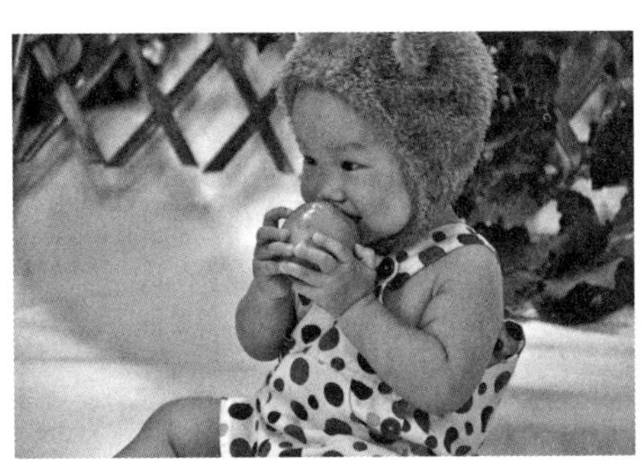

关于儿童的发展，一直存在着本质与教养的争论(nature vs. nurture)，也就是"天生"的还是"后天"的部分对儿童的发展起着最重要的影响？请思考一下，你是"成熟论者"(支持儿童的很多特征是"天生"的)，还是一位"行为论者"(认为后天养育更重要)？如果你说，你觉得早期干预接受的是发展的互动模式，那应该怎么看待"互动"？请将你的想法记录下来，本章我们将一同去领略不同理论为早期干预提供了什么样的理论基础。

通过本章的学习，你能够

- 理解发展生态学的内涵，及其对于早期干预的意义；
- 理解早期干预的神经生物学基础、行为学习和教育学基础；
- 反思自己的理论取向，以及对自己从事早期干预实践的影响。

本章内容索引

第一节 发展生态学理论

随着医学和早期筛查不断发展，我们现在可以预防并发现和治疗很多疾病，但儿童的发展迟缓或者特定的障碍却一直存在，发展生态学（developmental ecology）从更为宏观的视角，来帮助我们理解儿童的"障碍"和身心发展，帮助我们更系统地认识和理解造成发展迟缓或障碍的相关因素，从而为有效的早期干预提供一个更科学的背景结构。

发展生态学的主要观点就是：发展的环境和儿童的特质在决定发展结果的过程中具有同样的重要性。换句话说，每一个儿童都处在一个复杂丰富的多层次的生态环境中，有多方面的因素会影响其身心的发展。对于儿童发展问题的研究，不同的研究者和理论有不同的解读，但发展生态学理论具有的综合与包容的特性，可以帮助我们跳出"儿童"和"儿童的问题"，来更好地理解儿童的"问题"，并促进儿童的发展。

一、发展生态学的基本观点

（一）儿童的典型发展

美国学者布朗芬布伦纳（Urie Bronfenbrenner）把人类发展置于生态系统理论（bioecological theory）中，认为儿童的发展受到与其有直接或间接关系的生态环境的影响，这种生态环境是由若干个相互作用的系统组成的，这些系统表现为一系列的同心圆①。见图 2－1。

图 2－1

布朗芬布伦纳的发展生态理论图解

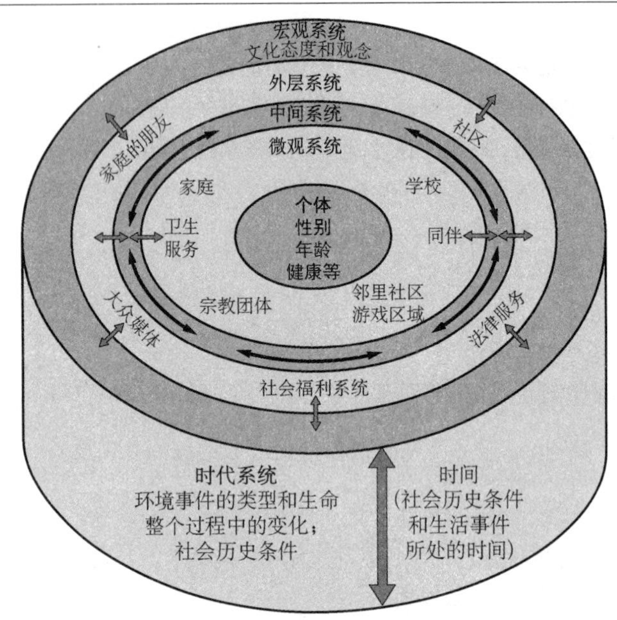

在图最中央的一个圆是儿童个体，包括儿童的性别、年龄、健康状态等都是儿童的重要发展因素，而在这个圆之外的每个圆代表一个系统，各个系统的内涵如下：

微观系统(microsystem)：这是儿童主要生活的场所及其周边环境，如家庭、学校、邻里游戏区域、医疗服务、同伴以及其他的社区团体(比如宗教团体等)等。

中间系统(mesosystem)：它是处于微观系统中的两个事物(如幼儿园与家庭、幼儿园与社区、家庭与社区)之间的关系或联系，对儿童的发展有很大的影响。

外层系统(exosystem)：它对儿童的发展只有间接而无直接的影响，比如，父母工作场所、父母的朋友、邻居、各种视听媒体、社会福利服务和法律服务等。这些都会渗透到成人和儿童的相互作用中去。

宏观系统(macrosystem)：它是儿童所处的社会文化背景，包括来自某种文化或亚文化的价值观念、信仰和信念、历史及其变化、政治和经济、社会机构等。

时代系统(chronosystem)：它主要是指儿童所生活的时代及其所发生的社会历史事件。另外也从时间的纵向发展角度来看儿童的发展。

布朗芬布伦纳进一步指出：这些系统中的每一个系统都对儿童的发展有着复杂的生态学意义；各个系统是相互联系、相互制约的，其中任何一个系统的变化都会影响到另外一个系统；同时，儿童的发展过程是其不断地扩展对生态环境的认识的过程，从家庭到幼儿园再到社会；儿童的生态过渡(即生态环境的变化)对每一个儿童的发展具有举足轻重的作用。

① Moen, P., Elder, G.H., Jr., Luscher, K (Eds.). Examining lives in context: Perspectives on the ecology of human development [M]. Washington, DC: American Psychological Association, 1995: 619－647.

后续也有研究学者[①],从发展生态学的观点,对影响儿童发展的因素进行了归纳。他们所持的论点,大致可归纳为下列的看法:

第一,没有任何单一因素会阻碍或促进儿童的发展。某一个别因素或几个因素的组合的影响,是在儿童的生活中逐渐累积才发生作用的。如果一个家庭中存在许多负面影响因素,在这个家庭中成长的儿童,相比起在危险因素很少的家庭中成长的儿童,他们的表现会较弱。生态模式(ecological model)所强调的,是发展的复杂性,以及会影响儿童的大量环境因素。

第二,儿童发展过程中遇到的环境危险因素(risk factors)越多,则发展的结果越差;而遇到的环境助益因素(promotive factors)越多,则发展的结果越好。因此,想要真正了解促进儿童成功发展的决定因素,也需要关注与个人以及家庭生息攸关的更为广泛的生态影响因素。

第三,从互动模式(transactional model)的观点而言,发展的结果不是由个体单独的功能决定的,提供经验的环境也不能决定全部发展。发展的结果,正是儿童与其家庭和社会环境所提供的经验持续互动的产物。要想有效预测儿童的发展结果,则需将儿童的个体特质及其可能经验到的环境因素一并列入考量范围。

第四,在生物学中,基因型(genotype)是指一个生物体的遗传组成,通常指有关的一个或少数几个基因;而表现型(phenotype)则是指一个生物体的可观测的状态。发展生态学者仿借生物学基因型的概念,用"环境型"(environtype)来指称一种社会组织(social organization),这种社会组织在规范(regulate)人类适应其社会的方式,正如基因型在规范每一个体的身体发展结果一样。这种"环境型"透过家庭与文化的社会化形态而运作。因此了解影响儿童发展的规范体系(regulatory systems),在早期干预中也有重要的意义。不同的生态环境有不同的环境型,也自然形成特定的发展规范(developmental regulations),特定环境的发展规范是存在其环境法则(codes)之中的。例如,在文化、家庭、个别父母这些环境的子系统(subsystems),就有文化法则(cultural code)、家庭法则(family code)、个体父母法则(individual parental code)之别。这些法则规范着认知与社会情绪的发展,使得儿童最后能扮演社会所界定的角色。在儿童发展过程中,其经验有一部分是由父母的信仰、价值观与人格特质所决定;有一部分是由家庭的互动形态与跨代的历史经验所左右;也有一部分则是为文化的社会化信仰、控制与支持所影响。从整个发展规范模式(model of developmental regulation)来看,儿童的行为是表现型(即儿童)、环境型(即外在经验的根源)与基因型(即生物构造的根源)之间互动的结果。

第五,从生命孕育开始,胎儿即置身于和他人的关系世界之中,需要别人提供"营养",以帮助其生理与心理的成长。这种和外在世界关系的存在,直到成人都不会改变,可能变化的只是在他律(other-regulation)与自律(self-regulation)之间的平衡,有可能因

① Sameroff, A., Fiese, B. Transactional regulation: the developmental ecology of early intervention [M]// Shonkoff, J. P., Meisels, S (Eds.). Handbook of early childhood intervention. New York: Cambridge University Press, 2003: 135 - 159.

为儿童有能力为自己承担渐增的责任而不断变换。但当孩子最后到达成人阶段时，他们又成为他律的一部分，开始影响他们的下一代。发展的规范（developmental regulations）分成下述三类：

1. 大规范（macroregulations）

大规范会长期持续，对儿童的经验会产生深刻的具有特定目的性的重大影响，如断乳、入学等。大规范是存在于文化法则的典型规范形式。许多文化法则被记录下来或口耳相传，而经由习俗、信仰、神话，与规范儿童健康和教育的实际律法结合，传递给社会的每一个成员。

2. 小规范（miniregulations）

小规范是每天发生的重要照顾活动，包括穿着、喂食、常规训练等。小规范是存在于家庭法则的典型规范形式，此类法则制约家庭成员的照顾行为。

3. 微规范（microregulations）

微规范几乎是一种瞬间自发的互动形态，如发生冲突时采取息事宁人还是强制他人等的反应。微规范系运作于个人的层次。在此一层次中，人格与气质的差异跟人类特定种性的行为共通性，在对儿童反应的规范方面取得平衡。

补充阅读材料 2－1

生态环境影响儿童发展的经典研究举例[①]

在早期干预刚刚起步发展的阶段，需要很多实证研究来验证早期干预的理论和实践框架，其中有由 Sameroff、Seifer、Barocas、Zax & Greenspan（1987）针对美纽约州罗彻斯特地区患有精神分裂症的孕妇及其幼儿的一项追踪研究。该研究分别在儿童出生时、4 个月、12 个月、30 个月和 48 个月的时候对儿童和家庭进行认知、心理、社会性和情绪等领域的评估。

他们关注了儿童发展的十个环境变项，分列如下：

（一）母亲心理疾病的长久性。

（二）母亲的焦虑。

（三）反应父母态度的刻板或弹性、信仰，以及母亲对其孩子的发展所持价值观的综合评量分数。

（四）在婴儿期母亲与孩子自发性积极的互动。

（五）家长的职业。

（六）母亲的教育程度。

（七）弱势少数族群的身份。

（八）家人支持的程度。

（九）生活压力事件。

（十）家庭大小。

① Sameroff, A., Seifer, R., Zax, M., et al. Early indicators of developmental risk: Rochester Longitudinal Study [J]. Schizophr Bull, 1987, 13(3): 383－94.

这个研究团队想去探讨上述这些环境危险因素与儿童社会情绪及认知能力分数的相关。他们发现,没有环境危险因素的儿童比具有八或九项危险因素的儿童,智商分数高出三十点以上。同样的,这些儿童在社会与情绪能力的评估结果也有类似的分布状态。

因此,环境危险因素的数量,在每一种社会经济阶层中,是儿童发展结果首要的决定变项,而非社会经济地位本身;而同样的发展结果,其影响可能会来自于不同环境危险因素的组合;没有单一环境因素和不良或良好的发展结果的确定有关。

二、发展生态学理论对于早期干预的意义

发展生态学对于早期干预的影响很深远,跳出了仅仅把"障碍"或者身心缺陷当作"干预对象"的思维,而是提出有效的早期干预必须要在一个更复杂更宏观的视角内去看待特殊幼儿,我们不能仅仅聚焦于儿童发展的片面的某个问题,而是应该关注儿童发展的全部相关的环境,这样才能真正促进儿童的全面发展。

发展生态学理论对于早期干预的影响和意义可以归纳为以下几点:

第一,关注家庭,包括家庭环境、家庭提供给儿童的早期经验、家庭中的亲子互动、家庭中的不同规范对于儿童的行为的影响等;家庭是儿童最直接相关,也是最重要的生态环境,而且很多外圈的生态和影响因素很多时候也是通过家庭与儿童发生联系。从早期干预的评估到方案制定,都需要考虑到家庭成员和环境。最新的早期干预实践和项目也越来越关注家庭指导,即通过对家长的指导,改变家长的养育模式、亲子互动的方式等,来改善儿童的发展,这也是 Sameroff 和 Fiese 基于发展生态学的角度[①],提出的互动干预模式(transactional model of intervention)的内涵,对共同系统的中的个体进行改变,经由互动,会产生一系列的变化。

第二,关注其他层面的影响因素,强调早期干预是一个系统工程,早期干预不仅仅是一个部门的工作,也不仅仅是特殊教育工作者或者某一个治疗师的工作,需要全面了解儿童所在的生态资源,了解其相关的保护性因素,以及可能存在的危险因素,尽可能预防这些危险因素对儿童发展的不利影响,需要对整个社区、社会进行干预。这个层面上,我国大陆地区还需要从社会观念、教育政策、社会福利政策、医疗政策等各个方面进行不断改善,相关部门协作,共同为儿童的发展创造一个良好的生态环境。

第二节 神经生物学基础

根据哈佛大学的一项研究,0~2 岁阶段的新生儿和婴儿每秒钟大脑会新生 700 个

① Sameroff, A., Fiese, B. Transactional regulation: the developmental ecology of early intervention [M]// Shonkoff, J. P., Meisels S (Eds.). Handbook of early childhood intervention. New York: Cambridge University Press, 2003: 135 - 159.

神经元，尽管对人类大脑发展的研究越来越深入，我们现有的研究也仅仅揭示了神奇大脑的冰山一角。虽然我们会认为生态环境对于儿童的发展很重要，但是儿童自身的身心状况，特别是其神经生物学的基础，也就是我们说的“天生”的部分，对于儿童发展的影响也非常关键，对于这一部分的了解也是决定早期干预成效的关键。早期干预之所以很重要，早期的价值也在于这里，因为所有的早期干预，对于环境的改造、早期经验的改善等，最终要看是否会对儿童的大脑，特别是神经系统产生影响，也就是被“塑造”的可能性有多少，来影响早期干预的最终成效。

一、神经生物学的基本观点

(一) 大脑的发育

我们先来简单了解一下人类身体上最重要也是最神奇的器官之一——大脑，大脑的重量为人体的 2%，却会消耗 20%的能量，大脑是一个终生都在发展的器官，也是少数出生后需要大量的外在经验和营养来促进其发展和成熟的器官[①]。

1. 整体的发育情况

大约到怀孕的第 4 个星期，胚胎就已分成外胚层(ectoderm)、内胚层(endoderm)和中胚层(mesoderm)，而外胚层最后将发育成神经系统。约在怀孕的第 18 天，一种像蛋白质的激素引发外胚层的背侧变厚，且形成一个洋梨状的神经板(neural plate)。而神经板会继续发育变换成神经管(neural tube)。然后两端开口闭合，再进一步演化为大脑和脊髓。

但这个过程也可能并不都是很顺利的，发生在神经管形成时的各种“失误”，被统称为神经管缺陷(neural tube defects)。这种缺陷最严重的例子是无脑畸形(anencephaly)，如果某些原因，导致神经管头末端未闭就会产生无脑畸形，而患这一疾病的胎儿，约 75%在产程中死亡，其他则于产后数小时或数日后死亡，无脑畸形的发生率，一般是每一千个活产婴儿中，会出现 1 个。

另外一种较不严重，但更常见的神经管缺陷是脊髓膨出(myelomeningoeele)。在此状况中，神经管后端有更大部分完全封闭失败，这类婴儿有 80%在腰椎、胸腰或腰骶部位会有损伤。大部分情况是由损伤部位在脊髓本身所处的高度，决定了运动所受限制的情形。这种残障的发生率，大约是每一千个活产婴儿中，会出现 2 到 4 个。假设神经管封闭正常，它在脑部的这一端后续的成长是极有利的。

到第 4 周之末，前脑(forebrain)、中脑(midbrain)和后脑(hindbrain)这三种主要的泡形成了。剩下的神经管就变成脊髓(spinal cord)。到怀孕的第 5 周，前脑发育成端脑(telencephalon)与间脑(diencephalon)，而后脑形成后脑(metencephalon)与末脑(myelencephalon)，至于中脑则改变甚少。

末脑将成为未来的延髓(medulla oblongata)，它的前面部分包含了运动核(motor nuclei)，而后脑壁将形成脑桥(pons)与小脑(cerebellum)。第四脑室也将从后脑发展出

---

① 何华国.特殊幼儿早期疗育[M].台北：五南图书出版公司，2015：117－136.(另外结合谷歌学术的部分资料整理修改)

来，且它的顶部将产生脉络丛(choroid plexuses)，它们是沿着脑室排列并生产脑脊髓液的细微构造。稍后，在胎儿中期，第四脑室顶部破裂，而形成永久性的开口，经由这些开口，脑脊髓液可以流到脑的外表。

中脑在发育中比脑的其他部分较少改变。其他部分将变成上丘(superior colliculus，用作视觉)与下丘(inferior colliculus，用作听觉)，而其他部分则发育成红核(red nucleus)与黑质(substantia nigra，涉及 dopamine 的生产)。

前脑的发育包括间脑与端脑。到胎儿期的第 6 周，间脑从第三脑室侧壁之三处突出部分成长出来，这三处突出部分先后成为视丘上部(epithalamus)、视丘(thalamus)与视丘下部(hypothalamus)，其中视丘下部又和脑下垂体(pituitary gland)相连。端脑也先后发育成两个大脑半球，这两个大脑半球约包含了中枢神经系统所有细胞的 75%。这些第一次出现为前脑(prosencephalon)两侧的憩室(diverticula)。脑每一半球的末端成为前额柱(frontal pole)，然后这个区域的腹部翻转，最后形成颞柱(temporal pole)。后顶柱(occipital pole)的出现，即成为脑半球新发育的一部分。

但人类新生儿的大脑在出生后的头几年会迅猛发展，出生时，新生儿大脑约为成人的四分之一，两岁的时候，就达到成人大脑大小和容量的四分之三，而很多研究都认为 5 岁的时候，儿童的大脑已经接近成人大小和容量，但这并不意味着大脑不再发展，后期的经验还是依旧促进大脑的进一步深入发展。5 岁的时候，大脑在结构上已经完成了大部分功能的建构，包括学习、记忆、运动控制等，而这些结构和传递信息的神经回路在我们整个人生中不断被我们使用。

2. 脑细胞的发育

前面从解剖学的角度谈了大脑的发育，然后来看看脑细胞的发育。一般来说胎儿在三到六个月的时候，是脑细胞增殖的第一个高峰阶段，这个阶段胎儿的脑神经元以平均每分钟 25 万个的速度急剧增长；而从胎儿七个月到出生，是脑细胞发育的第二关键阶段，这个阶段脑细胞持续增加，细胞体积增大，树突分枝增加，突触开始形成。到出生时大脑发育好的新生儿会有 1 000 亿个脑神经元，特别需要注意的是，这个阶段是脑细胞数量在子宫里最后一次增加的时期，一旦错过将终生脑细胞数量不足，同时脑细胞质量等级也主要由这个阶段决定，如脑的反应速度、记忆力、思维能力，一旦孩子出生，脑细胞质量终生难以改变。接下来的一个关键发展阶段是出生后一年内，这是脑细胞发育的最后一个高峰，主要表现为脑细胞体积持续增大，同时神经元开始髓鞘化，神经胶质细胞迅速分裂繁殖。

值得注意的是细胞迁移的失误所造成的影响。这类的失误中较广为人知的，是脑回(gyri，位于脑表面之回旋)发育的失误。裂脑孔洞脑畸形(schizencephaly)是部分脑皮层完全不见，可能是迁移的失误最严重的一种。这种异常状况开始出现于胎儿期的第三个月。其症状包括癫痫发作、痉挛、智能障碍、动作障碍等。

3. 突触的发生

或许大脑在出生后(虽然在胎儿期就已经开始)所发生最具功能的重要事件，应该是突触(synapses)的形成(突触发生)。人们通过对猴子的突触发生现象的研究来了解人脑发育的情形。研究不同脑区突触发生的时间、过程和增加的速率，Rakic 与其同事曾研究恒河猴，发现在怀孕期最后第三个月突触的密度快速增加，在出生后第二与第四个月间，这种突触过度发生的情形特别高，此后，突触消失的情形增加了，且突触之数量减少到成年的水准。这种减少在第一年时最为剧烈，往后几年，即接着出现较平缓的减少速率。

人类突触发生的型态和猴子是有一些不同的。根据 Huttenlocher(1994)的研究[①]，发现人类出生后三至四个月间，在视觉皮层突触突然快速发生，而在四个月时密度达到最高。在主要的听觉皮层之突触发生，也依循相似的时程，到三个月时完成80%。相似的早期过度发生也出现在额中回(middle frontal gyrus)，不过最高的密度要到一岁时才出现。相较之下，突触的减退在视觉皮层、听觉皮层与额中回的情形，并不相同。视觉与听觉皮层突触的成年水准，在幼儿阶段(二岁至四岁)就已出现，而额中回则要到青春期才会达到成年的水准。在出生后三个月时，听觉区的突触会比语言和主要说话区更多，但到四岁时，则各区的突触密度是相同的，虽然仍然有成年脑的两倍高。整体而言，人脑突触消失出现于怀孕后期以及在出生后早期，正当神经系统对环境的影响十分敏感时。

突触的失误曾被发现于诸如唐氏综合症、X染色体脆裂征(Fragile-X syndrome)及某些智能障碍者身上。此外，曾经经历各种出生前后困难之婴儿，也会出现突触发生过程(神经轴突、树状突)的问题。例如，依赖呼吸器之早产婴儿的异常树状突与树突状脊椎数量的减少。

4. 髓鞘生成

髓鞘生成在幼儿神经系统的发育上被认定是一个重要的过程。它涉及围绕脑部与神经通路保护性绝缘鞘(insulating sheath)的发展。就如突触的发展，髓鞘脂(myelin)的发展也是延伸至出生后时间相当长的过程。髓鞘脂(一种脂类与蛋白的物质，它将神经轴突包裹起来)是从雪旺氏细胞(Schwann cells)生产出来的。髓鞘脂主要的作用在让细胞得以绝缘，并增加传导的速度(神经冲动从一个细胞传导至另一个细胞的速度)。髓鞘脂的形成是一种由遗传决定的过程，这种过程系由最接近获得髓鞘的路径之神经胶质细胞的增殖与变异为前导，它在脑部快速发育的阶段最为显著。虽然此过程是由遗传决定，但它会受到环境因素，如出生后饮食的影响。就人类发展而言，这种过程大约是在神经轴变异与神经纤维的生长之后两个月发生。

新生婴儿由于髓鞘发育未臻完成，因此对刺激会出现不特定的反应，且欠缺动作的协调性。跟其他成长的形态一样，髓鞘生成的进程也是遵循从头部到下肢，从躯干到四肢的原则，因此粗大动作控制能力之发展要比精细动作控制能力早。到两岁时，髓鞘主要的部分即已形成，因而一般幼儿的动作能力就相当成熟了。

我们可以将生成髓鞘的脑皮层分成以下三区：

第一，早熟区。髓鞘生成在出生之前，约在神经轴变异与神经纤维的生长之后两个月。脑部生成髓鞘的第一个部分是周缘神经系统(peripheral nervous system，从神经嵴

---

① Huttenlocher, P.R. Synaptogenesis in the human cerebral cortex [M]//Dawson, G., Fischer, K (Eds.). Human behaviour and the developing brain. NewYork: Guilford Press, 1994: 137 - 152.

组织衍生而来),它的运动根(motor roots)生成髓鞘在感觉根(sensory roots)之前,依序是基本触觉、视觉与听觉脑皮层的生成髓鞘。

第二,中间区。在出生后前三个月生成髓鞘。它们包括围绕基本感觉或运动脑皮层之次级联络区。

第三,末端区。最后生成髓鞘的区域,最早在出生后第四个月,可能晚到青春中期才出现。它们包括涉及较高脑皮层功能之最优质的联络区,最明显的是在前额脑皮层(frontal cortex)。

值得一提的是,虽然髓鞘生成在十岁之前并未完成,不过大部分生成髓鞘的路径可能在前十年已被安排好了。除了影响信息在脑中传导的速度之外,髓鞘脂是否尚有其他作用,目前所知不多。

髓鞘生成也会有失误的情形,如大脑白质发育不全(cerebral white matter hypoplasia)即是一种少见的异常状况,它常伴随癫痫及其他神经症状。它是在特定区域如含胼胝体(corpus callosum)在内的卵圆中央(centrum ovale)欠缺髓鞘脂所致,这种状况似乎是受到遗传因素的影响。此外,由于饮食中脂类食物的过度欠缺,特别是在出生后前四年,即可能导致髓鞘生成不足(undermyelination)。

5. 其他重要结构的发育

在人类的心智发展中非常重要的两种能力,即记忆以及从事规划与策略性活动的能力。记忆涉及资料的存取。外显记忆(explicit memory)依靠的是位于颞叶内侧(medial temporal lobe)之组织,包括海马、类扁桃体(amygdala)及嗅觉皮层(rhinal cortex)。下颞叶皮层(inferior temporal cortex)特别在婴儿期之后,也可能涉及外显记忆的功能。

至于从事规划与策略性活动的能力,即属执行功能(executive functions)。而前额叶皮层(prefrontal cortex)在执行功能的运作上,就扮演主要的角色。执行功能所需运用到的能力,包括工作记忆(working memory,现场留住信息的能力,直到采取了某些行动)、注意力、不当反应的抑制以及在情感或激动状态下监控个人行为的能力。就神经心理学而言,这些功能全系由不同区域之前额叶皮层支配,而前额叶皮层是脑皮层组织中一个庞大广阔的区块,它接收从脑各区送到的信息,并将信号送至许多遥远的区域。

(二) 影响脑的发育的环境因素

环境对于出生前和出生后早期脑的发育,扮演着至关重要的角色。许多环境因素会影响出生前神经与行为的发展,其中最为重要的因素包括:

1. 母亲的营养状况

母亲的营养不良具有很大的危险,会使得所生下的婴儿发展出神经上的后遗症。营养不足对胎儿的影响,因胎儿解剖学上与生化成熟状况而异。例如,怀孕三至六个月之间的营养不良,会导致神经细胞的数量不足,而最后三个月的营养不良会导致神经胶质细胞的数量不足,且影响当时已分化神经细胞的成熟状况。婴儿生命前几年的营养不良,因为对髓鞘获得有不利的冲击,且接着髓鞘生成的状况又影响传导的速度,会广泛影响行为与神经的功能。具体而言,营养不良发生得愈早,脑的体积就减少得愈多,营养不良持续的时间愈长,则对脑的影响也愈大。因为营养不良儿童的脑不但较小,而且包含较少的DNA，因此神经细胞也较少。

总体而言，蛋白质与铁质的摄取不足，皆会对认知发展产生不利的影响。有些营养不良的影响也相当具有针对性。例如，在怀孕早期缺乏叶酸(folic acid，即维生素B)，和神经管缺陷有密切的关系；而在怀孕期，碘或甲状腺荷尔蒙的缺乏，和经由先天甲状腺机能减退(hypothyroidism)所形成的智能障碍有关。

2. 药物的使用

酗酒是最常见的药物滥用的问题。长期酗酒的怀孕妇女，有43%会产生不利的后果。80%被诊断为胎儿酒精症候群(fetal alcohol syndrome)的儿童，其中枢神经系统会受到影响，而小头症(microcephaly)即是最常见的异常状况①。具有胎儿酒精症候群的婴儿，一般会显现出各种不同程度的智能障碍。一般来说，酒精饮用量愈大，其危险性也愈高。其他药物如海洛因、古柯碱、铅等，皆可能产生具有伤害性的影响。

3. 心理压力

针对猴子所做的研究，发现即使对母猴施予短期压力(给予突然、无法预料的大声喧闹)，也会对新生与较大的猴子有严重与持续的影响，如较易分心、协调性差、反应速度较慢等。此外，压力对生理与行为的影响，可能并不限于对胎儿或出生后不久的动物而已。例如，对成熟的猴子给予不当的囚禁，也显示出类皮质糖(glucocorticoids)增加与对海马的损伤。对人类而言，遭遇创伤压力与从创伤后压力而受苦的成人，会出现海马的体积变得较小，且相应地显现较差的记忆力②。整体说来，出生前甚至出生后遭受压力，皆可能对神经与行为产生严重与持久的影响。

(三) 神经可塑性

神经可塑性代表的乃是透过出生后的经验因素，去影响脑的发展的可能性。如果神经可塑性是存在的，当然对早期疗育就深具意义。虽然我们认可，大部分的大脑的发育是一个自然的成熟过程，但正如我们也认可，环境对大脑的发展有着重要的影响，经验对于婴幼儿大脑的发育也有很强的影响力。很多学者，包括 Greenough & Black (1992)所提出的脑与环境互动模式(models of brain-environment interactions)，是这一观点的延伸。

神经化学层次的可塑性机制，是指现有突触借增加神经传导体的接合或提高突触后对传导体的反应，而改变其活动的能力。此外，神经可塑性也可以从新陈代谢的变化显示出来。新陈代谢的解释，是指向损伤位置同侧与对侧脑皮层与皮层下新陈代谢活动(如葡萄糖的利用)的变化情形。要是脑的某一区域受损，借着血液流动，临近区域的营养供应(如葡萄糖、氧气等)因此会增加。

有些针对发展中的个体的研究，虽未必涉及脑神经系统变化的检测，不过由于行为改变的出现，我们似仍可合理推论神经可塑性的存在。例如，曾有人研究婴儿对从语言

---

① American Academy of Pediatrics. Fetal alcohol syndrome and alcohol-related neurodevelopmental disorders policy statement [J]. *Pediatrics*, 106 (2): 358 - 361.

② 何华国. 特殊幼儿早期疗育[M]. 台北: 五南图书出版公司, 2015: 131.

中分辨音素(phonemes)的能力[①],发现六至十二个月大的婴儿从他们未接触过的语言去分辨音素的能力大大地降低。因此,虽然六个月大生产在说英语家庭的婴儿,或许能分辨英语语音以及它种未接触过语言语音的对比,但到十二个月大时,这些婴儿就变得更像说英语的成人了。那是因为他们丧失对非母语从事语音对比(speech contrasts)分辨的能力。这可能由于说话系统(speech system)保持对经验开放某一段时间,但要是某一特定领域(如听取不同语言的语音对比)的经验没有出现,则机会之窗在生命早期就开始关闭。

目前已有证据支持在成人周缘神经系统损伤之后,脑皮层的再造(cortical reorganization)是可能的这样的论点[②]。同时这种再造亦同样出现在未受伤的健康者身上。例如,Elbert, Pantev, Wienbruch, Rockstroh & Taub(1995)的研究[③]就指出,对有与无演奏弦乐器经验的成人之身体感觉脑皮层(somatosensory cortex)的活动状况,在使用脑磁图(magnetoencephalography,简称 MEG)加以记录后,发现在音乐家的身体感觉脑皮层区中,代表左手(用于指板上的手,它不用说需要更多精细动作的能力)手指的区域大于代表右手(用于拉琴弓,比较属于粗大动作能力)的区域,且也大于非音乐家左手的区域。此外,对十岁之前开始音乐训练者,这种影响(即较大的脑皮层代表区)的趋势似更明显。Ramachandran, Rogers-Ramachandran & Stewart(1992)的研究[④]也发现,透过日常生活的活动,受损伤运动脑皮层的再造是可能的。由此观之,成人的脑能依据正面(如训练)与负面(如对伤害的反应)的环境经验,而重新改造。

总之,儿童期之后,成人的脑皮层通路的再造是可能的,而且这种再造并不限于动作或感觉的通路,也可能包含认知(如语言)领域。虽然大部分脑的发育明显出现于怀孕晚期,且一直持续到出生后前几年,但其发展的轨道离定型尚远。目前已有有力的证据显示,最少在脑的某些区域,至少在某些情况下,在人类大部分的生命中,是能将经验的结构纳入神经基础的结构之中的[⑤]。由此,也正说明了早期干预对特殊幼儿的发展,应该是具有不少的着力空间。

二、神经生物学对于早期干预的意义

正如本书一直在强调的"先天"(遗传、自然成熟)与"后天"(环境和教养)并不是绝对对立的,两者在儿童的发展中都起着非常重要的作用,而神经生物学对于早期干预的意义在于,不仅证明了"先天"的基础价值,也强调了后天的经验和环境对于脑发展这一"生物学"基础的重要作用。

---

① Kuhl, P. K., Williams, K. A., Lacerda, F., et al. Linguistic experience alters phonetic perception in infants by 6 months of age [J]. *Science*, 255(5044): 606 - 608.

② Shonkoff, J. P., Meisels, S (Eds.). Handbook of early childhood intervention [M]. New York: Cambridge University Press, 2003: 204 - 227.

③ Elbert T., Pantev C., Wienbruch C., et al. Increased cortical representation of the fingers of the left hand in string players [J]. *Science*, 270(524): 305 - 307.

④ Ramachandran V. S., Stewart M., Rogers-Ramachandran D. C. Perceptual correlates of massive cortical reorganization [J]. *Neuroreport*, 3(7): 583 - 586.

⑤ Shonkoff J. P., Meisels S (Eds.). Handbook of early childhood intervention [M]. New York: Cambridge University Press, 2003: 204 - 227.

第一，早期干预的目标以“医教结合”的诊断为基础。

早期干预中关于儿童的干预方案和目标，是一个最经常被提及的问题，而这个问题需要跟儿童的医学诊断相结合，也就是需要“医教”真正结合。我们需要先对儿童的缺陷的性质，以及他的早期经验进行全面科学的了解，如果特殊婴幼儿的缺陷是具有特定性的，比如癫痫、脑瘫等，我们的早期干预计划目标和实施的方式都需要针对儿童的特定需要和发展特点来进行。同样，对于早期经验，我们也应该全面了解，儿童认知上的缺陷有多少会是因为早期经验的缺乏导致的，儿童社会情绪的问题有哪些跟家庭养育方式和环境有关，这些都是我们制定目标的依据，我们也需要思考如何为儿童提供更丰富更高质量的早期经验，来促进其大脑的发育。但关键问题还在于，我国的医学人员，很多都缺乏特殊幼儿的发展发育和相应的经验背景，同时我国还需要具有信度与效度的诊断工具与技术，这些都需要进一步的努力。

第二，创造丰富的环境经验，促进脑神经系统发展。

从神经可塑性的角度来看，无论是对发展中的个体还是成熟的个体，有害或有利的环境经验都可能会影响脑神经系统与行为的发展，而且这些影响并不仅仅限于生命的早期。出现在胎儿期的压力因素，也可能对发展中的脑神经系统产生长期不利的后果。反之，若处于充满保护和促进因素的环境，则可预期其影响会是长期正向发展的。

因此从怀孕前到出生，以及生命的最早的几年，早期干预无论从预防的角度，还是干预的角度，如何为婴幼儿的发展创造一个丰富的环境，提供有意义的经验，是一个非常值得思考和实践的问题。

第三，干预康复与辅助技术结合，促进儿童的功能发展。

比如具有运动障碍的幼儿，很多会有运动脑皮层受损的生理基础，虽然相关的研究表明，通过日常活动或有系统的康复，受损伤运动脑皮层的再造仍然是可能的，但也有部分儿童可能存在终生的特定的障碍，那么如何通过早期干预，借助辅助技术，包括轮椅、助行器等来帮助儿童可以自由移动身体，可以参与到各项日常活动中，不会因为生理缺陷而导致失去很多学习机会和学习经验，也是早期干预工作者应该思考的问题。又如从语言学习的关键期，可以在神经发育上找到生理学基础，早期干预越早开始越好，但对于某些可能无法发展出具有适应功能的口语的儿童，学会沟通，或者借助沟通辅助进行人际交往，听力障碍儿童通过配戴助听器等，获得可能的早期语言经验，对于儿童的语言的发展是非常重要的。

第四，重视母婴身心“营养”的影响，改善儿童的健康。

我国因为地区差异显著，还有一些地方可能存在母婴营养问题。母亲的营养不良，具有更大的危险，可能会导致下一代出现神经系统缺陷。婴儿出生后前几年的营养不良，因为对髓鞘生成有不利的冲击，因此会广泛影响行为与神经系统的功能。我们了解到营养不良可能对儿童的发展有不利的影响后，早期干预需要努力通过早期且持续的营养干预，来消除这样的不利后果。

同样，考虑到心理压力的影响，物质营养的补充，最好可以结合心理支持，结合环境刺激与情绪支持的话，可以全面促进儿童的健康发展。

第三节 行为学习与教育学理论

行为主义理论经常会被批判，有人批评它忽略了个体的差异性，忽略儿童自身的选择和能动性等。我们这里要换个角度来看待“行为学习”，将心理学家和早期干预工作者对于儿童行为的认识和研究作为我们更好地帮助儿童进行学习和发展的工具，而不是华生的意义上的完全由成人和环境来塑造儿童的行为。

我国国内早期干预领域大家很熟悉的ABA(行为分析)，其实并不能简单地看作是一种专门的干预方法。这是一种常见的误解。行为分析运用学习的规律去理解和改变特定的行为，它包含许多种不同的儿童早期干预方法，很多早期干预的方法和模式都运用行为分析的原则。

其实每个早期干预工作者都需要了解“行为学习原则”，以便更好地了解：你自己的行为；你的孩子行为背后的意义和目的；不同的情景或者线索是怎样影响你的孩子的行为的；跟随你的孩子的行为后的不同事件是怎样加强你的孩子某种特定的行为方式的。

一旦你知道了行为学习理论是怎样建立和维持你的孩子当前的一系列的行为，你就拥有了你需要的工具：(1)教儿童更加适合其年龄的、更加可接受的新的行为方式(鼓励适当行为和减少不适当的行为)；(2)为儿童增加日常活动中潜在的学习机会；(3)帮助儿童充分利用你提供的这些学习机会。

一、行为学习与教育学的基本概念

(一) 教育对于儿童发展的意义

一般来说，正规教育是指在正规的学校由教师引导的对一群人进行的知识、技能等的学习，最早可以从学前幼儿园开始算起，但如果我们把教育当作是“让儿童具有更丰富的经验”，那么对于发展迟缓与身心障碍的特殊幼儿而言，我们是否需要为他们更早地提供教育的机会呢？目前世界各国正规的教育中，还是有很多是基于行为学习的理论基础的，虽然后者受到很多质疑，但却是实证支持比较多的促进儿童发展的方式。

1. 教育被视为解决社会问题、实现社会公平的重要手段

曼德拉曾说：“教育是最强大的可以改变世界的武器。”很多国家的民主进程都是与教育的发展密不可分的，而教育也一直以来被视为是阶层迁移，底层人民改变自己的命运和处境的途径。比如美国就为来自于经济弱势家庭的儿童(研究发现这些孩子往往在小学的学习成就较低)提供免费的学前教育——“开端计划”(Head Start)的经费，以降低这些儿童在学校失败的概率，同时也希望借此接着消灭贫穷的问题。

同样，早期干预也是起着这样的作用，希望通过早期特殊教育和其他的治疗康复，使得特殊需要婴幼儿可以“赶上来”，减少未来需要特殊教育的可能，改善这个群体及其家庭的生活质量。

2. 教育是改善儿童身心障碍及其伴随问题的有效方法

特殊婴幼儿，无论是确诊的身心障碍还是发展迟缓儿童，比典型发展儿童有更多的

养育和照料的需求。我们知道，不同种类的障碍对儿童的身心功能有不同的影响，而且即便是相同的障碍，也会因障碍程度不同，对儿童的影响不同。但一般来说，身心障碍等对于儿童的共同影响包括以下几个方面：

第一，障碍会导致儿童的很多领域发展迟缓，比如运动、认知、沟通、情绪、社会交往等领域发展出现不均衡，甚至全面的发展迟缓，而他们与典型发展儿童的"发展差距"，很可能会随着年龄的增长，差距拉得越来越大，这使得他们与同伴的互动和交流也比较困难。而且随着年龄增长，当障碍儿童进入正规的学习环境的时候，他们的障碍也可能会阻碍他们通过与环境、与同伴的互动，来学习新知识和新的技能，必须给予恰当的支持。

第二，独立性较弱，较常依赖他人，例如，如果儿童无法自行进食，则需要有人喂养；无法自行穿衣，需要有人帮着穿；不会爬或不会走，需要有人帮着移动；不会沟通自己的需要，别人需能预料他的需要。典型发展儿童小的时候，也会有依赖他人的情形，不过随着时间，他们一般都可以发展出独立生活的能力。而特殊婴幼儿学习独立生活技能，会面临更大的挑战，也有一些儿童由于持续地对他人的依赖，可能会导致习得无助感(learned helplessness)，这种无助感也会有其他负面的后果，包括独立性弱、自信心差以及对于学习失去内在动力等。

第三，大部分障碍，如果不进行早期干预和介入，会出现其他额外的障碍，比如有沟通障碍的儿童，如果没有提供有效的沟通方式和手段，很可能会出现情绪问题和问题行为，因为无法表达自己的需求或者无法让别人理解自己的意图，导致情绪失控等。运动障碍的儿童，如果因为运动的限制而失去了探索周围环境的机会，很可能在语言和认知上也会受到影响。

因此，教育是一种很重要的手段，通过早期特殊教育或者早期融合教育，结合其他干预和康复，可以为特殊婴幼儿提供一个丰富积极的早期学习环境，引导特殊婴幼儿通过学习，改善他们的障碍对他们的生活的影响，提升儿童在动作、认知、沟通、社会情绪、自我照顾等各方面的能力，使得他们具有更好地适应环境的功能，减少未来特殊教育的可能性，全面提升儿童及其家庭的生活质量。

(二) 行为学习的基本观点

华生和巴甫洛夫，是行为理论的奠基人，后续的斯金纳进一步发展了行为理论，都是基于对人类行为的实验分析，虽然很多时候，"行为主义"的观点被认为是完全机械性的模式，受到很多批判，但随着发展，现代的行为理论也越来越关注儿童作为一个主动的个体的存在，以及儿童对周围的生态环境的影响。行为理论专注于可观察的行为反应和它们对环境事件(刺激)的关系，对于行为的理解，有助于我们了解学习是如何发生的[①][②]。

1. 行为和后果

人类的行为大致可分为反应性行为和操作性行为。反应性行为(respondent

---

① 昝飞.行为矫正技术[M].2版.北京：中国轻工业出版社，2012.

② 何华国.特殊幼儿早期疗育[M].台北：五南图书出版公司，2015：100－106.

behavior),是指由特定刺激所引发的反应。在时间上,刺激是发生于行为之前,是因为刺激引起了反应的发生。操作性行为(operant behavior),是人类本身就有主动表现行为的能力,发生在某种情景的操作性行为,行为的后果会影响该行为将在那个情境再发生的可能性;后果是行为发生之后环境的一种变化。

这种变化可采取两种形式:新刺激的附加或呈现,或现有刺激的终了或撤除。后果对行为出现率的影响也有两方面:行为再发生的概率可能增加也可能减少。

因此可能会发生下列四种直接的关系:

- 行为再发生的机率因新刺激的附加而增加了;这被称为正强化(positive reinforcement)。
- 行为再发生的机率因现有刺激的终了或撤除而增加了;这被称为负强化(negative reinforcement)。
- 行为再发生的机率因新刺激的附加而减少了;这被称为第一类惩罚(Type Ⅰ punishment)。
- 行为再发生的机率因现有刺激的终了或撤除而减少了;这被称为第二类惩罚(Type Ⅱ punishment)。

后果事件(consequent event)必须对行为的发生产生可测量的影响,我们才可以说行为和后果之间,存在关系。但特定后果的价值可能因人而异,并且对同一个人而言,也会因时间不同而不同。因此,对某一儿童可作为正强化项目(positive reinforcer)的后果事件,对另外一个儿童可能就不是这样的影响。而对某一儿童在某一时间点,可作为正强化项目的后果事件,可能换个时间,也就不是同样的效果。

行为—后果的关系非常复杂多样,而且很多时候是发生在环境的其他刺激中的。每次行为发生时,有些刺激(行为后果之外的)会出现在环境中,这些刺激可能是以背景事件(setting event)或先行事件(antecedent event)这两种形式出现。背景事件是指比较稳定的环境特质;先行事件是行为发生前,可加进环境的刺激,也就是在行为之前立即发生或出现的事物。背景与先行事件都可以对行为产生影响,当某一行为出现在某一特定的背景中或先行事件后,更一直时常发生时,则刺激控制(stimulus control)就被建立了,而刺激控制的建立若借助后果事件(如正强化)的运用,则会获得更持续的效果。其运用的方式大致有下列两种情形:

- 当行为发生在出现背景或先行事件的场合时,则一直有条件地提供某种后果事件。
- 当行为发生在背景或先行事件不出现的场合时,则一直不提供那种后果事件。

例如,我们希望儿童在表达要喝水的需求的时候,可以说"水"这一词汇(儿童可以说得出,但不太说),如果要增加儿童想喝水时说"水"这一行为的频率,我们可以在儿童跑到饮水器前(先行事件),等待儿童说"水"(行为),然后给他倒水(正强化,后果事件)。

2. 行为模式在学习过程中的应用

行为模式在学习过程中的应用,可以将学习与教学分成习得(acquisition)、流畅(fluency)、维持(maintenance)与泛化(generalization)四个阶段。其中习得指学习过程的初期,掌握了某项技能;流畅指学习以自然或快的速率顺畅地表现这项技能;维持指在教学停止后持续表现这项技能；至于泛化指学习在非教学情境，如跨越人员、场合与材料而表现此项技能。这些学习的阶段可应用于不同种类的技能，如社会、沟通、动作、游戏、认知的领域等。值得注意的是每一阶段的学习表现，需要有点不一样的方法去教导，兹分别说明如下：

习得，指学习某项技能基本的要求（即学习如何表现此项技能）；要促进习得，儿童需要了解如何表现行为。

流畅，学习以自然或快的速率顺畅地表现这项技能；要促进流畅，儿童需要许多反复练习的机会，且具有动机地去练习。

维持，指在教学停止后持续表现这项技能，要促进维持，儿童需要过度学习、有间隔地增强安排及运用自然的增强项目。

泛化，指学习在非教学情境，如面对不同的人员、场合与材料也能表现此项技能，要促进泛化，可以考虑以下的策略：

(1) 以多种材料进行教学。

(2) 运用自然环境的材料。

(3) 延缓强化。

(4) 采用不同的教学状况。

(5) 复制自然的环境于教学情境中。

(6) 在自然的环境中教学。

(7) 运用自我控制技术。

(三) 行为学习或教育取向的早期干预面对的挑战

上述只是简单给出了一些基本的概念，行为学习理论的内容非常复杂，但在早期干预中，不能单纯运用行为学习理论，作为一种策略或者理念，行为学习或者教育取向的早期干预需要考虑到以下的内容，才能进行有效的干预实践。

1. 专业扎实的行为分析基础

国外相关行为分析的专业培训和资质考核已经形成规范的系统，但我国目前还相对缺乏相应的机制，很多早期干预从业者对于行为理论有一些了解，就开始运用，但缺乏专业系统的知识基础和实践技能，“机械或者单一”地对行为理论的误解和操作，会使得儿童的早期干预出现“刻板单一”以及无法泛化等方面的争议。因此需要早期干预从业者能在全面掌握这一理论的基础上进行早期干预，当然这一点也适用于其他的理论和方法。

2. 指出适当的明确的干预目标

有效的教学有两个重要的组成部分，一是教学方法，行为学习可以为我们了解学习如何发生，运用什么样的教学策略可以更好地促进儿童的学习提供参考，但无法直接给出学习的内容，因此，就需要考虑教学的第二部分，即教学内容，也就是早期干预的课程。后者是我们大陆地区学前特殊教育中非常缺乏的内容。目前最常见的课程来源，会基于发展理论与儿童的生态环境，比如发展理论能提供发展技能的序列(a sequence of skills)，作为学习内容的依据；而生态环境论的观点，要求课程分析儿童的行为和环境的要求与期待符合的程度，以此为依据来决定课程内容，课程部分我们会在第七章详细论述。

3. 促进儿童与环境的互动

正如前面谈到的，儿童的发展是个体及其所在的生态环境之间持续互动的结果。我们必须要强调早期经验对于儿童发展的重要性，要在一个更为复杂的情景下来分析和看待儿童的行为，特殊幼儿的早期干预方案中，要考虑如何尽量减少对发展有负面影响的经验，并促进有正面影响的经验。除了采取密集一对一的行为干预，我们也需要与家庭合作，包括为家长提供专业的指导，为儿童创造更多的练习机会、更多的积极经验，更好地促进学习的效果。

二、行为学习与教育学理论对于早期干预的意义

即使行为理论面临很多争议，但不容置疑的是，在教育教学中，我们还是大量地在运用行为理论，而且与行为理论相关的实证研究证据也最多，关键在于是否真的全面掌握了这一理论，并与新的发展生态学等发展理论相结合，来更好地促进早期干预的成效。

第一，教育依然是特殊幼儿早期干预的主要内容，虽然相关的医学康复、辅助科技等手段对于某些特殊需要儿童来说非常必要，但大部分的儿童的发展，以及从大部分的适应功能如运动、沟通、认知、社会情绪、自我照顾等方面的能力，都需要通过系统适当的教学过程来实现，也就是说特殊幼儿教育在早期干预中是非常重要且不可或缺的内容。

第二，行为理论对于理解行为（包括问题行为）是如何形成的很有帮助。儿童的行为很多是习得的，当然问题行为也不例外。因此，在这一个理论框架下，早期干预工作人员可以向特殊幼儿的父母说明他们孩子问题行成与维持机制，然后一起去探索如何减少问题行为，当然这一理论也同样可以用于促进儿童良好行为的养成。

第三，对于行为发生的背景事件和先行事件的关注，安排更积极的学习的环境。按照行为理论，儿童的行为之所以会再发生，是受到行为后果（奖励或惩罚）的影响。在自然环境中，其实我们的行为一直受到这种行为与后果关系的影响，因此我们需要特别考虑如何适当地安排特殊幼儿的环境，以增加他们从事那些会导致可预料但有自然后果的行为的可能性，而这些后果将有助于适应行为的习得。另外，强化物的选择也必须要谨慎，要个别化，特别要考虑社会性强化和自然强化物的运用，比如要鼓励儿童用口语表达，可以在自然的环境内，设定一些沟通机会，等待儿童的目标行为出现，然后给予儿童表达要求的物品（食物或者玩具），后者就是自然的强化物，而无需拿着“糖果”，要求孩子说一个词，然后给一颗糖。

第四，行为理论与其他理论相结合，关注环境与早期经验对于儿童的行为的影响，目前早期干预非常强调综合的联结系统，即从发现、评估到计划制定，到课程，到后续的效果评量等整个过程应该是一个相互联系的环环相扣的系统，对儿童行为的养成与消除，似已建立一套相当明确的阐释系统。另外，把行为视作是在一个更为复杂的背景下的行为，早期干预工作者要仔细观察儿童所生活的环境和各种因素，与家庭合作，并协助家庭运用社区资源，尽最大可能为儿童提供积极的早期经验。

➢本章小结

成为一个早期干预工作者，不仅需要扎实系统的知识和技能，还需要有积极的信念，才能为特殊婴幼儿及其家庭提供有效和高质量的早期干预服务，因此我们需要思考自己的理论取向是什么。学习不同的早期干预的理论基础，以及这些理论的基本观念，和对早期干预的意义和影响就显得非常重要。神经生物学基础告诉我们每个儿童都是独一无二的，生理基础决定了儿童的很多发展特征，但大脑的可塑性使得早期经验具有神奇的改变作用，也验证了早期干预的"早"的关键；而发展生态学强调了儿童的独一无二不仅仅来自生物学，也来自儿童存在的复杂的生态系统，并且这一切是发展的，儿童与环境的相互作用，促进儿童的发展和适应；行为学习和教育取向则有助于我们思考在具体干预中如何来理解儿童的行为，理解我们自身的行为，以及如何创造机会让儿童学习更多。当然除了本章介绍的理论，还有很多其他的心理学流派对儿童的发展提出了自己的观念，包括精神分析、存在主义等不同的理论。

总体来说，早期干预的实践和具体的技术都需要一定的理论基础，了解不同理论的内涵，以及对于早期干预实践的影响，不断反思，综合运用不同理论，才能为特殊婴幼儿提供适当的早期干预服务。

➢关键术语

发展生态学　神经生物学　可塑性　行为—后果

➢讨论与探究

1. 学习完本章内容后，再仔细思考一下自己对于儿童发展与早期干预的理论取向，并反思自己的这一取向对自己未来的实践可能会有什么影响。

2. 请画一幅你自己的发展生态图，并分析自己的成长过程中的不利因素和保护因素。

➢进一步阅读的文献/网站

Zero to Three：Brain Development [EB/OL]. http://www.zerotothree.org/child-development/brain-development/.

Wisconsin Council on Children & Families (2007). Early Learning and Brain Development [EB/OL]. https://larrycuban.files.wordpress.com/2013/04/brain_dev_and_early_learning.pdf.

杰克·肖可夫，黛博拉·菲利普斯. 从神经细胞到社会成员. 方俊明、伟亚译. 南京：南京师范大学出版社，2007.

应用行为分析策略[EB/OL]. http://www.appliedbehavioralstrategies.com/what-is-aba.html.

第三章

早期干预政策

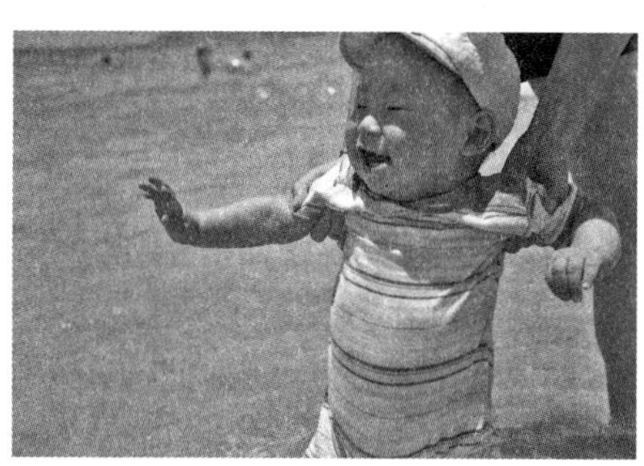

特殊教育的发展离不开相关政策和法律法规的保障和推动。你知道我国大陆地区有哪些与早期干预相关的政策和法律法规吗？早期干预的政策对于早期干预的影响和意义是什么？

通过本章的学习,你能够

- 了解我国大陆地区的早期干预政策;
- 了解美国和我国台湾地区早期干预政策以及相关法律法规;
- 通过比较研究和分析,理解我国大陆地区的早期干预政策的发展趋势。

本章内容索引

第一节　我国大陆地区早期干预政策现状和发展

早期干预不仅仅是技术和方法,更关键的还是体系和系统层面上的顶层设计,来确保整个早期干预的运作和实施。我国大陆地区不同地区的经济发展、早期筛查和发现以及早期干预资源和服务的差异都很大,更需要在政策层面上进行规范和保障。

一、我国早期干预相关政策的历史与发展

旧中国处于战乱之中,历届政府都无暇颁布专门针对特殊教育的法规,更不用说是关于早期干预的法律,只是在一般性教育法规中对特殊教育的一些问题略有提及和规定。这几个教育法规主要有:1902 年清朝政府颁布的《钦定蒙学堂章程》、《钦定小学堂章程》和《钦定中学堂章程》;1903 年清朝政府颁布的《奏定初等小学章程》;1912 年孙中山临时政府教育部颁布的《小学校令》;1915 年袁世凯政府颁布的《国民学校令》及次年颁布的《国民学校令施行细则》;1922 年国民党政府颁布的《学校系统改革令》;1944 年国民党政府颁布的《强迫入学条例》①。但是在当时的时代背景中这些教育法规几乎没

① 许巧仙.我国特殊教育立法之研究[D].南京:南京师范大学,2004:9.

有得以实施，变成了一纸空文，对特殊教育的发展也没能及时地给予强有力的保障。

我国特殊教育的真正立法始于建国初期，但是发展较为缓慢，改革开放之后才逐渐发展起来。

建国初期的特殊教育法规和规章主要有：1951 年 10 月 1 日中央人民政府政务院颁布的《关于改革学制的决定》；1956 年 6 月 23 日国家教育部颁发的《关于聋哑学校使用手势教学的班级的学制和教学计划问题的指示》；1956 年 7 月 9 日国家教育部颁发的《关于 1956 年全国普通教育、师范教育事业工资改革的指示》；1956 年 7 月 21 日国家教育部颁发的《关于聋哑学校学制和教学计划问题指示中的若干有关问题的补充说明》；1956 年 11 月 23 日国家教育部颁发的《关于盲童学校、聋哑学校经费问题的通知》；1957 年 4 月 22 日国家教育部颁发的《关于聋哑学校口语教学班级教学计划(草案)的通知》；1957 年 4 月 25 日国家教育部颁发的《中华人民共和国教育部办好盲童学校、聋哑学校的几点指示》①。这些教育法规和规章确立了特殊教育在社会主义教育事业中的地位，明确了特殊学校(主要是盲、聋哑学校)的基本任务、办学方针和领导隶属关系、师资进修等政策，对盲聋学校的办学经费、教师工资待遇和学生助学金等作了有关规定；这一段时期的特殊教育立法十分薄弱，都是以"指示"、"通知"等文件形式提出的，属于由国家教育行政部门制定的教育行政规章②，缺乏强制性，在早期干预方面的政策和法律几乎是空白。

改革开放以来，我国特殊教育事业的发展取得了显著成就，教育教学改革进一步深化，初步探索出一条具有中国特色的特殊教育发展途径，形成了特殊教育体系的基本框架，为今后的改革和发展奠定了基础。宪法，教育基本法律(《中华人民共和国残疾人保障法》、《中华人民共和国教育法》和《中华人民共和国义务教育法》等)，行政法规(《残疾人教育条例》)，教育行政规章及政策性文件以及地方性法规、规章等法律法规政策对我国特殊教育的各个方面进行了支持和保障，其中也有涉及早期干预的内容，接下来将对与早期干预有关的主要法律法规政策进行介绍。

二、现有的主要相关法律法规

(一) 中华人民共和国残疾人保障法

《中华人民共和国残疾人保障法》在 1990 年 12 月 28 日通过，最新的一次修订在 2008 年 4 月 24 日，其宗旨是维护残疾人的合法权益，发展残疾人事业，保障残疾人平等地充分参与社会生活，共享社会物质文化成果。《中华人民共和国残疾人保障法》第三章教育中的第二十二条提出"残疾人教育，实行普及与提高相结合、以普及为重点的方针，保障义务教育，着重发展职业教育，积极开展学前教育，逐步发展高级中等以上教育"；第二十五条指出"……普通幼儿教育机构应当接收能适应其生活的残疾幼儿"；第二十六条规定"残疾幼儿教育机构、普通幼儿教育机构附设的残疾儿童班、特殊教育机

① 许巧仙. 我国特殊教育立法之研究[D]. 南京：南京师范大学，2004：10.
② 许巧仙. 我国特殊教育立法之研究[D]. 南京：南京师范大学，2004：10.

构的学前班、残疾儿童福利机构、残疾儿童家庭，对残疾儿童实施学前教育”[①]。这些规定有力地保障了特殊幼儿的早期教育的施行。

各省市结合当地实际情况实施《中华人民共和国残疾人保障法》，在其颁布后都先后通过了该部法律的实施办法并在之后进行了修订。例如上海市在1993年2月通过，1999年7月修订通过了《上海市实施〈中华人民共和国残疾人保障法〉办法》[②]，其中第二十条明确规定“教育部门应当逐步建立盲、聋、弱智儿童学前班，对残疾儿童进行学龄前教育。幼儿教育单位应当接收能适应其生活的残疾幼儿入园”。江苏省在1993年10月通过了《江苏省实施〈中华人民共和国残疾人保障法〉办法》[③]，其中第二十二条规定“市、县(市、区)应当有计划地举办盲、聋、弱智学校(班)等残疾人特殊教育机构，并鼓励社会力量办学、捐资助学，对不具有接受普通教育能力的残疾人进行特殊教育。各地应当积极举办残疾幼儿教育机构，鼓励并支持普通幼儿教育机构附设的残疾儿童班、特殊教育学校的学前班、残疾儿童福利机构、残疾儿童家庭对残疾儿童实施学前教育”。北京市也在1994年7月通过，2011年11月修订通过了《北京市实施〈中华人民共和国残疾人保障法〉办法》[④]，其中第二十四条对特殊幼儿学前教育的实施做出了明确规定，指出“本市普通幼儿教育机构应当接收能适应其生活的残疾儿童。市和区、县人民政府应当支持特殊教育机构设立残疾儿童学前班。支持、鼓励社会公益性组织兴办招收残疾儿童的幼儿园、启智班等，对残疾儿童进行心理康复、智力开发、行走定向及听力、视力、言语、肢体等功能训练。残疾人康复机构、社会福利机构应当保障机构内的残疾儿童接受学前教育”。

(二) 残疾人教育条例

《残疾人教育条例》由国务院于1994年8月颁布，2011年1月进行了修订[⑤]。此条例是我国第一部有关残疾人教育的专项法规，它的颁布实施，将从法律上进一步保障我国残疾人平等受教育的权利，促进残疾人教育事业的发展。在第一章总则中第三条指出：“残疾人教育是国家教育事业的组成部分。发展残疾人教育事业，实行普及与提高相结合、以普及为重点的方针，着重发展义务教育和职业教育，积极开展学前教育，逐步发展高级中等以上教育。”条例第七条提出：“幼儿教育机构、各级各类学校及其他教育机构应当依照国家有关法律、法规的规定，实施残疾人教育。”第十条规定：“残疾幼儿的学前教育，通过下列机构实施：(1)残疾幼儿教育机构；(2)普通幼儿教育机构；(3)残疾儿童福利机构；(4)残疾儿童康复机构；(5)普通小学的学前班和残疾儿童、少年特殊教育学校的学前班。残疾儿童家庭应当对残疾儿童实施学前教育。”第十一条提出：“残疾幼儿的教育应当与保育、康复结合实施。”第十二条规定：“卫生保健机构、残疾幼儿的学前教育机构和家庭，应当注重对残疾幼儿的早期发现、早期康复和早期教育。卫

① 《中华人民共和国残疾人保障法》[EB/OL]. http://www.gov.cn/ztzl/gacjr/content_459363.htm.

② 上海市实施《中华人民共和国残疾人保障法》办法[EB/OL]. http://www.law-lib.com/lawhtm/1993/23120.htm.

③ 江苏省实施《中华人民共和国残疾人保障法》办法[EB/OL]. http://www.110.com/fagui/law_248355.html.

④ 北京市实施《中华人民共和国残疾人保障法》办法[EB/OL]. http://baike.haosou.com/doc/7093189.html.

⑤ 《残疾人教育条例》[EB/OL]. http://baike.haosou.com/doc/6954838-7177270.html.

生保健机构、残疾幼儿的学前教育机构应当就残疾幼儿的早期发现、早期康复和早期教育提供咨询、指导。”《残疾人教育条例》对于特殊幼儿的学前教育的实施机构进行了明确规定，指出了特殊幼儿家庭是早期教育的重要实施者，并提出特殊幼儿教育应与保育、康复相结合，突出了特殊幼儿早期干预的重要性。

(三) 中华人民共和国母婴保健法

《中华人民共和国母婴保健法》是为了保障母亲和婴儿健康，提高出生人口素质，根据宪法制定的法规，于1994年10月27日通过，自1995年6月1日起施行①。

其中第三章“孕产期保健”中第十四条规定：“医疗保健机构应当为育龄妇女和孕产妇提供孕产期保健服务。孕产期保健服务包括下列内容：(1)母婴保健指导：对孕育健康后代以及严重遗传性疾病和碘缺乏病等地方病的发病原因、治疗和预防方法提供医学意见；(2)孕妇、产妇保健：为孕妇、产妇提供卫生、营养、心理等方面的咨询和指导以及产前定期检查等医疗保健服务；(3)胎儿保健：为胎儿生长发育进行监护，提供咨询和医学指导；(4)新生儿保健：为新生儿生长发育、哺乳和护理提供的医疗保健服务。”另外，母婴保健法第十五条规定：“对患严重疾病或者接触致畸物质，妊娠可能危及孕妇生命安全或者可能严重影响孕妇健康和胎儿正常发育的，医疗保健机构应当予以医学指导。”第十六条指出：“医师发现或者怀疑患严重遗传性疾病的育龄夫妻，应当提出医学意见。”第十八条规定：“经产前诊断，有下列情形之一的，医师应当向夫妻双方说明情况，并提出终止妊娠的医学意见：(1)胎儿患严重遗传性疾病的；(2)胎儿有严重缺陷的；(3)因患严重疾病，继续妊娠可能危及孕妇生命安全或者严重危害孕妇健康的。”第二十条规定：“生育过严重缺陷患儿的妇女再次妊娠前，夫妻双方应当到县级以上医疗保健机构接受医学检查。”

国务院根据《中华人民共和国母婴保健法》，制定了《中华人民共和国母婴保健法实施办法》②，于2001年6月20日颁布施行。其中第三条详细说明了母婴保健技术服务的内容，主要包括下列事项：(1)有关母婴保健的科普宣传、教育和咨询；(2)婚前医学检查；(3)产前诊断和遗传病诊断；(4)助产技术；(5)实施医学上需要的节育手术；(6)新生儿疾病筛查；(7)有关生育、节育、不育的其他生殖保健服务。第二十五条规定：“医疗、保健机构应当按照国家有关规定开展新生儿先天性、遗传性代谢病筛查、诊断、治疗和监测。”

北京市为了实施《中华人民共和国母婴保健法》，结合该市实际情况，也制定了《北京市实施〈中华人民共和国母婴保健法〉办法》，于1995年4月14日通过，2010年12月23日修订通过。该《办法》中与早期干预有关的内容包括出生缺陷与生育、健康登记、访视服务和新生儿疾病筛查这四个方面。第十六条规定：“生育过严重缺陷患儿的妇女再次妊娠前，夫妻双方必须到市卫生行政部门指定的医疗保健机构进行医学检查。医疗保健机构对前款规定的医学检查，应当出具诊断证明，并书面通知女方户口所在地

① 《中华人民共和国母婴保健法》[EB/OL]. http://www.gov.cn/banshi/2005-08/01/content_18943.htm.

② 《中华人民共和国母婴保健法实施办法》[EB/OL]. http://www.gov.cn/banshi/2005-08/01/content_19126.htm.

的计划生育部门。”第十八条规定：“新生儿出院或者出生后一周内，抚养人必须到产妇户口所在地的医疗保健机构进行登记；医疗保健机构应当按照规定建立儿童保健手册制度。”第十九条规定：“医疗保健机构应当按照儿童保健工作常规对新生儿进行家庭访视，对婴儿进行定期健康检查和预防接种，并提供有关母乳喂养、合理膳食等科学育儿的知识。”第二十条规定：“本市开展新生儿疾病筛查。有产科的医疗保健机构负责新生儿疾病筛查的取样和送检工作；新生儿疾病筛查机构负责新生儿疾病筛查工作，并对医疗保健机构的取样、送检进行质量监控和业务指导。”

上海市则根据《中华人民共和国母婴保健法》和有关法律、法规，结合该市实际情况，制定了《上海市母婴保健条例》①，于1996年12月19日通过，自1997年3月1日起施行。《条例》第四章“孕产期保健”中第二十六条规定：“医疗保健机构应当为育龄妇女、孕产妇和新生儿提供孕产期保健服务。”孕产期保健服务包括下列内容：(1)为孕育健康后代提供医学指导和咨询；(2)为孕产妇建立保健卡，提供定期产前、产后检查服务；(3)对有高度危险因素的孕妇进行监护、随访和治疗；(4)为孕产妇安全分娩提供助产、引产技术服务；(5)对胎儿生长发育进行监护，提供咨询和医学指导；(6)为新生儿生长发育、哺乳和护理等提供医疗保健服务，进行定期访视；(7)经市卫生行政部门认定的其他项目。第二十七条规定：“经检查，医师发现或者怀疑育龄夫妻患有严重遗传性疾病的，应当提出医学意见。育龄夫妻应当根据医师的医学意见，采取相应的措施。”第二十八条规定：“对患有严重疾病，妊娠可能危及孕妇生命安全或者可能严重影响孕妇健康和胎儿正常发育的，医疗保健机构应当予以医学指导和重点监护。对继续妊娠可能危及其健康的，医师应当及时提出终止妊娠的医学意见。”第二十九条规定：“由于接触致畸物质，妊娠可能危及孕妇生命安全或者可能严重影响孕妇健康和胎儿正常发育的，医疗保健机构应当提出医学意见。”第三十条规定：“经产前检查，医师发现或者怀疑胎儿异常的，应当对孕妇进行产前诊断。经产前诊断，确定胎儿有严重遗传性疾病或者严重缺陷的，医师应当及时提出终止妊娠的医学意见。”第三十五条规定：“本市实行新生儿疾病筛查制度。从事新生儿疾病筛查业务的医疗保健机构，应当负责做好对新生儿疾病的检查、诊断、治疗和随访工作。”第三十七条规定：“生育过严重缺陷患儿的妇女需要再次生育的，夫妻双方应当在妊娠前到市卫生行政部门指定的医疗保健机构接受医学检查。必要时其缺陷患儿也应当接受医学检查。医疗保健机构应当根据检查情况，提出医学意见。”第五章“婴幼儿保健”中第三十九条规定：“医疗保健机构应当为婴幼儿提供保健服务。”婴幼儿保健服务中第四条提到“对体弱、伤残、弱智儿提供康复保健服务”。

(四) 关于“十五”期间进一步推进特殊教育改革和发展的意见

2001年10月，《关于“十五”期间进一步推进特殊教育改革和发展的意见(2006—2010年)》②明确指出：“大力普及残疾儿童少年义务教育，进一步完善特殊教育体系，

---

① 《上海市母婴保健条例》[EB/OL]. http://www.shanghai.gov.cn/shanghai/node2314/node3124/node3125/node3127/userobject6ai250.html.

② 《关于“十五”期间进一步推进特殊教育改革和发展的意见》[EB/OL]. http://www.edu.cn/20020305/3021705.shtml.

努力满足残疾人的教育需求。积极发展残疾儿童学前教育。大中城市和经济发达地区，要积极发展残疾儿童康复、教育事业，使残疾儿童学前教育水平有较大幅度提高；积极支持幼儿教育、特殊教育机构以及社区、家庭开展3岁以下残疾儿童早期康复、教育活动。其他已经普及九年义务教育的农村地区，要进一步发展残疾儿童学前康复、教育事业。”

（五）中国残疾人事业“十一五”发展纲要

2006年6月国务院批准了《中国残疾人事业“十一五”发展纲要（2006—2010年）》①，提出“大力发展教育，提高残疾人素质”的任务，并在总目标中提出“基本普及残疾儿童少年义务教育，大力发展残疾人儿童幼儿教育以及残疾人高级中等和职业教育，积极扶持残疾人接受高等教育，切实保障残疾人接受教育的权利”。所以，其中教育的任务指标之一为“基本普及残疾儿童少年义务教育，适应接受普通教育的残疾儿童少年入学率达到与当地健全儿童少年同等水平，接受特殊教育的视力、听力、语言和智力残疾儿童少年义务教育入学率达到国家要求，大力发展残疾儿童学前教育”。

（六）全国特殊教育“十一五”发展规划

在《全国特殊教育“十一五”发展规划》②中特殊幼儿学前教育不再只是在特殊幼儿义务教育中简单提及，而是被单列出，成为主要目标之一：“努力发展残疾儿童学前教育。大中城市和经济发达地区适龄残疾儿童基本能接受学前3年教育，重视0～3岁残疾儿童的发现和康复治疗。农村残疾儿童学前1年受教育率有较大提高。”而且在之后也列出了相应的具体保障措施：“各地要建设一批专门的特殊幼儿学前教育康复机构。要在城乡依托当地幼儿园、康复机构，以及特殊教育学校增设学前教育班等形式，接收3～6岁残疾儿童接受学前教育。有条件的地区要启动3岁以前残疾儿童的早期教育训练。各级残联要积极举办残疾儿童早期干预和早期康复机构，鼓励社会力量举办特殊教育学前教育机构。”由此可见，特殊幼儿的学前教育和早期干预正在逐渐得到重视和保障。

（七）中国残疾人事业“十二五”发展纲要

2011年5月，国务院依据《中华人民共和国国民经济和社会发展第十二个五年规划纲要》，制定《中国残疾人事业“十二五”发展纲要》③。其中主要目标包括“完善残疾人教育体系，健全残疾人教育保障机制。适龄残疾儿童少年普遍接受义务教育，积极发展残疾儿童学前康复教育，大力发展残疾人职业教育，加快发展残疾人高中阶段教育和高等教育”。有关特殊幼儿学前康复和教育的具体政策措施包括：(1)实施0～6岁残疾儿童免费抢救性康复项目，建立残疾儿童抢救性康复救助制度，有条件的地区逐步扩大康复救助范围。(2)建立多部门联动的0～6岁残疾儿童筛查、报告、转衔、早期康复教育、家长培训和师资培养的工作机制，鼓励和支持幼儿园、特教学校、残疾儿童康复和福

① 《中国残疾人事业“十一五”发展纲要》[EB/OL]. http://www.gov.cn/jrzg/2006-06/08/content_304096.htm.

② 《全国特殊教育“十一五”发展规划》[EB/OL]. http://www.docin.com/p-504954347.html.

③ 《中国残疾人事业“十二五”发展纲要》[EB/OL]. http://www.gov.cn/jrzg/2011-06/08/content_1879697.htm.

利机构等实施残疾儿童学前康复教育；实施“阳光助学计划”，资助残疾儿童接受普惠性学前康复教育；逐步提高残疾儿童学前康复教育普及程度；重视 0～3 岁残疾儿童康复教育，帮助 0～6 岁残疾儿童家长及保育人员接受科学的康复教育指导；鼓励、扶持和规范社会力量兴办残疾儿童学前康复教育机构。与早期干预有关的残疾预防方面的政策措施包括：针对危害面广、可预防的致残因素，实施一批重点预防工程；开展免费孕前优生健康检查试点；逐步建立健全全国产前筛查诊断网络，做好孕产期保健和产前诊断，开展新生儿疾病筛查、诊断和治疗，建立残疾儿童早发现、早报告、早治疗制度，有效控制孤独症、脑瘫、重度智力残疾等先天残疾的发生，有效控制先天性苯丙酮尿症和先天性甲状腺功能低下所引起的儿童智力残疾的发生。这些政策措施保障了对特殊幼儿的学前康复教育、早期干预的实施。

（八）国家特殊教育提升计划(2014—2016)

2014 年 1 月国务院颁布了《国家特殊教育提升计划(2014—2016)》[①]，在总体目标中提出“全面推进全纳教育，使每一个残疾孩子都能接受合适的教育”；在主要措施中明确提出要“积极发展非义务教育阶段特殊教育”，对于学前教育，“各地要将残疾儿童学前教育纳入当地学前教育发展规划，列入国家学前教育重大项目。支持普通幼儿园创造条件接收残疾儿童。支持特殊教育学校和有条件的儿童福利机构增设附属幼儿园(学前教育部)”。由此可见，特殊幼儿的学前教育和早期干预已受到政府的高度重视，其进一步的发展得到保障和支持。

（九）地方性法规、条例与规章

《上海市特殊教育“十五”规划》于 2003 年 1 月 31 日提出“形成特殊教育从学前教育到高等教育的完整体系[②]。要采用多种办学形式，满足各年龄段有特殊教育需要的学生的入学要求，使残障学生在获得知识和技能、身心缺陷得到补偿的同时，潜能得到发展”的指导思想。该规划明确提出“学前听力、视力障碍儿童 3 年制入园率达 80%；学前智力障碍儿童的入园率达 65%”的目标和“特殊学前教育向 3 岁以下儿童延伸。对自闭症、脑瘫、多重障碍、重度障碍的幼儿，在开展试点研究的基础上，逐步扩大受教育人数”的任务。

2011 年 6 月 22 日通过的《北京市学前教育条例》在第一章总则的第五条提出：“本市重视并扶持残疾儿童学前教育事业。残疾儿童的学前教育应当从婴幼儿开始，与康复、训练结合进行”[③]。

2012 年 1 月 12 日通过的《江苏省学前教育条例》在保育教育章节的第十五条中指出：“幼儿园应当积极创造条件，接收并为具有接受普通教育能力的学龄前残疾儿童提供融合教育。特殊教育学校应当设置学前教育班接收学龄前残疾儿童，配备适合学龄

---

① 《国家特殊教育提升计划(2014—2016)》[EB/OL]. http://www.gov.cn/zwgk/2014-01/20/content_2570527.htm.

② 《上海市特殊教育“十五”规划》[EB/OL]. http://www.shanghai.gov.cn/shanghai/node2314/node2319/node2404/node8976/node8978/userobject26ai591.html.

③ 《北京市学前教育条例》[EB/OL]. http://baike.baidu.com/link?url=rjLwuzhCtFBdgjXUmqfaQZTJPmgNDVdw7A9OrSBeB4-HIZ-2W0uge7AptQsOapZQNrLOEAMMQaZ4Wrc_ECyaGq.

前残疾儿童特点的场所和设施，为学龄前残疾儿童的保育教育和康复提供帮助；鼓励社会各类康复机构、福利机构为学龄前残疾儿童提供康复教育。”①同年，《江苏省残疾人保障条例》②中提出：“残疾儿童少年实行学前三年至高中三年的十五年免费教育……残疾儿童学前教育以康复为主……幼儿园应当积极创造条件，接收具有接受普通教育能力的学龄前残疾儿童，并为其提供融合教育。”

以上海市、北京市和江苏省为例，可以看出，地方政府针对国家颁布的《中华人民共和国残疾人保障法》等法律法规因地制宜提出适合自身的规章制度，从而推动了我国特殊幼儿早期干预的发展。

三、我国早期干预政策的发展趋势

在改革开放之后，我国特殊教育立法发展的较为迅速，特殊教育法律体系已基本形成，但是由于和美国、我国台湾地区相比，我国大陆地区的特殊教育立法起步晚、起点低，也不可避免地存在一些不足，尤其是在早期干预政策和法律法规的制定上存在诸多问题。

美国对障碍儿童的认识更加具有人性化，在早期干预政策相关规定下，家长、教师、地方政府以及各个领域的专家组成的团队共同参与早期干预和治疗。美国的早期干预政策和法律法规不但促进了早期干预事业的发展，保障了特殊婴幼儿的权益，相关的早期干预的立法和理念也对我国乃至世界产生了重大影响，我国台湾地区早期干预的诸多措施，也深受美国的影响。

和美国、我国台湾地区相比，我国大陆地区在早期干预政策的制定上存在以下不足：

（一）美国专门为早期干预特别立法，曾制定《残疾儿童早期教育援助法》，而中国大陆地区并没有针对早期干预的法律。

（二）对于特殊幼儿三岁以前的早期干预，美国的立法更加详细、清楚、具体。美国联邦政府可提供各种奖补助款，协助设置跨单位委员会，以确保为出生到两岁的身心障碍儿童，提供有计划且协调良好的服务。我国台湾地区在《身心障碍者保护法》中规定为适时提供疗育与服务，卫生主管机关应建立疑似身心障碍六岁以下婴幼儿早期发现通报系统。而中国并没有相关的法律提到三岁以前的早期干预，只是在《全国特殊教育“十一五”发展规划》中提到有条件的地区要启动 3 岁以前残疾儿童的早期教育训练；在《中国残疾人事业“十二五”发展纲要》中提及要重视 0～3 岁残疾儿童康复教育。由此可见，美国对三岁以下早期干预的资源投入比中国大陆地区更为积极。

（三）美国和我国台湾地区都在特殊教育立法中强调为学前以上的特殊幼儿制定“个别化教育方案”，并强调个别化教育方案的制定需要有家长的参与。而中国大陆地区有关特殊教育的法律中并没有提及，在《国家特殊教育提示计划（2014—2016）》也仅仅是提到要为残疾学生提供个别化教育和康复训练，加强学生的个别化教育。

（四）美国特别为出生到两岁的身心障碍儿童，要求拟定《个别家庭服务计划》，我

---

① 《江苏省学前教育条例》[EB/OL]. http://jcjy.jsjyt.edu.cn/Html/Article/1440/.

② 《江苏省残疾人保障条例》[EB/OL]. http://www.law-lib.com/law/law_view.asp?id=405157.

国台湾地区在早期干预的立法并未提及，而我国大陆地区在相关的立法中也没有提及，只是强调要注重家庭在早期干预中的重要性，《残疾人教育条例》指出特殊幼儿家庭是早期教育的重要实施者。

（五）美国在早期干预政策和法案中的相关规定保障了家长的参与权，这一点是我国大陆地区早期干预政策中所欠缺的。家长在对特殊幼儿的诊断评估阶段和为障碍儿童制定《个别化教育计划》和《个别化家庭服务计划》中都是有参与权的。在早期干预中，家长的参与不仅可以让专业人员对特殊幼儿的评估和干预更加准确和有效，还可以加强家长对于早期干预和教育的重视程度，使早期干预能够更有效地开展。在我国大陆地区的早期干预政策和法律中对于家长参与权没有明确的规定，一些家长的参与意识也不强，所以可能导致对特殊幼儿的早期干预计划的制定和实施达不到切实的效果。

（六）对于特殊幼儿的转衔服务，美国特别强调从医疗照顾转衔至早期干预服务，及从早期干预服务转衔至特殊或普通教育学前服务。在学前身心障碍婴幼儿转衔服务方面，我国台湾地区也重视转衔工作，但是立法没有美国明确。中国虽然在特殊教育的相关法律中没有提及，但也逐渐认识到转衔工作的重要性。在《中国残疾人事业"十二五"发展纲要》中特殊幼儿学前教育具体政策措施中提到："建立多部门联动的0～6岁残疾儿童筛查、报告、转衔、早期康复教育、家长培训和师资培养的工作机制，鼓励和支持幼儿园、特教学校、残疾儿童康复和福利机构等实施残疾儿童学前康复教育。"

中国亟须制定相关的早期干预政策和法律法规，特别需要关注以下几个方面[①]：

首先，制定并完善立法和相关的制度，特别是早期发现、早期通报、转介和早期干预、个案发展追踪等，确定的相关部门义务和权责；早期干预服务专业人员的资质规定和服务标准等；不同部门之间的沟通协作的机制和相关规定等。

其次，明确相关的早期干预服务项目的财政支持政策，按照不同地区的发展和需要，按照早期干预的服务对象、服务年限、服务类型等给予相应的政府财政支持，包括对于现有的服务人员的培训，家长培训项目、干预设施的购置和改建以及实施服务过程中的各种人力物力的支出。

再次，建立公共服务和公共教育体系，就特殊幼儿的特征和需要等对公众进行教育普及，并提供科学综合的服务信息，包括早期发现的一些检核表、早期干预服务提供的机构信息、早期干预的相关知识和方法等。

最后，加大早期干预的研究，特别是适应我国文化的评估工具、特殊幼儿课程的开发，另外还需要结合医学、社会学、教育学、心理学等，对我国早期干预的体系建构、社会服务体系，以及各种相关的人员的资质标准、有效的早期干预方法和策略等问题进行深入研究。

第二节 美国早期干预政策

美国整个特殊教育的发展史，也是其特殊教育立法发展的历史，美国的早期干预政

① 苏雪云.美国早期干预政策及启示[J].社会福利，2011，2：34－35.

策也是在20世纪60～70年代在专业人员团体、家长团体的推动下逐渐得以发展的。美国的立法体系为英美法系，除了成文法，其判例法也是非常重要的组成部分，同时美国又是联邦制国家，特殊教育包括早期干预相关的立法权都在州政府，当然联邦也有自己的相关政策和方式来确保特殊婴幼儿的权益。

一、起步阶段

从20世纪50年代末开始，美国反对种族隔离和争取民权的运动开始出现，并逐渐蔓延到教育领域。20世纪60年代至70年代，美国越来越多的家长和倡导者认为残疾儿童同样有机会进入学校接受平等的教育，从而促使美国联邦政府出台相关法律法规和政策来保障残疾儿童的受教育权利。这是美国早期干预政策的起步阶段。

（一）《初等与中等教育法》(Elementary and Secondary Education Act，简称ESEA；PL. 89－10)

在60年代之前，美国只有一些较为零散、不成系统的特殊教育政策法规，没有专门针对特殊教育的法案。20世纪60年代，一些心理学家在儿童智力发展方面取得的研究成果成为发展儿童早期干预和补偿性教育的重要理论依据。美国两位较具影响力的教育心理学家亨特(J. Mc Vicker Hunt)和布卢姆(Benjamin Bloom)分别于1961年和1964年出版了《智力和经验》和《关于人类个性的稳定与变化》两本书；他们在书中都不同程度地认为智力的发展很大程度上受环境的影响，而生命最初的四到五年是智力发展最快速的时期，产生的影响最持久①。美国联邦政府从这些理论中意识到如果能及时地对残障儿童进行早期干预和适当的教育，那么就有可能减轻甚至避免残障给这些儿童带来的严重后果，让他们有机会融入到正常社会中，同时也将减轻政府在保障残障儿童生活方面的经济负担。1965年，美国通过了《初等与中等教育法》(Elementary and Secondary Education Act，简称ESEA，也称为89－10公法)，该法案主要目的是保障全美中小学生的教育机会均等，并未包含残障儿童教育条款；1966年该法案进行修订，专门追加了残障儿童教育条款，规定各州及地方可以利用联邦拨款向所有残障儿童(包括残障婴幼儿)提供资助②。该法案的修订案设立了身心障碍教育局和全国身心障碍儿童委员会，明确提出将身心障碍儿童作为该法案保护对象，并且规定了确切的拨款金额，不但在行政上保证了法案的实施，也在财政上给予了充分的支持，对美国特殊教育的发展起到巨大的作用③。

开端计划(Head Start Program)就是由该法案设置的，它是从1965年开始实施的面向低收入家庭的儿童发展计划，也是迄今为止美国历史上规模最大、历时最长的儿童早期保育和教育项目，被誉为美国学前教育的“国家实验室”，对美国幼儿教育产生了十分重要的影响。开端计划是美国联邦政府对处境不利儿童进行教育补偿，以追求教育

---

① 贾珀尔·L·鲁普纳林，詹姆斯·E·约翰逊.学前教育课程[M].黄瑾，等，译.上海：华东师范大学出版社，2005，9：74－76.

② 石丽娜，王小英，刘秒杞.美国联邦政府残障儿童早期干预政策的发展及启示[J].学前教育研究，2013，12：3－10.

③ 赵蕴楠.美国特殊教育法案的发展与影响研究[D].大连：辽宁师范大学，2012：10.

公平，改善人群代际恶性循环的一个早期儿童项目。1972 年，国会同意开端计划所招收的儿童中至少 10%是有发展障碍儿童，这使发展障碍儿童的学前教育得到了法律保障。这 10%的儿童应包括以下类别：智力障碍儿童、听力障碍儿童、言语障碍儿童、视觉障碍儿童、肢体障碍儿童、有慢性病的儿童以及学习障碍儿童。1995 年，开端计划又把服务对象延伸到 3 岁之前的婴儿、幼儿及怀孕妇女，成立了开端计划早期项目（Early Head Start）。开端计划由此成为美国目前规模最大的学前教育计划[①]。

（二）《残疾儿童早期教育援助法》（Handicapped Children's Early Education Assistance Act, PL. 90－538）

虽然之前美国的《初等与中等教育法修正案》规定各州及地方可以利用联邦拨款向所有残障儿童，但是各州的实施情况并不乐观；1968 年，美国国会颁布了《残疾儿童早期教育援助法》（Handicapped Children's Early Education Assistance Act，即 90－538 公法），主要目的是为 0～6 岁残障儿童找到合适和有意义的教育方式，并为残障儿童早期教育项目提供相关信息和指导[②]。不久之后，该法案又被称为第一个机会的服务系统（the First Chance Network）[③]，联邦政府还为“第一个机会的服务系统”等实验中心及其示范干预模式提供资助；这些项目开发、检验并宣传了针对有发展障碍的幼儿和高危儿童的干预和教育评估问题[④]，试图通过早期干预让障碍儿童最大可能得到像同龄正常儿童一样的发展水平。

（三）《残疾人教育法》（Education of the Handicapped Act，简称 EHA，PL. 91－230）

考虑到相关残障儿童立法过于零散，联邦政府对此进行整合，美国总统尼克松在 1970 年 4 月 3 日签署《残疾人教育法》（*Education of the Handicapped Act*，简称为 EHA，又称为 91－230 公法），形成了一个在美国历史上颇具影响力的联邦特殊教育法案。

该法案是针对身心障碍儿童，专门为身心障碍儿童的教育设置的一个方案。该法案规定联邦政府要对各州政府补助特教经费，以帮助各州政府办理身心障碍儿童的各种特教方案；它规定为了扩大对身心障碍儿童提供各种服务，联邦政府必须设立各种特殊教育服务中心；规定设立盲聋儿童服务中心；规定加强身心障碍儿童的早期教育；首次提出要办理加强特殊教育的研究，并且首次规定要为学习障碍的儿童设置特殊教育方案等[⑤]。这个法案为美国特殊教育的发展提供了科学的导向。

（四）《康复法案》（Rehabilitation Act，PL. 93－112）

1973 年，美国通过《康复法案》（*Rehabilitation Act*，即 93－112 公法）。PL93－112 第 504 条专门针对消除对障碍者的歧视问题进行了规定，要求不能以残疾为理由将儿童排斥在任何接受了联邦财政援助的课程和活动之外，明确每一个障碍者都应该享有

---

① 姚艳杰，许明. 美国开端计划的发展、问题与走向[J]. 学前教育研究，2008，4：55－59.
② 石丽娜，王小英，刘秒杞. 美国联邦政府残障儿童早期干预政策的发展及启示[J]. 学前教育研究，2013，12：3－10.
③ 何华国. 特殊幼儿早期疗育[M]. 台北：五南图书出版公司，2005：57.
④ 韩同美. 法律保障下的美国特殊幼儿早期干预[J]. 南京特教学院学报，2009，03：5－10.
⑤ 赵蕴楠. 美国特殊教育法案的发展与影响研究[D]. 大连：辽宁师范大学，2012：10－12.

相应的教育和工作机会，得到住所并可以顺利出入公共建筑，所以，这些具体的法规又被俗称为“轮椅需求”（Wheelchair Requirement）；该法案在规定州政府必须在给正常儿童提供学前教育服务的同时，应该为有发展障碍的儿童提供相应的学前教育服务，还要求学校为那些有发展障碍的儿童在教育教学上作必要的调整，如延长完成作业的时间、安排特殊的座位等[①]。

二、发展阶段

从20世纪60年代到70年代初期全美接受特殊教育的特殊幼儿人数虽然逐年增加，但是到1975年初，美国中小学特殊幼儿中只有50%接受特殊教育[②]，100万特殊幼儿完全被排除在公立学校体系之外。被安置在普通班的特殊幼儿和学生因为人们的不接纳态度和学校内支持系统和服务的缺乏而不能进行充分和有效的学习；财政投入不能满足特殊幼儿的教育需要；联邦和州有关特殊幼儿教育的法律施行困难[③]。特殊幼儿的早期干预和教育的实施和发展难以得到法律的保障。为了改变这种情况，美国的早期干预法律政策进入发展阶段。

（一）《全体残障儿童教育法》(Education for All Handicapped Children Act, PL. 94-142)

1975年美国福特总统签署了《全体残障儿童教育法》(*Education for All Handicapped Children Act*，即94-142公法)，以保障残疾儿童的教育权益，规范学校中的特殊教育。此法案规定各州如果想得到联邦政府的经费资助，就必须为所有3—21岁障碍儿童和青少年提供免费、适当的公立教育，并为障碍儿童的教育确立了六项基本原则[④⑤]：

1. 零拒绝(zero reject)

禁止学校将任何一个特殊幼儿排除在公立的义务教育之外。必须为所有障碍儿童提供免费而适当的公立教育。

2. 非歧视性评估(nondiscriminatory evaluation)

在安置于特殊教育方案之前，每一个儿童须经充分的个别评估。其采用的测验须和儿童的文化及语言背景相符合，且每三年须重新再做评估。

3. 个别化教育方案(individualized education program, IEP)

必须为接受特殊教育的每一个障碍学生拟定个别化教育方案。在此方案中须描述其目前的成就水平、年度的学习目标、欲提供的特殊教育服务，以及用以评鉴成果的程序。学生要参加州和学区的评估，定期向家长汇报学生的进步、受益情况，为有碍自己或他人的学习行为提供积极的干预，进行不断的研究。

4. 最少限制环境(least restrictive environment)

根据美国多年来的研究表明，障碍儿童如果尽可能地在正常班级中学习，障碍儿童

---

① 张福娟，杨福义．特殊幼儿早期干预[M]．上海：华东师范大学出版社，2011，05：25．
② 赵蕴楠．美国特殊教育法案的发展与影响研究[D]．大连：辽宁师范大学，2012：14．
③ 于松梅，侯冬梅．美国《障碍者教育法》的演进及其特殊教育理念[J]．辽宁师范大学学报(社会科学版)，2008，31(4)：78-80．
④ 何华国．特殊幼儿早期疗育[M]．台北：五南图书出版公司，2005：57．
⑤ 赵蕴楠．美国特殊教育法案的发展与影响研究[D]．大连：辽宁师范大学，2012：33-35．

的教育就有可能更为有效。所以，学校应该尽可能地让障碍儿童与正常儿童一起接受教育，除非儿童严重的障碍使得他在得到了必要的特教辅导和支持服务之后，在普通班级中学习仍有困难，一般不能让特殊幼儿离开普通班。

5. 适当核查程序(due process)

适当的核查程序是确保教育决策公正与专业人员及家长权责清楚(accountability)的一套法律程序。通过这些程序，当家长不同意学校为其子女所拟定的教育计划时，可以要求召开公听会，以获得从学校系统之外的合格评估人员的个别评估，或采取其他行动确保家人与儿童有渠道可以为其利益和关切发声。具体包括：诉讼听证会、法庭申诉、告知家长。诉讼听证会，通常是有审理员来处理，在审理期间，家长与学校都可以聘请律师，提供证据并检验证明，无论哪一方败诉，都可以向州教育机构提出请求重新审理，加入州级的听证会败诉，还可以向联邦法庭和州法庭起诉，要求再次召开听证会。法庭申诉，是指当家长在听证会上败诉时，向法庭提出申诉，可以上诉到最高法庭。告知家长，是指学校应向特殊幼儿的家长通知关于他们孩子的决定。尽管法律保障程序给家长和学校提供了相互检查和监督的机会，但该法案还是主张采用对抗性较少的方法。

6. 家长参与(parental participation)

个别化教育方案的研拟须有家长的参与，且他们有权去接触其子女的教育记录。关于学生接受的特殊教育，家长和学生本人都有一系列的合法权益。例如，有权了解特殊教育计划的内容，有权要求学校保护学生的教育档案、学习记录和成绩等私人资料，若校方需要改变学生现有的个别教育计划，必须征得家长与学生本人的同意，才可执行。

该法律为所有的残疾儿童接受免费的合适的公共教育提供了保障，使得这些儿童的父母有权利同当地的学校机关协同解决残疾儿童接受教育的方式等问题。该法案在美国历史上第一次真正保证了所有的有发展障碍的儿童都可以获得免费而且适当的公立教育，是美国特殊教育发展的里程碑，它为美国特殊教育事业的发展提供了有力的经济保障和法律支持。

(二)《全体残障儿童教育法修订案》(the Amendment to the Education for All Handicapped Children Act, PL. 98 - 199)

1983年的《全体残障儿童教育法修订案》(the Amendment to the Education for All Handicapped Children Act，即98 - 199公法)对《全体残障儿童教育法》做了许多扩充性的规定，与学前残障儿童有关的有下面两项①：

1. 允许运用在“学前奖补助款”项下的联邦经费，去鉴定与服务三岁以下的残障儿童。

2. 投入州的补助款以发展并执行综合性的计划，以提供从出生开始所有残障儿童的早期教育。

(三)《残疾人教育法修订案》(Education of the Handicapped Act Amendments, PL. 99 - 457)

由于《全体残障儿童教育法》实施多年以来，各州政府对于残疾婴儿与幼儿提供的

---

① 何华国.特殊幼儿早期疗育[M].台北：五南图书出版公司，2005：59.

早期介入服务有很大差距，引起部分国会议员的抱怨和不满[①]，所以1986年美国国会对《全体残障儿童教育法》做出修订，制定了《残疾人教育法修订案》(Education of the Handicapped Act Amendments，即99-457公法)，该法案为了满足学前障碍儿童的教育需要，特别规划出两个服务范畴[②]：

1. 学前范畴(preschool component)

它是具有强制性的。它要求根据该法案接受经费补助的各州，必须为所有3～5岁障碍儿童拟定个别化教育方案，以提供免费适当的学前教育与相关服务。

2. 婴儿范畴(infant component)

它是自愿性的。它可根据各州的奖补助款，协助设置跨单位委员会(interagency council)，以确保能为0～3岁或者说是从出生到2岁的障碍儿童，拟定"个别化家庭服务计划"，进行有计划、协调良好的服务。

同时，该修订案规定，要为0～3岁的特殊幼儿提供特殊服务，任何3岁以下的幼儿，如果通过专业人士的适当的测试与鉴定，在一个或几个认知、身体发育、社会和情绪或适应领域有发展迟缓就需要早期的干预性服务；另外，如有诊断性的生理或心理障碍，可能会造成发育迟缓的儿童，也需要进行早期干预[③]。

除此之外，修订案规定早期干预服务主要通过"个别化家庭服务计划"(Individualized Family Service Plan；IFSP)实施；所谓个别化家庭服务计划，就是在实施早期干预服务之前，每一个0～2岁残障婴幼儿及其家庭先要接受有关儿童的身体状况和特殊需要的综合评估，然后根据评估结果，由家长或监护人、心理学家、特殊教育教师、医生、营养师等人员共同制定面向不同残障婴幼儿及其家庭的综合性服务计划[④]。

《残疾人教育法修订案》是一项比以往更全面的婴幼儿教育法案，被称为"过去为残障儿童制定的法律中最重要的一个"，它从法律上确立了早期教育和干预对特殊婴幼儿的重大意义。

三、完善阶段

在该阶段，美国的早期干预法律政策更人性化，彰显出包容精神和融合教育理念。进入21世纪后，美国颁布的早期干预的法律政策不仅关注教育的公平，更加注重早期教育和干预的质量和水平。

(一)《障碍者教育法案》(Individuals with Disabilities Education Act，简称IDEA，PL. 101-476)

1970年的《残疾人教育法》(EHA或91-230公法)，其中的第二部分是经过1975年94-142公法的全盘修正，成为《全体残障儿童教育法》，经过1986年对其增加残疾

---

① 赵蕴楠.美国特殊教育法案的发展与影响研究[D].大连：辽宁师范大学，2012：14-15.
② 何华国.特殊幼儿早期疗育[M].台北：五南图书出版公司，2005：59-60.
③ 韩同美.法律保障下的美国特殊幼儿早期干预[J].南京特教学院学报，2009，03：5-10.
④ 石丽娜，王小英，刘秒杞.美国联邦政府残障儿童早期干预政策的发展及启示[J].学前教育研究，2013，12：3-10.

婴幼儿部分，使其成为《残疾人教育法修订案》①。1990年，美国国会通过101－476公法，将《残疾人教育法》改名为《障碍者教育法》，也就是将“The Education of the Handicapped Act（EHA）”改为“The Individuals with Disabilities Education Act（IDEA）”，将略带贬义的“handicapped”更改为偏向中性的“the individuals with disabilities”，更人性化。法案增加了两个残障类别：自闭症（autism）和创伤性脑损伤（traumatic brain injury），要求加强对这两类残障婴幼儿的早期干预；同时承诺为注意力障碍学生提供服务。该法案也明确提出为婴幼儿服务，为0～3岁残障儿童或有发展迟缓儿童建立广泛的、多学科的、跨机构的、合作的服务系统和为3～5岁学龄前儿童提供服务，还提出增加“转衔服务”（transition services）内容。特殊幼儿的教育计划不仅包括0～2岁特殊婴幼儿的个别化家庭服务计划（IFSP），而且包括3～15岁学龄儿童的个别化教育计划（IEP），并且还增加了对残障个体的“转衔服务”的安排，当残障学生年满16岁时，必须考虑该学生离校后的衔接发展方向；对于某些16～21岁的特殊学生，在高中阶段如果他们就已经完全在职业机构工作，那么，“个别化转衔计划”（Individualized Transition Program，ITP）就可以取代“个别化教育计划”；在相关教育服务中增加了康复咨询和社会工作等多项服务和康复领域②③；服务范围拓展到所有教学安排，包括特殊教育班级，还有工作场所和训练中心。

此外，这个法案还特别强调④：

1. 促进与改进身心障碍或具有发展迟缓危险性的儿童的早期鉴定措施。

2. 促进身心障碍或具有发展迟缓危险性的婴儿，从医疗照顾转衔至早期干预服务，及从早期干预服务转衔至特殊或普通教育学前服务。

3. 促进对辅助科技（assistive technology）器具与服务的运用。

4. 促进对出生前承受母亲药物滥用问题的儿童的早期干预和学前需求的了解。

（二）《美国障碍者法案》（Americans with Disabilities Act of 1990，简称ADA，PL. 101－336）

美国国会也在1990年7月通过了《美国障碍者法案》（Americans with Disabilities Act of 1990，简称ADA，也称为101－336公法），该法案保障了所有残疾人士全面参与美国社会，为残疾人提供民法保护，禁止就业、公共安排以及公共服务的歧视。对于早期教育，它最有意义的内容是规定了儿童有获得儿童照料和参与社区休闲娱乐项目的权利。在这一法案的积极推动下，一些以治疗和补偿教育为主的早期儿童干预项目已经启动，并且成为降低儿童发展问题数量和程度的主要渠道⑤。

（三）《障碍者教育法修订案》（Individuals with Disabilities Education Act Amendments，即IDEA修订案，PL. 105－17）

1997年的《障碍者教育法修订案》（*Individuals with Disabilities Education Act*

---

① 赵蕴楠. 美国特殊教育法案的发展与影响研究[D]. 大连：辽宁师范大学，2012：15.

② 于松梅，侯冬梅. 美国《障碍者教育法》的演进及其特殊教育理念[J]. 辽宁师范大学学报（社会科学版），2008，31(4)：78－80.

③ 肖非. 美国特殊教育立法的发展——历史的视角[J]. 中国特殊教育，2004，3：91－94.

④ 何华国. 特殊幼儿早期疗育[M]. 台北：五南图书出版公司，2005：61.

⑤ 韩同美. 法律保障下的美国特殊幼儿早期干预[J]. 南京特教学院学报，2009，03：5－10.

Amendments，即 IDEA 修订案；也称为 105－17 公法）被认为是 1975 年以来最重要的特殊教育法修订案，它对 1990 年的《障碍者教育法》的内容重新进行了划分和调整，《障碍者教育法》的第八部分“障碍婴幼儿”条款变成了《障碍者教育法修订案》的第三部分，显示出对障碍婴幼儿早期干预的重视。该修订案规定州政府必须办理 3～5 岁阶段的学前特殊教育，国会授权联邦政府拨款辅助各州政府办理出生至两岁阶段身心障碍婴儿与幼儿的早期干预方案①。该修订案还凸显出融合教育理念，提出尽最大可能在“自然环境”中，也就是在“家中”和“有正常儿童参与的社区”中，进行出生至两岁障碍婴幼儿的早期干预服务②。

联邦教育部在 1999 年 3 月公布了 IDEA 修订案的施行细则。其中与早期干预有关的内容是 IDEA 修订案第三部分的施行细则，其全称是“身心障碍婴儿与幼儿早期介入方案”（The Early Intervention Program for Infants and Toddlers with Disabilities）。该施行细则的目的：(1)由联邦政府拨款补助各州政府以维持并执行“全州性，综合性，协调性，各种专业人员参与及各机构参与，而对身心障碍婴儿及幼儿及其家庭提供早期干预服务的体系”；(2)促成来自联邦政府、州政府、地方政府及私人（包含公私立保险机构）如何支付早期干预服费用的协调；(3)增进州政府提供早期干预服务的能力，以及扩大并改进已经存在的早期干预服务体系；(4)增进州政府机构、地方机构与服务提供者对于历史上低出现率的族群，特别是少数民族，低收入户，住在大都市内部，及住在乡村地区的人民，对其身心障碍婴幼儿加以鉴定、评量，及配合其需求的能力；该施行细则对《障碍者教育法案》修订案的服务对象的界定，早期干预服务的要求和服务项目，个别化家庭服务计划（IFSP）的内容，为办理全州性早期干预服务体系而成立的领导机构，州政府各机构之间设立的协调委员会（State Interagency Coordinating Council，简称为 SICC），各州所规划的全州性早期干预方案体系的内容等进行了详细的说明，该施行细则涉及的内容非常全面，使身心障碍婴幼儿的早期干预服务具有较高的可操作性③。

（四）《不让一个儿童掉队法》（No Child Left Behind Act，简称 NCLB，PL. 105－17）

2001 年 1 月 23 日，美国总统布什公布了《不让一个孩子掉队法案》的教育蓝图。2002 年 1 月 8 日，布什总统正式签署《不让一个儿童掉队法》（No Child Left Behind Act，简称 NCLB，也称为 105－17 公法），这是一项旨在提高全美中小学教育质量，缩小不同背景、种族儿童学业差距的教育改革法案，核心任务是所有的学生在 2014 年之前，阅读和数学必须达到熟练的程度。《不让一个儿童掉队法》是 1965 年以来美国最重要的中小学改革法，是一份 1 000 多页的庞大法律文件，主要内容包括：(1)建立中小学教育责任制；(2)给地方和学校更大的自主权；(3)给儿童的父母更多的选择；(4)保证每一个儿童都能阅读；(5)提高教师质量；(6)检查各州学生的学习成绩；(7)提高移民儿童的英语水平④。

---

① 赵蕴楠. 美国特殊教育法案的发展与影响研究[D]. 大连：辽宁师范大学，2012：17.

② 石丽娜，王小英，刘秒杞. 美国联邦政府残障儿童早期干预政策的发展及启示[J]. 学前教育研究，2013，12：3－10.

③ 赵蕴楠. 美国特殊教育法案的发展与影响研究[D]. 大连：辽宁师范大学，2012：18－31.

④ 余强. 美国《不让一个孩子掉队法》的实施近况和问题[J]. 世界教育信息，2004，11：15－19.

在法案中，政府承诺要保证每个儿童在三年级时能够阅读，为实现这一目标，政府启动了一项名为“阅读领先”行动项目；该项目注重最初年级的阅读教育，如果州实施定位于幼儿园到二年级科学研究的综合阅读项目，那么在新的“阅读领先”（Reading First）项目下可以获得资助；此外，“阅读领先”还有一个补充项目“儿童早期阅读行动”，参加“阅读领先”项目的州将可能选择获得另一个项目的资助，即新的“早期阅读领先”（Early Reading First）项目，在学前教育包括先期教育中心（Head Start Centers）中，开展以研究为主的“阅读前方法”（Pre-reading Methods）的实验。“阅读领先”行动建立在研究成果之上，对低年级以科学为基础的阅读教学计划进行投资；保证更多的儿童接受有效的阅读教学，意味着更多的孩子能在落后太远之前得到帮助；随着由于在关键的早期没有接受适当的阅读教学而被诊断为需要接受《障碍者教育法案》服务的学生人数不断减少，这项行动还将减少各级政府的支出负担①。

《不让一个儿童掉队法》实施以来一直是美国民众热议的话题，评价褒贬不一。尽管争议不断，但教育专家所达成的一个共识是，《不让一个儿童掉队法》迫使学校将重点放在了少数族群儿童、贫困儿童和残障儿童等弱势儿童的进步上，这是史无前例的。

（五）《障碍者教育促进法》（Individuals with Disabilities Education Improvement Act of 2004, PL. 108－446）

2004年，美国总统布什签署了108－446公法，将《障碍者教育法案》更名为《障碍者教育促进法》（Individuals with Disabilities Education Improvement Act of 2004，即108－446公法）。《障碍者教育促进法》对《障碍者教育法案》的内容再次进行了修订，它是目前美国修订的最新的一项与早期干预最密切的法案。该法案的目的是通过家长参与、提高绩效责任、减少文本工作等做法促进特殊幼儿教育。

该法案具体规定了13种障碍类型，包括自闭症、聋—盲、聋、情绪紊乱、听力损伤、智力障碍、多重障碍、肢体损伤、其他健康损伤、特定学习障碍、言语与语言损伤、外伤性脑损伤、视力损伤（包括盲），增加了“发展迟缓”概念的界定标准，使得按照原先的13种障碍类型的规定无法获得早期干预服务的儿童也可以获得相应的服务；对早期特殊教育教师的资质提出了更高的要求，进一步强调了家长的权利和义务，让家长在特殊幼儿早期干预中的作用得到了保障和提升；也对早期特殊教育服务两个阶段间的衔接做出了新的规定②。

《障碍者教育促进法》体现出美国早期特殊教育立法注重科学性和发展性，注重提高教师专业素质，强调多学科协作。这部法案还对早期干预所应产生的效果进行了描述③：

1. 促进残疾婴幼儿的发展，使儿童发展滞后的可能性降低到最小的程度，并充分认识儿童在3岁前脑发育的重要性。

---

① 美国《不让一个孩子掉队》法案[EB/OL].［2012－12－13/2014－8－18］. http://wenku.baidu.com/link?url=NLBhhoOG3sSJyfRkgacQ4HBWQucZyET5r9bNQdicGyMPNnXHSwzGwIcXcexWxvct2wWWgvoakC_IHgoeCO4eUqb00DxdXo1JWEiKom4H7cy.

② 苏雪云，托比·朗.美国早期特殊教育立法与实践新进展[J].2009(1,2)：82－85.

③ 韩同美.法律保障下的美国特殊幼儿早期干预[J].南京特教学院学报，2009，03：5－10.

2. 通过减少为残疾婴幼儿及达到入学年龄的儿童提供的特殊教育及其相关服务，来为我们的社会包括公立学校节省教育成本。

3. 最大化地保证残疾人今后能在社会上独立生存。

4. 提高家庭满足家中婴幼儿特殊需要的能力。

5. 提高各州、地方部门以及服务人员对所有儿童进行鉴定、评估并满足他们需要的能力，尤其是对居住在大城市内贫民区的低收入家庭的儿童、农村儿童以及收养院的婴幼儿。

奥巴马出任美国总统后，为进一步拓展对障碍儿童的扶助，更加有效地实施对0～2岁障碍婴儿和幼儿的早期干预服务，2011年9月6日美国教育部公布了《障碍者教育法案》的新细则，这些细则将有助于评估和提高障碍婴儿和幼儿的各项能力。对此奥巴马宣布“未来将继续采取行动帮助所有儿童学习和成长，并开设必要课程，使他们能够掌握各种工具，在学校内外都取得成功。”①

第三节 我国台湾地区早期干预政策

我国台湾地区跟大陆地区有着相同的文化根源，其早期干预相关的政策及其实施对于大陆地区政策的完善和发展是很值得借鉴的。台湾地区经过专业团体、家长团体多年的努力已经建构了相对完善的早期干预体系和法律系统。台湾地区称早期干预为“早期疗育”，本节中保留台湾地区文献中的这一概念。

一、概况

台湾地区的特殊教育始于19世纪末，英国长老会牧师 William Cambel 在台南教堂内设立训盲院，招收盲人学生，之后改称为台南盲哑学校。台湾的特殊教育行政体系及制度的建设离不开法律的支持和保障。1968年，台湾地区颁布了《九年国民教育实施条条例》，第十条规定：“对于体能残缺、智能不足及天才儿童，应施以特殊教育或予以适当就学机会。”1984年颁布的《特殊教育法》使台湾的特殊教育蓬勃发展起来。

20世纪80年代以前，在教会慈善组织支持下的学前残障儿童的照顾和训练机构才得以在台湾的部分县市展开少量服务。台湾早期干预的全面推展和普及始于1991年，以教育行政部门发布的《发展与改进幼儿教育6年计划》、《发展与改进特殊教育五年计划》为标志，在计划中早期干预是实施的重点之一，教育部等行政主管机关应积极整合教育(包括特殊教育和幼儿教育)、医疗、卫生、社政等单位，并督促各县市政府相关单位落实“及早发现、及早诊断和及早治疗”②。

在之后的二十余年，台湾地区当局相继颁布了如《儿童福利法》(1993年)、《儿童福

① 石丽娜，王小英，刘秒杞.美国联邦政府残障儿童早期干预政策的发展及启示[J].学前教育研究，2013，12：3－10.

② 曹纯琼，刘蔚萍.早期疗育[M].台北：华腾文化，2006：1－11.

利法实施细则》(1993年)、《身心障碍者保护法》(1997年)、《儿童及少年福利法》(2003年)、《儿童及少年福利法实施细则》(2004年)、《特殊教育法》(1997年修订、2001年修订、2005年修订、2009年修订)等一系列的法律法规①。

这些法律法规使台湾早期干预的发展得到了有力保障。接下来将介绍三部具有代表性的法律法规《特殊教育法》、《身心障碍者保护法》和《儿童及少年福利法》,这三部法律被称为台湾地区早期干预的三大法令,内容涉及早期干预多个方面,如早期干预对象的定义、发现与通报、安置措施、早期干预内容、早期干预行政以及专业人员的培育与任用,是比较全面的。

二、主要相关法律法规

(一) 特殊教育法

1984年,台湾颁布了第一部专门针对特殊教育的法律——《特殊教育法》,这部法律是我国台湾地区特殊教育发展的一个里程碑,它让各类身心障碍和资质优异儿童接受适时教育的权利得到保障,使其身心潜能得到最大限度的发展。此后,该法律经过了4次修订,更为注重保障特殊人群的权益,梳理了服务特殊幼儿少年的理念,开创了团队作业的早期疗育模式②。在这部法律中特殊教育对象包括身心障碍和资质优异者。身心障碍,包含了智能障碍、视觉障碍、听觉障碍、语言障碍、肢体障碍、身体病弱、严重情绪障碍、学习障碍、多重障碍、自闭症、发展迟缓及其他显著障碍。

在2004年修订的《特殊教育法》③中第七条规定:特殊教育的实施分为学前教育阶段、国民教育阶段、国民教育阶段完成后三个阶段,其中学前教育阶段,在医院、家庭、幼儿园、托儿所、特殊幼儿园(班)、特殊教育学校幼稚部或其他适当场所办理。

第八条规定:学前教育及国民教育阶段之特殊教育,由直辖市或县(市)主管教育行政机关办理为原则。

第九条规定:各阶段特殊教育之学生入学年龄及修业年限,对身心障碍国民,除依义务教育之年限规定办理外,并应向下延伸至三岁,于本法公布施行六年内逐步完成。这强调了特殊幼儿早期干预的重要性。

第十七条规定:为普及身心障碍儿童及青少年的学前教育、早期疗育及职业教育,各级主管教育行政机关应妥当规划加强推动师资培训及在职训练;特殊教育学校(班)、特殊幼儿园(班)设施之设置,应以适合个别化教学为原则,并提供无障碍之学习环境及适当之相关服务。

第二十五条规定:为提供身心障碍儿童及早接受疗育的机会,各级政府应由医疗主管机关召集,结合医疗、教育、社政主管机关,共同规划及办理早期疗育工作;对于就读幼儿教育机构者,得发给教育补助费。

---

① 曾红,雷江华.台湾地区特殊幼儿早期疗育的发展之路[J].现代特殊教育,2011,10:42-44.

② 曾红,雷江华.台湾地区特殊幼儿早期疗育的发展之路[J].现代特殊教育,2011,10:42-44.

③《特殊教育法》[EB/OL]. http://wenku.baidu.com/link?url=cLId8rUZihP62_s_gZJozd7qYQBnwf2R8UNdNrosxjyFrQArGSQ8gUe8pWwl-BpZA923WLqrdm6HWK5_Ta-7hx1R3Yv45rAyG9pSER4LBXy.

《特殊教育法施行细则》[①]于 2003 年 8 月 7 日修订通过，它对于《特殊教育法》中的一些条例进行了更详细的补充说明和规定。《特殊教育法施行细则》中第三条对《特殊教育法》中第七条中提及的“特殊幼儿园”和“特殊幼儿班”做出了详细的说明：“特殊幼儿园，指为身心障碍或资赋优异者专设之幼儿园；特殊幼稚班，指在幼儿园为身心障碍或资赋优异者专设之班。”

第六条规定：“为办理身心障碍学生入学年龄向下延伸至三岁事项，直辖市、县(市)政府应普设学前特殊教育设施，提供适当之相关服务。直辖市、县(市)政府对于前项接受学前特殊教育之身心障碍学生，应视实际需要提供教育补助费。”

第七条指出：“学前教育阶段身心障碍儿童，应以与普通儿童一起就学为原则。”

第十八条对《特殊教育法》中提及的“个别化教育计划”做出了具体的说明：个别化教育计划，指运用专业团队合作方式，针对身心障碍学生个别特性所拟定的特殊教育及相关服务计划，其内容应包括下列事项：

1. 学生认知能力、沟通能力、行动能力、情绪、人际关系、感官功能、健康状况、生活自理能力、国文、数学等学业能力之现况。

2. 学生家庭状况。

3. 学生身心障碍状况对其在普通班上课及生活之影响。

4. 适合学生之评量方式。

5. 学生因行为问题影响学习者，其行政支持及处理方式。

6. 学年教育目标及学期教育目标。

7. 学生所需要之特殊教育及相关专业服务。

8. 学生能参与普通学校(班)之时间及项目。

9. 学期教育目标是否达成之评量日期及标准。

10. 学前教育大班、国小六年级、国中三年级及高中(职)三年级学生之转衔服务内容。

转衔服务应依据各教育阶段之需要，包括升学辅导、生活、就业、心理辅导、福利服务及其他相关专业服务等项目。参与拟定个别化教育计划之人员，应包括学校行政人员、教师、学生家长、相关专业人员等，并得邀请学生参与；必要时，学生家长得邀请相关人员陪同。

(二) 身心障碍者保护法

自从台湾地区的《残障福利法》在 1980 年颁布以来，经历了十一次修订工作，其中最大变革有两个阶段，即 1997 年经更改完善后改名为《身心障碍者保护法》和 2007 年改名为《身心障碍者保护法权益维护法》[②]。

台湾教育行政部门于 1995 年举行了身心障碍教育会议之后发表了《身心障碍教育报告书》，其中明确提出今后特殊教育的努力目标：建立特殊婴幼儿通报系统，并试办

---

① 《特殊教育法施行细则》[EB/OL]. http://wenku. baidu. com/link? url = pao4il--aupHJg4e9yxStqDvi4shdlaeXOr7dFiIvhNbc2w82J1gld1-BWv4IYNHyO8kcuxDCR0TzQdWG-IAXLJZS_-od5wrNDeFeLZIeEa.

② 检视我国台湾地区身心障碍福利政策与法案之历史进程与变革[EB/OL]. [2012 - 6 - 29/2014 - 7 - 9]. http://www. docin. com/p-432448085. html.

学前特殊幼儿评估中心和转介系统;试办3～5岁早期疗育(干预)中心;两年内办理普及、免费化的5岁学前特殊幼儿教育,并在私立机构或偏远地区以教育代金方式补助5岁学前特殊幼儿;该报告书对特殊幼儿早期干预的年龄范围、实施模式和经费等进行了明确的规定,有力地推动了学前特殊幼儿早期干预的发展①。

在1997年修订的《身心障碍者保护法》②中与早期干预相关的法律条文有以下几条:

第十四条:为适时提供疗育与服务,卫生主管机关应建立疑似身心障碍六岁以下婴幼儿早期发现通报系统。

第十五条:各级主管机关及目的事业主管机关应建立个别化专业服务制度,经由专业人员之评估,依身心障碍者实际需要提供服务,使其获得最适当之辅导及安置。前项个别化专业服务制度包括个案管理、就业服务、特殊教育、医疗复健等制度;其实施由各级主管机关及目的事业主管机关依各相关法规规定办理或委托、辅导民间办理。

第十七条:中央卫生主管机关应整合全国医疗资源,办理婴幼儿健康检查,提供身心障碍者适当之医疗复健及早期医疗等相关服务。各级卫生主管机关对于安置于学前疗育机构、相关服务机构及学校之身心障碍者,应配合提供其所需要之医疗复健服务。

第二十四条:各级政府应设立及奖励民间设立学前疗育机构,并奖励幼儿园、托儿所及其他学前疗育机构,办理身心障碍幼儿学前教育、托育服务及特殊训练。

(三) 儿童及少年福利法

台湾在2003年5月28日颁布新《儿童及少年福利法》,并于2004年6月2日将原来的《儿童福利法》和《少年福利法》废止;新《儿童及少年福利法》共六章75条,在原来两部法律的基础上更加健全和完善了少年、儿童的基本福利制度③,对发展迟缓儿童的通报、救助、治疗、早期疗育等提供了法律支持和经济保障。这部法律的原则是:维护儿童及少年的身心健康,提高父母及监护人的责任感,保障儿童及少年福利。

《儿童及少年福利法》④中第四条规定"政府及公私立机构、团体应协助儿童及少年之父母或监护人,维护儿童及少年健康,促进其身心健全发展,对于需要保护、救助、辅导、治疗、早期疗育、身心障碍重建及其他特殊协助之儿童及少年,应提供所需服务和支持";第十九条规定"直辖市、县(市)政府,应鼓励、辅导、委托民间或自行建立发展迟缓儿童早期通报系统,并提供早期疗育服务";第二十条提出"政府应规划实施3岁以下儿童医疗照顾措施,必要时并得补助其费用。前期费用之补助对象、项目、金额及其程序等之办法,由中央主管机关定之";第二十二条指出"各类儿童及少年福利、教育及医疗

---

① 张福娟,杨福义.特殊幼儿早期干预[M].上海:华东师范大学出版社,2011,05:31.

② 《身心障碍者保护法》[EB/OL]. http://www.chinalawedu.com/news/1200/23155/23157/23192/23214/2006/4/pa0821242533242460023072-0.htm.

③ 任万兴,崔巍岚,折喜芳.我国台湾地区行政法论[M].兰州:甘肃人民出版社,2006,08:413-414.

④ 儿童及少年福利法[EB/OL]. http://wenku.baidu.com/link?url=Hn4wqSRtpMQIR1nzfrtNazQFbXkj_2rR7G0Z8uvLX3UJnH7cvgbqIGpb77nikOggdxaQcAQb6JWrs2FCIX4y-aIZk-6ad-5a6bkUgq7r1s_.

机构，发现有疑似发展迟缓儿童或身心障碍儿童及少年，应通报直辖市、县(市)主管机关。直辖市、县(市)主管机关应将接获数据，建立档案管理，并视其需要提供、转介适当之服务”；第二十三条指出“政府对发展迟缓儿童、应按其需要，给予早期疗育、医疗、就学方面之特殊照顾。父母、监护人或其他实际照料儿童之人，应配合前项政府对发展迟缓儿童所提供之各项特殊照顾。早期疗育所需之筛检、通报、评估、治疗、教育等各项服务之衔接及协调机制，由中央主管机关会同卫生、教育主管机关规划办理”；第三十条规定“任何人对儿童及少年不得有利用身心障碍或特殊形体儿童及少年供人参观之行为”；第五十条规定“早期疗育机构属儿童及少年福利机构之一”。

《儿童及少年福利法施行细则》于 2004 年 6 月 3 日颁布，它是依照《儿童及少年福利法》第七十四条规定而制定，对于《儿童及少年福利法》中的一些条例进行了更详细的说明和规定。《儿童及少年福利法施行细则》①第五条和第六条分别对“早期疗育”和“发展迟缓儿童”的含义做出了详细明确的说明。第五条指出：“本法所称早期疗育，指由社会福利、卫生、教育等专业人员以团队合作方式，依未满六岁之发展迟缓儿童及其家庭之个别需求，提供必要之治疗、教育、咨询、转介、安置与其他服务及照顾。经早期疗育后仍不能改善者，辅导其依身心障碍者保护法相关规定申请身心障碍鉴定。”第六条指出：“本法所称发展迟缓儿童，指在认知发展、生理发展、语言及沟通发展、心理社会发展或生活自理技能等方面，有疑似异常或可预期有发展异常情形，并经卫生主管机关认可之医院评估确认，发给证明之儿童。经评估为发展迟缓儿童，每年至少应再评估一次。”第七条对《儿童及少年福利法》中的第二十二条的内容做出了更详细的规定：“直辖市、县(市)政府为及早发现发展迟缓儿童，必要时，得办理儿童身心发展筛检；发现有疑似发展迟缓儿童时，应依本法第二十二条规定建立档案管理，并视其需要提供、转介适当之服务。”

(四) 其他相关法律法规

1. 幼稚教育法

台湾地区的《幼稚教育法》是在 1981 年制定的，2003 年 6 月 25 日修订颁布。《幼稚教育法》②第二条规定“幼稚教育系指四岁至入国民小学前之儿童，在幼稚园所受之教育”。第三条指出：幼稚教育之实施，应以健康教育、生活教育及伦理教育为主，并与家庭教育密切配合，达成下列目标③：

(1) 维护儿童身心健康。

(2) 养成儿童良好习惯。

(3) 充实儿童生活经验。

(4) 增进儿童伦理观念。

(5) 培养儿童合群习性。

---

① 儿童及少年福利法施行细则[EB/OL]. http://wenku. baidu. com/link? url = zyLT4OTFKu76b6MNi8GtEHMyWnH _ DAgra4L4ZGvplavydjRbkl1TN5UlxWGK36fMf _ QJP1q57ZGKYsiFdDa1gBqnLLn4X9BHWE6rddGCF5G.

② 幼稚教育法[EB/OL]. http://wenku. baidu. com/view/313573d4240c844769eaee5d. html.

③ 何华国. 特殊幼儿早期疗育[M]. 台北: 五南图书出版公司, 2005: 53 - 54.

2. 幼稚教育法施行细则

《幼稚教育法施行细则》[①]于2002年8月30日修订通过，其中第四条规定“幼稚园之教学应依幼稚教育课程标准办理，如有实施特殊教育之必要时，应报请主管教育行政机关核准后，设置特殊教育班级”[②]。

3. 地方规章

2002年4月，台北县政府为落实特殊教育向下延伸，达到早期发现、早期疗育的目的，特地制定了《台北县身心障碍及发展迟缓幼生优先就读公立幼儿园及学前特教班实施要点》。它对公立幼儿园和学前特教班的招生人数和招生对象进行了规定，在招生人数方面，公立学校招收领有身心障碍手册或持有卫生署指定的合格身心障碍鉴定医院所开具的发展迟缓证明（限六个月内开立者）的各类身心障碍幼儿，每班以三人为原则（普通班每班至多安置重度身心障碍或多重障碍学生一名，其他身心障碍学生则以三名为限），普通班每安置身心障碍及发展迟缓幼儿一名，可酌减该班人数一至三人；学前特教班学生人数每班以十人为原则；当招生人数不足时，得招收普通生，普通生与特殊生的比例至少为3∶1（一位特殊幼生搭配三位普通幼生，每班总人数不超过20人为原则）；在招生对象方面，公立幼儿园招收凡领有身心障碍手册或持有卫生署指定的合格身心障碍鉴定医院所开具的发展迟缓证明（限六个月内开立者），且设籍台北县或居留本县的外籍、华裔（护照、居留证）年满四足岁（依学龄计）至入国民小学前的身心障碍及发展迟缓幼儿；学前特教班招收符合上述条件的年满三足岁（依学龄计）至入国民小学前的身心障碍及发展迟缓幼儿；而且，该要点还指出：身心障碍及发展迟缓幼儿上课采以全日制为原则；公立幼儿园以融合教育方式，身心障碍及发展迟缓儿童与普通儿童一起接受教育，并根据幼儿的特殊需要，提供不同的专业服务[③]。

2003年，桃园县政府为协助身心障碍幼儿在适宜性学习环境接受教学与辅导，以培养良好适应能力，落实早期疗育服务，特制定《桃园县学前身心障碍幼儿特殊教育实施要点》，规定设籍该县年满3岁至未满6岁的身心障碍幼儿（含发展迟缓幼儿），并领有身心障碍手册或本县早疗指定评估医院开具的发展迟缓诊断证明书的幼儿应该接受特殊教育；其实施方式有：（1）设置学前特教班，妥善安置学前幼儿；自足式特教班（启智、启聪班），服务对象为年满3岁以上障碍程度较重之身心障碍幼儿，每班以服务于十名为原则；巡回资源班，服务对象为就读本县公立幼儿园普通班且未接受特教班服务之身心障碍幼儿，每班以服务十至三十名为原则；（2）开设学前融合教育；各公私立学前教育单位（公私立幼儿园）接纳学前身心障碍幼儿接受幼儿教育；公立幼儿园招收年满3岁以上领有本县鉴辅会评估适合安置普通班证明之身心障碍幼儿，每园以普通班班级数计算，每班以招收二名为原则，且每招收一名身心障碍幼儿，该班普通幼儿招收人数减少一名；私立幼儿园招收年满3岁以上身心障碍幼儿，名额由

① 幼稚教育法施行细则[EB/OL]. http://news.9ask.cn/fagui/twflfgk/201002/335787.html.

② 何华国.特殊幼儿早期疗育[M].台北：五南图书出版公司，2005：50.

③ 台北县身心障碍及发展迟缓幼生优先就读公立幼儿园及学前特教班实施要点[EB/OL].[2012-2-25/2014-8-08]. http://www.doc88.com/p-003808551280.html.

各园自行决定(每招收一名幼儿,依规定补助教育经费);政府需不定期访视或评鉴,以评估执行成效;对办理成效卓著之公私立幼儿园相关人员,政府视绩效给予奖励。[①]

2004年,台中市为发展迟缓儿童早期疗育服务,特设置台中市发展迟缓儿童早期疗育推动委员会,并制定了《台中市发展迟缓儿童早期疗育推动委员会设置要点》。该会的任务如下[②]:

1. 发展迟缓儿童早期疗育政策咨询及服务系统规划之审议。
2. 发展迟缓儿童早期疗育整合性专业团队制度之审议。
3. 发展迟缓儿童早期疗育服务资源整合之审议。
4. 其他与发展迟缓儿童早期疗育服务有关之倡导及协调事项之审议。

➢本章小结

特殊婴幼儿早期干预的发展离不开早期干预政策和法律法规的支持和保障。虽然在改革开放之后,我国特殊教育立法发展得较为迅速,但是由于起步晚、起点低,还有很大的发展空间。政策是基于一定的政治制度和经济条件的产物,必须要立足我国的国情和不同地区的实际情况,制定和完善相关的立法,以促进我国早期干预的可持续性的良性的发展,保障我国数量巨大的特殊婴幼儿及其家庭的权利。

➢关键术语

早期干预政策　学前康复教育　个别化家庭服务计划　个别化教育计划　转衔服务

➢讨论与探究

1. 美国和我国台湾地区的早期干预政策存在哪些异同?
2. 从美国和我国台湾地区的早期干预政策中,可以得到哪些启示?
3. 如果你来进行中国的早期干预政策的修改和完善,你会从哪些方面进行?

➢进一步阅读的文献/网站

http://www.health.ny.gov/community/infants_children/early_intervention/.

http://atto.buffalo.edu/registered/ATBasics/Foundation/Laws/civilrights.php#504.

http://idea.ed.gov/.

IDEA 2004 [EB/OL]. http://www.doe.mass.edu/sped/IDEA2004/.

Early Childhood Development [EB/OL]. http://www.acf.hhs.gov/programs/ecd.

---

① 张福娟,杨福义.特殊幼儿早期干预[M].上海:华东师范大学出版社,2011,05:32.

② 台中市发展迟缓儿童早期疗育推动委员会设置要点[EB/OL].[2014-12-08/2014-8-08]. http://www.110.com/fagui/law_11229.html.

National Head Start Association. http://www.nhsa.org/

The National Early Childhood Technical Assistance Center. http://NECTAC.org/.

台湾地区特殊教育资讯网. http://www.spc.ntnu.edu.tw/.

台湾地区发展迟缓儿童早期疗育协会. http://www.caeip.org.tw/.

第二部分　早期干预的实施过程

早期干预是一个系统，从早期发现、早期评估到做出决策，制定方案和开展教育干预等，需要不同的主体之间的协作，也需要从系统的层面上给与有效的支持，儿童和家庭才能获得相应的服务。这一个环节是目前我们国家亟须进行建构和完善的部分。不同部门不同学科之间的合作，服务方案/项目的运作、服务的提供方式以及服务的效果等等都是这一个部分进行论述的内容。我们需要反思如何探索适合我国国情和文化特征的早期干预服务的整个体系。

第四章

早期干预的服务体系

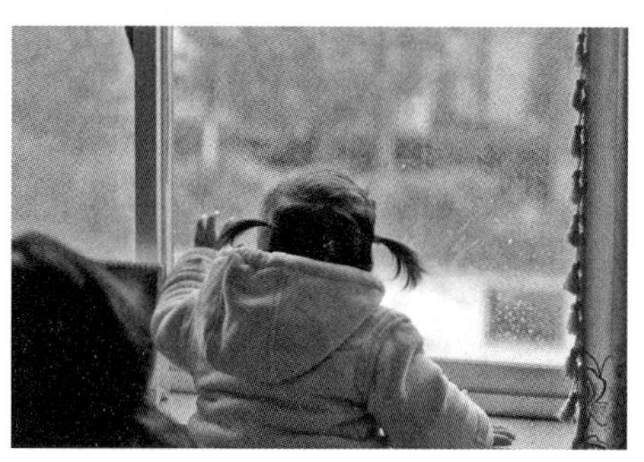

早期干预不仅仅是理论和实践、内容和技术，真正有效的早期干预必须建立一个良性的生态系统，需要宏观上的政策保障，需要具备专业能力的早期干预者，需要家庭的参与，需要不同学科、不同部分的协作，请思考一下你了解的我国0～6岁的早期干预体系的状态是怎样的?

通过本章的学习，你能够

- 理解不同早期干预服务理念；
- 了解早期干预中的服务协调人的角色和作用；
- 早期干预服务方案设计的整体流程；
- 了解早期干预服务的运作方式，以及如何对早期干预的效果进行评价。

本章内容索引

第一节　早期干预的服务理念

早期干预的实践来源于不同的理论基础，而从更为宏观的角度来看，在不同的地域、文化、体制下早期干预服务的提供方式、内容等是基于不同的服务理念的，即使在同一个国家，不同的早期干预项目，基于不同的理念，会提供不同类型的早期干预服务。这里会分析医疗模式、教育模式和社会(整合)模式，这三种模式并不是截然对立的，只是为了分析的便利性来进行区分，每一种模式在它的情境下都有其优势，也都有跟其他模式进行结合共同发展的需要。

一、早期干预的医疗模式

医疗系统，通常是最早发现有明显特征的障碍婴幼儿的地方，甚至有一些早期干预和介入是在婴儿出生之前就开始的。有效的早期干预必须有医疗和卫生部门的参与，特别是一些特定的障碍，通常需要医疗康复服务。

而在我国，大部分的筛查和诊断工作是由医疗系统来实施和完成的，而且也可以为需要医疗服务的特殊婴幼儿提供早期的医学照料。在国外，医疗模式中，一般由医生及相关专业人员如护士、职能治疗师、物理治疗师、言语语言治疗师、儿童发展心理学家，社会工作者以及辅助技术的技术人员等，组成一个多学科团队，以不同的服务提供形式（详见第 9 章），为高危、身心障碍或者重症新生儿提供早期介入。医疗模式基于医学研究的基础，由专业团队提供，具有自己的特点和优势，包括反应快速、高科技、专业化以及对婴幼儿的状况和进展持续的监控等。但医疗模式也有自己的缺点，比如无法反映儿童及其家庭的全部需要，特别是考虑家庭成员优先希望解决的问题，同时在儿童教育和发展的需求上可以提供的服务有限，而且目前即便医学发展迅速，很多的障碍和缺陷还是无法完全治愈，因此如果过度依赖医疗治疗，特殊婴幼儿的“残障”却无法被“治愈”，则医疗模式的困境也就出来了。因此，医疗与教育团队的共同合作，“医教结合”或许能营造一个支持特殊幼儿与其家庭需求的更高效的早期干预团队。

另外，对于障碍的观念，也在不断地发展中，越来越多的医疗工作者意识到，不能把障碍仅仅当作是一个医学问题，原先的障碍的医学模式里，过于关注诊断和治愈，会把“某个障碍”等同于儿童本身，而忽略儿童作为一个独立丰富的个体存在的其他优势和需求。

二、早期干预的教育模式

正如前面提到的早期特殊教育是早期干预的重要内容，也是早期干预实施的重要形式。不同的儿童发展理论以及不同的实践中归纳出不同的教育模式。以被称为特殊幼儿之王的自闭谱系障碍儿童的教育干预模式来看，就已经有上百种，包括以行为分析导向的应用行为分析（ABA）、关键反应训练（PRT）等，发展导向的人际关系发展干预法（RDI）、社会交往、情感协调和动态支持模式（SCERTS model）等，强调结构化的结构化教学（TEACCH）和辅助沟通（AAC）等以及临床导向的音乐治疗、艺术治疗和言语语言治疗等。有学者把教育模式归纳为以下几种：

1. 儿童发展模式

儿童发展模式是“自然成熟”论的代表，认为当儿童在发展上准备好去学习时，则将会自然地发展与学习。依照这样的理论，干预人员的角色是相对比较被动的。他们的角色是根据儿童的发展水平和需要去准备与提供发展上合适的材料，但并不直接干预。学习环境通常会设置各种有趣的区角诸如“娃娃家”、“图书角”，包括充满各种有趣的、适合儿童的身高和手部尺寸的材料的绘画区等，而儿童可以自行选择他们想要去的活动区角，并在里面游戏。

曾经有人认为此模式并不适合较重度与弥散性发展障碍的儿童。但随着融合的实践，强调考虑特殊婴幼儿如何融入其他同年龄儿童的环境，诸如亲子游戏活动、早托班、幼儿园等，也开始重新思考儿童发展模式的价值，特别是如何平衡儿童的自然发展、儿童主导和儿童的兴趣，与干预人员/教师的引导和支持的关系等。

2. 蒙台梭利模式

此模式是由玛丽·蒙台梭利（Maria Montessori）（1964）发展的最初为智力障碍儿童设计的教育模式。蒙台梭利模式相信在一个安排良好的环境内，儿童将自然会学习。蒙台梭利教师非常强调各种学习材料的精心安排，通过各种逐渐增加复杂度的材料而构成的一个良好的环境，而且强调在儿童接触这些材料时，让他们可以按照自己的速度学习，通过操作材料来发展各项技能。在此模式中，教师扮演催化剂的角色，教师要细心观察儿童和儿童的表现，然后判断他们对较困难或者更高一级能力的任务的准备度。蒙台梭利模式被发现在不少发展领域，比如语言、知觉动作表现及对作业的专注等，可以促进儿童的积极发展。

3. 认知模式

认知互动模式包含了皮亚杰关于儿童发展的心理学观点，也融合了很多其他教育与心理学者的观念，重视幼儿与环境以及儿童的遗传因素与成熟之间的互动关系。一般会将环境安排成各种不同的活动或学习中心，为儿童提供丰富多彩的游戏和学习机会。儿童的成熟通过操作的活动和持续语言的互动而获得增进，其重点是学习思考和解决问题。教师扮演积极的角色，去鼓励儿童尝试新事物，并探询儿童的经验，但教师不会介入儿童的行为去避免儿童的失败，失败被视为重要的学习方面，并且也被看作是激励学习的重要因素。这一模式非常重视语言和认知的发展，并且由于其关注环境与儿童的互动，适应不同表现程度的儿童的能力，因此常被用于特殊幼儿的学前教育，特别是学前融合教育。

4. 应用行为分析模式

在特殊幼儿教育方案中，应用行为分析模式应该是被运用最广泛的一种，依据行为理论，这一模式具有高度结构与组织性的特征，并强调对于行为的观察和管理，也强调资料和数据的收集。一般来说，根据对儿童的行为的观察，特定的行为会被作为改变的目标，并采用示范、提示、削弱、连续训练步骤、逐步修正、连续接近的强化等方法加以教导。当早期干预服务机构运用此模式时，儿童成功的表现标准需要给出可以量化的设定，而资料/数据收集是对儿童的发展和进步进行评测的重要策略，也是教师的例行工作。当儿童已经熟练了习得的行为，则持续提供练习的机会，以确保习得的行为能够保留下来。此模式强调，所有儿童不管障碍程度如何皆能习得，即便是重度障碍的儿童，确实也有很多个案显示行为分析模式可以帮助重度障碍儿童进行技能学习，而且新的行为理论也越来越强调自然环境、儿童主导等因素。

5. 活动本位模式

活动本位模式目前在早期干预或者特殊幼儿教育领域受到了很多的关注，因为儿童的学习和发展时常是在日常生活的活动中发生的，这一模式是以发展性学习模式为基础，其主要的观点是：第一，儿童直接的与社会文化环境的互动和相互影响很重要；第二，学习者主动参与的需要很关键；第三，通过让儿童从事功能性及有意义的活动，以增进儿童的学习和发展。儿童个人的目标与学习结果是和自然发生的活动相结合，而这些活动可能是由儿童引发或干预人员特别安排的。活动本位模式是一个高度的互动模式，自然发生的事情被用作先行事件或后果，以协助儿童发展功能性与较高层次的认知能力，在这点上，其实也借用了行为模式的优势，同时为确保儿童是在进步，干预工作既和课程本位评估相结合，又提供一系列的活动，让儿童有机会练习他们正学习的东西。

6. 生态发展模式

生态发展模式对于环境和儿童发展的重要因素的强调，使得这一方案特别考虑到个体的差异和个体的需求，因此不仅仅是早期干预，在很多大龄的中重度身心障碍儿童的干预方案中也会采取生态或功能模式。这一模式对于重度或者多重障碍的儿童来说，主要是考虑到，第一，他们在泛化与运用已习得的内容解决新问题的能力方面严重受限；第二，他们学习的速率远远慢于没有障碍的同伴；第三，教育应着重在他们目前和未来，有效表现适应功能所需要的技能上。生态模式的课程十分关注增进学生自立与生活品质的技能，如日常生活技能、职业技能、休闲技能、沟通技能以及和非残障同伴的互动能力。至于教学活动场所安排也非常生态化，一般安排在将用到这些技能的场所中去进行教学，在教学中综合运用各种直接教学的技术与示范教学，来教授儿童学习对于他们生活非常必需的技能。但因为一般特殊婴幼儿课程着重的许多基本的发展指标，就儿童当时的年龄而言，这些发展指标也皆属于功能性的能力，但教师可以与家庭密切合作，为儿童提供基于社区、基于家庭的各种资源的生态化的早期干预服务。

三、早期干预的社会(整合)模式

对于障碍的观念从医疗模式逐渐发展到社会模式。社会模式的主要观点有二：其一，残疾问题是人权问题。任何对残疾人有意或无意的歧视，其本身就是对基本人权的侵犯。其二，残疾问题是社会和发展问题。残疾人所遭遇的困难主要不是残疾导致的，而是社会造成的，是不健康的社会态度与政策共同造成了对残疾人的普遍的社会排斥与隔离①。也有学者提出整合模式，就是需要考虑到残障个体的努力和社会的支持两部分。

而早期干预的社会(整合)模式，也是寻求将医疗模式的优势、教育模式关注个体的发展与生态环境等相结合之余，关注整个社会(社区)的支持和资源，即早期干预不仅仅只是针对特殊婴幼儿个体的康复和治疗，也不仅仅局限于家庭和学校的自然环境下的早期经验的优化，还需要基于社区和社会的总体资源，为儿童创造一个更积极更接纳的心理发展环境，为儿童提供融入社区生活，与典型发展同伴互动和沟通的机会等，使得早期干预最终可以为儿童未来有意义的成人生活奠定基础。要真正实现这样的整合模式，一方面需要政策和制度上的保障，以及社会大众积极地看待障碍和早期干预；另一方面也需要社区内的各个主体的相互协作，以及各种人力、物力资源的保障等。

第二节　早期干预服务项目与方案

早期干预服务通常会由不同的机构/主体依据不同的服务理念来设计自己的项目或者方案，在美国，政府、大学相关的专业(如特殊教育系的早期干预部、自闭症医学和干预康复专业等)、民间的非政府组织、社区等都可能会合作为相关的特殊婴幼儿提供相应的服务，比如"开端项目"，也包括一些专门为特定的障碍类型提供服务的项目。这

① 汪海萍.以社会模式的残疾观推进智障人士的社会融合[J].中国特殊教育，75(9)：6-10.

些项目，一般而言会有自己的经费来源，以及自己的服务目标人群，然后会有自己的早期发现(招募)程序，然后进行评估和制定方案，为儿童提供相应的早期干预服务，并进行定期的审核和再评估等工作。而我国大陆地区，医院、残联下属的康复中心、公办早教中心以及普通幼儿园的特殊班、民办的早期干预或康复机构等基于自己的理念为特殊婴幼儿提供相应的服务，很多地区会有政府补贴，但远远不能满足家庭在早期干预上的经济投入需要，一般都是会从对儿童评估开始，制定计划方案，进而实施，但总体上缺乏一个从0岁起，到幼儿园阶段，到小学阶段的连续服务的体系。

一、服务项目/方案设计

早期干预服务项目的内涵是指某一主体或几个主体协作为特殊婴幼儿提供早期干预服务的整个系统，一般会有自己的经费保障(包括向家庭收费、政府资助等)，有专业的团队会开展可持续的早期干预服务。项目的内容要大于方案，而方案可以是这一个主体(机构)所选择的某一组儿童或者某个儿童的符合其发展需要的服务内容和具体实施的计划等。每个服务项目其整体的设计必须是基于服务理念的，也就是这个项目遵循的基本原则，包括对于儿童发展以及如何促进儿童发展的理解，然后理念决定这一服务主体的物理环境的创设、选取的课程/活动，以及采取的教学策略和方法等后续的方案设计，包括是否会为特殊婴幼儿提供转衔服务、提供家庭指导等内容。

同样的，不同的项目如何发现儿童，如何招募儿童进入到项目，如何对儿童进行评估，服务如何提供等，也都是不尽相同的。在我国，这还是一个急需进行研究和规范的领域，即服务项目/方案本身的科学性和专业性的标准和监督体制的建构。

一般而言，服务项目/方案设计的流程如下图，图4-1描绘了服务理念作为最上位，对整体的服务的设计在各个环节都会起着引导和规范的作用，而发现儿童后，评估是非常关键的，在评估的基础上开展方案设计和运作。当然我们还需要从经济学和儿童发展等方面对整个服务项目的有效性进行及时的评价。

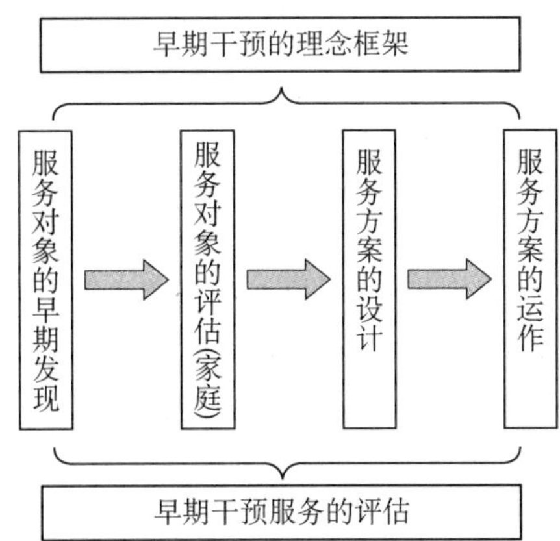

图4-1 早期干预项目/方案设计的流程和要素

下面从家庭为中心的服务项目、机构为中心的服务项目以及家庭/机构结合的服务项目三类来谈谈各自的特征和优缺点。

1. 家庭为中心的早期干预服务项目

这类项目的理念依据在于家庭是家庭成员和儿童共同活动最自然的自然环境(natual enviorment),家庭的参与、家庭优先考虑的事项、家庭的资源等对于儿童的发展非常关键。但家庭为中心的干预项目成效取决于家庭的资源、家长的受教育程度以及家长对儿童的养育态度,也取决于专业人员是否提供高质量的指导(coaching)和支持。

一般而言,特殊婴幼儿主要由照料者在家中提供服务,早期干预人员到家中去提供辅导(针对特殊婴幼儿和家长),这一模式比较适用于0～3岁等小年龄的特殊婴幼儿,或者家庭交通不便、资源限制等情况。我国还很少开展类似的服务,主要由于目前我国还缺乏早期干预家访以及可以提供家长专业辅导的专业人员,也由于我国目前还缺乏相关的政策和经济保障等。

家庭为中心的早期干预服务项目有着很多被研究和实践证明的优势:包括特殊婴幼儿与家长的交往互动比较自然,习得的技能较容易迁移;相比机构或者干预中心的环境(儿童接触较多,对于幼儿容易交叉感染一些疾病)有助于维护特殊幼儿的健康;可以按照家庭的时间安排来进行计划,比较不容易干扰特殊婴幼儿和家人的日程活动;方案设计合理规范的话以家庭为中心的服务更具规律性;在专业指导下,家庭充分参与干预活动的可能性更大;干预人员通过评估和观察,可以给家长提供建议,有机会协助改善特殊幼儿的环境,以促进其发展等。因此家庭为中心的早期干预服务还是非常值得推行的,特别是针对小年龄的儿童。我国义务教育阶段有"送教上门"的服务形式,对于早期的特殊婴幼儿,特别是0～3岁阶段,妇幼保健以及相关的部门也在积极探索家庭为中心的服务项目。

当然,家庭为中心的服务也会有一些缺点,比如特殊幼儿缺乏与同龄同伴的社会交往的机会,因此现在很多项目会考虑从家庭到社区的拓展;另外就是家长只面对自己一个孩子,家长没有明显的参照对比,很难及时发现儿童的进步幅度和发展速度等;家庭的态度对干预效果起着重要影响,而且家庭成员间的养育一致性影响很大,特别是我们大陆地区的大家庭模式,这一点更为突出;另外就是家长缺乏与其他家长沟通交流的机会,当然随着技术发展,目前有很多网络交流平台可以弥补这一缺陷,包括QQ群、微信平台等。

2. 机构为中心的干预服务项目

机构一般是有组织有计划的场所,通过专业人员协作,为特殊婴幼儿提供系统综合的支持,可以强化教育对特殊幼儿的发展。一般而言,机构的教育干预会以集体的形式进行干预,或者以小组(5人以上到12人左右)的形式进行干预,根据儿童的年龄和障碍类型的不同,小组的大小也会不同,另外也会根据儿童的需求开展一些一对一的个别强化服务。在中国大陆,目前机构为中心的服务项目类型有残联下属的康复中心设立的早期干预服务项目(可能会有专门针对某一种类型障碍的项目,比如自闭症早期干预的服务项目、脑瘫儿童早期康复项目等)、普通幼儿园下属的特殊教育班(在上海市每个区会有一所幼儿园设特教班,一般而言为混龄、不同障碍类型儿童在一个班级,15人以下)、民办的早期干预机构(自闭症较多)、医院等系统的早期干预服务项目等。也有家长会选择两类机构混合的个案,比如半天在普通幼儿园普通班,半天到民办机构个训或者小组干预,或者每周1～2天幼儿园,2～3天机构等方式。机构一般是以日托式为主,国外也有个别寄宿制，但很少。国外由于有立法保障，符合特殊教育（早期干预）服务资格要求的儿童，机构会为儿童制定个别化教育计划或个别化服务计划（详见第六章），并且和其他专业人员配合进行个别化的早期干预。

机构为中心的早期干预服务项目的优点在于：可以有更多机会接触早期干预的团队，获得更多专业人员的建议和指导；家长有机会和其他家长分享经验，相互支持；特殊幼儿有更多的模仿机会和社会交往机会；同时也降低了早期干预服务的成本；同样机构模式无论采取哪种服务理念，都有机会为特殊幼儿创造更适当的特殊化的学习环境，提供积极的早期干预经验，通过改善儿童与环境、儿童与同伴的互动，来促进儿童的发展。但是，机构为中心的项目也有一定的局限，比如很多机构的教学家长是不参与的，相对家庭为中心的服务项目，有时会限制了家长直接参与教学和亲子关系的强化；另外良好的机构项目需要多方面的专家团队，对教师资质要求高，需要经济投入和保障。当然随着政府的关注和投入的增加，以及对机构的资质和从业人员资质的关注，对家庭参与和家长培训的重视，这些局限也会慢慢得到改善。

3. 家庭与机构混合的干预服务模式

国外大部分采用的是这一模式，将前两者结合，一方面可以有组织有计划地对儿童进行强化教育，同时通过家访、家庭指导等与自然的家庭环境干预结合，更有利于儿童的发展。一般而言，小年龄的儿童的干预主要会在家庭进行，由专业人员进行家访和指导，到 18 个月前后会每周去中心接受若干时间的服务，随着年龄增加，逐渐增加在中心的时间，而中心的活动内容和服务内容，与家庭进行及时、积极的沟通，这样在家庭中也可以进行强化和练习。这一模式在我国尚在起步阶段，0～3 岁的早期干预其实大部分都是家庭主导的，家长在寻求各项服务，因此很多机构也在开始探索如何将机构干预和家庭服务结合。

混合模式的优点在于，一方面家长也可以直接介入机构干预的过程，在与机构协作的过程中家长会不断成长，培养更有效的技能来促进自己孩子的发展；另一方面通过家长和教师、专业人员紧密合作，使得课堂教学和家庭教育有机结合，都将双方资源进行优化，促进儿童的进步和发展。可能存在的缺陷是如果家长配合度低，不能坚持家庭的强化训练，可能影响干预效果。

二、转衔服务

在特殊教育政策比较完备的国家和地区，转衔服务通常都是纳入立法的。因此也会有专业的团队在明确的标准和规范下为特殊婴幼儿提供相应的服务，通常对于特殊婴幼儿来说，有两个很重要的转衔，第一个是正式进入幼儿园，也就是从 0～3 岁到 3～6 岁的服务项目的过渡，第二个是从幼儿园毕业进入小学阶段的学习，就是我们说的幼小衔接服务。当然每一个儿童在其成长过程中还会有个体的需要，每当从不同的教育干预场所到新的场所，其实都是需要一些特定的转衔服务，使得儿童可以顺利渡过特殊时期。“转”意味着从一个阶段/场所到另一个阶段/场所，而“衔”的含义在于连接顺利，这就需要不同主体的共同协作和努力。

一般而言，有立法和人员保障的话，转衔服务都是会在时间节点/场所转化前 3～6

个月就开始，召开个别化服务的会议，由家长和专业人员、来自不同的机构/场所的服务人员和管理者一起来根据儿童的现状和发展目标、家庭的资源等来讨论如何帮助儿童更好地实现转衔。比如自闭症的儿童，对于环境的变化非常敏感，在进入幼儿园前，如果可以让家长带儿童参观未来的班级，拍摄一些幼儿园和班级以及带班的照片在家中熟悉，了解幼儿园的日程安排和要求，通过模拟和社会故事等来帮助儿童熟悉新环境。同样新环境内如果可以多一些结构和视觉提示，对于自闭症幼儿适应幼儿园学习也是很有帮助的，最初的时候可以由家长稍微陪伴一些时间，或者带一件熟悉的物品在情绪低落的时候提供抚慰。而从幼儿园到小学的衔接，也同样需要提早进行，小学的课堂常规等完全不同，也可以通过参观、模拟课程等来帮助儿童适应小学阶段的学习，最重要的是幼儿园和小学的教师之间进行沟通，共同支持自闭症儿童幼小衔接。

补充阅读材料 4－1

转衔服务(美国内布拉斯加州为例)[①]

在内布拉斯加州，根据联邦立法《障碍者教育法案》和内布拉斯加州的第52条法规，转衔服务是每个家庭必须获得的服务，家庭和团队在3岁(当年的8月31日前)需要一起讨论，转入3岁后的特殊教育/干预服务，从C部分到B部分的转衔(法案具体内容可以参照第三章，作者注)。

范例：

方案	行动	家庭决定
幼儿生日：11月1日	转衔会议必须要在其生日前三个月召开为家庭提供C部分和B部分不同的地方的相关信息。	家庭会最终作出决定，幼儿是要转到其他社区继续接受服务，还是转到B部分，然后决定应该在个别化家庭服务计划的转衔一页上注明。

个别化服务计划的转衔这一页里，还需要详细列出如何为儿童和家庭进行转衔的具体步骤和具体服务信息。

其他情形下，也可能需要转衔服务：

✓ 医院到家庭。
✓ 一对一干预到小组服务。
✓ 每周提供服务到每日提供服务；或者每日提供服务到每周较少频率的服务。
✓ 从家庭为基础的服务到机构为基础的服务(幼儿园)。
✓ 从生父母家庭到养父母家(或者相反)。
✓ 搬家到新的社区(州内或者州外)。
✓ 从个别化家庭服务计划到个别化教育计划。

① IFSPweb. Planning for Transition[EB/OL]. http://www.ifspweb.org/transition_planning.html.

转衔服务方案应该尽可能早的纳入个别化家庭服务计划，不要等待需要转的时候才开始，或者等到召开个别化家庭服务计划会议的时候才开始。

服务的连续性对于成功的转衔是非常必要的。

下面是转衔服务过程中家庭可能会焦虑担忧的问题：

✓ 对于未来的服务场所或者服务提供者缺乏足够的信息。
✓ 获得适当的服务类型和服务频率的机会。
✓ 家长在决策中的参与度。
✓ 当孩子需要从家庭到医院或者学校时，家长对于与儿童分离的焦虑。
✓ 明确家长在儿童下一个项目（干预场所）中的参与程度和角色。
✓ 明确一位主要联系人，可以协调安排整个服务。

早期干预转衔中一般可能要面对的问题：

✓ 不兼容的日程安排。
✓ 冲突的服务哲学/理念。
✓ 内容重叠/重复表格要填写。
✓ 对已经完成的评估信息缺乏信任/尊重。
✓ 不同的资格标准。
✓ 不清楚的期望/设想。
✓ 不同的机构/人员的文化/观念不同。
✓ 资金的损失（可能存在保险变化，美国早期干预服务很多是由医疗保险付费的，作者注）。

转衔服务应该要确保以下内容：

✓ 确保服务的延续和连续性。
✓ 尽量将少对现有家庭的生活系统的影响，做到最小化。
✓ 尽可能为儿童提供自然环境或最少限制的环境，促进儿童的功能发展和适应这些环境。
✓ 在转衔前和之后的服务协调者要明确。
✓ 不同项目之间、不同项目的计划、准备、实施和评估工作都要合作，并让家庭参与进来。

三、早期干预的联结系统

为了开展高质量的儿童早期特殊教育，更好地服务有特殊需要的年幼儿童及其家庭，联结系统（Linked System）被推荐用于指导搭建高质量的早期干预服务体系。联结系统包含四个核心服务环节：1）系统评估；2）目标选定；3）教育干预；4）效果评价。教育评估广泛应用于这四个环节。联结系统的四个环节的功能和目的如下：

1. 系统评估

在第一个环节——评估中，评估的方式种类包括筛查评估（screening）、服务资格审核（eligibility evaluation）和教育评估（programming assessment）。筛查评估是对儿童发展现状实施简单快捷的测量，通常只需10～20分钟，决定该儿童是否需要接受深入的全面发展评估。在筛查评估中表现出明显落后于同龄人发展水平的孩子，将被转介接受进一步的服务资格审核评估，判断是否需要接受早期干预服务。通过了审核评估被认定具备早期干预资格的儿童，则接受教育评估以帮助选定干预目标和制定干预方案。服务资格审核评估和教育评估目的有差异，前者是为了区分“发展正常”和“发展不正常”儿童，而后者则是为了全面评估儿童的功能水平。因此，前者通常采用标准化常模评估工具，而后者则往往使用“真实性”更强的课程本位评估工具（curriculum-based assessment），这两个步骤往往接踵而来，而两类评估工具均需要耗费大量人力、物力和时间，因此有学者提出弃用标准化常模评估工具，仅实施课程本位评估工具达到审核服务资格和制定干预方案两重目的①②。

2. 目标选定

联结系统中的第二个环节是根据儿童现有的功能性发展水平，选定最具有发展价值、最迫切的干预和教育目标，包括长期目标（goal）和相应的短期目标（objective）。在联结系统中，长期目标的选定直接指导和决定干预计划的制定。

3. 教育干预

在第三个环节——干预中，通过制定计划、选用干预策略和开展干预活动帮助儿童（及家庭）按时达到干预和教育的目标。目标是在前两个环节中选定的，尤其是从教育评估的结果得出的。因此，真实性程度高的教育评估是开展有针对性的个别化早期干预的首要基础。如果评估结果不具备有用性和普适性，那么选定的干预目标并非对儿童最有价值、处于“最近发展区”（维果茨基）的技能，据此制定的干预计划的预期难以达到支持儿童最佳发展的目的。

4. 效果评价

联结系统的第四个环节是评价干预的效果，及时作出调整以保证支持儿童的最佳发展。对干预效果的评价既包括持续不断、贯穿干预全过程的形成性评价（formative evaluation），也包括每个阶段对干预成效的终结性评价（summative evaluation）。在联结系统中，效果评价是联结其他三个环节（评估、目标选定、干预）的桥梁：运用课程本位评估工具或非正式的日常数据收集，可多次实施效果评价以记录儿童发展的轨迹，对照干预目标达标情况，根据进度调整干预计划。

国外也有很多成熟的课程本位的评估系统，并在早期干预中被广泛使用，比如评估、评价及干预计划系统（Assessment, Evaluation, and Programming System, AEPS），被评为最清晰、有效地联结评估与干预的工具③。AEPS 是一套达标评估模式的课程本位评估工具，用于评估 0～6 岁、有特殊教育需要的儿童在粗大运动、精细运动、社会沟通、认知、适应技能和社交六个领域的全面发展，AEPS－3 中即将增加两块与入学准备有关的领域：数学和读写能力。AEPS 的优点包括：1）在儿童日常生活、活动中开展评

① Bricker, D., Yovanoff, P., Capt, B., et al. Use of a curriculum-based measure to corroborate eligibility decisions [J]. *Journal of Early Intervention*, 2003,26(1):20－30.

② Macy, M., Hoyt-Gonzales, K. A linked system approach to early childhood special education eligibility assessment [J]. *Teaching Exceptional Children*, 2007,39(3):40－44.

③ Bagnato, S.J., Neisworth, J.T., Munson, S.M. Linking assessment and early intervention: An authentic curriculum-based approach [M]. 3rd ed. Baltimore: Paul Brookes, 1997.

估，反映儿童的真实表现；2)评估项目和课程内容强调功能性，即选取那些对儿童在适应环境和独立解决问题方面最为重要的技能；3)项目达标等级设置反映了儿童技能的形成过程或技能水平，而非仅测评单一的特定行为；4)对有障碍的儿童如何调整测试方式和评估指标提供了详细指导，具有良好的普适性。由于 AEPS 的以上优点，这套课程本位评估工具被推荐为具有优秀真实性(excellent authentic)(有用性和普适性)的学龄前特殊教育评估工具，应用广泛。

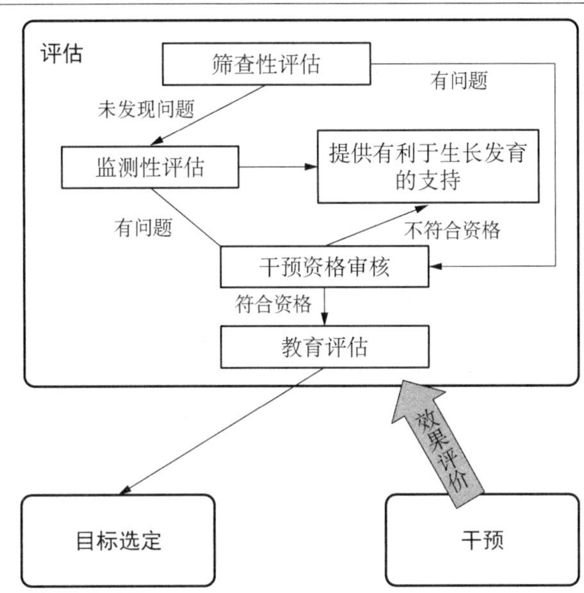

图 4-2 早期干预的联结系统

通过开展 AEPS 评估，可以系统地收集来自教师、家长等各种渠道的有关儿童发展水平的真实信息，全面、准确地了解儿童的发展现状和教育需要，评估结果直接指导干预目标的选定和干预计划的制定，并可通过开展多次评估追踪儿童在干预服务中的进步、评价干预的效果。国内已有学者开展 AEPS-3 的翻译、修订和引进工作，这对于发展我国学龄前阶段的特殊教育服务，提高早期干预的质量和效果，支持有特殊需要的儿童获得最佳发展，改善特殊幼儿及其家庭、社区的生活质量和发展前景，在科研和实践两个层面均具有深远的意义和巨大的价值。

补充阅读材料 4-2

通过课程本位和真实性评估来实现联结系统①

在美国，1997 年修订的障碍者教育法案就开始明确要求教育机构评估特殊学生的个别教育需求，制定可测量的年度教育目标，追踪并向家长报告学习

① Bricker, D., Capt, B., Pretti-Frontczak, K. Assessment, Evaluation, and Programming System for Infants and Children (AEPS) [M]. 2nd ed Baltimore, MD: Paul Brookes, 2002.

进步，而且当达不到期望的进步时要求对个别化教育计划进行修订。因此，强调真实性和课程本位的教育评估工具以其联结评估、干预儿童进步和课程方案的优点受到关注，美国的早期干预/早期特殊教育研究者和实践者纷纷开发了一批针对 0～6 岁幼儿的课程本位教育评估工具，包括 Assessment, Evaluation, and Programming System for Infants and Children（AEPS，评估、评价与计划系统），Adaptive Behavior Assessment System（ABAS，适应行为评估系统），Teaching Strategies（GOLD，教学策略），Hawaii Early Learning Profile（HELP，夏威夷早期学习剖面）等。2010 年，Bagnato, Neisworth 和 Pretti-Frontczak 对美国现有的早期干预/早期特殊教育评估工具及其相关研究进行了回顾整理，从可接受度（acceptability）、真实性（authenticity）、合作性（collaboration）、研究证据（evidence）、多源性（multifactors）、敏感度（sensitivity）、普适度（universality）和实用性（utility）八个维度逐一分析对照。在回顾的 87 种评估工具中，评估、评价与计划系统脱颖而出，在涵盖儿童发育全部能区的、普遍适用于任何组别儿童的评估工具中，是唯一在八个维度上均达到满意程度的。

AEPS 通过对 0～6 岁儿童的六个（AEPS－3 将增加为八个）能区的评估，干预人员可以选择合适的干预目标，来制定相应的个别化教育计划。例如，小明在六个能区的得分百分比分别为粗大运动 80%，精细运动 78%，社会—沟通 25%，认知 40%，适应技能 68%，社交 50%。根据干预周期一年、干预强度每周 4 小时的条件，可选取社会沟通能区长期目标 2 个、认知和社交长期目标各 1 个，以制定个别教育计划。在各能区中选取目标时，尽量选取位于儿童“最近发展区”的目标，即已经有少数短期目标评 1～2 分（开始表现这方面技能），但仍然有评 0 分的短期目标（需要努力才能达标）的项目。

一旦长期目标选定，便可以参考 AEPS 中的课程部分制定干预计划。AEPS 的课程部分为每一个长期目标提供了如何开展干预的指导。在每个长期目标之下，列出了相关的其他技能，以供判断孩子是否已经准备好学习该技能所需的前提。例如，与“拍打、接、踢和抛球”这一粗大运动能区的长期目标相关的技能有理解动词（社会—沟通能区）、玩耍（社交能区）、理解空间和时间（认知能区）等相关技能作为前提。课程还说明了在儿童日常生活中的哪些活动有利于开展该项目的教学，以及开展教学时的注意事项、环境准备、教学活动流程、所需物资等。AEPS－3 新版的课程部分还将分别设计学校环境内的活动和家庭环境内的活动，并且每个活动会分为三种水平。

第三节　早期干预服务的运作与评价

早期干预作为一个系统，项目和方案设计好了之后，还需要去实施，这个运作的过程，其实也是服务提供的模式。在第六章中详细介绍美国不同的学科协作模式以及最新的首要服务提供者模式等。本节主要介绍一下服务协调人，以及不同的系统，包括医疗、民政和教育系统内的服务的运作方式。早期干预中，除了需要对儿童和家庭进行持续的评估，还需要宏观上对整个早期干预项目或一个方案的有效性进行评价，评价结果有助于进一步改善和提高服务的质量。

一、早期干预服务的运作

早期干预服务的运作也是一个复杂的系统，需要不同的行政部门、不同的专业人员、不同的学科等一起来参与和合作。在我国，目前早期干预服务的体系还在发展阶段，除了需要政策和财政的保障，还需要大量有资质的专业人员，以及建构适合我国文化和国情的不同学科和专业人员协作的工作机制，"医教结合"背后还有很多需要去思考和落实的要素。

1. 早期干预方案负责人/协调人

美国和英国等早期干预比较系统化的国家，通常都会为每个项目甚至每个个案(儿童及其家庭)指定一位早期干预方案负责人/协调人(early intervention service coordinator)，为儿童和家庭需要的服务进行计划、组织和监管，由于每个个案可能会有不同的专业人员为其提供不同的早期干预服务，协调人一般还需要准备各类书面文本，以便于不同服务提供者可以参考，协调人还需要对服务进行监管和评价，并不断根据家庭的需要调整计划。一般来说协调人应该是由熟悉儿童和家庭，并与家庭建立了良好的信任关系的人来担任。

通常来说，整个项目的协调人的日常工作责任包括：选择服务方案的参与人员、早期干预方案日常运作的管理、业务资料的保管、机构内外业务的协调联系、机构/单位间合作的推动、预算监管、考核评价方案的成效、开展未来的方案的规划、调解业务或者人员间的争执、争取早期干预的资源、争取早期干预服务的机会、规划机构人员的进修等①。

协调人一般而言不仅仅需要相关的专业知识和技能，还需要良好的沟通和协调能力，这样才能整合不同的资源，与特殊婴幼儿相关的各方主体进行协调，努力发挥服务的有效性，为特殊婴幼儿提供系统的高质量的服务，避免重复和低效服务。另外 0～3 岁阶段，一般都会指定一位协调人，到了 3 岁后教育系统内，一般也有一位个案协调人来参与个别化教育计划的制定和实施，以及评价和调整，使得服务可以得以有序运作。

2. 不同服务系统的运作模式

各国的早期干预体系中，有不同的行政体系提供早期干预服务，可能不同的行政主管系统提供服务的方式也会不同。以我国台湾地区为例，有很多早期干预运作模式是沿袭美国，但也有一些不同，台湾学者小结的台湾地区的不同行政经费支持和不同场所的早期干预服务形态见表 4－1②。

表 4－1 早期干预服务形态之行政经费补助系统与服务场所(我国台湾地区)

	学校	机构	康复医疗	家庭
教育系统：以儿童为主要服务对象	幼儿园融合班 特殊学校学前特教班 普通学校学前特教班 普通学校学前资源班 幼儿园普通班(外加巡回辅导服务)		专业团队进驻学校	

① 何华国. 特殊幼儿早期疗育[M]. 台北：五南图书出版公司，2015：151.
② 卢明，柯秋雪，曾淑贤，林秀锦. 早期疗育[M]. 台北：心理出版社股份有限公司，2013：78.

续 表

	学校	机构	康复医疗	家庭
社政与医疗系统：以家庭为主要服务对象		日托班 时段班 住宿服务	日托班 时段门诊	到家服务

但无论何种系统，早期发现都是系统的开端，需要政策和有效的实践来尽早发现这些儿童，这也是早期干预体系运行的重要一部分。美国一般会通过以下措施来实现：第一，建立完善的特殊幼儿发现制度，不同系统之间的信息的衔接很重要；第二，实施公众觉察计划(public awareness program)，让社会大众了解早期干预、通报来源和相关信息等的存在；第三，编制早期干预服务指南，以提供早期干预服务、已有资源、早期干预专家、早期干预研究和示范案例等相关的信息。而在操作层面：相关工作人员的密切合作是特殊幼儿通报工作落实的关键，包括医生、幼儿教师、家长、社工，甚至社区的管理人员等；这些人员了解相关通报流程很重要；通报后，相关部门组织筛查和评估，确定其干预需要，同时要考虑每个家庭的特殊需要、资源等，直到相应的干预计划。我国台湾地区的通报系统也很完备，非常值得大陆地区借鉴。大陆地区有些城市也开始探索建构特殊幼儿的通报系统，学龄阶段较为完备，但学龄前，特别是 0～3 岁的特殊婴幼儿的早期发现和转介等依然还是难点。

二、早期干预服务的评价

对早期干预服务方案的评估，一方面是有效性(effectiveness)，也就是服务是否对儿童和家庭有帮助，儿童的发展评价通常是项目/服务有效性评价的重要指标，当然还有家庭对项目和服务的满意度等①。我们经常会对某个早期干预方案的目标是否达成、服务的满意程度、个别化服务计划的执行情况等进行评估。另一方面，我们也要考虑从宏观上对某个早期干预项目的整体效能(efficacy)或者成本效益(cost-effectiveness)进行评估，以改进方案/项目，更有效地提升服务品质。在早期干预刚刚起步的时候，很多学者都会就服务的有效性进行评价，以证明项目/服务是有意义的，进而获取更多的政策和资源支持，而到了现在，随着早期干预体系的完善，评价的作用更多的是完善和调整现有的体系。我国大陆地区还需要开展更多的相关研究，为政策决策提供依据。

有学者小结了以下的几种对于服务的评价类型②：

1. 先导性评估

是对早期干预开始实施前的一些重大决策进行评估。如：根据某些对于特殊幼儿的定义，利用先导评估以了解在服务地区可能有多少儿童及家庭受影响，根据数据来对早期干预人力发展的需求进行评估，以及对成功进行早期干预方案评估所需的因素进

① Simeonsson, et al. A Review and Analysis of the Effectiveness of Early Intervention Programs [J]. *Pediatrics*, 1982,69: 5635 - 5641

② 何华国.特殊幼儿早期疗育[M].台北:五南图书出版公司,2015: 156 - 158.

行评估等。然后依据评估结果来计划安排相应的项目方案,包括场所、人员安排、经费投入等。

2. 方案过程评估

一般是在方案执行的过程中,通过评估来决定是否改变现行的早期干预方案。需要评估的因素包括:

✓ 所提供的服务和方案和特定的干预模式的符合程度如何?
✓ 方案实施的方式和既定组织管理的理念的符合程度如何?
✓ 方案实施的内容,按既定的程序、时间和资源有效运用的原则符合的程度如何?
✓ 方案的参与人员的角色与责任和预期符合的程度如何?
✓ 在某一段时间内方案直接或间接所需的支出是多少?
✓ 为儿童和家庭制定的方案,与其实际正在接受服务之间相符的程度如何?
✓ 出现预期之外或者与既定预期相脱节的原因是什么?

对上述问题的详细评价,可以为方案的调整和继续实施提供有用的信息,借以更好地提升项目/方案的质量。

3. 影响性评估

这是更为宏观上的评估,即对早期干预方案的影响或者成果的评估。比如某一个自闭症的早期干预项目,为期 5 年的项目服务的影响性评估,可以对项目 5 年来服务的人群的数量化数据、每个儿童的发展情况、家庭的满意度等内容进行综合的评估,同时也包括投入—产出的成本效益等,最终这些评估结果将决定是否继续、终止或者改变某一个方案。

当然这样的评估,必须有理念的引导,项目中的早期干预的专业人员需要参与其中,且具有一定的决策权,而非单纯地由行政决策项目是否继续或者更改。

4. 政策性评估

政策性评估通常是为政策的制定或者完善提供参考建议的,一般的做法是找出两个以上提供早期干预的政府机构的所有相关政策进行分析,发现政策重复或者矛盾的部分,其目标是有助于减少法律规章的矛盾部分,促进各部门的沟通和协调,并减少需要早期干预服务的特殊幼儿及其家庭的困难,对早期干预制度作出建设性的改变。

➢本章小结

特殊婴幼儿及其家庭是存在于一个复杂的社会系统内的,因此早期干预服务也不仅仅局限于某种技术/方法,或者某一种类型的服务,它是一个复杂的系统。需要政策和资源的保障,不同的早期干预项目/方案都是基于一定的服务理念进行设计和实施的。无论是医学模式还是教育学模式,都需要考虑儿童的特殊需要以及家庭的资源等要素,因此社会/整合模式越发成为一种趋势。早期干预需要在自然环境内为儿童创设安排各种积极的早期经验和学习机会,使得儿童可以学习他们需要学习的技能。早期干预服务中早期发现和评估是基础,然后设计方案,选取场所和课程,指定服务提供者,开展服务,最终也需要不断监管服务的质量,进行过程性评估等,因此联结系统很关键,服务协调人也保证服务的实施顺畅开展,特别是儿童需要转衔的时候,需要一个有效的完善的系统来帮助他们实现服务的衔接。

➢关键术语

社会/整合模式　服务协调人　转衔服务

➢讨论与探究

1. 你怎么看待不同的服务理念？你参观过或者实习过的机构的服务理念是什么？

2. 服务协调人的主要角色是什么？在我国如果设立服务协调人，你觉得该由谁来担任？其职责要求是什么？

3. 你怎么理解联结系统以及它对于早期干预服务的意义？

➢进一步阅读的文献/网站

Pretti-Frontczak, Kristie, L. Using Curriculum-Based Measures To Promote a Linked System Approach [J]. *Assessment for Effective Intervention*, 2002,27(4): 15 - 21.

Guralnick, M. J. Overview of the Developmental Systems Model [EB/OL]. [2015 - 9 - 24]. http://depts.washington.edu/chdd/guralnick/pdfs/overview_dev_systems.pdf.

第五章

早期发现与评估

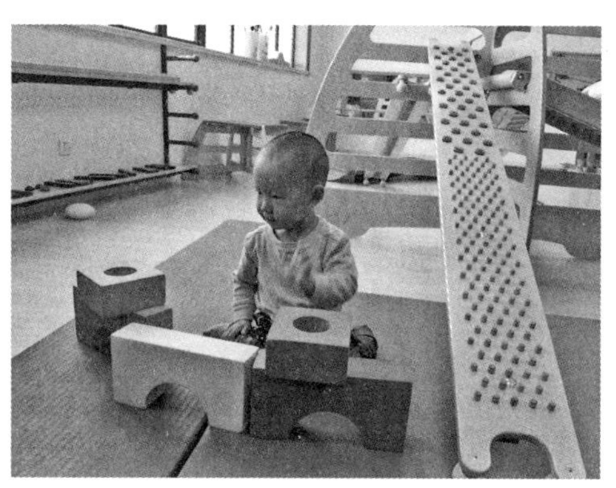

从精子和卵子相遇结合形成受精卵的那瞬间，一个小生命就诞生了，并从此踏上为生存、发展劈波斩浪的奋斗之旅。然而在这条路上，刚开始就隐含着各种危险，这些危险因素可能会导致个体发展迟滞或障碍。那么该如何对其进行积极有效的预防？如何在孩子发展的过程中，及早发现患有身心障碍或者身心障碍危险的婴幼儿？又该如何对特殊幼儿进行有效评估，从而使其尽早获得高质量的早期干预服务？下面让我们一起走进第五章，了解特殊幼儿的早期发现与评估。

通过本章的学习，你能够

- 了解导致个体发展迟缓或障碍的危险因素，以及如何进行积极的预防；
- 掌握0～6岁儿童发展里程碑的基础上，熟悉发展危险信号；
- 了解特殊幼儿早期发现的过程以及常用的筛查工具；
- 分析传统评估与现代评估的不同，理解特殊幼儿评估的实施过程等。

本章内容索引

第一节 特殊幼儿的早期预防

随着医学的发展，早期干预也十分关注早期预防，即通过更早的介入、对环境等因素的控制等，以最大限度地减少特殊婴幼儿的发生。通过前人的研究，我们对很多障碍和新生儿缺陷的认识也越来越深入，通过分析导致个体发展迟缓或障碍的危险因素，并努力针对这些因素进行积极有效的预防，这也是早期干预的重要内容。

一、早期预防的含义

早期预防就是有效控制可能导致个体发展迟滞或障碍的各种危险因素，使特殊幼儿的发生率降到最低限度，使个体障碍程度降到最低水平。早在 1976 年，世界卫生组织就意识到特殊幼儿早期预防的重要性，指出仅仅进行残疾康复是远远不够的，因为有了残疾再进行康复，不仅花钱多，而且技术有限，其效果不甚理想，必须要重视未残先预，“防患于未然”，并提出了三级预防的概念：一级预防为病因学预防，主要是防止残疾的发生以及减少预防致残性伤害或疾病的发生；二级预防为对发病前期和发病期的患者进行早期发现、早期诊断、早期治疗来防止或逆转由伤害造成的残疾；三级为防止残疾转化为残障，减少残疾残障对个体、家庭和社会所造成的影响①。

特殊幼儿的早期预防与国家的优生优育、人口素质以及公共健康等领域息息相关，一直是各个国家关注的问题。在我国，诸多立法保障特殊幼儿的早期预防。如中国残疾人事业五年工作纲要（1988—1992 年）明确“积极开展预防残疾的工作，提高我国人口素质。要制定相应政策、法规和措施，动员社会力量，坚持优生优育，加强计划免疫，防治地方病，搞好环境保护，控制污染和公害，减少事故，改进保健服务，防止滥用药物，严禁生产低劣药品，以减少残疾的发生。同时，积极推广补救控制技术，减少二次损伤。

前面章节中我们讨论过 1994 年我国正式颁布的《中华人民共和国母婴保健法》和《关于配合做好计划生育母婴保健工作的通知》，这些立法为母婴保健和预防出生缺陷提供了相应的法律依据。1996 年《中国残疾人事业“九五”计划纲要》指出，“系统开展残疾预防，努力减少残疾发生”，并提出重点“控制遗传因素致残，加强孕产期保健，使先天性残疾发生率降低 1/3；计划免疫覆盖率达 90%，消灭脊髓灰质炎，明显降低营养不良性疾病和脑血管疾病致残；加强耳毒药物管理，使药物致聋发生率降低 1/3；控制环境缺碘危害，消除碘缺乏病及碘缺乏致残；大幅度减少区域性氟中毒致残和大骨节病发生率；减少工伤、交通事故等意外伤害致残”。2007 年《中国残疾人事业“十一五”计划纲要》进一步指出：“开展残疾预防，减少残疾发生。针对遗传、疾病、中毒、意外伤害、有害环境等主要致残因素，有重点地开展宣传教育，采取干预措施；倡导早期干预和早期康复训练，有效减轻和控制残疾程度。”2008 年《中共中央国务院关于促进残疾人事业发展的意见》明确提出：“建立健全残疾预防体系。制订和实施国家残疾预防行动计划，建立综合性、社会化预防和控制网络，形成信息准确、方法科学、管理完善、监控有效的残疾预防机制。”而 2008 年修订的《中华人民共和国残疾人保障法》明确规定：国家有计划地开展残疾预防工作，加强对残疾预防工作的领导，宣传、普及母婴保健和预防残疾的知识，建立健全出生缺陷预防和早期发现、早期治疗机制，针对遗传、疾病、药物、事故、灾害、环境污染和其他致残因素，组织和动员社会力量，采取措施，预防残疾的发生，减轻残疾程度。

二、危险因素及其预防策略

目前我们对各种障碍的成因有一定的了解，但距离洞悉还有很长的距离，比如对占

① 刘艳虹.特殊幼儿病理学[M].北京：北京师范大学出版社，2011：416.

智力障碍总体 2/3 的轻度障碍成因还了解不多，仅达到 40%①；大约 1/3 的听力障碍难以找到确切的致病原因；至今我们还尚未明确自闭谱系障碍的成因。而已被实证证实的相关因素也相当复杂，涉及范围广泛，各个学者对其分类也不尽相同。总体而言，导致个体发展迟滞或障碍的危险因素，大致可以分为两大类：遗传生物因素和环境因素。可能这些因素中的一个起着决定性作用，也有可能是多个因素交互作用。目前绝大多数人认为发展迟滞或各类障碍是由多个因素共同作用的，且遗传因素和环境因素相互影响。

(一) 遗传生物因素

1. 相关因素

导致个体发展迟滞或障碍的遗传生物因素主要有基因突变、染色体异常、先天代谢异常、脑部结构和功能异常等。

基因突变是指 DNA 碱基序列的改变，包括单基因突变和多基因突变。一般而言，这些突变常可遗传数代，并导致子代各种畸形和障碍。视力障碍、听力障碍、多动症、自闭症等多种障碍的成因都与基因异常有着紧密的联系。已有研究表明，目前先天和遗传因素是视力障碍的主要致病因素②，常见的有先天性白内障、先天性小眼球小角膜、先天性眼球震颤。大约有一半以上的传导性听力障碍是由基因异常引起的，绝大多数遗传性耳聋来自于隐形基因③。对多动症和自闭症儿童的双生子研究表明，同卵双生子发病率显著高于异卵双生子。如著名的多动症双生子研究发现④，同卵双生子和异卵双生子的同病率分别为 51%和 33%。而据报道，同卵双生子共患自闭症的几率为 60%～80%，异卵双生子的共患概率为 3%～10%，同胞患自闭症的几率为 3%～5%⑤。多数研究认为，自闭症是由多基因病变造成的。与其有关的致病候选基因大概位于性染色体、7 号、15 号、16 号、17 号染色体上面，可能与 5-羟色胺(5-HT)系统基因、儿茶酚胺系统基因、脆性 X 综合症基因、免疫系统基因及脑源性神经营养因子基因有关系⑥。

染色体异常一般表现为常染色体和性染色体的结构异常和数目异常。结构异常包括染色体断片的缺失、重复、易位、倒位及染色体呈环状等，常见的有脆性 X 综合症(Fragile-X Syndrome)。它是由于带有脆性 X 染色体而引起的以智力低下为主的一系列症状和体征，发病率仅次于唐氏综合症，男性患病率远远多于女性(男 1/1 000，女 1/2 500)，其中约 80%的男性为中至重度智力障碍者，女性携带者多为轻度，而女性携带者的男性子代中，约 50%患病，临床表现出大睾丸、长脸、大耳朵，并常伴有注意障碍、自

---

① Sigafoos, J., O'Reilly, M.F., Lancioni, E. Mental Retardation [M]. New York: Springer. 2009: 1248.
② 王雨生，等. 陕西省盲校盲童致盲原因调查分析[J]. 国际眼科杂志，2006,6(1)：219-221.
③ 张福娟，杨福义. 特殊幼儿早期干预[M]. 上海：华东师范大学出版社，2011：122.
④ Goodman, Stevenson. A Twin Study of Hyperactivity—I. An Examination of Hyperactivity Scores and Categories Derived from Rutter Teacher and Parent Questionnaires [J]. *Journal of Child Psychology and Psychiatry*, 1989,30(5): 671-689,
⑤ 何益群. 儿童孤独症的高危因素及早期特征、血浆谷氨酸和 γ-氨基丁酸浓度、Reelin 基因多态性的研究[D]. 长沙：中南大学，2008.
⑥ 杜亚松. 孤独症谱系障碍的早期筛查和干预进展[J]. 中国儿童保健杂志，2013,21(6)：561-564.

我刺激行为和言语语言问题。而数目异常最常见的是21-三体征(Trisome-21 Syndrome),又被称为唐氏综合症(Down's Syndrome)、先天愚型,即个体第21对染色体多一条,患儿智商大多在30～55之间,约占智力障碍总体的5%①。患者具有比较明显的外部特征,如外眼角上吊、眼内眦皮、眼距宽、舌尖外伸、耳小、鼻梁低、身材短小、动作笨拙、步态不稳等。另外还有猫叫综合症(Criduchat Syndrome)、13-三体综合症(Trisomy-13 Syndrome)、18-三体综合症(Trisomy-18 Syndrome)、先天性卵巢发育不全综合症(Turner's Syndrome)、Williams综合症等。这些患者常常表现有智力障碍,并伴有明显的外部特征。

先天代谢异常是指遗传基因在代谢过程中出现的代谢方面的缺陷所导致的异常,造成个体某个发展阶段所需的某些化学物质不足或过度,影响了个体的发育。最常见的有苯丙酮尿症(Phenylketonuria, PKU),它是引起儿童智能发育落后的重要原因之一。因苯丙氨酸羟化酶(phenylalanine hydroxylase, PAH)基因突变导致PAH活性降低或丧失,苯丙氨酸(phenylalanine, Phe)在肝脏中代谢紊乱所致,因患者尿液中含有大量的Phe,故称"苯丙酮尿症"。典型PKU患者出生时多表现正常,在1—6个月后婴儿逐步出现智商降低,并出现易激惹、呕吐、过度活动或焦躁不安、身体有怪味、伴有癫痫发作等现象。该病早期发现可以得到治疗。其他还有先天性甲状腺肿呆小症、白化病、脂肪代谢障碍(如黑朦性痴呆)、半乳糖血症等。

脑部结构和功能异常也是导致特殊幼儿发展迟缓和异常的一大原因。神经生物研究表明多动症与个体脑部前额区域的损伤有关,认为多动症的核心缺陷是前额叶调控的执行功能缺陷②,该区域的异常可导致多动症相应的行为特征。江凯华等人(2014)运用静息态功能磁共振(functional magnetic resonance imaging, fMRI)、度中心性(degree centrality, DC)的分析技术,从网络节点的角度对多动症儿童与正常儿童进行比较研究,发现在默认网络及前额叶区域DC值的降低引起中心结构的破坏,认为与患儿在记忆认知、执行控制等方面的障碍有关;在DC值增高的脑区,可能与其脑功能失调代偿作用,引起执行控制障碍、注意力下降等症状有关③。对自闭症神经生物的研究也发现,自闭症的发生与额叶、杏仁核、颞叶、小脑浦肯野细胞等脑部区域的异常可能有着直接的联系④。相关研究发现2～3岁自闭症患儿多个脑区的灰白质局限性比正常肥大20%,额叶肥大程度最重,从额到枕肥大度渐小,枕叶与正常人无差别;2～11岁患儿随年龄增大的额、颞、顶叶生长较正常对照组慢。而定量MRI分析发现自闭症患儿有颞叶内侧面异常,双侧杏仁核增大,左颞叶语言区体积较正常人为小。另外Fetemi研究报道自闭症患儿小脑浦肯野细胞部分性受损且有体积萎缩现象;Wilcox等检查发现自闭症患者大脑额叶、颞叶等部位血流灌注减低,且以左侧半球更为

① Gargiulo, R. M. Special Education in Contempemporary Society [M]. 2th ed. Thomson Wadsworth, 2006: 165.

② Wilding, J. Is attention impaired in ADHD? [J]. *Br J Dev Psychol*, 2005, 23(5): 487-505.

③ 江凯华,等.注意缺陷多动障碍儿童静息态功能磁共振度中心度的研究[J].中华行为医学与脑科学杂志, 2014, 23(2): 133-135.

④ 戴旭芳.自闭症的病因研究综述[J].中国特殊教育, 2006(3): 84-87.

多见。

另外，神经递质异常也是引起婴幼儿发展迟缓或障碍的重要原因。比较常见的有5-羟色胺(5-HT)和谷氨酸、多巴胺等。5-HT的神经元广泛分布于前额叶皮质脑区，5-HT受体广泛分布于大脑皮质、边缘系统和海马等区域，与个体的多个认知功能有着密切联系。谷氨酸是中枢神经系统主要的兴奋性神经递质，与其受体一起直接参与记忆、学习等认知活动。多巴胺是一种由大脑分泌的神经传导物质，用来帮助细胞传送脉冲，与个体的情绪、感觉等有关。对多动症的病因研究中，也有相当一部分研究发现多动症患儿的中枢神经递质及其代谢物与一般儿童不同，如多巴胺、5-羟色胺、乙酰胆碱等含量低。而在自闭症病因研究中，也有学者发现自闭症与5-HT、谷氨酸的异常有关，高5-HT血症和高谷氨酸浓度可能是自闭症的生化标记。

2. 预防策略

对于遗传生物因素的预防，主要有：(1)禁止近亲结婚，直系血亲和第三代以内的旁系血亲禁止结婚。因为从生物遗传学角度来说，近亲结婚会大大增加新生儿死亡率、畸形率、子女发展迟缓或障碍的可能性；(2)孕前体检，排除遗传性疾病。凡本人或家族成员有遗传病或先天畸形史、多次在家族中出现或生育过先天智力低下儿或反复自然流产者，应进行遗传咨询，找出病因，明确诊断和确定处理方法，预防遗传性畸形于未然；(3)对遗传病高危家庭进行必要的产前诊断，如用羊膜腔穿刺获得羊水进行生化和羊水细胞染色体核型分析，可筛查21-三体综合症等染色体异常；(4)提高产前筛查诊断水平，尤其是宫内诊断水平，及时发现畸形，早期终止妊娠。

(二) 环境因素

1. 危险因素

后天环境因素按发生的时间顺序，包括出生前、出生时、出生后。

个体在出生前常见的致病因素有父母生育年龄(高龄生育)、父母孕前身体状态(是否吸烟喝酒、有无疾病、是否服药等)、胎儿期的病毒感染、物理伤害、化学物质和药物伤害、营养不良、母体孕期疾病(如妊娠毒血症、贫血、感冒发烧)等。生育年龄过大，尤其是超过35岁以后生育头胎的孕妇，易出现分娩困难，胎儿易患遗传性疾病(如患唐氏综合症的几率大大增大)。发生于孕早期的风疹病毒、巨细胞病毒、单纯孢疹病毒、弓形体感染等都有可能引起先天性心脏病、白内障、小头、小儿脑瘫、视力障碍、听力损伤和智力障碍(具体可见表5-1)。物理伤害主要是指个体在胎儿期受到的放射性物质对胎儿神经系统、眼部和骨骼系统的伤害，主要是各种辐射和X光射线。研究表明，孕妇暴露在X光射线下，可引起婴幼儿智力发育落后、骨骼畸形、脑瘫和失明等。铅、苯、汞及有机磷农药、烟酒中的成分等化学物质可引起母体中毒，从而导致胎儿生长发育障碍、先天畸形。如铅中毒被报道是小儿多动症的一个重要致病因素，而母亲在孕期大量饮酒可引发胎儿酒精综合症，并对胎儿神经系统、生长发育产生严重的影响。不少药物可以通过胎盘连接进而危害胎儿的生长发育，尤其是在怀孕前三个月，此时是药物作用于胎儿的危险期。

表 5-1

孕母感染对胎儿的影响

感染	对胎儿的影响
风疹病毒	白内障、失聪、智力低下、先天性心脏畸形
弓形虫	视网膜病、脑钙化、脑积水
水痘病毒	肢体畸形、手足指趾畸形、白内障、早产
巨细胞病毒	失聪、智力低下、早产、胎儿宫内生长迟缓(IUGR)、小头畸形
单纯孢疹病毒	中枢神经系统异常、视网膜病
Eco 病毒	脑炎、心肌炎
Koxach 病毒	脑炎、心肌炎
流感病毒	流产、早产、畸形
梅毒螺旋体	先天性梅毒
乙型肝炎病毒	乙型肝炎
解脲支原体	早产、低体重
细小病毒 B19	流产、水肿、贫血、死胎、畸形
人类免疫缺陷病毒	免疫缺陷

(资料来源：刘湘云,等. 儿童保健学[M]. 4 版. 南京：江苏科学技术出版社,2011:121-122)

补充阅读材料 5-1

胎儿酒精综合症(Fetal Alcohol Syndrome, FAS)

胎儿酒精综合症是指由于母亲怀孕期间饮酒,导致该后代在解剖生理、心理和行为多种方面的异常。早在古希腊及罗马神话中就提到爱饮酒的母亲与其后代生长发育障碍间存在联系。1968 年,St. Sandor 的动物实验表明,酒精可以导致鸡胚脑泡和脊髓变形、异常的体节发育、生长发育和形态发展迟滞。二十世纪六十年代末及七十年代初,美国及法国的临床研究表明孕期宫内暴露于酒精可产生多种畸形。1983 年,Abel 等人正式命名并定义了胎儿酒精综合症。临床主要表现有:

1. 面部畸形(FAS 最明显的特征之一)

小头,短睑裂,上颌骨发育不全(面中部平坦、短而上翻的鼻子、低鼻梁、人中浅平、上唇发育不良、唇色浅),下颌骨生长骨缺陷,婴儿期缩颌,成人期小颌或相对凸颌,显著的偏侧腭嵴,小牙,釉质发育不全,唇裂。

2. 平衡运动缺陷

患儿存在平衡失调,共济失调,精细运动损害,进食、协调运动障碍。

3. 生长迟缓/低体重

纯酒精量 28 g/天以上为酒精中毒剂量,该剂量与后代的低体重有绝对的相关性。

4. 中枢功能异常

注意力不集中,注意持续时间短,多动;视觉及听觉记忆下降;言语困难;认知功能缺陷,智商平均在 60～75 之间;行为易激惹,社会技能减退。

5. 死胎和流产

酒精会造成第二次怀孕的自动流产率提高 2～4 倍

FAS的致畸机理是酒精及其代谢产物乙醛通过"直接细胞毒害作用"导致胚胎发育异常，并成为永久性障碍。对其的流行病学研究表明，在存活的婴儿中，FAS患病率约为1/1 500～1/600。FAS患病率存在人种和社会经济水平的差异。美国印第安人地区为3.0/1 000，黑人区0.6/1 000，白人区0.1/1 000。发展中国家如南非，患病率更高。美、澳、欧洲、加拿大的研究表明FAS是西方国家精神发育迟滞的首要原因，超过脊柱裂和唐氏综合症。慢性成瘾妇女中，30%后代有不同程度的畸形发生，中重度成瘾者50%～90%的后代有胎儿酒精综合症。

个体在出生时常见的致病因素有早产和低体重、难产、由药物引导的无痛分娩、滥用催生素、产钳助产、吸引助产等。胎龄不满37周的新生儿称为早产儿。刚出生体重不足2 500克的新生儿称为低体重出生儿，若低于1 500克则为极低体重出生儿。由于分娩过程中胎位不正、胎儿过大或骨盆过小、子宫收缩力不够、母体平时缺乏锻炼导致的生产困难，即为难产。研究和临床案例表明，早产、低体重、难产、由药物引导的无痛分娩、滥用催生素、产钳助产、吸引助产等因素极易造成新生儿缺氧窒息，生命力弱，大脑受损，造成视力障碍、智力障碍、运动障碍等多种缺陷。

个体在出生后常见的致病因素有细菌或病毒感染、持续高烧、营养不良、脑外伤、中毒、药物伤害、不利的家庭环境等。其中不利的家庭环境既包含物理环境，如不良的居住环境可能会增加疾病和感染的可能性，也包含家庭氛围和家庭教养方式，如缺乏足够刺激的家庭氛围可能导致婴幼儿语言能力和智力能力的发展。有研究显示60%以上的多动症患儿家庭管教过严，父母经常干涉孩子的活动，过多的批评指责甚至体罚给孩子造成了心理阴影①。婴幼儿容易挑食、厌食，因此容易造成营养搭配不良，长期如此会导致某些营养成分的缺乏，引起生长发育不良和神经系统方面的障碍。因此，出生后头几年的营养不良也是引起婴幼儿发展迟滞的重要原因。

2. 预防策略

对环境因素的预防，主要有：

(1) 避免高龄生育，选择最佳生育时间；

(2) 孕前有意识地调整好父母亲双方的身体状况，戒烟戒酒，合理作息，做到"计划，生育"；

(3) 加强孕期保健(预防各类感染、避免接触农药、化学毒物、放射性物质、辐射、宠物、致畸药物)；

(4) 保证孕妇和婴幼儿充足和均衡的营养，适当运动；

(5) 避免、减少出生时的不利因素，能自然生产的尽量自然生产；

(6) 注意新生儿和婴幼儿的保健，预防脑外伤、中毒、神经系统方面的疾病和营养性疾病，按计划免疫程序按期完成免疫接种；

(7) 补充叶酸，有助于预防胎儿神经管畸形，降低妊娠高脂血症发生的危险，也有

① 郑雪.幼儿心理教育手册[M].广州：暨南大学出版社，2007：195.

研究表明，怀孕开始前4周至怀孕开始后8周适量服用叶酸补充剂或可降低子女患自闭谱系障碍风险①；

(8) 对高危新生儿(如早产儿、低体重、难产儿)建立专案管理卡，追踪记录发育情况。

补充阅读材料5-2

母亲服用叶酸补充剂和子女罹患自闭谱系障碍的相关性

已有研究和临床病例表明，母亲产前补充叶酸可以降低孩子神经管缺陷的风险，但目前还不能确定叶酸补充剂是否能预防其他神经发育障碍。在此背景下，奥斯陆挪威公共卫生研究所的Pal Surn，M. D.，M. P. H. 及其同事设计了一个追踪性研究，旨在探究母亲产前使用叶酸补充剂和子女后续罹患自闭症谱系障碍(ASD，包括典型自闭症、阿斯伯格综合症、未分化的广泛性发展障碍[PDD-NOS])风险之间的关联。

该研究共纳入85 176名挪威儿童，来源于以人群为基础的、前瞻性的挪威母亲和儿童的队列研究(MoBa)。这些儿童出生于2002～2008年之间，直至2012年3月31日随访结束，儿童的年龄范围为3.3～10.2岁(平均6.4岁)。主要暴露因子(the exposure of primary interest)是在怀孕前4周到怀孕后8周使用叶酸，怀孕前末次月经定义为开始怀孕的第一天。在校正其他因素(母亲教育水平、出生年份及产次)后，通过逻辑回归分析、95%置信区间的比值比(ORs)，评估子女罹患自闭谱系障碍的相对风险。结果显示：随访结束时，该样本中共有270名儿童被诊断患有自闭症谱系障碍(0.32%)，其中114名儿童患有自闭症(0.13%)，56名儿童患有阿斯伯格综合症(0.07%)，100名儿童患有未分化的广泛性发展障碍(0.12%)。在母亲服用叶酸补充剂的儿童中，0.10%的儿童(64/61 042)患有自闭症，而在母亲未服用叶酸补充剂的儿童中，0.21%的儿童(50/24 134)患有自闭症，表明母亲服用叶酸补充剂的儿童，其患自闭症的几率会下降39%。但研究没有发现母亲服用叶酸补充剂与阿斯伯格综合症和未分化的广泛性发展障碍的关系，叶酸的作用是有限的。类似的产前服用鱼油补充剂分析显示其与自闭症之间没有关系，尽管与鱼油服用相关的母亲特征和与叶酸服用相关的母亲特征一致。此外，在怀孕早期发现的服用叶酸与子女罹患自闭症之间的负相关在怀孕中期服用叶酸的情况中并不存在。该研究的主要发现是：母亲在受孕前后服用叶酸补充剂与罹患自闭症的较低风险有关。这一发现不能确立服用叶酸与自闭症之间有一种因果关系，但它为在其他研究样本中重复进行这一分析并进一步调查可解释该负相关的遗传因子及其他生物学机制提供了一个基础理论。

(资料来源：Surén P，Roth C，Bresnahan M，et al. Association between maternal use of folic acid supplements and risk of autism spectrum disorders in children [J]. *JAMA：The Journal Of The American Medical Association*，2013，309(6)：570-577.)

---

① Surén, P., Roth, C., Bresnahan M., et al. Association between maternal use of folic acid supplements and risk of autism spectrum disorders in children [J]. *JAMA: The Journal Of The American Medical Association*, 2013, 309(6): 570-577.

第二节 特殊幼儿的早期发现

幼儿若是表现出身心障碍或具有身心障碍危险，那么越早发现越有利于其早期干预和康复训练，越有可能抓住儿童发展的关键期，因此早期发现非常重要。而在特殊幼儿的早期发现中，筛查(screening)是其核心所在。由于筛查涉及多个人员、多个团队或机构，在筛查工作的前后都有可能会有转介。因此，本小节从特殊幼儿早期发现的过程，就筛查前的转介、筛查、筛查后的转介这三大方面来讨论。

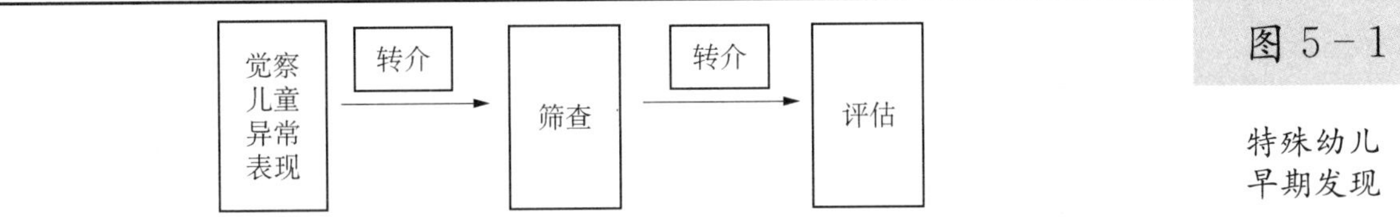

图 5-1 特殊幼儿早期发现

一、筛查前的转介

筛查前的转介是指家长、妇产科医生、儿科医生、护理人员、社工、托幼机构的教师甚至亲朋好友觉察到身边婴幼儿可能患有身心障碍或身心障碍危险，并将其及时转介或通报给负责筛查的单位，以提供必要的筛查服务。

筛查前的转介是筛查工作的第一步，是让身心障碍者或高危幼儿获得早期干预服务的第一扇大门，因此具有非常重要的意义。而其关键在于，家长、妇产科医生、儿科医生、护理人员、社工、托幼机构的教师甚至亲朋好友等对具有身心障碍或身心障碍危险幼儿的敏感性，即能敏锐地觉察幼儿发展的异常表现。因此，具备一些关于儿童发展以及发展迟缓或障碍的相关知识有助于早期发现。这方面的知识可以参考第一章中的附录材料《0～6岁儿童发展里程碑》，需要注意的是，材料内容仅供参考，由于每个个体发展的独特性以及历史社会文化的影响，在实际观察中，还需要根据自身情况，比照周围婴幼儿发展。

除了具备一定的儿童发展知识、对发展信号的敏感性外，要让筛查前的转介为最广大特殊幼儿、高危幼儿及其家庭所服务，还需要政府、医疗机构、社区、教育单位等社会各界的大力支持，主要有：

(1) 普及相关科学知识，宣传优生优育，预防出生缺陷。早期预防要从每个家庭、每个人做起，因此要通过各种渠道和方式让广大人民群众掌握相关知识；

(2) 完善医疗保健制度，建立和提供丰富的资源。完善的医疗保健制度是早期预防的重要保障，家长或教师等相关人员在觉察到婴幼儿异常表现后应该向谁求助，他/她可以获得哪些帮助和支持，这些问题的解决能有效改善筛查前的转介；

(3) 各机构、各组织、各相关人员间的通力合作。家长、保健人员、学前机构教师等相关人员在筛查前的转介中都起着非常重要的作用，各司其职，又相互合作。良好的团队合作、多方协作有助于及早了解婴幼儿的发展情况，并能做出更好的决策。

表 5-2

0~6岁儿童身高、体重参考表

年龄		男孩		女孩	
年	月	身高范围(cm)	体重范围(kg)	身高范围(cm)	体重范围(kg)
0	0	45.9~55.1	2.5~4.3	45.5~54.2	2.5~4.0
	1	49.7~59.5	2.9~5.6	49.0~58.1	2.8~5.1
	3	55.8~66.4	4.1~7.7	54.6~64.5	3.9~7.0
	6	62.4~73.2	5.9~9.8	60.6~71.2	5.5~9.0
	9	67.0~77.6	7.2~11.3	65.0~75.9	6.6~10.5
1	0	70.7~81.5	8.1~12.4	68.6~80.0	7.4~11.6
	6	76.3~88.5	9.1~13.9	74.8~87.1	8.5~13.1
2	0	80.9~94.4	9.9~15.2	79.9~93.0	9.4~14.5
	6	85.4~99.2	10.8~16.4	84.5~98.1	10.3~15.9
3		87.3~102.5	11.4~18.3	86.5~101.4	11.2~18.0
4		94.4~111.5	12.9~20.8	93.5~109.7	12.6~20.7
5		100.7~125.8	14.4~23.5	99.5~117.2	13.8~23.2
6		106.4~119.1	16.0~26.6	104.8~124.5	15.0~26.2

(资料来源：中华人民共和国教育部与联合国儿童基金会“早期儿童养育与发展”项目.0~6岁儿童发展的里程碑[EB/OL].[2014-7-23].http://www.cnsece.com/article/1 142.html.)

二、筛查

筛查是指运用简易、正确的方法，以决定哪些儿童可能需要特殊服务，以获得最理想的发展。简单来说，筛查就是将转介前来接受筛查的婴幼儿，筛选出具有发展迟缓或障碍危险婴幼儿，使其获得进一步的评估。

(一) 有效筛查的特质

有效筛查具有简单、准确、综合、成本效益、与家长的伙伴关系这些特质。因此在具体实施中，可参考表5-3有效筛查特质所遵循的准则。

表 5-3

有效筛查的特质与准则

特质	准　　则
简单	● 工具或策略应简短、易于施测或执行，且方便各种领域的专业人员和辅助性专业人员使用 ● 易于记分且费时不多 ● 任务应系统化以便于不同场合与时间执行和重复实施
准确	● 工具应具有合乎使用目的的信度和效度 ● 工具不应产生过多错误的“阳性”(没问题的儿童被认为有问题)或错误的“阴性”(有问题的儿童没被发现)资料 ● 工具应适用于要筛查的文化和语言背景
综合	● 筛查应是多方面的，包括教育、健康、行为与环境问题的检测 ● 筛查应该设计成能用于整体的社区

续 表

特质	准　　则
成本效益	● 筛查应可以导致适当与及时的干预 ● 不当的转介应减少到最少 ● 工具与策略应不贵 ● 人力费用应可通过采用受过训练的辅助性专业人员而降低
与家长的伙伴关系	● 筛查应包括家庭意见的提供，并有助于家庭与专业人员的合作 ● 应对家庭充分与小心地解释转介的事情，而且这是参与转介过程的一部分 ● 当有请求时，筛查作业应提供资料给家庭(如发展指标、儿童管教、营养问题、社区资源等)

(资料来源：何华国. 特殊幼儿早期疗育[M]. 台北：五南图书出版公司，2015：66.)

(二) 负责筛查的单位

理想状态下，筛查应该是多个相关单位合作完成的。目前我国负责筛查的主要以医疗保健系统为主，家长和教师作为与婴幼儿平时接触最多的两类群体往往为筛查工作提供宝贵的资料，而政府在这其中扮演着引导者、监督者、规范者三种角色。各机构间关于婴幼儿的信息，在征得家长同意后，应允许相互转介或通报，以便提高筛查的一致性和连贯性。

(三) 常见障碍的早期筛查

1. 智力障碍和发展迟缓等

智力异常的早期筛查主要采用丹佛发育筛查测验(Denver Development Screen Test, DDST)、图片词汇测试(简称 PPVT)、学前儿童能力测试(简称 50 项)。其中，丹佛发育筛查测验是目前我国最常用的婴幼儿智能发育筛查工具。该测验是 1967 年美国丹佛心理学家佛兰肯伯格(Frankenburg)和多兹(Dodds)共同编制的筛查测验，经过多次修订。DDST 适用于 0～6 岁儿童，共计 105 个项目，涉及粗大运动(坐、走和跳跃等能力，31 项)、精细运动(视看、用手取物或画图等能力，30 项)、语言(听、说和理解语言等能力，21 项)和个体—社会性(对周围人们的应答能力和生活自理能力，23 项)四个方面。我国经过标准化修订，改为 104 个项目(删去了名词复数加"S"一项)，其中有的项目允许询问儿童家长，根据家长报告的情况判断是否通过，有的是直接观察儿童对项目的操作情况来进行判断。

DDST 主要有三种测试方式①：①每个儿童根据其年龄需检查四个领域的 20 个左右的项目，每个项目以"通过(P)"、"失败(F)"和"拒绝(O)"来表示。根据儿童通过项目的多少，最后评定儿童每一领域的智能水平——正常、可疑、异常这三类。对于后两种情况的儿童，需进一步用诊断性智力测验量表进行评估鉴定。②丹佛发育筛查测验的修订——丹佛智能筛查测验(DDST－R)。每个儿童根据其年龄只需测试 12 个项目，一般只需十几分钟便可以完成了。12 项都可以完成者，且家长平时未观察到儿童智能有所迟滞，就不必考虑其发育有无问题；如有任何一项不能完成，则其发育可能有问题，需

① 张福娟，杨福义. 特殊幼儿早期干预[M]. 上海：华东师范大学出版社，2011：93.

进一步细查。③DDST－R 的问卷形式(供父母用)——丹佛发育筛查询问(DPDQ)。适用于 3 个月至 6 岁儿童,共 96 个问题,按由易到难、从低级到高级的顺序进行排列,分布于 38 个年龄组之间。要求家长对每个年龄组的儿童的情况回答上述四个领域 10 个或 11 个问题,全部通过者为正常,有一项不过或不会者需用 DDST 或其他方法进行复查。

这一筛查工具的优点在于:(1)操作简便,容易掌握,所用时间短(不超过 30 分钟);(2)能较灵敏地提示在临床上尚未出现明显症状的发育性问题;(3)可对高危儿童进行发育监测,及时发现问题并进行干预。但它不能作为诊断和评价发育障碍类型和严重程度的工具,对儿童将来的发育也没有任何提示作用。

而对于智力障碍中一些特别的类型,如唐氏综合症、脆性 X 综合症、苯丙酮尿症等,还可以通过其特殊的外部特征进行辅助筛查。

2. 听力障碍

一般新生儿出生后 3～5 天内就会接受初次听力筛查测试,对于初筛没有通过或有疑似危险的新生儿会再次进行筛查,而对于后期转介过来的婴幼儿,也会进行相应的听力筛查测试。听力筛查可以借助于相关的测试仪器,如新生儿听力筛查可以运用的仪器主要有耳声发射(otoa-coustic emissions,OAE)和自动听性脑干反应(automatedauditory brainstem response, AABR);也可以通过观察、游戏、声音定向等方法来检查婴幼儿是否在听力方面存在损伤。后者的筛查主要是比照正常婴幼儿听力发展指标(具体见表 5－4 婴幼儿听力的一般发展)来进行的。

表 5－4 婴幼儿听力的一般发展

年龄	一般发展
0～4 个月	在安静的环境中,发出适当的声音刺激,检查儿童是否会产生耳睑反射;改变正在进行的活动方式或停止活动;寻找声音来源;听到声音后,开始哭叫或停止哭叫等
4～8 个月	寻声反应更明显,也有更多的身体活动;他人在身边讲话,看其是否产生反应;看其是否喜欢摇铃等
8～12 个月	听到父母的声音、呼唤自己的名字的声音或玩具声,能转头寻找等
1～2 岁半	能否正常开口说话;是否对他人的耳语声产生反应
3～6、7 岁	在游戏中能否根据指令进行正确反应;是否能说出让人能理解的话语

3. 视力障碍

对婴幼儿视力的初步筛查(见表 5－5)主要参考儿童视力发展的一般规律。观察婴幼儿双眼的情况和对朝向注视的反应,包括眼睛结构的完整性、眼睛大小、位置(斜视)、外形、眼球运动情况(是否有眼球震颤)和色泽状况。若眼睛有大小差异,则要注意是否有眼睑下垂、小眼球、小角膜等症状①。筛查主要有医学检查(多数情况下用到医学检

① 苏祖斐,等.0～6 岁育儿大全[M].内蒙古:远方出版社,2005:42.

查仪器)和观察。医学检查比较客观准确,但由于婴幼儿年龄较小,配合度有所欠缺,故基于婴幼儿视功能的观察更受青睐。

表 5-5 婴幼儿视力发育一般规律①

年龄	正常视力发展水平
初生	新生儿早期眼球运动没有目的,数天后逐渐开始注视灯光
出生 2 周	用手电筒光从约半米的距离逐渐靠近婴儿,可发现婴儿两眼向内转动
3～6 周	开始注视较大的物体,两眼很容易追随单方向运动的手电筒光
2 个月	双眼可追随着成人的手,保持较长时间的注视,头部不转动
3 个月	双眼可追随运动的笔杆,头部转动
4 个月	头部抬起,能看自己的手,有时可用手接触玩具
6 个月	婴儿可坐起,身体能跟随头及眼一起转动;对鲜艳的目标或玩具能持续注视约 30 秒
9 个月	能注视画面上单一的线条,视力水平约为 0.1
1 岁	可按父母口令指鼻子、头发或眼睛,大多数幼儿能玩玩具或注视近物
2～3 岁	视力水平达到 0.5～0.6
3～4 岁	视力水平达到 0.7～0.8
4～5 岁	视力水平达到 0.8～1.0
5～6 岁	正常视力接近 1.0

4. 脑瘫

主要通过行为观察来进行筛查,观察婴幼儿是否存在:粗大运动与精细运动发育落后;主动运动减少,上下肢运动减少,吸吮力弱,喂养困难、易吐;肌张力异常,上下肢过软或过硬,姿势异常,动作不协调;情绪异常,易被声音惊吓,易激惹,持续哭闹或过分安静,哭声微弱;智力异常,寡言少语,言语不清,思维混乱等。

5. 多动症

对多动症的筛查较为普遍的是采用康纳斯行为评定量表(Conners' Rating Scales, CRS)。CRS 也被称为 Conners 儿童行为问卷,最早出版于 1969 年,经过多次修订,目前已成为筛查儿童行为问题(尤其是多动症)的最常用的量表。根据评定人的不同,CRS 可分为:父母量表、教师量表及父母教师量表。

6. 自闭谱系障碍

常用的自闭谱系障碍儿童早期筛查的工具主要包括《婴幼儿孤独症量表》以及各修改版、《2 岁儿童孤独症筛查量表》、《社会交往问卷》、《孤独症儿童行为量表》等。

《婴幼儿孤独症量表》(the checklist for autism in toddlers, CHAT)由 Baron-Cohen 等人于 1992 年编制,包括 9 个询问父母并由父母回答的项目和 5 个专业人员观察评定的项目,适用于 18 个月龄婴幼儿自闭谱系障碍的筛查。其 5 个关键条目(A5、A7、Bii、Biii、Biv)主要评估共同注意以及想象性游戏两类目标行为。5 个关键条目未通过者有

① 中国民间健康与早教研究会. 育儿新百科(0～6 岁)[M]. 北京:气象出版社,2009:186.

患自闭谱系障碍高风险，未通过 A7 和 Biv 这两个条目的患儿则具有中度风险。未通过 CHAT 筛查的婴幼儿需一个月后进行二次筛查，并做进一步评估[①]。Baird 等人用 7 年时间对 16 235 名儿童进行筛查研究表明，此量表的特异性较高，为 97.7%，但灵敏度偏低，仅为 35.1%[②]。

《改良婴幼儿孤独症量表》(the modified checklist for autism in toddlers, M-CHAT)是 CHAT 父母问卷部分的扩充版，由 J M Kleinman 等修改而成，用于筛查16～30 月龄的自闭谱系障碍儿童，共 23 项目由父母填写。M-CHAT 的 6 个关键条目分别调查儿童的社会联接、共同注意、分享物品和应人能力。当 23 个项目中有 3 个或 6 个关键条目中有 2 个以上未通过则说明有自闭谱系障碍高风险，未通过初筛的儿童需进一步电话随访，仍未达标者需进一步评估以明确诊断。该量表灵敏度为 97%，特异性为 99%，是早期筛查较好的工具[③]。

《婴幼儿孤独症量表- 23》(the checklist for autism in toddlers - 23, CHAT - 23)是 V Wong 等将 M - CHAT 与 CHAT 的第二部分合并形成的用于筛查智龄达 18～24 月的自闭谱系障碍儿童的工具，后经郇方彦引进该版修订为中国内陆版本。该量表的筛查阳性标准为 23 条目中 6 条及以上未通过，7 条关键条目中 2 条及以上未通过。修订研究结果显示使用标准灵敏度较好(0.931—0.941)，使用标准特异性较高(0.848—0.946)[④]。

《2 岁儿童孤独症筛查量表》(screening tool for autism in two-year-olds, STAT)该量表由 Stone 等人于 1997 年编制，包括 12 个项目，4 个社会交往领域(游戏、表达需求、注意调节和动作模仿)，临界分为 2 分，由培训过的人员对儿童进行评定，适用于 2～3 岁儿童自闭谱系障碍的筛查，其灵敏度为 0.92，特异度为 0.85[⑤]。

《社会交往问卷》(social communication questionnaire, SCQ)该问卷由 Berument 等人于 1999 年编制，项目来自《孤独症诊断访谈量表》修订版(autism diagnostic interview-revised, ADI-R)，共 40 个项目，评价儿童的社会交互作用、语言和交流、重复和刻板行为，由父母根据儿童情况填写，界限分为 15 分，适用于 4 岁以上儿童孤独症的筛查。

《孤独症行为量表》(autism behavior checklist, ABC)该量表由 Krug 于 1978 年编制，由北京医科大学精神卫生研究所杨晓玲等人引进修订，适用于 18 个月龄以上儿童自闭谱系障碍的筛查。由描述儿童的行为、语言、运动、感觉和交往五个因素共 57 项问题组成。每项按 1、2、3、4 四级评分，全量表总分为 158 分。总分＜53 分，患病可能性

---

① 黄玲娟，金宇，李诗韵. 2 岁以内孤独症谱系障碍儿童筛查工具的研究现状[J]. 中国儿童保健杂志，2011，19(10)：915 - 920.

② Williams, K., Glasson, E. J., Wray, J., et al. Incidence of Autism spectrum disorders in children in two Australian states [J]. *Med J Aust*. 2005, 182(3): 108 - 11.

③ Blaxill, M. F. What's going on? The question of time trends in autism [J]. *Public Health ReP*. 2004, 119(6): 536 - 51.

④ 黄玲娟，金宇，李诗韵. 2 岁以内孤独症谱系障碍儿童筛查工具的研究现状[]. 中国儿童保健杂志，2011，19(10)：915 - 920.

⑤ Coonrod, E. E., Wendy, L. S. Screening for autism in young children [M]//Volkmar F R, Paul R, Klin A, et al. Handbook of autism and pervasive development disorders. New Jersey: John Wiley & Sons Ine, 2005: 707 - 729.

小，总分≥67分，患病可能性高①。

(四) 年龄与发育进程问卷(Ages & Stages Questionnaires, ASQ)

ASQ(英文版)是为了开展广泛的儿童早期发育筛查，及早发现发育迟缓苗头而开发的一套适于家长评分的发育筛查量表。在美国乃至世界范围内，ASQ是儿科医生最普遍使用的发育筛查和发育监测量表②。ASQ(英文版)的主要作者为美国俄勒冈大学Jane Squires和Diane Bricker博士。1995年的第一版，1999年的第二版，2009年的第三版即ASQ-3。

卞晓燕等人于2009～2012年对第三版量表进行了翻译和修订，并通过回译程序检验翻译质量，对不符合中国文化背景的项目进行了修订③。

✓ 功能：全面筛查工具，以识别出需要进一步深入评估的儿童，监测儿童在成长中随时发生的迟缓。

✓ 适用年龄：1～65个月。

✓ 实施耗时：10～20分钟。

✓ 测试能区：包括沟通、粗大动作、精细动作、解决问题和个人—社会。

✓ 家庭参与实施：为家长实施而设计，只需具备小学四至六年级阅读水平便可独立实施。

✓ 测试方式：可通过直接测试、日常观察或家长访谈收集信息。

✓ 分数类型：对每条题项的打分为"0"(尚未)、"5"(有时)和"10"(总是)三种，每个能区的总分对照常模得出筛查结果(正常、需要监测或转介、需要进一步评估)。

✓ 常模：中国全国常模由卞晓燕等于2011～2012年建立，常模特征基本符合第六次人口普查在地区分布、性别比例、城乡比例的特征，少数民族样本量偏低(5.75%，人口普查中的比例为8.48%)，每个年龄段样本量大于200。

✓ 信度和效度证据：内部一致性Cronbach'α系数为0.77，各能区重测信度从0.44至0.86，各能区测试者间信度从0.64到0.85，有良好的信度证据。以贝利婴儿发育量表第二版以及北京盖泽尔发育量表作为效标进行的效度研究，发育分类的一致率分别是84.31%和84.74%，识别不足率分别是1.18%和14.21%，过度识别分别是14.51%和1.05%，ASQ中文版的敏感度分别是85%和84.48%。充分的证据支持其效度。

三、筛查后的转介

经筛查后，发现疑似发展迟缓或障碍，或者具有身心障碍危险的婴幼儿，须进一步通报或转介给负责评估的单位，以确认其是否需要早期干预。若个体确实需要早期干预，那么也须通过更多方面的评估来了解特殊婴幼儿及其家庭的服务需求。在这过程

---

① 王辉，李晓庆，李晓娟. 国内孤独症儿童评估工具的研究现状[J]. 中国特殊教育，2009，109(7)：54-59.

② Radecki, L., Sand-Loud, N., O'Connor, K. G. et al. Trends in the Use of Standardized Tools for Developmental Screening in Early Childhood: 2002-2009[J]. *Pediatrics*, 2011, 128: 14-19.

③ 卞晓燕，陈静仪，柴臻，等. 年龄与发育进程问卷——第三版使用指南(中文版)[M]. 上海：上海世纪出版社股份有限公司科学技术出版社，2013：1.

中，应提倡并保障家长的参与和权利，如负责筛查的单位将筛查结果及时告知家长，并加以解释，以及告知下一步应该做什么。在转介给负责评估的单位时，应告知家长转介的原因，并在征得其同意之后，再正式转介给负责评估的单位。在这过程中，尊重家庭的信仰、价值观、文化和使用语言背景，并尽量在让儿童或家庭感觉舒适的环境中进行筛查，有助于家庭的参与和信服。因而，筛查人员与家庭应建立充分联系和合作的伙伴关系，使筛查工作顺利完成。

第三节　特殊幼儿的评估

筛查后，确认为身心障碍或具有身心障碍危险的婴幼儿，需要接受进一步的评估(assessment)，以确定其是否需要进行早期干预。特殊幼儿评估是一项系统性的工作，本节将就基本的界定和现代评估的原则等部分进行论述，具体如何实施和开展将在第四节展开。评估是一个过程，评估也不能与计划制定和教育干预割裂，应该组成一个紧密的联结系统。

一、评估的含义

(一) 定义

对特殊幼儿的评估是指经过适当的检查、测验或其他方式把特殊幼儿与普通幼儿区别出来，以确定特殊幼儿的特异性①。简单来说，评估是一个科学收集信息，并在此基础做出判断和决策的过程。评估与筛查或鉴定存在一定的联系，本质上都是为了了解和确认儿童的情况，但这三者间又存在着不少的差异(见表5-6)。

表5-6　筛查(screening)、鉴定(evaluation)、评估(assessment)三者的区别

筛查	鉴定	评估
● 发现危险 ● 监控危险 ● 对儿童发展情况的初步印象	● 诊断个体为迟缓或障碍 ● 发现非典型性的发展 ● 决定服务资格 ● 判断计划的有效性 ● 周期性进行	● 基于项目计划 ● 判断和复核儿童发展优势及儿童、家庭的需要 ● 监控个体的进步 ● 测量个体的结果 ● 持续进行

(二) 评估的目的

对特殊幼儿的评估是为了更好地进行早期干预计划的制定，是有效的早期干预服务的基础。通过评估，可以决定婴幼儿和儿童的发展发育情况和功能性状况，判断个体及其家庭的优势、资源和需要，并基于收集到的信息做出有关早期干预服务、干预计划及发展目标的决策。我们为儿童提供服务，其本质是希望能够帮助他们参加被期望或自身期望参与的有意义的活动，并帮助其发展适宜的社会网络。

① 张巧明，杨广学.特殊幼儿心理与教育[M].北京：北京大学出版社，2012：13.

表 5－7 评估的目的

决定教育的分类（诊断）	判断是否有获得早期服务的资格	计划或修改干预方案	决定何时改变计划（达到预先设定的结果）
● 为何种障碍类型 ● 适合何种教育安置	● 发展的五大领域 ● 诊断结果 ● 发育迟缓的百分比 ● 临床意见	● 可以涵盖自然发生的学习机会 ● 符合逻辑 ● 具有产出性（干预可以为儿童及其家庭带来变化或发展） ● 满足家庭和儿童的需要	● 结果的完成 ● 家庭对于服务的满意程度 ● 同伴之间的比较

二、有效评估的原则

为儿童提供的服务应该以家庭和儿童为中心，适应其文化和语言背景，基于个体优势，促进个体潜能的发挥和能力的发展，这种服务应该建立在实证基础上，采用全面、整合、协作的方式，进行个别化、灵活、有反馈的评估。总的来说，一个有效的评估，应遵循以下原则：

第一，评估的客观性。评估人员和家长在评估过程中要保持客观，所做的判断、决策要基于全面收集资料、分析资料的基础上，在评估前不应带有主观色彩。评估的客观性另一方面也要求研究所用的工具是客观的，应具有良好的信效度。

第二，评估的全面性。儿童是一个统一的整体，并非仅是各种身心能力、成分等的集合，儿童一方面能力的发展与其他方面能力的发展息息相关。因此，评估时要注意个体各个领域的发展，以及各领域之间可能的相互影响。同时，从不同的角度去了解儿童的优势和弱势，可以更充分完整地了解儿童的发展状况。在不同场合或不同观察者的观察下，我们观察到的儿童的行为可能存在差异，因此，在收集信息时应注意多方面收集信息，包括资料的提供者和资料取得的场合，以便获取儿童全面的信息。一般的评估包括基于评估工具的信息、家长报告、保健人员或学前机构教师报告、医学检查等。

第三，评估的慎重性。对儿童进行评估需十分慎重，因为评估判断了儿童的障碍类型和严重程度，决定了早期干预资格，并关系着服务计划的制定。由于接受评估的儿童本身的障碍、年龄以及陌生评估人员或情境等因素，评估往往不能在一次短时间的观察、测查或接触中就可以完成，而是需要多次进行评估。并且应努力与儿童及其家庭建立良好关系。最后，在评估中，也建议不要给儿童贴上“标签”。

第四，评估的个别化。特殊幼儿的个体差异大，每个儿童的障碍类型、严重程度、症状表现、优势/劣势、家庭资源等都不同，因此，评估应个别化进行。

第五，评估材料的准确性。评估质量的高低很大程度上取决于评估收集到的材料、信息是否准确。准确性越高、资料越详细，那么判断和决策就越有效。因此，在评估中尽量确保收集到的评估资料的准确性、真实性，不能用“可能”、“记不清”、“大概”等词汇。

第六，评估方法的科学性。要运用适合个体的、基于实证（evidence-based）的评估工具，并且对工具的使用经过专业培训。

三、评估的内容

评估需要全面收集婴幼儿的信息与资料，一般主要有三大方面：医学检查（身高、体重、呼吸系统、血压、尿液等特殊项目检查）、心理（智力、社会适应性、人格）、教育（学业评估等）。现代评估越来越强调生态发展系统，世界卫生组织 2002 年提出评估应收集儿童躯体功能和结构、活动或任务、参与情况三方面的信息。基于生态学的评估应收集：①内在——人的身体结构/功能：神经行为系统、骨骼肌肉系统、心肺系统、外皮系统、感觉加工系统等；②外在——环境：物理环境、社会文化、政治制度等；③技能/任务——表现和参与水平：里程碑、发展技能、日常生活活动功能、工具性日常生活活动功能、行为、游戏与休闲①。

四、评估的方法

评估的方法既有测验性的，也有非测验性的；既有标准化的，也有非标准化的。根据不同的个体，选择不同的评估方法，目前绝大多数的评估采用多元化的方法，进行综合性的评估。一般评估可以采用“RIOT”策略。何为“RIOT”策略？即资料的回顾（chart review）、父母报告（parent report）、照料者访谈（caregiver(s) interview）、自然观察（naturalistic observation）、临床观察（clinical observation）、标准化测验（standardized tools）②。

补充阅读材料 5－3

评估的问题解决模式和结果取向模式的比较

评估的最终目的是为了做出决策，评估不是一个孤立的过程，评估肯定是在可以为儿童的发展提供改善的可能性的情况下才进行，问题解决模式和结果取向模式是两种关于评估的理论模式，在实践中经常被运用。越来越多的教育学评估更倾向于结果取向模式，如果一个评估无法改善儿童的发展结果，那么这个评估就没有必要去进行。③

问题解决模式	结果取向模式
1. 发现问题	1. 发现需要的支持
2. 鉴别问题	2. 确定需要的支持
3. 探索解决方式	3. 制定计划并提供支持
4. 评估解决方式	4. 对支持评估和调整
5. 问题解决	5. 审核发展结果

当然特别要强调的是这两个模式里，评估和干预都是一个不断持续性的，从 1 到 5 不断重复开展的过程！

---

① International Classification of Functioning, Disability and Health（ICF）[EB/OL]. http://www.who.int/classifications/icf/en/.

② The RIOT/ICEL Matrix [EB/OL]. http://www.cde.state.co.us/cdesped/transtt_riot_icelmatrix.

③ Salvia, J., Ysseldyke, J. E., Bolt, S. Assessment in Special and Inclusive Education [M]. 12th ed. Belmont, CA: Wadsworth. 2014: 1－24.

五、评估的发展

随着人们对各类障碍的理解和认识的不断加深，随着人文关怀和生态、发展等理念的积极影响，特殊幼儿的评估也在不断发展，已经从传统评估越来越多地转向现代评估取向。传统评估，主要是指早期基于常模和标准参照的心理计量评估，而现代评估主要包括发展性评估、生态评估、真实性评估。

（一）传统评估

以常模为参照的测验是指对大规模的人口样本进行了标准化的测量，其目的是将个别学生的进展与更多、更大的典型人群进行比较。以标准为参照的测验是指将个体的分数与客观的标准相比较的测验。这两种都是传统的评估方式。由于传统评估方式的不足与局限，传统评估在目前越来越受到挑战和质疑。其不足和局限主要表现在以下方面①：①非自然的环境：严格的测验材料；②非熟悉的测试者：儿童是连续反应的角色；③自相矛盾的测验：有障碍的儿童由于障碍本身无法完成某些项目；④工具的结构：发展的顺序和常模/标准参照；⑤缺乏改进的信息：缺乏内在发展过程中导致不同技能发展的强处和弱处的信息；⑥缺乏对功能的评估：日常生活的意义；⑦缺乏其他信息：气质特性、掌控动机、交往模式；⑧不合适的测验："无法测验"；⑨经济性不足：评估的时间和成本。

（二）现代评估

不同于传统评估，现代评估的策略基于儿童所具有的优势，使用多种来源的信息，承认学习、行为和发展是复杂的过程，并考虑到任务的功能、环境因素和儿童性格特征三者间的交互作用。评估中信息的收集是一个过程而不是一项测试。就目前而言，评估主要有发展取向和生态取向。在这里，主要介绍以下三种评估：

1. 发展性评估

与简单地进行现象的分类不同，发展性评估不是静态地一次性地确定特殊幼儿的问题和干预方案，而是为了更准确地评估特殊幼儿的发展水平和进程以及进一步发展的可能或潜力而进行的与干预密切联系、反复推进、不断深化的决策过程②。发展性评估(developmental assessment)是一种积极的、全面的、以健全人格发展为目的、为提高特殊幼儿生活质量而提供支持的评估，包括感知—运动、认知—思维、情感—社会、语言—交流、职业—适应等。

评估是经过设计的一个过程，用来深入了解最可能协助儿童充分运用其发展潜能的儿童的能力与资源，以及照料和学习的环境。评估应该是一系列观察与分析，是持续的合作的一个过程。这个过程包括提出问题、收集资料、分享观察所得、从事解释以提出新问题。

评估要从学生的发展入手。发展有两层含义：一是积极促进的意思。评估要提供儿童发展过程的全面信息，而且是为了推进发展。二是动态变化的意思。评估要以发

---

① Salvia, J., Ysseldyke, J.E., Bolt, S. Assessment in Special and Inclusive Education [M]. 12th ed. Belmont, CA: Wadsworth. 2014: 1-24.

② Disadvantages of traditional assessment [EB/OL]. http://alternativeassessment.weebly.com/disadvantages-of-traditional-assessment.html.

展变化的眼光看待儿童的各种问题。也有学者认为，发展性评估是指专为测量幼儿（婴幼儿或学龄前儿童，多为0～6岁）身心发展是否按照儿童成长所遵循的基本模式有序发展的评估方法。评估中一般使用发展性测验来按照正常儿童的发展模式对内容进行安排，测量发展性学习领域各项技能的发展程度，包括：粗大动作和精细动作、沟通和语言发展、社会发展、认知功能、自理能力等方面。通过发展性评估可以帮助我们判断儿童是否正常发展，即按照一般儿童成长及发育时发展的模式发展；发现儿童在某一领域或一个以上的领域有明显的发展迟滞现象，判断发展迟滞的原因并找出对策。

在发展性评估的理论指导下，评估应遵循以下原则[①]：

- ✓ 评估应根据整体的发展模式。儿童是一个统一的整体，而非各种身心能力、成分等的集合而已。其各方面的功能的发展与其他方面的发展息息相关。评估时要注意各个领域的发展，以及各领域之间可能的相互影响。
- ✓ 应开辟多方面的来源去获得评估资料。即从不同的角度去了解儿童的优势和弱势，充分完整地了解儿童的发展状况。多方面的来源包括资料的提供者和资料取得的场合。这两者是有关联的，如家长/家庭、教师/学校等；从不同的场合不同的观察者，可以提供儿童全面的信息，并让我们认识到儿童的行为可能会因情境不同而不同。
- ✓ 评估工作应遵循一定的顺序。第一，与家庭建立关系；彼此的信赖和尊重是必要的；评估人员需要有敏感的倾听技巧、对请求和关切的回应、对家庭解读持开放的态度、诚实的交往等；第二，收集评估资料：获得有关儿童及其教养环境的有用和正确的资料，包括环境潜在的资源和障碍，以发现和创造最理想的状况，去支持和促进儿童的发展；第三，行动的规划：协助家庭和照料者针对所面临的问题，规划实际的解决方案。
- ✓ 儿童与照料者的互动关系是评估的重要基础。儿童与照料者间的互动关系，是形成儿童对周围世界认知和反应能力的基础；父母对自己的子女的行为有更深的了解和解读。判断家庭在干预过程中最有利的参与程度，以及为亲子更好的互动提供支持的途径。
- ✓ 采用典型的发展架构以解释儿童的发展状况。儿童的行为和能力的表现有极大的个体差异，各种因素都有可能影响发展里程碑的出现时间；应用连续性的发展角度来看所有儿童的发展，特殊幼儿可以被看作某些领域的功能未按预期发展，但不是说无法学到典型发展中的儿童能掌握的技能；应在自然发生的结构和非结构化的游戏情境中对儿童进行观察评估。
- ✓ 应评估儿童的组织与功能性的能力。儿童组织经验的能力水平和方式，以及整合情绪与认知能力的功能水平是很重要的；这些能力的评估应注重功能性的应用，及其所应用的环境，即儿童能做或不能做的是什么，他们如何运用那些能力，什么可以激励儿童等；功能性评估有利于规划干预目标，也便于不断修订。
- ✓ 应评估目前与正出现的能力和优势。重视发现儿童的能力、并观察那些能力是

---

① 杨广学.特殊幼儿心理治疗[M].北京：北京大学出版社，2011：50－51.

如何表现的;对个别化干预计划的制定很有帮助,有助于儿童进行更稳定、适应且更具针对性技能的学习;从儿童的功能性能力与自然的环境进行评估,有助于了解儿童在日常功能表现与人际关系的困难领域以及正在强化与出现的能力领域为何。

✓ 评估应是一种合作的过程。除了专业人员,父母应该是评估团队中不可或缺的成员;父母不仅提供资料,也参与决策;每个家庭都有自己独特的价值和文化,对儿童的需要的解读等要符合其家庭的文化背景。评估的各个专业人员之间也是一种合作。

✓ 应该将评估看作是干预的起点,并持续进行再评估。完善的评估工作应能提供有助于儿童发展的建议,作为个别化干预方案的依据;评估的一切资料,是干预进行的一个假设;但干预的过程中可能会验证/证伪假设,随时需要进一步评估和调整;和干预结合的持续性评估是必要的;

✓ 采用多元的评估方法。考虑评估的目的,选择评估工具和方法,但多元评估的技术和工具,如正式与非正式测验、观察、访谈等的融合运用,是必要的;正式测验具有标准化的内容和实施程序;非正式评估,如生态评估、检核表、游戏为基础的评估等;观察和访谈也可以提供很多有意义的资料,相互补充。

2. 生态评估

生态评估主要立足于系统理论、生态学理论、生态系统发展观,认为个体与环境是不可分割、相互影响的。生态评估是通过观察与评价,针对特殊幼儿在其所属的家庭、学校及社区等环境中所表现出的各种行为和能力进行分析,其关注的重点在于特殊幼儿的家庭自然环境以及学校、社区情景中社会和物理方面的特性对他们的行为的影响。生态评估的兴起源于特殊教育的生态学模式,即残疾儿童不是孤立于社会环境之外的个体,而是处于家庭、学校、社区和社会等复杂生态系统中的儿童,他们的个体发展与周围环境相互制约、相互影响;而且各种适应不良或功能障碍不是单纯由于儿童自身的原因如智力问题、残疾或问题行为所导致的,而是自身特征与各种环境因素复杂交互、共同作用的结果,所以不仅要针对儿童自身的缺陷进行训练,同时也要改变环境中的相关影响因素,使儿童更好地适应他所在的环境系统,更有效地参与到环境中①。它具有以下几个特点:①评估地点的多样性,包含幼儿当前或可能接触到的各种环境,包括家庭、学校或机构、社区、娱乐场所等;②评估的个别化,注重个体在生态环境中的情况,目的是增进个人的能力;③评估的支持性,强调特殊幼儿在适应某种环境所需的技能以及如何通过不同的形式对其提供帮助和支持。

生态评估的内容一般包括:1.环境特征。包括静态特征和动态特征。静态特征是指环境中的物理特性,比如空间大小、噪音水平、位置等。动态特征是指环境中不断变化的因素,主要指人的行为,如父母或照料者的行为、同伴的行为。2.家庭背景。主要指家庭所处的文化氛围和生活方式,包括家庭的受教育程度、家庭成员间的关系、家庭教养方式、家庭成员的心理健康等。此外,在评估中也需要特别强调家庭成员在资料收

---

① 何华国.特殊幼儿早期疗育[M].台北:五南图书出版公司,2015:171-178.

集过程中的作用，积极鼓励其参与评估过程，以便收集到更多的资料。

3. 真实性评估

越来越多的教育工作者认为，传统的评估方式，很大程度上反映的是个体静态的、片面的、模拟的技能情况，主张评估应该反映个体在现实生活中动态的、真实的、丰富的运用知识和技能的情况。在这样的背景下，学者们提出了真实性评估，也常被称为行为表现评估。所谓真实性评估（authentic assessment），1992 年美国国会技术评价部门把它定义为“用来评价学生所创造的答案或作品能否证明自己的知识或技能的方法”[①]。即“学生在完成真实世界的任务时表现出的对重要知识和技能的有意义的应用”[②]。真实性评估的特点：①真实性。强调评估过程的真实性、自然性，解决“真实性任务”（与个体日常生活平行的有意义的任务）；②多元化。包括信息来源多元化、目的与方法多元化、评价尺度多元化；③家长参与评估。

真实性评估一般用的方法主要有观察、访谈、演示和建立成长档案。其实施过程主要包括：①确定评估主体。即评估的对象。②设计真实性任务。真实性任务的实施地点为真实情境或模拟情境，评估人员设计任务时应注意任务的难易程度。③制定评估尺度。教师设计与真实性任务相符的量规，用以评定幼儿在真实性任务中的表现。④评定等级。根据制定的量规，评估学生目前的发展程度和有待改进的地方，得到评估结果。

尽管真实性评估能够反映出个体在真实环境或完成真实性任务时的表现，但它也存在一些局限。如评分的信效度，评分过程存在主观性，很难取得评分者之间的一致性；不够经济，在实施此评估和记分方面花费的时间、精力、金钱较多；评估内容有限，由于真实性评估需要对评估具有一定深度的知识或应用性知识，因而限定了评估内容知识的数量；结果的推广性有限，真实性评估由于针对某一项特定任务的评价标准具有特异性。因而作为评定一般学习结果的方法，它的价值也受到了影响。

第四节　特殊幼儿的评估过程

评估需要由有专业知识和实践基础的，经过培训和训练的有资质的专业人员来进行，我们强调生态发展观念对评估的影响，也强调真实性评估和根据儿童的特征和需要进行综合的评估，评估前需要进行规划准备，到评估的具体实施、评估结果的解释、评估结果的研讨和追踪等，都必须记住一点：评估是为了了解特殊婴幼儿及其家庭的需要、优势和资源，了解如何制定干预目标和选取具体的活动可以更好地促进儿童的发展。

一、评估的规划

在正式实施评估之前，评估者应该对整个评估做一个详细的规划，包括评估目的、

① 韦小满，余慧云. 运用新的评估方式提高随班就读质量的初步设想——融合教育的视角[J]. 中国特殊教育，2006，78(12)：5-7.

② 韦小满，余慧云. 运用新的评估方式提高随班就读质量的初步设想——融合教育的视角[J]. 中国特殊教育，2006，78(12)：5-7.

工具、地点、时间、内容等，并做好相应的准备。这一阶段往往最常被忽略，但却是影响评估质量的重要过程。以家庭为中心的特殊幼儿早期评估，在评估的规划阶段，应该做好以下准备[①]：

- 与家长和儿童相互熟悉，建立基本的信任关系和良好的合作关系。
- 澄清转介问题，了解家庭的需要、关注点、优先事项、问题及文化偏好等。
- 与家庭一起决定评估的相关事宜，包括是否需要审核现有资料、家庭成员在评估中的角色与责任、评估的目标、策略、地点、时间安排等。
- 获得父母同意进行评估。
- 如有需要，安排手语或其他语言翻译人员到场。
- 确定评估工具和内容。

二、评估的实施

评估前的规划做好之后，就是正式评估的实施。考虑到婴幼儿在熟悉环境中焦虑水平较低，安全感较好，易表现自然，故一般特殊幼儿的评估以在家庭中进行为佳，尤其是以家庭为中心的特殊幼儿评估。并且在家中进行评估，还可以同时观察婴幼儿的家庭环境，有利于家庭环境资料的获取，也容易了解家庭的需要、优先事项（最先解决的需要）与资源（用来满足家庭需要的相关人员或实现结果的优势、能力与支持）。一般评估时有父母或者主要照料者在场较好，但需要在评估前与家庭成员讨论并决定好家庭成员在评估中的角色。

对婴幼儿的评估常常需要进行好几次，因此评估需要安排好评估时间。特别要考虑儿童的注意时间（理想的警觉时间），即考虑儿童的身心状态。也就是说评估不宜过长，中间要有适当的休息；评估所设计的材料、工具或游戏，应适应儿童的发展水平，能引起其兴趣并能保持一段注视时间。另外，在安排评估时间时，需要了解婴幼儿当天的活动和作息安排，尽量安排在儿童状态良好的情况下。

在评估时，评估成员需要有一定的弹性，能敏锐察觉并善于观察，有良好的共情能力并全身心地投入。尽管在评估前就做好了规划，但在正式评估时，对于儿童当时的情绪、身体状况、配合度等因素，能敏锐察觉并按照幼儿的具体情况进行调整。另外，即使选择了相同的评估工具，对于不同的婴幼儿可以考虑不同的呈现方式。

评估会对儿童及其家庭造成一定的压力，缓解评估给儿童和家庭的压力的策略有：①让父母和照料者参与评估；②接纳和运用父母或照料者提供的资料；③解释评估的内容和程序（步骤）；④让父母或照料者了解评估的过程；⑤给父母或照料者书面的联系方式，确认专门的联系人。

三、评估结果的解释

评估结果解释阶段，即是对评估收集到的资料进行整理、分析、解释，从而形成有效和实用的评估报告，为早期干预服务计划的实施提供依据的阶段。在这阶段中，可能包

---

① 黄海滨."真实性评估"在信息技术课教学评估中实现与应用[J].广东广播电视大学学报，2007，1：15－18.

含的活动有：①检查收集到的各种材料，确保其正确、清楚和完整；②准备可能与转介和干预方案有关的材料；③邀请父母或照料者参与讨论；④将评估结果整理成家庭可以理解的书面报告；⑤检查报告是否清晰、正确以及与早期干预计划的关联性。①

以家庭为中心的评估报告一般分为：

- 特殊幼儿及其家庭的基本背景资料。
- 参加评估者的姓名、背景和角色。
- 家庭的关心/优先事项与资源。
- 相关背景资料（出生、目前的健康状况、所参与的方案与服务等）。
- 评估目标与策略（目标、策略以及每种策略的具体运用）。
- 观察与发现（家庭对特殊幼儿表现的观察与看法、专业人员的观察与看法；从每一种评估策略中得到的发现与解释）。
- 结果小结与建议（目标、策略、发现的总结，对有关特殊幼儿需求、家庭的关心/优先事项、资源，以及后续服务计划的建议）。

四、评估结果的研讨

进行评估结果研讨的目的是让特殊幼儿的父母或照料者可以更清楚地理解评估结果，更充分地利用自身所拥有的资源来满足特殊幼儿的需求。在研讨之前，评估人员可以先让家庭阅读评估报告，了解评估结果，并思考一段时间后再安排会议。在研讨的时候，评估人员与家长或照料者需要对结果进行讨论，专业人员可以就问题进行解释，家长也可以发表自己的看法、提问等，并会涉及对于早期干预方案与安置问题的讨论，还会为家庭提供相关的资料和资源等。

五、追踪

评估只是早期干预的一个起点，而非结束。虽然适当的评估可以产生适当的早期干预方案和相关的服务计划，但在干预和服务过程中，仍需进行即时性的追踪，以便更好地了解特殊幼儿在早期干预方案中是否表现良好，家庭和教师或其他利益相关人员对特殊幼儿的早期干预方案和服务是否感到满意，有无其他值得注意的事项或其他可利用的资源，干预效果是否有效等。这种追踪性的持续评估，一方面便于专业人员及时调整早期干预服务计划，另一方面也提供给家庭成员询问其他问题或探讨如何运用资源的机会。

➢本章小结

早期预防、早期发现、早期评估是特殊幼儿早期干预的重要内容之一。多个遗传生物因素和环境危险因素都可能导致个体发展迟滞或障碍，因此早期预防从婚前、孕前就开始了，了解各个因素，有意识地进行预防，是早期预防的重要要求。而对于具有发展迟缓或障碍的婴幼儿或高危儿，应及早进行有效筛查，使其得到进一步的评估。与传统

---

① 何华国.特殊幼儿早期疗育[M].台北：五南图书出版公司，2015：179.

评估不同，现代特殊幼儿评估更提倡发展性评估、生态评估和真实性评估，并通过观察、访谈、测验、临床检查等方式收集婴幼儿身体健康状况和功能情况、所处环境和任务表现等多方面的资料，以求更准确、科学、客观、全面的评估，为早期干预计划的制定提供依据。

➢关键术语

早期预防　有效筛查　丹佛筛查量表

发展性评估　生态评估　真实性评估　以家庭为中心的评估报告

➢讨论与探究

1. 思考我国特殊幼儿筛查工作的现状和发展趋势。

2. 如何在我国实行有效的评估工作？

3. 以小组的形式就一例个案进行观察和评估，形成一份以家庭为中心的评估报告。

4. 小组讨论章后的个案，思考如何结合本章理论和个案的情况进行评估。

案例分析

叶子的故事——发育迟缓儿童的早期诊断与评估

普陀区早期教育指导中心　沙英姿

叶子2011年4月在上海出生，是个漂亮的男孩。父母都是来自武汉的高级白领，新上海人。叶子是剖腹产生下的，因为叶子妈妈生产期羊水浑浊。大概1岁的时候，叶子被确诊为发育迟缓，随即开始在复旦大学附属儿科医院做感统、粗大动作、精细动作、认知、语言等方面的医学康复治疗。2012年11月，叶子到早教中心接受每周2次、每次1小时的教育干预。

实践过程及分析

1. 临床医学诊断——早发现，早诊断

叶子刚出生三天的时候突然发生抽搐。惊恐不已的家人连忙把叶子送到复旦大学附属儿科医院就诊。在重症监护室里，叶子住了10天。为了查找原因，弱小得像只小猫的叶子被推进了核磁共振检查舱。在家人焦虑不安的等待中，检查结果出来了：脑部CRI右侧基底节软灶。在医师的详细介绍下，家长逐渐明白：新生儿抽搐的发病原因之一是由于脑功能发育不完善，不能适应从母体环境到自然环境的变化而引起的。脑软化灶通常是因为脑组织缺血缺氧等情况引起的脑组织坏死后形成的疤痕组织，在目前的医学条件下还没有办法彻底治愈，主要以营养神经、改善并发症，坚持康复治疗为主。

分析反思：虽然障碍儿童多数问题不依赖临床医学来解决。但临床医学诊断具有更早期性和及时性的优势，可在障碍的诊断、解剖结构的矫形等局部问题上为康复教育提供帮助。临床医学的诊断明确了造成儿童发育迟缓的生理原因以及在后继发展中可能存在的局限性，使得家长、医学康复师、特教教师能够直面特殊幼儿功能缺陷的客观现实，用科学的态度采取安全健康、切合实际的综合康复教育手段制定和实施干预方案。

2. 康复医学评估——找起点，评效果

2013 年 1 月的一天，儿科医院康复科的医生带着两大箱儿童神经心理测验"格里菲斯评估(GMDS)"测评工具来给叶子做评估。此项评估分成运动、个人—社会、听力—语言、手眼协调、表现、实际推理(仅对 2 岁以上)等六个领域，用百分位、发育商、相当月龄等三个维度的量化数据反映孩子的各方面发展状况。没几日，叶子的学期初测评报告出来了：

<table>
<tr><td>姓名</td><td>叶子</td><td>性别</td><td>男</td><td>评估日期</td><td>2013.1</td></tr>
<tr><td>出生日期</td><td colspan="3">2011.4.12</td><td>年龄</td><td>20.5M</td></tr>
<tr><td>领域</td><td>百分位</td><td colspan="2">发育商</td><td colspan="2">相当月龄(月)</td></tr>
<tr><td>运动</td><td>21</td><td colspan="2">87</td><td colspan="2">18 月</td></tr>
<tr><td>个人—社会领域</td><td>9</td><td colspan="2">78</td><td colspan="2">16 月</td></tr>
<tr><td>听力—语言领域</td><td>1</td><td colspan="2">63</td><td colspan="2">13 月</td></tr>
<tr><td>手眼协调</td><td>1</td><td colspan="2">63</td><td colspan="2">13 月</td></tr>
<tr><td>表现</td><td>1</td><td colspan="2">59</td><td colspan="2">12 月</td></tr>
<tr><td>实际推理领域
(仅对 2 岁以上)</td><td>/</td><td colspan="2">/</td><td colspan="2">/月</td></tr>
</table>

叶子的家长、老师仔细研读起测评报告：孩子的整体发展水平在 12～18 个月之间，"运动"是其优势领域，语言、精细动作和认知是弱势领域，相当于 1 岁婴儿的发展水平。以测评报告为依据，老师为叶子度身定制了学期教育干预方案并与家长进行了充分的沟通，最后达成了一致。

2013 年 6 月的一天，叶子的学期末测评报告出来了：

<table>
<tr><td>姓　名</td><td>叶子</td><td>性别</td><td>男</td><td>评估日期</td><td>2013.6</td></tr>
<tr><td>出生日期</td><td colspan="3">2011.4.12</td><td>年　龄</td><td>26.5M</td></tr>
<tr><td>领域</td><td>百分位</td><td colspan="2">发育商</td><td colspan="2">相当月龄(月)</td></tr>
<tr><td>运动</td><td>13</td><td colspan="2">81</td><td colspan="2">21.5 月</td></tr>
<tr><td>个人—社会领域</td><td>1</td><td colspan="2">62</td><td colspan="2">16.5 月</td></tr>
<tr><td>听力—语言领域</td><td><1</td><td colspan="2">51</td><td colspan="2">13.5 月</td></tr>
<tr><td>手眼协调</td><td>1</td><td colspan="2">72</td><td colspan="2">19 月</td></tr>
<tr><td>表现</td><td><1</td><td colspan="2">72</td><td colspan="2">19 月</td></tr>
<tr><td>实际推理领域
(仅对 2 岁以上)</td><td><1</td><td colspan="2">64</td><td colspan="2">17 月</td></tr>
</table>

老师拿着叶子学期初和学期末两份测评报告仔细比对与分析起来，并制作了两张叶子的发展走势图(图5-2、图5-3)。从图一可以看出，经过一个学期的康复教育，叶子在粗大动作、精细动作和认知方面进步大，而在个人—社会和听力—语言方面发展微弱。从图二可以看出叶子的优势发展领域是粗大动作，听力—语言则是发展中的最短板。随着新学期的到来，新一轮康复教育就要开始了。老师在测评数据分析的基础上遵循"缺陷补偿"与"潜能开发"相结合、"重点训练"与"多重干预"相结合的原则制定和实施新学期教育干预方案。

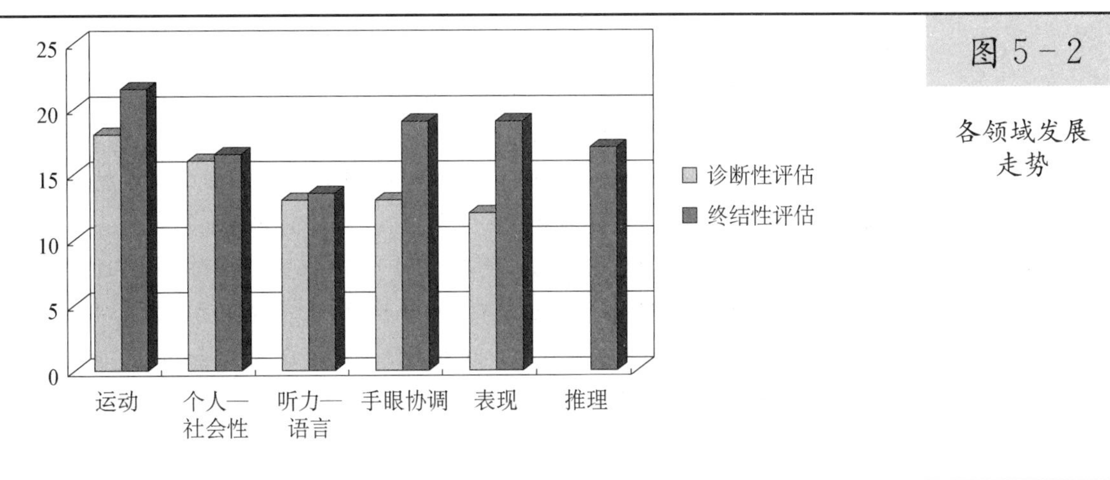

图5-2

各领域发展走势

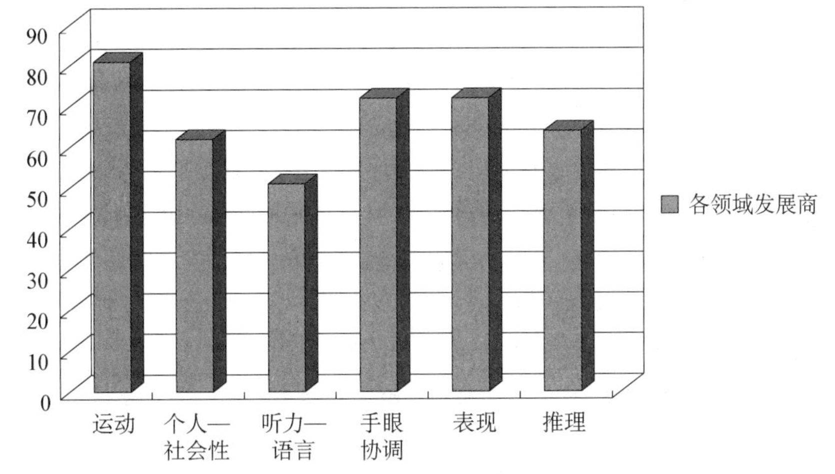

图5-3

各领域发展商比对

分析反思：特殊幼儿评估的类型包括筛查性评估、诊断性评估(康复训练前评估)、过程性评估、终结性评估(康复训练后评估)。智障儿童评估的项目与内容包括生理评估、智力评估(注：同时评估感知、认知、言语等)、社会适应能力评估、动作能力评估、情绪和行为能力评估、学校生活评估、家长访谈及行为观察等。评估的功能在于建立特殊幼儿个人资料、筛选安置、计划制定、训练介入等。在特殊幼儿的康复教育中，评估是定位医学康复和教育干预起始点和目标的坐标，是调整和完善康复教育过程的依据以及验证康复教育效果的手段(见图5-4)。

图 5-4

评估和干预流程

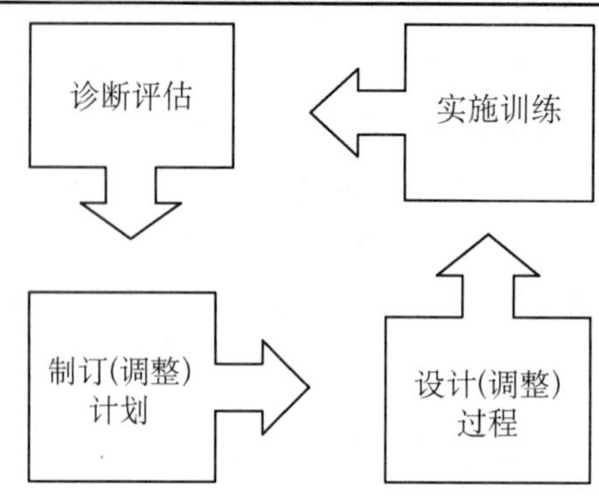

3. 教育发展评估——全面了解，满足需要

叶子总是沉浸在对一种游戏的“痴迷里”：把头转向一边，原地旋转着、旋转着，一边露出兴奋愉悦和满足陶醉的表情……叶子奶奶说：“叶子就是喜欢玩转转的游戏，转得天旋地转但还是要玩，就是喜欢这种感觉……”叶子的表现和奶奶的一番话，引起了老师的注意：“把这份：‘婴幼儿感知觉问卷’让叶子的妈妈填一下……”过了不久，经华师大特教专家的分析，问卷总结出来了：叶子视觉加工、前庭觉加工水平可能存在差异！于是，老师及时调整干预计划——增加感统训练项目，设计和实施前庭觉训练。

分析反思：特殊教育评估是运用各种技术对学生进行评鉴、评价，并依获取的相关数据进行判断，得出学生需要得到何种帮助和支持的具体内容并作出教育性决定的过程。评估常用的搜集资料的方法包括：观察、访谈、问卷调查、事件记录表等。教育评估让教师正确解读特殊孩子行为背后的原因从而及时调整教育干预的项目与内容、目标与手段：尊重孩子的个体特质、满足孩子的需要。

案例总结

特殊幼儿康复教育贵在早发现、早诊断、早干预。0～6 岁是儿童大脑形态、结构和功能发育的关键时期，因此是生理和心理发生、发展的关键时期。此时期个体神经系统的可塑性较大、对外界环境的适应能力较强。在这一期间内对特殊幼儿及时施以恰当的康复教育，有利于特殊幼儿缺陷的最大程度补偿，有利于潜力的最大程度发挥，有利于身心的最大限度发展。因此，特殊幼儿康复教育早发现、早诊断、早干预对个体的成长、家庭的幸福、社会的进步、经济的发展均具有积极意义。我们要整合运用医学、教育学、心理学、社会学等各领域学科的专业手段与方法，加强早期筛查，减少误诊漏诊，提高诊断评估的水平。诊断是临床医学应用特殊的诊疗技术对疾病实施专项检查以及通过药物或手术等方法来治疗疾病。评估又称为“评量”或“评定”，是指使用测验或者其他测量手段测量儿童成就和行为，并对所测量到的数值予以价值判断，以便为教育性决定提供依据。特殊幼儿评估必须是建立在多种类型、多项内容与方法基础上的综合性评估。因而，康复医学评估、儿童发展评估等在特殊幼儿康复教育中起着重要的作用。它是康复教育起始的前提保障，是制定和调整干预过程的依据与参照，是检验干预有效性的科学佐证。

➢进一步阅读的文献/网站

托尼·W·林德. 在游戏中评价儿童——以游戏为基础的跨学科儿童评价法[M]. 陈学锋,江泽菲,等,译. 上海：华东师范大学出版社,2008.

Authentic Assessment in Early Intervention[EB/OL]. [2015 - 9 - 24]. http://www2. cde. state. co. us/media/ResultsMatter/RMSeries/AuthenticAssessInEI_SA. asp.

Stephen Bagnato, John Neisworth, Kristie Pretti-Frontczak. Linking Authentic Assessment and Early Childhood Intervention: Best Measures for Best Practices [M]. 2nd ed. Paul H Brookes Pub Co, 2010.

第六章

特殊幼儿的早期干预服务

特殊幼儿的早期干预服务都包括哪些内容？什么是个别化家庭服务计划和个别化教育计划？两者有哪些区别和联系？如何才能实现早期干预的团队协作？早期干预的服务提供模式主要有哪些？请你思考一下，有效的特殊幼儿早期干预服务都需要包括哪些要素，请将这些要素详细地列出来并归类。然后请你花 3～5 分钟时间浏览一下本章的内容，结合上面几个问题进行思考。

通过本章的学习，你能够

- 掌握特殊幼儿早期干预服务的概念和内容；
- 理解什么是个别化家庭服务计划、个别化教育计划及其相关要素；
- 了解不同学科的专业人员是如何组成团队并发挥作用的；
- 了解各种不同的早期干预服务提供模式。

本章内容索引

第一节　个别化服务计划

通常我们在提到个别化服务计划时，往往想到的都是把它等同于个别化教育计划，很多人并不清楚它们之间的区别与联系。实际上，个别化服务计划、个别化家庭服务计划、个别化教育计划是三个既有联系又有区别的概念。首先，个别化服务计划(Individualized Service Plan，简称 ISP)是一个涵盖内容比较广的概念，它针对的对象不仅是儿童和青少年，也包括有障碍的成年人士。个别化教育计划(Individualized Education Program，简称 IEP)和个别化家庭服务计划(Individualized Family Service Plan，简称 IFSP)都属于个别化服务计划的分支，两者的内容和组成部分有很多相同和交叉的部分，最大的不同在于：个别化家庭服务计划的服务对象是 0 到 3 岁的婴幼儿，主要在家庭中为其提供服务；而个别化教育计划针对的是 3 到 21 岁的儿童及青少年，主要是在学校环境中为特殊儿童及青少年提供各种服务的计划方案。

实际上，在《障碍者教育法案》的 C 部分没有单独列出之前，个别化家庭服务计划和个别化教育计划并没有区分得这么详尽，根据法律规定，每个儿童都需要个别化教育计划。在C部分通过之后，才逐渐细分出了个别化家庭服务计划，以便更好地在家庭自然环境中为特殊婴幼儿提供早期干预服务。在特殊幼儿早期干预领域，我们所指的早期干预主要是0至6岁的儿童。因此，本节将主要介绍个别化家庭服务计划和个别化教育计划的相关内容，并对其异同点进行比较。

一、个别化家庭服务计划①

为特殊幼儿制定个别化家庭服务计划是美国联邦法律和各州法律的共同规定。联邦政府《障碍者教育法案》的C部分具体规定了个别化家庭服务计划的基本要素和实施流程。

所谓个别化家庭服务计划，是指以0～3岁婴幼儿为对象所制定的在家庭自然环境中进行的干预服务计划，记录了特殊婴幼儿所应当接受的早期干预服务和相关支持。它是基于特殊婴幼儿的能力优势以及整个家庭对儿童发展的担忧和期待制定的，是以家庭为中心(family centered)的早期干预服务得以实现的基础。该计划可以帮助家长决定孩子及整个家庭接受哪些早期干预服务；家长作为团队的重要一员，在个别化家庭服务计划制定会议上可以和其他成员分享自己的期望和担忧。无论对于特殊幼儿、家庭还是专业人员来说，制定详尽、具体、操作性强的个别化家庭服务计划都具有重要的作用，是确保各种早期干预服务顺利实施的基础。

对于家长来说，个别化家庭服务计划可以确保他们在家庭自然环境中得到以家庭为中心的服务，以所在社区为背景享受相应的医疗、教育、社会资源，充分考虑儿童的需求以及家长的需求，不仅仅是关注补偿儿童的缺陷，而且是为整个家庭提供功能性服务。这个计划用书面方式记录下在6至12个月的时间里，哪些人，在什么情境下，将会为儿童和家庭提供哪些服务，可以让家长对于即将体验的服务有所预期，并充分表达自己的意见和建议。整个计划的制定和执行是有机的、动态的，家庭和专业人员共同参与其中制定和执行计划，可以根据儿童的发展变化以及家庭的需求随时进行调整和补充，而不是冷冰冰一成不变的计划。

个别化家庭服务计划不仅保护了儿童和家庭的合法权益，对于来自各个不同学科的专业人员也有裨益。参与个别化家庭服务计划的专业人员可以来自很多不同的学科和行业，包括物理治疗师、作业治疗师、言语语言治疗师、社会工作者、护士、营养师、心理学家等。这些不同专业人员之间的协调和配合应当以对家庭有帮助为根本。在团队协作的过程中，家庭作为团队的一员，可以帮助专业人员更有效地了解和收集关于儿童的各类信息，以便专业人员更好地给出专业意见；成员之间知识和技能的共享，对个人的专业成长和发展来说也有促进作用。

制定个别化家庭服务计划所要遵循的一个指导性原则是：承认家庭是每个特殊幼儿最重要的资源，儿童的需要和家庭的需要紧密相关，为儿童提供支持并满足其发展需要的最佳方式就是增强家庭自身的力量。因此，个别化家庭计划实际上是以整个家庭为单位的一个支持计划，父母作为主要照料人发挥着重要的作用。

---

① 何华国.特殊幼儿早期疗育[M].台北：五南图书出版公司，2015：184.

在美国，每个州的法律规定都不尽相同。虽然为0至3岁特殊幼儿提供早期干预服务，制定个别化家庭服务计划是各州法律共同的规定，但是每个州在实施中都有各自不同的具体规定。下面，让我们从内容、流程、注意事项等方面来具体了解一下个别化家庭服务计划的内涵和应用。

（一）个别化家庭服务计划的内容

根据《障碍者教育法案》的规定，个别化家庭服务计划应当包含以下内容和元素①：

- ✓ 儿童发展水平：儿童目前在各个领域的功能性发展水平，包括身体发育（physical development）、认知发展（cognitive development）、沟通能力（communication development）、社会情感性发展（social or emotional development）以及适应性行为发展（adaptive development）。
- ✓ 家庭信息：儿童家庭所具备的各种资源，以及家长对于特殊婴幼儿各项能力发展的担忧（concerns）和优先性（priorities）的考虑。
- ✓ 发展目标：儿童和家庭所想要达成的结果，以及用来确定进展的标准、步骤及时间安排等；是否需要对服务做出调整和修改。
- ✓ 提供服务：满足儿童及其家庭特定需要的各种具体的早期干预服务，以及提供服务的频率、强度、方式等。
- ✓ 自然化环境：提供服务的自然化环境（natural environments）是哪里；如果不能够在自然化环境中提供服务，根据法律规定需要解释说明原因。
- ✓ 服务时间：服务的起始时间以及每个阶段的具体持续时间。
- ✓ 服务协调人：负责实施计划并协调其他机构和服务人员的服务协调人（service coordinator）的姓名。
- ✓ 转衔服务：帮助儿童转衔（transition）到学前班（preschool）或者其他服务项目的相关步骤。
- ✓ 费用：根据美国教育部的规定，如果儿童需要接受C部分范围之外的其他服务，包括医疗、训练等，也需要在个别化家庭服务计划中予以记录，并说明这些服务的费用由谁来承担。除了免费的服务和保险公司的赔付外，有一些服务可能需要家长付费，需要在书面文件中注明。

除了上述必须包含的内容之外，有些家庭可能会对一些诸如经济援助和抚养特殊婴幼儿相关的服务信息等感兴趣。如有需要，这些内容也可以加入到个别化家庭服务计划中。完成个别化服务计划的写作后，必须将所包含的内容完整、清晰地向家长予以解释说明，并根据家长的意见进行修改调整。在家长知情并签字同意以后，个别化服务计划才可以生效。

（二）个别化家庭服务计划团队成员

个别化家庭服务计划的制定和实施是由一支相互协作的跨学科团队完成的。在特殊幼儿的第一次个别化家庭服务计划团队会议上，以及之后的每次年度修订会议上，需

---

① The WHO, WHAT, WHY of an Individualized Family Service Plan（IFSP）[EB/OL]. http://www.specialeducationguide.com/early-intervention/the-who-what-why-of-an-individual-family-services-plan-ifsp/.

要如下人员参加会议：

✓ 儿童的父母。

✓ 其他家庭成员：如果父母要求其参加的话可以邀请他们参加会议。

✓ 家庭成员之外的为儿童权益奔走的呼吁倡导者(advocator)(如果父母要求的话可以邀请其参加会议)。

✓ 由社区或机构指派的负责个别化家庭服务计划实施的服务协调人(service coordinator)。

✓ 直接参与到对儿童和家庭进行评估的相关专业人员。

✓ 根据儿童需要即将为儿童提供各种早期干预服务的专业人员等。

(三) 个别化家庭服务计划的制定和实施流程

个别化家庭服务计划规定了特殊幼儿及其家庭所应当接受的早期干预服务，是有效进行早期干预的重要引导力量。它一方面直接为特殊幼儿提供干预服务，另一方面通过专业指导和示范，增强家庭在促进儿童进步方面的能力。整个个别化家庭服务计划的制定过程是一个有机的、动态的过程，家庭成员和早期干预服务人员组成团队共同协作，一起制定、执行计划，并对服务的效果进行评估。下面让我们分步骤来具体了解一下该如何制定并执行个别化家庭服务计划。

1. 确定家庭对儿童发展的担忧(concerns)、优先性(priorities)考虑及所拥有的资源(resources)

每个家庭都是独特的存在，有着自己的价值观和相处模式。家庭成员对于特殊幼儿发展的侧重点和担忧，以及家庭自身所具备的资源，贯穿于整个个别化家庭服务计划制定和执行的始终。

早期干预是一项系统性工程，为家庭提供一系列的支持和服务，以帮助他们更好地照料儿童生活和促进儿童的发展。因此，早期干预专业团队和家庭之间的合作关系(partnership)应当是真诚、透明、相互理解和支持的，这一点在最初就应该得到足够的重视和理解，以便于日后干预的顺利展开。

2. 确定儿童的日常生活环境

根据《障碍者教育法案》的要求，早期干预必须要在自然化的情境中进行，而不能将特殊幼儿安置在隔离的环境中。所谓自然化的情境，是指一般儿童每天日常生活和活动所接触的场所，包括家庭、幼儿园、社区等。对儿童的日常生活习惯进行观察和记录非常重要，例如吃饭、游戏、洗澡等，都可以成为进行干预的切入点。将干预的理念植入每天的日常生活中，每天不再是一成不变的重复性日常活动，而是一连串可以加以利用的自然化的学习机会。这对于儿童的发展来说事半功倍，也可以减轻家长的负担。

3. 对特殊幼儿进行功能性评估(functional assessment)

有效的评估应当包含以下要素：

✓ 重视家庭成员对儿童发展能力的描述，关注他们的担忧和问题。

✓ 针对具体的问题来收集相关信息。

✓ 评估要能全面地、精确地反映出儿童发展的全貌，包括儿童的优势能力、需要、对日常活动和环境的偏好等。

✓ 由一个对儿童日常生活熟悉的人在儿童所熟悉的日常环境中的表现进行观察和评估。

4. 举行个别化家庭服务计划会议，由团队共同制定预期目标

在收集完评估信息后，团队需要进行会议，分享他们的观察和评估结果，并以家庭的担忧和需要为基础，共同制定所想要达到的干预目标。家庭的参与至关重要，团队协作的共同目标集中在如何提高家庭应对儿童发展的能力，以及促使儿童更多地参与到日常有价值的活动中。

5. 明确干预计划的责任归属

通过前期评估和团队会议后，一旦确定了干预的目标和想要达成的结果，那么接下来早期干预团队要做的就是针对目标确定需要为儿童及家庭提供哪些服务，以及该由谁来负责提供这些服务。个别化家庭服务计划的执行需要整合式的团队协作来完成。

团队协作的方式有很多种，跨学科协作模式（transdisciplinary team model）是个别化家庭服务计划时较为合适的模式。在这种模式下，所有的团队成员，包括家庭成员，为了共同制定的目标一起努力，每个成员的角色如何是由具体的情境和需要而定，而不是根据具体的学科分类来确定。这种角色互换是跨学科协作模式的一个重要特征。在下一节中我们会进行具体的介绍。在实践中，需要根据儿童的发展水平和需要来确定一个主要的服务实施者，由这个人来负责提供具体的服务；其他的团队成员作为智囊图，共同商讨干预过程中遇到的问题，提供技术咨询和支持。举例来说，一位作业治疗师可能被选定为一个2岁自闭症小朋友的主要服务提供者。在指导家长如何训练儿童独立进食时，他可能会教给家长一些辅助儿童的动作，充当物理治疗师的角色。

6. 确定执行计划的具体策略

这一步骤需要团队成员的紧密协作，尽量多地在日常自然情境中增加儿童的自发性学习机会，以达成目标。需要特别注意的，一项看似简单的活动可能会涉及多个发展领域，同时训练儿童的多种能力。举例来说，在吃饭的时候，一个学步儿可能会运用沟通技能来要求得到更多的牛奶，运用精细运动能力抓起勺子，运用自己的社交技能和成人进行互动等。因此作为专业人员在为儿童设计干预活动时，需要将各个领域的内容涵盖其中，但活动本身应当是富有乐趣、易于实施和重复操作的，以便于家长在日常生活中对儿童进行强化训练。

概括来说，干预活动和策略应当：

✓ 结合日常自然化情境进行，尽量生活化。

✓ 强调活动的功能性，通过活动可以切实地掌握有助于儿童独立能力培养的技能。

✓ 尽量增加儿童参与活动的机会，抓住每个学习契机。

7. 在取得了家长书面签字同意后，个别化家庭服务计划就可以开始实施

按照文件记录的方式和要求为特殊幼儿在家庭自然环境中提供其所需的各种服务。需要注意的是，作为父母，有权利拒绝任何可能会影响孩子接受其他早期干预服务资格的条款；父母也可以随时撤销他们的同意决定。

8. 修订

根据《障碍者教育法案》的规定，个别化家庭服务计划每六个月需要进行一次修订；每年至少进行一次更新。家长作为团队成员需要和其他专业人士一起进行修订或重新制定个别化家庭服务计划，以确保所作出的修改是对孩子的发展有利的，并能够满足家庭层面的实际需要。这种动态性的监测过程有助于为儿童和家庭提供持续性的支持，并帮助家长及时地看到孩子的进步，认识到孩子的优势能力和家庭自身的资源和能力。

二、个别化教育计划[①]

在美国，每个在公立学校系统里接受特殊教育和相关服务的儿童都必须有属于自己的个别化教育计划(Individualized Education Program，简称 IEP)。当一个儿童根据《障碍者教育法案》的相关规定接受特殊教育服务时，他必须要先建立一个属于自己的个别化教育计划。这是一个非常重要的书面文件，是针对某个特殊幼儿专门量身制定，并且能够真实地记录和反映该儿童的学习计划和目标。

个别化教育计划的制定主要有两个目的：一是为儿童的发展制定合理的学习目标；二是明确地提出学校应为儿童的发展提供哪些服务。可以说，个别化教育计划是特殊幼儿能够获得高质量教育和干预的基石，它为家长、教师、学校管理者以及相关服务提供者的团队合作提供了一个指南性的方向，使他们能够在同一个平台上对特殊幼儿的能力有一个客观的认识，并且为了干预目标的实现而共同努力。

个别化教育计划的意义和作用在于：首先，可以有效地促进教学的效率，提高组织性。其次，它明确地提出了长短期干预目标及相应负责人，强调老师的绩效责任，可以作为评估考核的客观依据。再者，个别化教育计划将家长纳入团队中，家长是关于自己孩子的最好的专家，他们成为与教育人员平行的计划参与者与执行监督者，有助于长短期目标的实现。通过团队会议的召开，也有助于整合家长和老师及其他相关服务人员对儿童的全方位、立体化的评估及期望，促进彼此的沟通，为儿童的发展提供一个更好的基础。

要制定一份能够切实发挥作用的个别化教育计划并非易事，这需要家长、老师、学校其他教职工等相关人员的通力协作。世界上没有两片完全相同的叶子，每个儿童都是世界上独一无二的存在，有着自己独特的发展速率和轨迹，个体差异巨大。尤其对于特殊幼儿来说，由于各种障碍和残疾的原因，并没有一个万能钥匙似的通用模板可以为他们所用。所以要制定一份有效的、对儿童有帮助的个别化教育计划，而不是让它成为一纸空文束之高阁，首先就需要家长、老师等和儿童日常生活关系紧密的人员对其进行密切地观察和记录，了解每个特殊幼儿独特的能力水平和需求。每个观察者根据他们的知识水平、能力经验以及对儿童的了解和热忱，在个别化教育计划会议(IEP meeting)上来共同讨论协商，一起为儿童制定一个能够将其纳入教育和生活情境中，并且能够获得发展和进步的个别化的课程。个别化教育计划引导着针对残障儿童的特殊教育服务支持的实现。接下来，就让我们从七个不同的方面对个别化教育计划进行一个全面的

---

① IDEA 2004, Building the legacy [EB/OL]. http://idea.ed.gov/part-c/search/new.

了解和认识。

(一) 个别化教育计划的内容

个别化教育计划里必须包括儿童的某些个人信息，以及针对他独特需求而设定的教育计划。这些信息主要包括：儿童目前的行为表现和能力水平；年度目标；特殊教育和相关服务；针对儿童做出的适应性改变；儿童所参加过的各种测试结果；是否需要转衔服务(transition services)以及对进展的测定等。对这些内容的理解越透彻，在撰写个别化教育计划的时候也就越得心应手。下面让我们根据《障碍者教育法案》的规定，具体来看看每项内容里应当注意和考虑的一些问题和细节①：

✓ 儿童目前的行为表现和能力水平(Present Levels)：如生理状况、基本学科能力、学习态度、社会适应能力的表现，需要描述儿童目前在学校中表现如何，以及他的残障是如何影响他参与到普通课堂和活动中的。

✓ 儿童发展的年度目标(Annual Goals)：包括长短期目标及预定达成时间，是指通过个别化教育计划会议后，家长和学校老师组成的团队所认为的儿童应当在一段时间(通常是一年)里所能够达成的合理的目标。

✓ 特殊教育和相关服务(Special Education and Related Services)：内容包括交通工具；其他支持性服务；言语语言治疗；心理测验；心理咨询；物理治疗；作业治疗；医疗补助；学校健康服务；社工服务；休闲活动；父母咨询等。应注明起止日期及相关负责人员。

✓ 学校针对儿童做出的适应性改变(Program Modifications for School Personnel)：在学校的整天时间里有多长时间儿童是接受单独教育，不参与正常课外活动或者其他非学业性活动(如午餐或兴趣班等)。

✓ 儿童所参加过的各种测试结果(Accommodations in Assessment)：儿童如何参与国家或所在地区规定的评估，包括根据儿童的需要对评估测试做出了哪些修改等。

✓ 这些服务(Service Delivery)和改变什么时候开始、提供服务的频率、提供的地点、持续时间，以及是否需要转衔服务(Transition Planning)等。

✓ 对各项长短期目标的测评(Measuring and Reporting Progress)：学校老师等如何根据年度目标来测评儿童的进步。

(二) 个别化教育计划的制定步骤

根据《障碍者教育法案》的规定，特殊教育个别化教育计划制定的一般步骤如下：

1. 儿童被认为可能需要特殊教育和相关服务。
2. 儿童经过专业人士的评估。
3. 根据评估结果，确认儿童有获得特殊教育服务的资格。
4. 确定个别化教育计划会议的时间。
5. 召开个别化教育计划会议并且制定个别化教育计划。

---

① A Guide to the Individualized Education Program [EB/OL]. http://www2.ed.gov/parents/needs/speced/iepguide/index.html.

6. 根据个别化教育计划为儿童提供相关服务。

7. 对服务过程进行记录和测评，并将结果反馈给家长。

8. 根据儿童的进展重新修订个别化教育计划。

9. 对儿童进行再次评估。

(三) 个别化教育计划团队成员

根据《障碍者教育法案》的规定，协商制定个别化教育计划的团队成员应该包括家长、普通教育老师、特殊教育老师、学校其他相关老师及负责人等。个别化教育计划必须在确定儿童有资格获得特殊教育和相关服务的30天之内召开。每个团队成员在会上发表自己所掌握的关于儿童的重要信息，成员们相互分享这些基于长期观察的信息，并且一起合作来撰写个别化教育计划。每个成员的意见和建议都很重要，有助于整个团队在一个相同的沟通平台上更好地了解儿童，并确定他需要哪些服务。下面让我们来具体了解一下每个团队成员的角色，以及他们能够提供关于儿童的哪些信息①：

1. 儿童的父母：特殊幼儿的父母被认为是团队的重要组成部分。他们天天和孩子生活在一起，是关于自己孩子问题的专家，他们所提供的信息对于专业服务人员来说是非常具有价值性的。

2. 至少一位普通教育教师(如果儿童在普通班级中接受教育的话)：如果特殊幼儿在普通学校中就读，那么根据《障碍者教育法案》的要求，至少一名儿童的主要教师要参与到团队中，提供自己了解的信息，以及如何为儿童做出相应的教学改变的建议。

3. 至少一位特殊教育教师或者儿童特殊教育服务的提供者：特殊教育教师具备一定的专业素养和干预策略，可以针对不同类型的残障儿童为其提供支持和服务。

4. 一位学校机构的代表，要求能够有资格为残障儿童提供服务，或者可以监督相应规定的实施过程。这个代表既要了解普通教育课程，又要知道其机构能够为儿童提供哪些资源；通常是校长或其他主管人员，掌握一定的行政权力，以确保个别化教育计划的顺利实施。

5. 一位能够解释评估结果的专业人员：团队中需要一名专业人员向与会人员介绍儿童的评估结果，用通俗易懂的语言对专业性的术语等进行解释说明。

6. 其他对儿童非常了解的人士，包括相关服务的提供者：家长和学校都可以邀请其他对儿童状况相当了解或具备专业能力的人参与到团队中，以更好地帮助儿童实现学习目标。

7. 特殊幼儿：当然，在条件允许的情况下，特殊幼儿自己也可以参加到会议中，表达自己的意愿。实际上《障碍者教育法案》要求邀请学生参加到讨论转衔服务等相关议题的IEP会议中(这些服务主要是针对如何帮助学生在高中毕业之后进入成人社会的)。

(四) 个别化教育计划会议

在个别化教育计划会议上，不同的团队成员围绕儿童的能力水平和需求分享自己的想法和建议。第一次进行会议时，首先需要在会上回顾儿童的各项评估结果，并由一

---

① Contents of the IEP [EB/OL]. http://www.parentcenterhub.org/repository/iepcontents/.

名专业人员向与会人员进行说明。因此大家对儿童的优势、缺陷及需要都会比较清晰，以确保所有人在同一个了解平台上进行交流。评估结果也有助于团队决定儿童在学校里需要哪些特殊帮助和服务。

在包括家长在内的所有成员分享完自己关于儿童的观察、了解和担忧后，团队会就上文所列的个别化教育计划所包含的内容进行讨论和协商，特别是关于儿童现有的能力水平、恰当的教育和其他目标、儿童需要哪些特殊教育服务等。团队还必须根据儿童的实际情况，讨论是否需要在个别化教育计划中列出一些需要考虑的特殊因素，主要包括：

✓ 儿童是否需要辅助技术的帮助。

✓ 如果儿童有一些行为问题会影响学习目标的实现，那么团队必须着重讨论相应的干预策略和支持。

✓ 如果儿童的母语是其他语言，那么还需要考虑为其提供相应的语言翻译服务。

✓ 如果儿童有视力障碍，那么团队需要考虑是否要为其提供盲文服务。

✓ 如果儿童有听力障碍，那么团队必须将儿童的语言和沟通需求列入考虑的范围中，包括如何和同学、教师进行直接的沟通，以及是否需要使用手语等。

✓ 如果儿童需要辅助器械和设备，例如轮椅等设施，那么也必须在个别化教育计划中记录下来。

(五) 如何撰写个别化教育计划

一般来说，为了更好地确定儿童需要什么样的特殊教育和相关服务支持，团队成员首先应该了解儿童的各项能力评估结果，例如贝利量表测试(The Bayley Scales of Infant and Toddler Development-Ⅲ，BSID-Ⅲ)、自闭症观察诊断测试(Autism Diagnostic Observation Schedule－2，ADOS－2)等的结果，以及老师、家长、相关服务提供者等对儿童日常行为的观察。简言之，就是儿童目前在幼儿园或者学校里表现得怎么样。这些信息将有助于团队对儿童目前的能力水平和行为表现进行客观的描述，并以此为基础制定年度目标，以及着重需要在哪些儿童需要特殊支持的领域进行干预。除了整体的目标外，团队还需要针对每个儿童的具体信息进行详尽细致的讨论，需要以如何有效地帮助儿童为框架来讨论儿童需要何种服务和支持。主要议题包括[①]：

✓ 儿童的优势。

✓ 家长对于如何加强儿童教育的想法。

✓ 近期儿童的评估和再测结果等。

✓ 根据儿童的具体需要，例如有些儿童有听力障碍或者视力障碍，团队还需要考虑如何最大限度地满足这类儿童沟通和学习的需要，为他们提供何种辅助技术来克服障碍等问题。

✓ 怎样实现年度发展目标。

✓ 如何参与到普通课程中。

✓ 如何参与课余非学业性活动。

---

① The IEP team [EB/OL]. http://nichcy.org/schoolage/iep/team.

✓ 如何和正常儿童以及其他有障碍的儿童互动。

以这些讨论的结果为基础,团队成员就可以开始撰写个别化教育计划了(通常在会上确定由一位成员主笔完成报告),包括学校将会为儿童提供那些服务和支持。如果团队成员认为儿童需要一些特殊的设备或装置,同样也需要在个别化教育计划中记录下来。

特别需要注意的是,个别化教育计划的写作并没有一个固定的通用的模板。在美国,尽管有全国性的法律规定,但是在具体实施中每个州甚至每个城市都会有自己的规定和版本,相应的文件可以在州立或市立相关教育部门的网站上下载。因此,对于个别化教育计划的制定和撰写,在总体原则和包含内容的指导下,可以根据各个地区和学校的具体情况进行一定的微调和改编。尤其在我国,目前很多特殊幼儿的个别化服务计划制定过程缺乏规范性,预期目标和如何达到目标的途径也不甚清晰,甚至很多时候老师只是为了应付上级检查而写作个别化教育计划,在实际中根本不会按照所写的内容对特殊幼儿进行教育和干预。当然这不是我国独有的问题,即使在特殊教育较为发达的美国,也存在各种书面文件和实际不符的现象。如何让个别化教育计划真正地成为特殊教育和相关服务实施的指引者,而不是一纸空文束之高阁,还需要家长、老师、相关人员的共同协作和努力,更需要法律的保障和制度的制约。

个别化教育计划撰写完成以后,必须要确保家长得到一份留底。每个将参与实施计划的成员都必须要有能够获得该计划的途径。这包括儿童的普通老师、特教老师、相关服务提供者(物理治疗师、作业治疗师、言语语言治疗师、资源老师等)。这些人需要清楚地了解自己的具体职责,以确保个别化教育计划的有效实施。在学校为儿童提供特殊教育及相关服务之前,必须要获得家长的书面同意书。

(六) 执行个别化教育计划

一旦完成个别化教育计划的书面写作以后,就该按照计划的内容付诸实践了,为特殊幼儿提供特殊教育及其相关服务。根据《障碍者教育法案》的规定,儿童所在的学校系统需要确保每个跟儿童相关的普通教师、特殊教育教师、相关服务提供者要能够有途径得到个别化教育计划的文本,了解计划所列的儿童所需要的所有必要的辅助性帮助和适应性改变等,并知晓自己在执行计划中所担负的具体责任。

(七) 审查和修订个别化教育计划

个别化教育计划通常是以学年为单位来进行的,每个学期初制定,学期末进行监测评估。团队每年至少需要进行一次会议,来评估儿童的进步情况,对目标进行调整,并制定出下一年的个别化教育计划。这种会议和上文所接受的个别化教育计划制定会议非常相似,团队在会上主要会讨论以下议题:

1. 根据现有的个别化教育计划,儿童所取得的进步及目标实现情况。
2. 需要增加哪些新的目标。
3. 是否需要对儿童所接受的特殊教育和相关服务进行调整。

除此之外,根据不同的发展情况,团队在学年之中也需要定期碰面对个别化教育计划进行修订和调整。这分很多种情况:有可能家长会觉得孩子并没有按照预期取得进步,希望团队进行会议,制定更详尽、实际的计划;也有可能在个别化教育计划按照原定内容进行一段时间后，儿童的进步非常显著，超出预期，特殊教育教师觉得有必要再次进行会议，适当地提高学习目标等。特别需要注意的是，每次会议之前必须要让家长提前知晓，并安排好时间参加。

三、个别化家庭服务计划和个别化教育计划的联系与区别

通过上文的讨论，我们分别介绍了个别化家庭服务计划和个别化教育计划所包含的主要内容，你会发现两者在制定和实施上都有很多相通的地方，也存在一些不同之处。个别化家庭服务计划和个别化教育计划的主要不同在于，个别化家庭服务计划更加关注于为儿童及其家庭在家庭自然环境中提供他们所需要的服务，来促进儿童的能力发展；而个别化教育计划更加着重于儿童的教育性需求，并以此为基础制定干预的目标和方向。

根据《障碍者教育法案》的规定，个别化教育计划的服务对象是 3 至 21 岁的儿童及青少年，它聚焦于儿童及青少年在学校环境中所接受的特殊教育及其相关服务。与之相比，个别化家庭服务计划的范围更加广泛。它主要适用于三岁之前的婴幼儿，更多地以家庭需求为导向，由不同学科的专业服务人员组成团队，为儿童及其家庭提供评估、咨询及干预服务[①]。因此在我们广义所指的早期干预中，即 0～6 岁的年龄范围内，个别化家庭服务计划主要适用于 0～3 岁儿童，个别化教育计划主要适用于 3 岁以上的学龄期儿童。

根据美国《障碍者教育法案》的规定，所有的早期干预服务都必须要在自然情境(natural environment)中进行，这包括托儿所(child care)、学前班(preschool)、早期开端计划(Early Head Start)以及社区中其他正常儿童日常活动的场所，不可以将儿童安置在隔离式的环境中。

个别化家庭服务计划也包括了决定有障碍的特殊幼儿将要接受哪些服务的过程，称为个别化家庭服务计划会议。它的实施是通过一种跨部门协作(interagency)的方式进行，通常包括教育、健康、人类服务等若干不同部门的代表，以及其他能够为儿童及其家庭提供资源和帮助的相关人士。这个会议为家庭和相关人员提供了一个分享信息和资源的机会，以帮助家庭能够确定他们想要得到哪些早期干预服务，并作出正确的决定。

社区会指定一名服务协调员(service coordinator)来全程协助儿童的家庭来进行这个过程。他会先联络来自不同学科的专业服务人员，以及家庭想要其参与其中的相关人员，然后确定时间，召集会议。会议的主要目的是讨论家庭所关心的议题及他们的担忧，并由专业人员为其提供信息和资源。个别化家庭服务计划会议也必须要在会上明确各个部门在儿童的干预服务中所承担的角色以及费用等问题(与我国医疗体制不同，美国主要是采用医疗保险，所以会上通常会有保险公司的工作人员参与，以确定如何向服务机构支付相关费用)。

---

① Pratt, C., Dubie, M. Practical steps to writing Individualized education plan (IEP) goals and writing them well [J]. *The Reporter*, 2003,9(2): 1-3,24.

为了更加方便清晰地了解个别化教育计划和个别化家庭服务计划之前的异同，大家可以参照下面表格中的内容加以对比①。

表 6-1

IFSP 和 IEP 的异同

	个别化家庭服务计划 IFSP	个别化教育计划 IEP
服务对象	主要适用于早期干预中，服务对象是0～3岁儿童及其家庭	主要为3～21岁儿童，在学校环境中接受特殊教育及相关服务
包含内容	● 包括了儿童目前各项能力的发展水平。	● 包括了儿童目前的学业表现水平以及各项活动的参与程度等。
	● 在取得家长同意的情况下，在计划中可以包括家庭所拥有的资源、优势，以及对儿童发展的担忧等。	● 主要包含家庭对于儿童接受教育方面的担忧。
	● 通过召开 IFSP 会议，团队会根据会议内容列出儿童所有的发展担忧，由家庭决定哪些内容会被包含在个别化家庭服务计划中。	● 在 IEP 会议后，由父母或其他监护人、相关服务提供者等共同制定目标。
	● IFSP 主要包括儿童及其家庭想要达成的结果，以及如何实现目标的方法、时间安排、测评手段等。	● IEP 主要包括可以测量的学业和功能性的年度目标，以帮助儿童参与到正常教学中并取得进步。要在 IEP 中写明如何测评进步程度及多久测评一次，以及如何向家庭报告这些进步。
	● 注明了提供服务的自然环境包括哪些。	● 规定了在最小限制性环境(Least Restrictive Environments, LREs)中会提供哪些服务，并且对一些特殊情况(如特殊幼儿所不能参与的正常活动)进行说明和解释。
	● 包括了满足特殊幼儿及其家庭特定需求的各项必要的早期干预服务和支持，以帮助其达成预定的目标。	● 包括了帮助特殊幼儿参与到正常的活动中所需要的特殊教育及相关服务、辅助性器械及服务、教师所做的改变及支持等，以帮助他们在学校中取得进步。
会议成员	IFSP 团队成员包括： ● 至少一名家长； ● 父母所要求参与其中的其他家庭成员； ● 家庭之外的为儿童争取权益的人员，如果父母要求的话可以参加会议； ● 服务协调人； ● 进行评估和测量的专业人员等。	IEP 团队成员包括： ● 至少一名家长； ● 儿童的普通教师； ● 特殊教育教师； ● 可以提供资源的学校代表； ● 一名能够对评估结果进行解释的专业人员； ● 其他对儿童能力有相当了解并具备专业技能的相关人员等。

① The difference between an IFSP and an IEP [EB/OL]. http://www.mychildwithoutlimits.org/plan/early-intervention/ifsp-iep-comparison/.

第二节 早期干预中的学科协作

正如我们所一直强调的那样，早期干预由于其前瞻性和预防性，可以极大地降低有特殊需要的障碍儿童成人后的各项费用，在发展儿童各项潜能的同时，减轻家庭的负担，提升他们的生活质量和融合程度。早期干预作为一项综合性的系统工程，包括了各种不同类型的干预服务。在早期干预的实践过程中，由各个领域的专业人员组成的团队作为各项服务的提供者，在特殊幼儿的鉴别、评估和干预中都发挥着至关重要的作用。

考虑到每个特殊幼儿自身能力水平的不同，以及家庭需求的多样性，每个儿童所需要的早期干预服务类型是因人而异的。为儿童提供高质量的整合性服务，是目前国际上众多研究者们的共识和发展趋势。但是，如何做到真正考虑到儿童的个别化需要，在儿童所处的生态环境中，由不同学科背景的相关服务人员共同进行有效的团队协作，在实践上一直是一个备受关注的议题。美国经过几十年的研究和实践，已经形成了一套相对完善的服务实施模式，对我国早期干预的实践发展具有极大的借鉴意义。目前，在美国早期干预领域主要有三种常用的学科间团队协作模式：多学科协作(multidisciplinary teamwork)，学科间协作(interdisciplinary teamwork)，以及跨学科协作(transdisciplinary teamwork)。下面我们将简单介绍三种模式的特点和异同①。

一、多学科协作(multidisciplinary teamwork)

所谓多学科协作模式，主要是指各个学科的专业人员都单独为儿童及家庭提供相应服务，专业人员彼此之间的互动是很少的。每个专家分别实施他们自己的评估过程，制定自己学科的特定干预目标，直接和儿童及家庭进行互动，并以评估的结果为基础，针对儿童的能力缺陷进行训练和干预。例如在不同时间上门为儿童提供服务的物理治疗师、作业治疗师、言语语言治疗师等，都是单独进行的。

多学科协作最大的优点是可以最大限度地发挥来自各个不同学科服务人员的专业能力。例如，如果儿童患有脑瘫的话，那么物理治疗师将会针对儿童的运动技能缺陷进行最有针对性的补偿性训练，这无疑是对儿童有益的。但是，由于服务人员之间缺乏统一的协调和配合，每个专业人员各自独立运作，自行进行评估、决策和提供本专业的服务，他们可能不知道其他人在儿童的干预过程中已经做了哪些努力，极有可能进行重复性的评估和活动等；不同的专业人员也有可能会给家庭提供完全相反的建议或要求，给家长造成困惑和压力。例如物理治疗师和作业治疗师也许都会选择利用拍皮球这个活动来训练儿童的运动能力，并要求家长在日常和儿童进行训练互动，但是他们的侧重点不同。物理治疗师可能会提出要观察儿童的肌肉运作情况，训练他的肌力；而作业治疗师可能会关注儿童是不是能够连贯地完成整套动作。而这对于家长来说，往往具有一

① What is the difference between an IFSP and an IEP? [EB/OL]. http://www.pacer.org/parent/php/PHP-c59.pdf

定的挑战性。他们可能很难分辨清楚同样的活动之中的细微差别。如果物理治疗师和作业治疗师可以提前进行沟通，将各自的训练目标整合到同一活动中，并对家长进行统一的指导说明，那么家长的压力也会相应减轻。下文所要介绍的学科间协作(interdisciplinary teamwork)能够较好地避免这种缺乏合作沟通的弊端。

二、学科间协作(interdisciplinary teamwork)

学科间协作模式将不同领域的专业人员整合成一个团队，通常由两名及两名以上的不同学科背景的专业人员组成，对儿童进行早期评估和干预。团队成员定期进行讨论和协商，以整合评估和干预信息，为儿童提供恰当的服务，也为家长提供相对统一的指导意见。在实际操作上仍然是由各专业人员分别对儿童及家庭提供单独的干预服务，但却是作为整个团队服务的一个部分；作为服务团队一员，他们可以自行进行评估，并制定各自学科具体的干预目标，但却是定期进行团队会议，并在会上交流自己的专业意见和发现，共同制定整合式的服务计划。

学科间团队协作模式的显著优点是降低了不同学科背景专业人士之间的疏离，也降低了为家庭提供相左意见和重复性要求的可能性，在一定程度上减轻了家长的负担和压力。但是这个模式并没有完全地解决这些问题。学科间协作比较适用于轻中度障碍的儿童。对于不同学科专业人士频繁地轮换和来访，大部分家长仍然感觉到困惑和压力，因为他们仍然要周旋于众多不同的专业服务人士之中，一遍遍地向他们说明和解释自己孩子的情况。除了家访外，家长可能还需要带着孩子到各个不同的训练机构去接受服务，相对来说比较耗费时间和精力。也有实证研究证据表明，由不同学科的专业人员为儿童提供去情境化的(decontextualised)、以儿童为中心的缺陷补偿式(deficit-based)干预服务，并不能为儿童及其家庭提供最有效的服务支持①。

三、跨学科协作(transdisciplinary teamwork)

所谓跨学科协作模式，是指所有的相关专业人员和家长承担不同的角色，但是在组织形态上是一个团队。这个模式包括一个由数名来自不同领域的专业人士所组成的共同协作化的专业团队，由他们共同承担评估、制定计划以及为儿童提供干预服务的责任。跨学科协作的一个显著特点是家庭被认为是团队的重要组成成员，参与到服务实施的全过程中。整个团队共同发挥作用，但需要选择一名专业人士作为儿童和家庭的主要服务提供者(primary service provider)，和家庭进行接洽，定期向团队报告儿童及家庭的近况，并由他作为整个专业团队的协调和引导者。通常由这名专业人员与家长一起实施全部的评估，然后其他专业人员作为顾问，通过团队的讨论和协商达成共识，制定早期干预方案。这一模式适用于年龄较小、发展障碍比较单一的儿童。

跨学科协作的另一个显著特征是角色转换(role transfer)，或被称为角色释放(role release)。这是指主要服务提供者直接为儿童提供自己专业学科外的一些干预服务，当然这需要其他团队成员作为参与者和顾问，为主要服务提供者提供督导和支持。这种

---

① 苏雪云.美国早期干预中的学科协作模式[J].社会福利.2009,8:26-27.

跨学科的服务角色转换是跨学科协作在实践中最具有挑战性的因素，也引起了传统服务模式从业者极大的争议①。

采用跨学科团队协作模式的一个重要原因是家长们普遍希望和一个固定的专业人士进行交流，这让他们感觉到更稳定，也可以减少很多重复性叙述的压力。对于家长来说，自己孩子的发展障碍越严重，所需要的专业服务就越多，也就意味着他们需要带着孩子周转于不同的服务机构，和不同的专业人员打交道，费时费力。在这种情况下，很难做到以家庭为中心，为家庭提供所需的切实服务。家长所迫切需要的是一个单独的主要服务联系人，他们需要这样一个值得信任的、有效率的专业人士为他们提供所需要的各种服务和支持。跨学科团队模式恰恰满足了众多家长的这一需要，因而得到应用和推崇。

这一模式的优点是极大地简化了家庭和专业服务团队之间的关系，确保儿童及其家庭能够享受到整合式的服务，并且家庭参与到全程所有的决策过程中，使得家长能够充分表达他们的诉求，减轻了家庭的压力。经过多年实践，这一模式提升了家庭对专业服务的满意度，它更加以家庭为中心，同时对儿童和家庭也有更好的服务效果。

尽管跨学科协作模式被认为是目前早期干预中最佳的服务实施模式，但是，跨学科协作模式在实施时并不容易。首先，这一模式对团队的质量有着很高的要求，团队的专业性直接影响服务质量。最好是由具备充足实践经验的成员组成一个稳定的团队来发挥作用，同时需要团队专业人员之间的高度信任。新的参与人员必须首先在自己的领域具备充分的专业能力，然后将视角扩展到自己学科领域之外，学习和吸收一些其他领域的基本知识和干预技能，经过长期实践积累经验，才能成为一名合格的主要服务提供者，这就对团队成员的专业性和能力提出了很高的要求。考虑到由实践经验丰富的专业人士组成的跨学科团队数量有限，因此将跨学科协作模式应用到每一个个案中在目前来说显然是不现实的。

四、不同学科协作模式之间的比较

正如前文所述，这三种学科协作模式各有自己的特色和优缺点，在早期干预的实践过程常常受到儿童能力水平、家庭需求、专业人员理念等因素的共同影响。实际上在具体实践中，各种学科协作模式并没有严格的界限，它们都遵循着一些普遍的原则②：

首先，团队中每个成员都是极其重要的组成部分，在评估、制定计划和提供服务的全过程中，每个成员根据自己的学科专业，提出意见和建议。

其次，“一切为了儿童”的理念是团队成员进行合作的基础。在这一信条的引导下，成员间彼此进行开放的沟通，相互支持和鼓励，分享各自的专业知识和技能，创设友好尊重的合作氛围。

再者，这些团队协作都关注儿童所在的生态环境和能力发展，并根据每个特殊幼儿

① Dunst, C.J., Trivette, C.M., Humphries, T., et al. Contrasting approaches to natural learning environment interventions [J]. *Infants and Young Children*, 2001, 14:48 – 63.

② Satterfield, J.M., Spring B., Brownson, R.C., et al. Toward a Transdisciplinary Model of Evidence-Based Practice [J]. *Milbank Quarterly*. 2009, 87(2):368 – 390.

的具体情况进行及时的调整。

最后,也是至关重要的一点,团队成员重视儿童家庭的参与,将家长视为关于儿童的最好的专家,尊重他们的意见,关注他们的需求,努力做到以家庭为中心提供切实有效的服务。

在这三种学科协作模式产生和应用之前,原先的服务提供模式都主要是针对儿童的缺陷进行直接的干预,忽略了儿童生活中的情境影响以及成人的作用。研究者普遍认为学科协作模式具备更高的效率,也能为家长和儿童提供更好的服务效果。特殊幼儿早期干预应当更加关注为儿童的主要照料者提供日常化的积极体验,让他们学会如何与儿童相处,并为儿童的发展提供支持。考虑到早期干预的特殊性,在众多的学科协作模式之中,主要服务提供者模式(Primary Service Provider, PSP)被认为是比较理想的服务实施模式。在下一节中我们会详细介绍这一服务模式。

下面让我们通过莱拉这个具体的个案,来体会一下团队协作是如何在对特殊幼儿的评估、制定计划及提供服务的全过程中发挥作用的。

莱拉的故事

两岁的莱拉出生时由于难产导致脑部缺氧,患有脑瘫,同时伴有语言障碍。莱拉是个早产儿,出生时只有 31 周,在新生儿特护病房呆了两个月后才出院回家。因为莱拉的多重障碍问题,父母一直按照医院的要求定期带她回医院进行评估和检查,并接受各种早期干预服务。她所居住的社区中心指派了一名社工作为莱拉的主要服务者,和家长进行接洽和联系,并为她制定了后续的早期干预服务计划。

社工作为召集人,协同其他学科的专业人员组成团队,一起对她进行了发展性评估。这个团队包括一名儿科医生、一位物理治疗师、一位作业治疗师、一位言语语言治疗师、一位儿童发展心理学家。评估团队所采用的是学科间协作模式。考虑到莱拉的身体情况和耐受力,评估分为三次进行,每次大约两小时。第一次评估时,是由自出生以来就负责莱拉健康状况的儿科医生单独对她的身体状态进行检查和评估。因为对莱拉的情况比较了解,他只是简单跟进了莱拉的进展,检查持续了大约一小时。第二次评估由物理治疗师和作业治疗师共同进行,主要对莱拉的感知觉、精细动作和大肌肉动作能力进行评估。第三次评估由言语语言治疗师和儿童心理学家一起进行,主要对莱拉的认知能力、沟通能力及社会情感和适应性进行评估。在三次单独的评估结束之后,团队召开了会议,在会上交流各自的发现。莱拉的认知水平接近其年龄水平,但处于正常范围的较低端;她的接受性语言较为正常,但是由于脑瘫的影响,她的表达性语言基本为零。她的身体平衡能力较差,肌肉张力低,不能站立。右侧身体无力,只有左手可以进行抓握运动。在对评估结果进行沟通和整合后,团队确认了莱拉的优势能力和干预重点,共同制定干预方案。

干预方案主要由言语语言治疗师、作业治疗师及物理治疗师来实施,而儿科医生和儿童心理学家则作为顾问为干预计划提供建议和相关资源。干预每周三次,每次一小时。每次进行干预时,治疗师会请莱拉的父母在场,观察并学习相应的干预策略和技巧,并对他们进行指导,以便在日常生活中加强对莱拉的巩固和练习。他们也会及时和莱拉的父母进行沟通,了解莱拉的变化和家庭的需求。

经过三个月的干预后,评估团队再次对莱拉进行了发展性评估,以定期检测干预效果,并为下一步的干预提供反思和调整。在团队的共同努力下,莱拉的状况有了很大的改善,整个家庭也因为她的变化而重新看到了希望。

第三节　早期干预服务提供模式

在第二节中,我们详细地介绍了多学科协作、学科间协作、跨学科协作的概念和内容。尽管根据《障碍者教育法案》的规定,多学科协作模式仍然是特殊幼儿早期干预的主流模式,但是正如前文所讨论的那样,经过多年的临床实践,跨学科团队协作被认为是最适合特殊幼儿早期干预的团队协作模式。因为这种模式可以将和家庭直接接触的服务人员数量降到最低,通常由一名主要服务提供者和家长进行沟通和接洽,并为儿童提供直接的干预服务,以及为家长提供咨询和指导。服务提供模式(Service Delivery Model)这个概念往往受到很多诸如人员、经费等客观因素的限制,难以达到最理想化的状态,需要根据实际情况进行适当的调整,本着以儿童利益为中心的服务准则,尽量为儿童及其家庭提供高质量的专业化服务。

本节所要介绍的主要服务提供者模式(Primary Service Provider Model,简称 PSP;也被称作关键服务者模式,Key Worker Model)以跨学科团队协作模式为基础,是目前美国早期干预领域使用较多的模式,其效果得到了众多实证研究的支持,在很多州得到了应用,当然也有一些来自实践的反对的声音。

一、什么是 PSP 模式

(一) 相关术语界定

在更深入地了解 PSP 模式之前,先让我们来熟悉一下几个重要的概念是如何界定的。

1. 主要服务提供者模式(Primary Service Provider Model,简称 PSP)

也被称作关键服务者模式(Key Worker Model),这种服务模式是指由一名专业人员每周定期向家庭提供服务和支持;团队其他专业服务人员给予这名主要服务提供者专业技能上的支持,并和他一起对儿童进行家访(home visit)[①]。家访的频率和强度取决于儿童、家长和主要服务提供者的需要(McWilliam, 2010)。

① 苏雪云.美国早期干预中的学科协作模式[J].社会福利.2009,8:26-27.

2. 联合家访(Joint Home Visit)

是指由主要服务提供者以及服务团队的其他专业人员一起到儿童家庭中,为儿童进行评估、提供服务;为家长提供指导、示范等。需要特别注意的是,大多数的家访都是由主要服务提供者每周独自进行的,只有需要时才由其他团队成员一起进行。家访并没有固定的频率,根据家庭的具体需要而定。

3. 跨学科团队(Transdisciplinary Teaming)

跨学科团队协作可以看做是PSP模式的同义词,也是由一名选定的专业人员主要和儿童及家庭进行互动,实施早期干预计划,并得到团队成员的专业技能支持。服务团队是由来自不同学科背景的专业人员组成,家长也是团队的重要成员。所有的团队成员共同制定计划,进行决策,并负责计划的顺利实施。

需要特别注意的是,虽然PSP模式以跨学科团队协作模式为基础,两者有很多相似之处,但是并非完全相同。尽管两种模式都将干预的重点从直接对儿童提供干预转换到为儿童的家庭成员及主要照料者提供指导、支持和服务,PSP模式还是不同于传统的跨学科团队协作模式,它有着自己的独到之处,这体现在PSP模式特别强调在各种不同的自然化情境下进行各种活动,对家长进行指导,并努力促进儿童获得更多的自然化学习机会。

4. 自然情境(Natural Environment)

自然情境是早期干预中的一个相当关键的概念,是指正常发展的儿童日常生活中经常活动的环境,例如家庭、幼儿园、学校、社区等。需要特别注意的是,这里的情境并不一定是指实体的物理环境,不单单是指一个具体的地方,也可以是一个具体的情境,或者一件具体的事情。例如,每天早上出门前整理书包,到了学校后和老师、同学打招呼等,都可以视作一个自然化的情境。对特殊幼儿的早期干预正是应该在这种和每个儿童都息息相关的情境中进行,以最大化干预的效果,使他们能够更好地体验和融入真实生活(后续第七章会继续讨论这个概念)。

(二) 具体实施过程

那么PSP模式具体的实施过程是怎么样的呢,图6-1简要记录了PSP模式的应用过程。其中非常重要的是:

1. 如何选择主要服务提供者

PSP模式的实施需要来自不同学科的专业人士组成跨学科协作团队,并由一名选定的专业人员作为主要服务提供者或者关键服务者和家庭成员及其他儿童照料者一起,为儿童提供发展所需的各种支持。除了儿童的发展,更注重加强家长或其他儿童照料者的能力,使他们能够为儿童提供更多的自然化机会和经验,促进儿童学习能力及技能发展,尽量多地参与到日常活动中。

如何选定主要服务提供者是一个需要认真探究的问题。这主要取决于儿童的能力状况和家长的实际需要。举例来说,有一名两岁的脑瘫儿童,他的主要问题是运动功能受限,优势技能是认知能力较好,并且有较强的亲社会性。运动功能受限是整个家庭的主要发展忧虑。在这种情况下,服务团队中的物理治疗师当仁不让地被选为主要服务提供者,为儿童及家长提供支持和服务。再比如一名1岁半的唐氏综合症患儿,她情绪稳定，社会性强，可以和成人进行较好的互动，但是认知技能严重滞后，语言发展也落后于正常同龄儿童。家长对她的语言和认知发展非常担忧。在这种情况下，服务团队会根据儿童的评估结果，以及家长的发展忧虑综合考虑，最终选定言语语言治疗师作为整个个案的主要服务提供者。

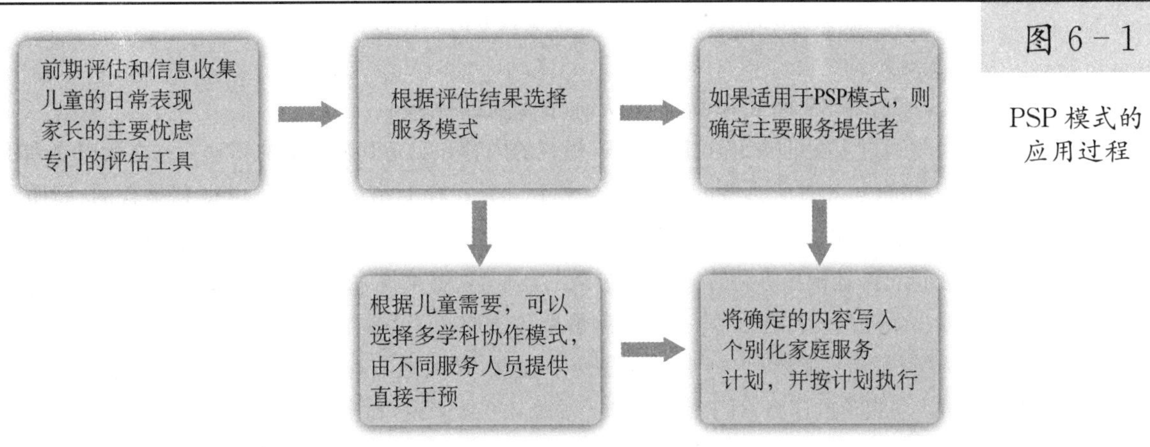

图 6-1 PSP 模式的应用过程

2. 如何为家庭提供服务

在选定了主要服务提供者后，这名被选定的专业人员的首要工作就是要和家庭成员及其他儿童照料者尽快建立起真诚、相互理解和支持的合作关系。双方关注的焦点应当是如何让儿童更好地融入家庭、社区等自然环境中，而不是将儿童隔离开来进行各种缺陷补偿式的训练。

另一个服务的重点应落足于如何增强家长及其他照料者照顾儿童，促进儿童能力发展和活动参与度的提升。主要服务提供者的主要任务不是传统地为儿童直接提供干预服务，以帮助他们进行功能性重建，而是为日常生活中照料儿童的人提供示范、引导和支持，让他们具备一定的专业技能和策略，以便更好地促进儿童的发展。

主要服务提供者也作为家庭的主要资源和信息提供者发挥作用。作为和个案家庭联系最多的专业人员，通过长时间的接触和交流，主要服务提供者最能够了解儿童和家庭的需要，为他们提供及时的资源支持、信息更新和情感支持，满足他们个别化的需求，并通过自己和团队成员的努力，帮助家庭获得他们所需要的其他服务和支持。

(三) 成功实施 PSP 模式的注意事项

McWilliam 等人提出了成功实施 PSP 模式的一些重要准则和注意事项①。

✓ 整个早期干预服务系统和团队要始终关注儿童和家庭的实际需求，以此为出发点和目的来为家庭提供支持，帮助家庭更好地抚育儿童。

✓ 团队和家庭的互动应当是以家庭为中心的，这体现在服务的全过程中。在对相关信息进行解释说明时要充分考虑到家长的诉求，确保他们明白每一步的进展。

① McWilliam, R. A. It's only natural to have early intervention in the environments where it's needed [J]. Young Exceptional Children: Natural Environments and Inclusion, 2000 (monograph series 2). 17-26.

✓ 服务团队整体发挥作用非常重要，要力争让每个成员都发挥好自己的角色，团队协作和决策至关重要。

✓ 为了保证整个计划的有效实施，需要对每个环节进行监测和记录，所有的干预内容和所提供的服务都应该在个别化家庭服务计划中予以记录并执行。

✓ 根据儿童的能力发展水平和家庭的实际需要，许多可用的工具、手册等都可以进行相应的改编和整合，要注重服务的灵活性。

二、PSP 模式和其他团队协作模式的比较

通过上文的介绍，我们对 PSP 模式的内容和实施有了一定的了解。它之所以受到重视和推崇，和它所具备的众多优点密不可分。对于儿童来说，可以得到整合的、高质量的、前后一贯的专业化服务，因为在个别化家庭服务计划的指引下，为儿童提供的各种服务和支持是相互协调的，而不是分散的；对于家庭来说，由一名主要服务提供者为家庭提供一系列的支持和服务，家长无需带着孩子周转于不同的服务地点，周旋于不同的服务人员，每周只需要和一个固定的服务者接触，极大地节省了他们的时间和精力，免去和不同人员接洽的压力；对于整个早期干预服务系统来说，和多学科协作模式相比，也极大地降低了聘请不同的服务人员上门为一个家庭提供服务的花费（只需要支付主要服务提供者的费用及其他团队成员的咨询费用），可以聘请更多的专业人员为更多的家庭提供 PSP 服务。

表 6－2 简要列出了 PSP 模式和三种团队协作模式之间的异同。通过列表大家可以获得一个更加清晰和直观的认识。

表 6－2

PSP 模式和三种主要团队协作模式的比较[①]

	多学科协作模式	学科间协作模式	跨学科协作模式	PSP 模式
前期评估	由各个学科的专业人员进行单独的评估。	由各个学科的专业人员进行单独的评估。	由团队专业人士和家长进行合作式评估。	以提高儿童参与日常活动和融入自然化情境为目标，由最少数必须的专业人员对儿童进行评估。
家长参与	家长和专业服务人员单独一一碰面进行商谈。	家长和整个团队或者其代表碰面讨论孩子的情况。	家长作为团队的重要成员参与到决策过程中。	家长和其他的服务人员是地位平等的团队成员。
制定服务计划	各个学科的专业服务人员分别制定自己学科的具体干预方案。	团队成员分别制定自己学科背景的干预方案，但是会和其他成员进行沟通和分享。	团队成员和家长一起制定服务计划，以家庭的优先性、需求和所具备的资源为基础。	干预目标和效果设定的基础是如何提升儿童在不同情境下参与活动的程度（participation across activity settings）和增加儿童的学习机会（learning opportunities）。

① McWilliam, R. A., Snyder, P., Harbin, G. L., et al. Professionals' and families' perceptions of family-centered practices in infant-toddler services [J]. Early Education and Development, 2000, 11 (Special Issue: Families and Exceptionality): 519－538.

续 表

	多学科协作模式	学科间协作模式	跨学科协作模式	PSP 模式
计划由谁负责	各个学科的服务人员各自对自己的服务计划负责。	团队成员和其他成员分享自己所得的信息,并对计划中涉及自己学科的服务内容负责。	团队成员共同对计划负责,并为主要服务提供者如何实施计划提供技术支持。	团队成员共同对计划负责,并为主要服务提供者如何实施计划提供技术支持。
执行服务计划	各个学科的专业服务人员独自执行自己学科的服务和干预计划。	团队成员各自执行计划中和自己学科相关的部分,如有需要时也为其他成员提供协助。	由选出的一名主要服务提供者和家长一起实施计划。	团队成员对主要服务提供者进行指导(coaching),以便于整个计划可以在不同的情境下、不同的照料者之前顺利执行。
成员沟通方式	各学科专业人员之间独立进行自己的工作,没有协调沟通。	团队成员针对个案的需求,偶尔碰面进行商讨和沟通。	团队成员定期举行会议,交流信息、技能及专业知识等。	除了定期进行会面外,团队成员之间随时进行持续的沟通和互动,以交流信息,并对计划的实施进行及时的反思。
指导原则	来自不同学科背景的专业服务人员能够认识到其他学科的重要性和必要性。	团队成员之间愿意坦诚交流,并分享自己掌握的信息,并为整个计划中自己所负责的部分提供相应的服务。	团队成员之间可以进行角色互换,打破传统的学科限制,愿意分享自己的专业技能,并学习其他学科的相关技能,合作执行服务计划,并为主要服务提供者提供支持。	服务提供者和儿童照料者共同参与到学习和培训中,发展必要的专业技能,以帮助儿童参与到不同情境下的各种活动中,并尽量多地获得学习机会。

之所以发展出 PSP 模式,是基于一些实证研究和调查的结果——很多家长表示更愿意和一个固定的专业人员讨论和解决孩子的问题,而不是周转于不同的服务人员之间;也不必一遍遍地重复相同的过程,造成时间、精力、金钱上的多重压力。PSP 模式可以看做是跨学科团队协作模式的升级版。尽管两者有很多共同之处,但是仍然在很多关键方面存在差别。

首先,在所提供服务的范围上,PSP 模式比跨学科协作模式要更加广泛。PSP 模式关注的焦点是如何在自然化的情境中促进儿童的发展,提升他们的能力水平和活动参与度;与之相对,跨学科协作模式聚焦于在特定情境下实现儿童功能上的独立性。

其次,专业人员之间进行角色转换(role transfer)或者角色释放(role release),即由主要服务提供者充当其他学科干预者的角色,对儿童进行以补偿缺陷、习得技能为目的的干预,是跨学科协作模式的一个显著特征。但是这一点在 PSP 模式中并不是必须的。当需要其他学科的干预参与时,可以直接邀请相关的团队成员和主要服务提供者一起进行联合家访,为儿童和家庭进行服务。使用 PSP 模式并不意味着除了主要服务提供者之外的其他团队成员就永远不用和儿童及家庭有任何直接的、面对面的接触了。他们仍然在很多方面发挥着重要作用，包括上文中提到的评估、咨询、联合家访等。作为团队成员每个人都要为自己所在的专业领域的相关内容负责，并利用自己的专业技能为主要服务提供者提供和儿童及家庭需求相关的各种干预策略和技巧。然而，在实践中，大多数情况下还是由主要服务提供者作为整个服务团队和家庭进行接洽的主要桥梁，直接为其提供支持和服务，由其他团队成员进行专业技能上的支持。

➢本章小结

本章主要介绍了特殊幼儿早期干预服务所包含的内容，包括个别化家庭服务计划、个别化教育计划的相关内容，以及两者的区别和联系。接下来的章节中主要介绍了早期干预团队协作的重要性和实现形式，以及早期干预的服务提供模式主要有哪些，重点介绍了 PSP 模式的相关内容。

➢关键术语

个别化家庭服务计划　个别化教育计划　学科协作　服务提供模式

➢讨论与探究

1. 个别化家庭服务计划所应包括的内容和实施步骤是什么？
2. 个别化教育计划的制定和实施应考虑哪些要素？
3. 请比较和归纳多学科协作、学科间协作和跨学科协作模式的异同。
4. 结合章后的案例，思考不同学科协作如何在我国开展，并讨论如果按照 PSP 模式，在理想状态下可以如何对特殊幼儿提供服务？
5. 结合本章内容，请思考：假如你作为一名特殊教育工作者，一名两岁自闭症幼儿的家长来向你求助，寻求资源，你会怎么做？
6. 请结合本章内容阐明美国早期干预服务实施模式对我国有哪些借鉴作用？

案例分析

多多的故事——我们陪你一起走

普陀区早期教育指导中心　王驰宇

多多是个男孩，出生年月为 2010 年 2 月，障碍类型是重度发育迟缓。家庭成员有父母、爷爷、奶奶，妈妈怀孕期间有服用保健品，出生时各项指标均正常。18 个月时去新华医院进行全面检查，CT 显示幼儿脑部有囊肿，两侧海马体发育不对称，并伴有脑积水。

多多平时的生活照料基本由爷爷和奶奶承担，训练多由爷爷陪同。2011 年 6 月，多多来我机构开始接受康复教育训练，每周 2 次、每次 1 小时。刚来时，多多参加训练的积极性很低，对成人的指令没有反应。由于肌张力不够，玩玩具时拿一个丢一个，连独立走路都不行。2012 年下半年开始，多多每周 2 次到新华医院做康复训练，主要训练项目是推拿、感统、脑循环、PT 操、本体等。经过医教结合康复教育，如今的多多对大部分训练活动都有较高积极性，对简单指令和手势能做出反应。尤其是在大动作方面有了显著的提升，能够自己走平坦的路了(图 6-2)。

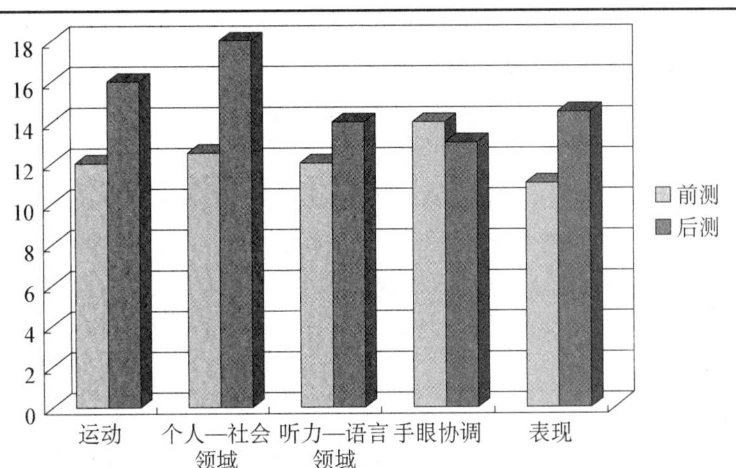

图 6-2

多多干预前后各领域发展走势

多多，用力加把劲！

现场实录 1：

每周二、四的上午，多多都会在爷爷的陪同下到新华医院康复科做系统康复训练，今天，我也跟着一起来到了这里。

一般第一个做的是推拿，这是多多最喜欢的项目了。他非常享受医师为他做推拿而放松全身的肌肉与关节，同时也能够帮助运动平时不太用到的肌肉群。看着多多惬意地随着推拿的节奏晃来晃去，我凑上去笑着问多多："多多，舒服吗？"多多咧开嘴嗤笑一声，小眼睛都眯成缝了。随着推拿的继续，多多也彻底醒了，转过来，眼睛对着天花板东瞄瞄西看看，嘴里还时不时会发出一两句"嗯啊"声。爷爷在一旁告诉我，大清早就赶到医院来，有时候多多都还没睡醒呢，推拿训练可以帮助多多热身。医师帮多多左右两侧肢体都活动开了之后，让多多翻个身俯卧，继续后半程对脊柱和背部的推拿。多多也继续趴在床上享受全身肌肉的放松，直到推拿项目结束。相信这 15 分钟的时间，肯定是多多每次医疗康复中最舒坦的时间了。

现场实录 2：

看着眼前的多多从鼻孔里发出"咻咻"的呼吸声，我就知道医师正在给他做的骑车练习是真的让他花力气了。这台专门的机器可以将宝宝的手或脚固定在踏板上，通过电力驱动装置，引导双手或是双脚交替屈伸，做出骑自行车的脚步动作或是类似自由泳的手臂动作。医师看了看机器的电子屏，告诉我说："这个机器能够设置阻尼大小，然后通过对孩子运动状态的感应来计算被训者在'骑车'的过程中被动训练与主动训练的量。"多多的小脸蛋终于一点点泛红起来，喘着粗气。一旁的爷爷给多多鼓着劲儿："一、二、一！一、二、一！。"

现场实录 3：

多多每周二、四下午来我们中心参加康复训练。在这里，多多有更多的机会尝试不同的运动游戏。这不，他又在挑战“勇敢者之路”了——那是一组为低龄宝宝学习上下阶梯时所用的定制木质阶梯。多多小心翼翼地双手握住两侧的扶手看着前方，用小脚去感觉脚下的阶梯，然后一步一步地“战胜”它。虽然多多走起阶梯来还是晃晃悠悠的，但是现在的他已经能够完全依靠自己的力量走完这条“勇敢者之路”，而且每一次完成挑战，多多都会拍拍手给自己鼓掌加油噢。

多多，玩感统游戏咯！

现场实录1：

这回，多多被带到了铺设地垫的感统训练室。一位姐姐医师带领多多用大龙球进行感统训练以帮助多多提高自身的平衡感和身体协调性。由于多多对这个训练项目比较熟悉，所以他没因为大龙球前后左右的晃动而害怕，也没有表现出明显的不情愿。伴随着医师的语言和动作指令以及手把手地辅导动作，多多试着尽量调整身体的平衡，不让自己从球上倒下去。

现场实录2：

去年，我们中心购买了一批锻炼本体觉的感统器材。看着和我面对面坐在半月形矮垫上努力保持平衡的多多，我笑着继续唱起儿歌：“小船摇啊摇，小船摇啊摇，多多快坐好，多多快坐好。”多多喜欢听儿歌，乐意跟着儿歌做游戏。所以我会尽量运用有儿歌、有交流的感统游戏训练法，让多多乐在其中。训练结束了，我指导爷爷把儿歌和游戏也带到家里去，利用家庭环境开展康复训练。比如坐在床上或是坐在洛特马上和多多一起“摇啊摇”。“荡秋千”也是多多喜欢的游戏，每次都能看到他眉开眼笑，“咯咯咯”地笑不停。随着多多的进步和成长，我让他逐渐从全包围跨坐式的秋千椅“转移”到横板式的秋千座上，用自己的小手抓紧秋千绳荡秋千。虽说还不能把秋千荡摆得很高，但是全新的运动体验还是让多多开心不已，乐在其中。

多多，开动小脑筋！

现场实录1：

眼下，多多正在做脑循环的治疗，这是“BC脑细胞介入修复疗法”中的一种，借助仪器来进行：通过两个磁极对孩子耳后的神经网络进行电刺激，帮助脑部加强血液循环，为脑损伤部位供给氧气，加速修复脑损害，促进患者的神经功能恢复，提高智力。因为担心多多会自己把头带拉掉，所以爷爷会抱着多多，喂些水和水果补充能量。

现场实录2：

游戏的时候是孩子们交流的最好时机，借助这样一个机会，让多多和同龄的孩子们有一些交流互动，对他在语言和人际交往方面的进步是非常有帮助的：有一次玩拍气球的时候，多多追着同伴迈动小脚走了好长一段路，可是当同伴转过身来想和多多来个拥抱的时候，小心翼翼的多多又有些紧张了。于是我赶紧上前鼓励多多，并拉着他的小手和同伴来了一个热烈的拥抱。

现场实录3：

多多的动手能力和生活自理能力比较弱，于是有一段时间我训练多多尝试自己打开盒子取物。为此我准备了翻盖盒、带扣盖盒、套嵌式盖盒等多种操作难度递进的储物盒。通过动作示范、手把手、语言提示等多种途径引导多多在反复练习的过程中锻炼手指肌肉力量与协调性，积累对各种盒盖"装置"的感性经验与认知。为了进一步整合训练内容，为多多提供更多积累认知经验和练习的机会，我还在盒子里的玩具上花费了一番心思：各种各样软的与硬的、光滑的与粗糙的、大的与小的、轻的与重的玩具，比如毛绒球、乒乓球、海洋球、核桃、鹅卵石等，且尽量选择色彩鲜艳的暖色调。让多多在玩玩具的同时通过双手体验不同的触觉感受，从而刺激大脑的发展。在训练中，多多对这样的探索游戏很感兴趣——乐此不疲地打开各种盒子，拿出里面的小玩具把玩一番。

案例反思：

当前，医疗机构康复训练＋教育机构教育干预已经成为相当一部分发育迟缓儿童的康复训练模式。这就使多学科协作开展康复教育有了实践研究的必要性和紧迫性。然而，医疗康复与教育干预如何相结合？在本案例中，我们可以一窥医疗康复和教育干预专业手段与技术在发育迟缓儿童康复训练中的作用与意义。

1. 立足多学科专业技术的结合形成合力

早期干预重在专业化、多元化、整合化，即要整合运用医学、教育学、心理学、社会学等各领域学科的专业手段与方法，将康复训练和教育干预做到同步化并有效地进行整合以形成合力，提高诊断评估、康复训练、教育干预的水平。

2. 立足教育干预的基本原则与方法提高效果

多个专业领域的技术与手段要做到各施所长、相互补充。就如案例所呈现的，医学康复训练主要是通过徒手或者器械训练。而在教育干预中，结合干预对象的发展水平、年龄特点和个体特质，遵循"三化三性"，即游戏化、生活化、整合化以及互动性、延续性、拓展性的原则与方法，引导孩子在轻松愉快、主动积极的良好心理支持下体验、探索、练习，进而逐步掌握运动、认知、语言、社会性等多方面的知识和技能。同时，教育干预也特别关注和更有利于在家庭康复训练中的延伸运用和指导。使得特殊孩子逐步掌握的技能最终能在日常生活中运用和进一步发展，以提高生活质量。

➢进一步阅读的文献/网站

McWilliam, R. A., Scott, S. A support approach to early intervention: A three-part framework [J]. Infants & Young Children, 2001, 13(4): 55 - 66.

McWilliam, R. A., Tocci, L, Harbin, G. L. Family-centered services: Service providers' discourse and behavior [J]. Topics in Early Childhood Special Education, 1998, 18: 206 - 221.

http://www.coachinginearlychildhood.org.

http://nichcy.org/schoolage/iep/team.

http://www.wrightslaw.com/info/ei.index.htm.

第三部分　早期干预的内容与方法

接下来的章节里，我们要了解如何去和特殊幼儿（及其家庭）一起开展早期干预。早期干预是需要多学科协作，以儿童与家庭为中心系统的、持续的综合服务，请你来想想，早期干预可能会包括哪些内容和方法，同时请你反思一下自己对于儿童和早期干预的理念是什么，这些理念对你选择方法的时候会有什么样的影响呢？

第七章

特殊幼儿教育

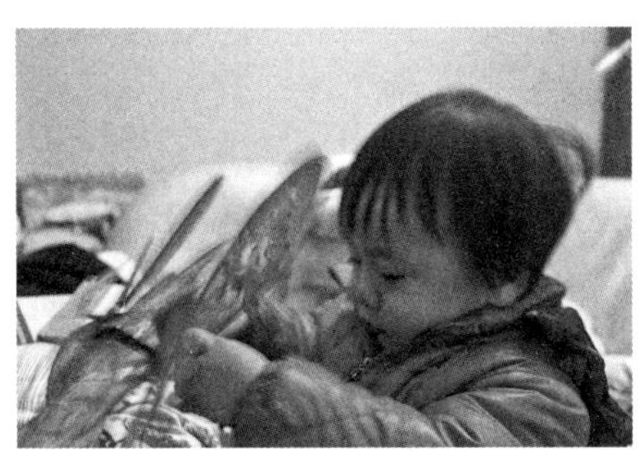

特殊幼儿教育与学前教育、特殊教育之间有什么关系呢？请你想一下，有效的特殊幼儿教育需要考虑哪些要素？请将这些要素详细地列出来并归类。然后请你花3～5分钟时间浏览一下本章的内容，结合上面两个问题进行思考。

通过本章的学习,你能够

- 了解特殊幼儿教育的概念,其与学前教育、特殊教育的关系;
- 理解特殊幼儿教育课程的实施原则;
- 学习如何创设有助于特殊幼儿学习的环境;
- 掌握不同障碍类型的特殊幼儿的教育策略等。

本章内容索引

第一节　特殊幼儿教育的界定

特殊幼儿教育(early childhood special education, ECSE)广义而言,是指为0～8岁有特殊需要的婴儿、幼儿及其家庭提供的教育支持和服务。狭义而言,在美国有些州特指为3～5岁发育迟缓或者其他障碍或特殊需要的儿童提供的特殊教育及其相关服务。在本书中,我们认为特殊幼儿教育是早期干预的重要内容,是为0～6岁的特殊婴幼儿提供的具有一定结构的教育和学习活动/游戏相关的服务。

一、特殊幼儿教育的基础

特殊幼儿教育是基于幼儿教育、特殊教育以及一些早期补偿教育方案的发展而逐渐形成并发展的。

1. 幼儿教育

随着十七、十八世纪一些思想家的推动,重视儿童的童年和早期教育的思潮兴起,于是开始有幼儿园和托儿所设立。随着教育思想的发展，幼儿教育不仅仅强调早期对于儿童发展的重要性，也越来越考虑环境与儿童的互动如何促进儿童的发展。皮亚杰、埃里克·埃里克森、杜威和露西斯·普拉格米切尔等的理论对幼儿教育的影响也很深远。一般幼儿园都会创设环境，通过积极地促进儿童与人与物的互动，来促进儿童五个发展领域的发展①②：

- ✓ 身体：孩子发展生物和身体的功能，包括视力和运动技能等。
- ✓ 社会：孩子通过与他人的互动，发展出自己对于作为家庭或者社区成员的责任和权利的理解，以及发展与他人建立关系和合作的能力。
- ✓ 情绪：孩子产生情感联系和发展自信。孩子通过学会与他人相处和分享感受，建立情感纽带。
- ✓ 语言：孩子沟通的能力，包括他们如何表达自己的感情和情绪。比如3个月时，孩子们使用不同的哭声表达不同的需求；6个月时，他们可以识别并模仿口语的基本声音。在最初生命的三年里，孩子们需要有机会与他人沟通，以获得语言。
- ✓ 认知：孩子组织信息的能力，包括解决问题的能力、创造力、想象力和记忆力等。它们体现了儿童认识世界的方式。

当然这些领域的结合，还有其他重要的发展领域，比如社会适应和自我照料等方面的内容，都是幼儿教育希望促进儿童发展的内容。

幼儿教育的成熟和发展，给特殊幼儿教育的借鉴主要有以下几个方面③：

- ✓ 以儿童为中心的理念和课程设计。
- ✓ 重视家庭之外的儿童早期的社会化经验和发展。
- ✓ 儿童发展理论的深入以及发展理论在实践中的应用。
- ✓ 相信儿童早期的发展对于未来社会、情绪和认知发展具有重要的意义。

2. 特殊教育与补偿教育计划等

特殊教育(special education)根据《障碍者教育法案》的定义是为有障碍的儿童提供的特别设计的教学，以满足儿童的独特需求，且应该是父母无需支付费用的教育，也是指为确保特殊需要学生的需要得以满足的各种额外的服务、支持、特殊的安置或者环境安排等④。也就意味着特殊教育要求为每位具有服务资格的学生提供个别化的系统化的教学，需要对环境、教学内容、过程进行调整，还包括一些教学设备和材料的调整等，以帮助特殊需要儿童实现更高的学业成就，适应学校和社区的生活。美国立法里规定了十三种障碍类型，包括学习障碍、情绪和行为障碍、自闭症等(详见补充阅读材料7-1)，我国的立法中障碍类型为七类，分别为：视力残疾、听力残疾、言语残疾、肢体残疾、

---

① Primary Coach Approach to Teaming [EB/OL]. http://www.coachinginearlychildhood.org/pcateamingintro.php.

② Doherty, J., Hughes, M. Child Development: Theory and Practice 0-11 [M]. New Jersey: Addison-Wesley Longman, Incorporated, 2009.

③ Trawick-Smith, J. Early Childhood Development: A Multicultural Perspective [M]. London: Pearson Education, Limited, 2014: 3.

④ 何华国. 特殊幼儿早期疗育[M]. 台北：五南图书出版公司，2015：19-20.

智力残疾、精神残疾、多重残疾①。

补偿教育方案：如 Head Start Program 补偿或者改善贫困家庭的学前幼儿的不利环境与学习经验，以帮助他们能为正式就学做好准备，不输在起跑线；也保留份额给同属弱势群体的特殊幼儿②。

补充阅读材料 7-1

美国《障碍者教育法案》规定的特殊教育的障碍类型③

障碍名称	法律界定
1. 自闭症(Autism)	一种显著影响口语和非口语沟通及社会互动的发展性障碍，通常在儿童早期就表现，会显著影响儿童的学业成就，通常还伴有重复行为和刻板动作、抗拒环境或者日常活动的变化、感知觉反应异常。
2. 聋-盲(Deaf-Blindness)	同时伴有听力和视力损伤，这种联合的损伤会导致重度的沟通障碍和其他发展教育需要，而且无法在任何单一的仅为聋或者仅为盲设计的教育里满足他们的教育需求。
3. 聋(Deafness)	听力损伤的程度，无论是否进行了补偿，仍严重到会影响儿童通过听力加工言语信息，进而影响到儿童的学业成就。
4. 情绪障碍(Emotional Disturbance)	情绪障碍是指在很长的时间里存在下面一种或多种症状，并严重影响到儿童的学业成就：(a)无法学习，且不是由于智力、感官损伤或健康因素导致的；(b)无法建立和维持良好的与同伴和教师的人际关系；(c)在正常的情境下不适当的行为和情感反应；(d)总是处于弥散性的不快乐或抑郁的心境里；(e)表现出身体的症状或对与人际或学校相关的问题的恐惧倾向。这一概念里包括精神分裂症。这一概念不适用于社会适应不良的儿童，除非他们的社会适应不良是情绪障碍导致的。
5. 听力损伤(Hearing Impairment)	无论是永久的还是暂时的听力损伤，会对儿童的学业成就有影响，但不包括全聋。
6. 智力障碍(Intellectual Disability)	一般智能在平均水平以下，同时伴有适应行为的缺陷，并在其发展阶段就表现出来，同时影响到其学业成就。
7. 多重障碍(Multiple Disabilities)	同时伴有多种损伤，比如智力障碍—盲，智力障碍—肢体障碍等，多种障碍共存会导致重度的教育需要，而且为任何单一的障碍设计的特殊教育，都不能满足他们的教育需求。这一概念不包括盲—聋。

① Indviduals with Disabilities Education Act (IDEA) [EB/OL]. http://idea.ed.gov/.
② 中国残疾人联合会[EB/OL]. http://www.cdpf.org.cn/.
③ 何华国. 特殊幼儿早期疗育[M]. 台北：五南图书出版公司，2015：260.

续 表

障碍名称	法律界定
8. 肢体损伤(Orthopedic Impairment)	严重的肢体损伤,会影响到儿童的学业成就,包括先天性异常损伤,疾病(例如,脊髓灰质炎、骨结核)引起的损伤和其他原因(如,脑性麻痹、截肢和骨折或烧伤引起挛缩)等引起的损伤。
9. 其他健康损伤(Other Health Impairment)	其他健康损伤是指儿童的力量、活力或警觉性有限,也包括对环境刺激过度警觉,导致对教育环境的回应受到限制,有可能是由于慢性或急性的健康问题造成的,如哮喘、注意力缺陷障碍或注意力缺陷多动障碍、糖尿病、癫痫症、心脏状况、血友病、铅中毒、白血病、肾炎、风湿热、镰状细胞性贫血和图雷特综合症,会对儿童的学业成就产生不利影响。
10. 特定学习障碍(Specific Learning Disability)	是指在一个或多个参与理解和使用的口头语言或书面语言的基本心理过程中存在障碍,可能表现在听、思考、说、读、写、拼写,或做数学计算方面的能力受损。该概念包括感知障碍,脑损伤,轻微脑功能障碍,诵读障碍和发育性失语等状况;不包括由于视觉障碍、听觉障碍、肢体障碍、智力障碍、情绪障碍或者由于环境、文化或经济不利造成的困难。
11. 言语与语言损伤(Speech or Language Impairment)	言语语言损伤是指沟通障碍,如口吃、发音受损、语言损伤或嗓音损伤等,并对儿童的学业成就产生不利影响。
12. 外伤性脑损伤(Traumatic Brain Injury)	指的是由于外力造成的脑部损伤,导致全部或部分功能障碍或心理损伤,或者两者都有,并影响儿童的学业成就。这一概念适用于开放性或封闭性的头部损伤,造成一个或多个脑区的损伤,包括认知、语言、记忆、注意、推理、抽象思维、判断、问题解决、感觉、听觉、运动能力、社会心理行为、生理功能、信息处理和言语能力。这个概念并不适用于先天或渐退的脑部损伤,或由于出生过程导致的脑损伤。
13. 视力损伤(Visual Imp-Airment)	包括全盲在内,意味着视力有损伤,即使进行了矫正,仍会影响儿童的学业成就。这一概念包括有残余视力和全盲。

特殊幼儿教育在教育对象的年龄层和教育需求的性质等方面,与幼儿教育或特殊教育是相同或类似的,因此特殊幼儿教育是幼儿教育、特殊教育、补偿教育的综合体(关系见图 7-1)。简单地说,特殊幼儿教育是对有特殊需求的幼儿提供的早期介入的特殊教育和幼儿教育;其核心是教育,即为儿童提供适当的学习环境、学习内容,并采取适当的教学方法帮助他们进行有效的学习,以促进他们的成长和发展。

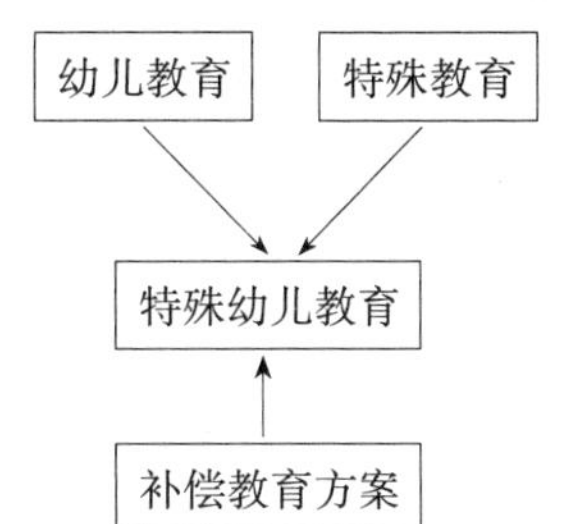

图 7-1
特殊幼儿教育的基础

二、特殊幼儿教育与早期干预

特殊幼儿教育是广义的早期干预服务的一个重要环节，正如前文论述的那样，早期干预的内涵是为儿童提供积极有意义的早期经验和学习机会。很多时候这样的经验和机会都是通过教学设计来实现的，即使是各种治疗师（心理治疗和康复治疗将分别在第八，九章论述），因为考虑到对象是特殊婴幼儿，他们采取的方式也都会应用到幼儿教育和特殊教育的一些策略，借助活动或者游戏来开展，因此特殊幼儿教育是早期干预中非常重要的内容。在我国目前的发展阶段，大部分的早期干预工作还是在学前教育机构、特殊学校的学前班、幼儿园等场所开展的，“教”仍然是早期干预的主体，而其他服务，包括“医”、康复训练等逐渐融合进来。由于特殊婴幼儿有其年龄段特有的特征，医学和康复手段还必须要适应儿童的年龄特征，与“教”有机结合，根据儿童的发展规律和发展特征来实施。

在这个意义上，我们从更广义的层面来看，只要是有助于儿童学习的过程都属于“教育”；特殊幼儿教育的人员，不仅是教师，还包括家长和其他的照料者，包括各种不同的专业人员，特殊幼儿教育也可以与早期干预对等。本章中我们还是从狭义的范围来讨论特殊幼儿的“教育”，从教学内容和教学方法两个角度来开展论述。

第二节　特殊幼儿教育课程

特殊幼儿教育，最关键的不外乎教育内容和教育方法两个领域，即课程（curriculum）和教学（instruction）的范畴，也就是教什么和怎么教。在我国，这两方面都是仍在发展的阶段，特别是课程方面亟待发展，目前还缺乏适应特殊婴幼儿发展需要的系统课程。举例来说，近年来自闭症的早期干预受到很多关注，国内民办机构很多，大家都在不断从西方学习各种干预方法，但对于“教什么”，即课程层面的探索却相对较少，需要专业人员从我国文化和国情出发，设计开发适合我国特殊婴幼儿发展和家庭文化特征的特殊幼儿教育的课程。

特殊幼儿的课程，是指为达到特定长短期目标，而特意组织和实施的一系列仔细规划与设计的活动、事件与经验，且它们遵循与基于特定的哲学与理论立场，而它们的方法与教学形式以及课程内容在逻辑上和其所从出的心理学观点是一致的（Dunst，1981）。课程的建构，需要一定的理论基础，需要设定课程目标、设计活动，且要考虑到教学方法；而理论基础可以参考第二章以及第四章中讨论的服务理念中教育模式的不同理念。

一、特殊幼儿教育课程的实施原则

我们先来看看美国相关政策规定的幼儿教育课程和特殊幼儿教育课程的一些原则。

(一) 幼儿教育的"发展适宜性"(developmentally appropriate practice, DAP)

全美幼儿教育协会(NAEYC)提出的发展适宜性的概念①,其核心包括三方面的内容:

第一,年龄适宜性,了解儿童的发展和学习。了解每个年龄段和发展阶段的典型发展情况是非常必要的,这些相关的研究提供给我们的知识,有助于我们决定对于儿童的学习和发展来说哪些经验是最佳的。

第二,个人适宜性,了解哪些对于儿童个人是适当的。我们对于每一个特定的儿童的了解可以帮助我们更好地把每个儿童当作个体去教育和照料。通过持续地观察儿童在物理环境里的游戏和与他人的互动,我们会了解每个儿童的兴趣、能力和发展情况。

第三,文化适宜性,了解哪些内容对于儿童及其家庭的文化是重要的。我们需要努力去了解儿童的家庭,了解他们的价值观、期望,以及对他们的家庭和社区生活产生影响的因素。这些背景信息可以帮助我们为每位儿童及其家庭提供有意义的、相关的和值得珍惜的学习经验。

补充阅读材料 7-2①

儿童发展与学习的十二条原则

1. 所有的发展和学习领域都是重要的。
2. 学习与发展都遵循一定的序列。
3. 发展和学习都是以不同的速率进行的。
4. 发展和学习都是自然成熟和经验相互作用的结果。
5. 早期经验对发展和学习具有深远的影响。
6. 发展的方向是:更大的复杂性、自律、象征性或表征能力。
7. 当儿童处于安全的人际关系中时,他们发展得最好。
8. 发展和学习发生在多样的社会和文化背景中,也受到这些社会和文化背景的影响。
9. 儿童学习的方式是多种多样的。
10. 游戏是发展儿童的自我调控能力,促进语言、认知和社会能力发展的重要手段。
11. 儿童需要一些挑战,然后才会更好地发展和学习。
12. 儿童童年的经历塑造他们学习的动机和方式。

这些幼儿教育的原则其实对于特殊幼儿教育也是非常适用的,如果教师能真的做到这些,可以使得有特殊需要的婴幼儿也一样得到有效的教育,并获得相应的发展。

---

① Categories of Disabilities Under IDEA [EB/OL]. http://www.parentcenterhub.org/wp-content/uploads/repo_items/gr3.pdf.

② National Association for the Education of Young Children. Developmentally Appropriate Practice in Early Childhood Programs Serving Children from Birth through Age 8 [EB/OL]. http://www.naeyc.org/files/naeyc/file/positions/PSDAP.pdf.

(二) 特殊幼儿课程内容的六大基本原则

美国特殊幼儿协会(Council for Exceptional Children, CEC)下属的幼儿分会(Division for Early Childhood, DEC)提出《DEC对早期干预与特殊幼儿教育的建议措施》,包含六点基本原则,详见表7-1①。

表7-1 美国特殊幼儿课程内容的六大基本原则

	基本原则	内涵
1	教育经验应是家庭本位的	课程应反映家庭的目标及对其子女的优先事项;鼓励与支持家庭提供意见,尊重家庭的决定
2	教育经验应以研究或者价值为根据	教师和其他人员的一些策略和方法,需要有实证研究的支持(evidence-based practice); 专业人员与家庭之间要有同样的价值认可; 需要对课程内容和方法进行定期的反思,确保其社会效度
3	教育经验应和多元文化的观点一致	反映受教儿童及其家庭不同的价值观、背景与经验,认识到他们的独特性
4	教育经验应有多学科团队意见的提供	不同专业人员的合作、沟通和分享,整合到课程中
5	教育经验应具有发展和年龄的适宜性	关键在于儿童独特、个别的需要和课程能够匹配
6	教育经验必须正常化	融合环境只是一步,教育计划、教学策略、物理和社会环境、家庭中心等都要考虑

其实从上述两个方面可以看到,无论是全美幼儿教育协会还是特殊幼儿协会都非常强调"发展适宜性",强调尊重个体差异和文化差异,强调家庭的合作和参与,强调研究和实证的重要性,这也是有效的特殊幼儿课程的基础,国外成熟的特殊幼儿课程的共同点可以归纳为:

- ✓ 强调个别化的重要性。
- ✓ 不强调标准化评估。
- ✓ 课程与评估的整合。
- ✓ 儿童主导(child-initiated)活动的重要性。
- ✓ 儿童积极和环境互动的重要性。
- ✓ 强调社会互动。
- ✓ 文化多元的重要性。

① National Association for the Education of Young Children. Developmentally Appropriate Practice in Early Childhood Programs Serving Children from Birth through Age 8. [EB/OL]. http://www.naeyc.org/files/naeyc/file/positions/PSDAP.pdf.

补充阅读材料 7-3

早期特殊教育中的(Response to Intervention，RTI)三级干预反应模型的运用[①]

RTI是一种根据每位学生的需要来提供差异教学支持的框架，最初是在小学到中学使用，但近年来在学前特殊教育中也越来越多地被应用，也有很好的效果，这一模式采用多层的干预反应，即基于全校儿童的评估，为儿童提供分层的支持和不同强度的教育干预，当儿童在较低的支持和强度的条件下无法进步，就增加支持和密集度，转到更高层，其核心是看儿童对于干预的反应，如果儿童对第二层的干预有很好的反应(各个领域的发展)，则就保留在这一个层次。也有很多在学前阶段的应用会特别关注儿童的社会情感领域的发展。

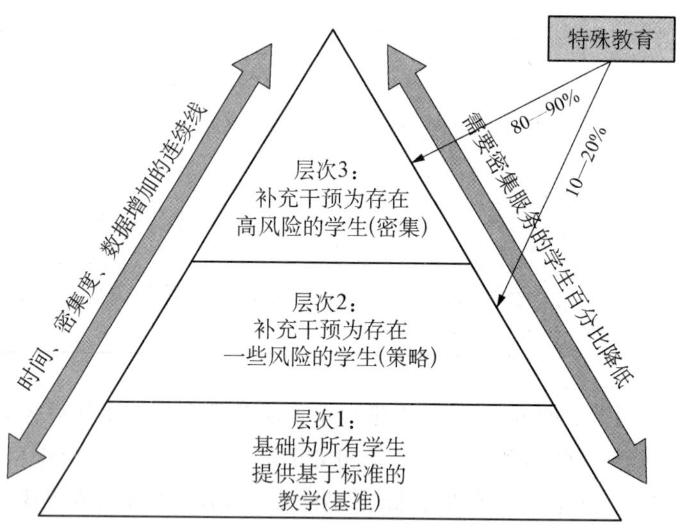

注：图来源：Shapiro E S. Tiered Instruction and Intervention in a Response-to-Intervention Model. *RTI Action Network*, May 5, 2008.

二、特殊幼儿教育课程实例

相对而言，国外有不少成熟的特殊幼儿教育课程，课程的设计是一个专业性强又需要实践积累的过程，我国目前也有不少学者和基层在开始园本课程或者校本课程的建设。这里选取比较成熟的适用于0～5岁的融合环境的特殊幼儿课程——卡罗来纳特殊幼儿课程，以及按照障碍类型，选取了专为自闭症儿童设计的，使用较广的，在国内也被应用的结构化教学课程。

① Greenwood, C.R., Bradfield, T., Kaminski, R., Linas, M., Carta, J. & Nylander, D. The Response to Intervention (RTI) Approach in Early Childhood [J]. *Focus on Exceptional Children*, 2011, 43(9): 1-24.

(一) 卡罗来纳特殊幼儿课程

1. 课程背景与理念等

卡罗来纳特殊幼儿课程(The Carolina Curriculum)包括两套,一是“The Carolina Curriculum for Infants and Toddlers with Special Needs”(卡罗来纳特殊需要婴儿和学步儿课程),第三版(2004 年)是为 0～36 个月的特殊婴幼儿设计的;二是“The Carolina Curriculum for Preschoolers with Special Needs”(卡罗来纳特殊需要学龄前儿童课程),第二版(2004 年)是为 2～5 岁特殊需要儿童设计的,作者是 Johnson-Martin, Hacker 和 Attermeier,该套课程主要是为教导特殊幼儿的学前教育和其他托幼机构的教育人员使用。

课程的理念基础是皮亚杰的发展理论、在建构项目中应用行为理论,并关注适应能力发展。该课程为轻度到重度障碍的特殊幼儿设计,将标准—参照评估系统与干预结合,特殊幼儿教师和早期干预人员可以评价幼儿在五个领域的发展,然后借助课程中的教学活动来促进儿童的发展。

这套课程的主要特点是:

✓ 基于典型发展,但不认为不同领域的发展是均衡的。

✓ 跨学科模式。

✓ 没有专业术语,便于家长理解。

✓ 与个别化家庭服务计划规定的领域配套。

✓ 对于轻度/中度损伤的儿童仅需要最少调整。

本课程具有以下特征:

(1) 本课程内容已具典型的发展顺序,但不认为儿童在各领域甚至在某一领域内,会以同样的速率去发展(如儿童可能表现出典型的认知发展,但伴随十分迟缓的动作发展);

(2) 课程以下列两种方式来面对非典型发展的情况:

A. 每一发展领域的项目再细分为合逻辑的教学序列(teaching sequences)

B. 建议每一发展领域的项目的一般性修正方式,以便适应某一儿童特殊的感官或动作限制;

(3) 课程基于许多严重障碍幼儿不管怎么进行干预,仍无法正常发展这样一个认识,在对待这些儿童时,考虑帮助他们发展非典型但高度适应的一些技能,这些技能可以暂时或者永远取代典型的技能;

(4) 课程是发展性的,其内容项目根据标准的发展性评估工具、临床经验和研究,而行为理论与方法,作为课程内容项目编制的基础,也强调发展适应的功能性技能,即使这些技能不必然是典型的。

2. 课程框架和主要内容

课程的设计上重视下面三点:

✓ 采用标准参照的评估,以决定儿童在重要的社会、认知、语言、动作即适应技能的发展水准。

✓ 提供根据评估结果选择教育目标的建议。

✓ 为纳入教育目标的个别化教育计划提供社会活动的原则。

整个课程的实质内容包括六大领域的课程序列(curriculum sequence),各领域下面分为一些项目序列,各项目序列之下,又再分为许多细目序列。

表 7－2

卡罗来纳特殊幼儿课程

(1) 个人—社会领域 自律与责任 人际技能 自我概念 自我照料:饮食 自我照料:穿着 自我照料:仪表 自我照料:盥洗	(4) 沟通 语言理解 会话技能 文法结构 模仿:发声的
(2) 认知领域 注意与记忆:视觉/空间 视知觉:积木与拼图 视知觉:配对与分类 功能性运用物件与象征性游戏 解决问题/推理 数的概念	(5) 精细动作 模仿:动作 抓握与操作 左右对称的技能 使用工具 视觉—动作技能
(3) 认知/沟通 概念/词汇:接受性的 概念/词汇:表达性的 注意与记忆:听觉的	(6) 粗大动作 直立:姿态与移动 直立:平衡 直立:玩球 直立:室外游戏

课程除了按照序列提出了适宜特殊幼儿活动的建议外,也分别提出活动材料、实施方法、教室与功能性活动、评估标准等建议。

3. 课程实施原则

卡罗来纳特殊幼儿课程也给出了整体上实施课程的时候应该注意的原则,包括:

(1) 纳入游戏(活动和游戏结合)。

(2) 遵循儿童的引导(儿童的兴趣、自我控制的空间)。

(3) 提供选择的机会(培养掌控感(sense of mastery)与独立性)。

(4) 让行为后果有重要意义(成人通过社会性反馈与环境的控制,提供给特殊幼儿大部分的行为后果,培养良好行为或者消除不良行为)。

(5) 将任务分解成更小的步骤以保证成功。

(6) 提供相同与变化的环境(相同的环境给予安全感,在这一基础上,儿童才会接受或喜欢发生的变化)。

(7) 将学习经验安排到日常活动。

(8) 使用清楚的语言(采用幼儿可以理解的语言,鼓励他们用任何方式进行反应)。

(9) 容许安静的时间。

(10) 儿童的组合,以促进最理想的学习(特殊幼儿和普通幼儿学习团体的组合要保持弹性,一切以能发挥最理想的学习效果为依据)。

(11) 安排融合的班级(个别化教学需要不可忽视)。

(12) 长远的计划(特殊幼儿在每一序列的学习都有长远的目标,一旦遇到困难,应考虑帮助发展适应性技能)。

(二) 自闭谱系障碍儿童结构化教育课程

关于自闭谱系障碍的干预和治疗,有医学、认知、发展、心理、教育等多种干预模式及 100 多种干预方法,其中有不少方法已经成熟,并在实践的基础上形成了课程。这些课程/方案可以归纳为行为主义导向、发展导向、结构化教学或者支持导向和临床导向这四个导向(见表 7-3)。本节将介绍在特殊幼儿教育机构和幼儿园等场所经常被应用的结构化教育(TEACCH)。

表 7-3 自闭谱系障碍儿童早期干预课程/方案

行为主义导向	发展导向	结构化教学/支持导向	临床治疗导向
应用行为分析(ABA)	地板时光(DIR/ Floor Time)	辅助和替代性沟通(AAC)	音乐/艺术干预
离散单元教学法(DTT)	加强式情境教学法(Enhanced Milieu Teaching)	结构化教育(TEACCH)	职能治疗/感统(OT/ Sensory Integration)
洛瓦斯训练(LOVAAS)	"不仅仅是语词"(More than Words-Hanen)	视觉支持(Visual Support)	言语与语言训练(Speech and Language)
图片交换沟通(PECS)	人际关系发展干预法(RDI)		
关键行为训练(PRT)	社会交往、情感协调和动态支持模式(SCERTS Model)		
口语行为(Verbal Behavior)			

注:表中资料来源于 www. autismspeaks. org,进行了整理和补充。

TEACCH 是专为自闭谱系障碍儿童设计的课程/方案。TEACCH 为"Treatment and Education of Autistic and related Communication Handicapped Children"的首字母缩写,原意为"自闭症及相关沟通障碍儿童的治疗与教育"。TEACCH 是基于"自闭症文化(Culture of Autism)"的观念发展设计的课程,自闭症文化是一种理解自闭谱系障碍个体的思维和行为模式的方式(具体详见补充阅读材料 7-3)。

TEACCH 的这套专门针对自闭谱系障碍儿童的干预课程方案也被称作"结构化教学"(Structured TEACCHing),是基于对自闭症儿童的学习特征的理解,运用视觉支持来促进自闭症儿童对于世界的理解和独立性,通过有组织、有系统地安排学习环境、学习材料及学习程序,让儿童按照设计好的结构从中学习的一种课程方案[①]。

TEACCH 也经过了大量实证研究证明,并在不断的临床经验中进行丰富,被公认

① Division for Early Childhood. DEC recommended practices in early intervention/early childhood special education 2014 [EB/OL]. http://www.dec-sped.org/recommendedpractices.

为对自闭谱系障碍个体及其家庭是极其有帮助的。

TEACCH 的五个重要组成：

(1) 视觉结构

把学习环境、学习材料及工作程序作适当的安排，使儿童无需语言，只用视觉的辨别便能明白和理解学习要求。包括视觉信息清晰、视觉组织呈现步骤，以及结构化的视觉指示等。

(2) 环境结构

用清晰的界限为儿童划定不同的学习和活动空间，以便儿童了解活动、学习与环境的关系，掌握环境对他们的要求。

(3) 常规

通过帮助儿童学习以下的常规，使儿童更好地听从教师指令，适应活动的转化等。

✓ 建立有意义及有次序的行为习惯。

✓ 建立做事先后顺序的常规。

✓ 建立完成工作的常规。

✓ 建立从左到右，由上到下的工作步骤常规。

✓ 学会看个人时间表。

✓ 根据个人工作系统中的安排去工作。

(4) 程序时间表

教室中将一日活动的流程结构化、视觉化，帮助儿童根据流程表来安排和进行各种活动。一般包括两种：一是全日流程时间表，全班同学都需要遵守；二是个人工作时使用的工作程序表，根据每一位儿童的个别需要进行安排和设计。

(5) 个人工作系统

基于评估为每位儿童设计的个别化的教育训练计划，考虑儿童个体的特殊需要。一般以任务单的形式，开始、结束、明细的任务和反馈等都用什么表示要标注清楚。计划要考虑儿童近期发展目标，也要考虑兴趣爱好和年龄特征等。

补充阅读材料 7-4

自闭症文化(Culture of Autism)[①]

✓ 视觉信息加工相对具有优势和偏好(相对于听觉加工的困难而言，特别是语言)。

✓ 经常十分关注细节，但很难理解这些细节是如何结合在一起的，以及他们的意义。

✓ 把不同的想法整合存在困难。

✓ 把各种想法、材料和活动组织起来存在困难。

① Greenwood, C.R., Bradfield, T., Kaminski, R., et al. The Response to Intervention (RTI) Approach in Early Childhood [J]. *Focus on Exceptional Children*, 2011,43(9): 1-24.

✓ 集中注意力存在困难(有些个体特别容易分心,有些个体在需要转换活动的时候难以把注意力从一件事情上转移到另一件事情)。
✓ 对时间概念的理解存在困难,包括理解移动太快或太慢,或认识活动的开始、中间或者结尾。
✓ 沟通存在问题,可能每个人的发展水平不同,但总是包含语言的社会运用上的障碍(称为"语用学")。
✓ 倾向于固着于某种日程(常规),导致很难从最初学习的情境中把某一个活动迁移(泛化)到其他情境,如果常规或者日程被打乱,会很难受、无法理解或觉得不舒服。
✓ 对于自己喜欢的活动会有非常强烈的兴趣和冲动,很难停下来。
✓ 感官喜好和厌恶很明显。

第三节 特殊幼儿学习环境的创设

课程设计是特殊幼儿教育的基础,但是课程的功能有赖于教学去落实,而特殊幼儿的教学主要要考虑的是学习环境的安排与教学策略的运用。良好的环境不仅能激励特殊幼儿的学习热情,提升教学者的教学效能,还能减少特殊幼儿的不良行为。

"自然环境"这一概念,被广泛运用于课程设计和特殊幼儿的早期学习环境的要求里,同样我们需要认识到家庭环境和机构(广义上的,包括各种类型家庭之外的教育环境,比如幼儿园、早教中心、民办早期干预机构、特殊学校学前班等)的环境一样重要,都会影响到儿童的发展和学习。

一、自然环境

在定义自然环境是什么之前,先来看一段话:"没有婴儿或者学步儿必须接受每周两次的物理治疗师、作业治疗师或者言语治疗师的治疗才能长大或者发展。幼儿最需要的是在日常生活的各种活动里有机会去沟通、移动、游戏,慢慢独立,慢慢学会与家庭成员的互动,每天(特别强调是每天!)在他们生活的地方,学习和游戏"①。这段话其实强调了自然环境对于儿童的早期发展的重要性,当然对特殊幼儿也同样非常重要。

《障碍者教育法案》C部分要求"早期干预服务应该在自然环境里提供给儿童,最大程度上适合儿童需要的自然环境,包括家庭、周围无障碍的儿童也会参与活动的社区场所"。自然环境也是指对于那些没有障碍的同龄儿童来说是自然或者正常的环境②。

这其实也是国际上早期干预领域被实践证实非常关键的一个要素,因为所有的婴幼儿都喜欢熟悉的环境,有熟悉的人和物的时候,他们会表现得最好,因此对于特殊婴幼儿来讲,这样的自然环境是他们的早期干预中必不可少的组成部分。

---

① TEACCH ® Autism Program [EB/OL]. https://www.teacch.com.
② TEACCH ® Autism Program [EB/OL]. https://www.teacch.com.

自然环境不仅仅是指一个地方，也不仅仅是指人或者物品。究竟在早期干预中，这个自然环境是指什么呢？它其实是任何可以让儿童成长的情境。儿童与家人会生活、学习和游戏的情境，可以包括[①]：

✓ 场所：比如家、操场、工作的地方、托儿所、早教中心、亲戚或者朋友的家，也可以是公园、超市和图书馆等。

✓ 物品：包括在儿童的物理环境里可以找到的任何物品——玩具、路边的小石头、书、秋千、草地上的草、小勺子、餐椅，或者是儿童最喜欢的奥迪车的标志。

✓ 人：包括父母、兄弟姐妹、亲戚、朋友、邻居、教师或者任何儿童可能会接触、会进行互动的人。

✓ 活动：包括任何可能引起儿童和家庭的兴趣，融入他们的生活和日常安排的活动，可以是日常的活动，比如吃饭、洗澡、穿衣等；也可以是休闲娱乐活动，比如游戏、阅读、散步、野营、游泳、去游乐场或者操场玩等；可以是一些参与到社区生活的活动，比如去听一个早教的讲座、节日晚会、游园会、去超市购物，或者尝试一下不同的公交工具（坐坐公共汽车）等。

自然环境使得儿童的每天生活的每一个时刻都变成了融合和学习新技能的学习机会！而儿童只有在玩他们有兴趣的物品或者参与到一个活动中的时候，他们才学得最好！另外自然环境也为特殊婴幼儿提供了一个其他同伴示范各种行为和各种技能的机会。另外自然环境也让儿童和家庭可以自然地学习和练习新的技能，然后看究竟哪种方式行得通。

有学者归纳了成功的早期干预的自然环境的要素包括以下内容：[②]

1. 家庭为中心（family-centered） 早期干预系统最首要的一个目标就是提升家庭支持和促进儿童健康发展的能力。当家里有孩子被诊断为特定障碍或者发展迟缓，家庭通常会面临巨大的挑战，他们需要更多的信息、资源和支持。家长很希望有能力在日常的互动和活动里去支持他们孩子的学习和发展，但时常不确定该怎么做，当可以教给家长在家庭生活的环境内如何做，关注家庭的优势和资源，授人以渔，早期干预通常会取得最大的效果。

2. 文化适应性（culturally competent） 儿童和家庭可能会来自不同的种族、民族和社会经济背景。在目标和信念，家庭成员的角色和对行为的期望值上的文化差异会明显影响家庭的运作。只有尊重并对这些差异进行响应，服务才是有效的。服务和支持的个性化可以通过 IFSP 来实现。还需要关注的一个问题是家庭在寻求早期干预的过程中可能有过的一些体验。实现文化适应性，是要强调家庭、项目和制度层面的所有需要的一个持续发展的过程。

3. 注重功能发展（functional approach） 在自然的学习环境里提供给婴幼儿早期干预服务可以促进儿童良好的发展。当早期干预支持和服务在儿童和家庭的日常生活、活动和任务中提供时，更富有成效。当婴幼儿能快乐地在他们熟悉的地方与他们熟

---

① Hanft, B., Pilkington, K. Therapy in natural environments: The means or end goal for early intervention? [J]. *Infants and Young Children*, 2000, 12(4): 1-13.

② Michigan State Interagency Coordinating Council. Implementation Guide to Natural Environments [EB/OL]. http://www.michigan.gov/documents/mde/ImplementationGuidetoNatEnvironments_226445_7.pdf.

悉的人互动，会对他们的成长产生积极的影响。这些互动也有助于促进和增强儿童的行为和发展的能力，并最大限度地发挥将这些能力泛化。早期干预可以帮助幼儿学习在日常生活中需要的交往和独立生活的技能。因此早期干预应该是帮助儿童直接地参与到他日常生活活动中如吃饭，洗澡，穿衣服，游戏等技能。这样的干预思路，也可以帮助家长学会了解哪些是日常生活中自然存在的学习机会，如何来促进儿童的发展，而且无需干扰到家庭的生活和安排。

4. 团队协作服务(collaborative services) 许多儿童需要从多个公办和私立机构、组织获得协助。对于家庭来说最好的情况就是，这些机构或组织能在附近社区并且能共同提供相关服务。基于 IFSP，如果各个服务提供者可以跨机构合作，则服务方案会更高效。可以协作的内容包括：早期发现，儿童评估，家庭评估，目标和策略制定，服务协调和服务提供等。

5. 服务场所个别化(individualized service settings) 当考虑早期干预服务和支持的地点时，首要依据的是儿童的日常生活的兴趣、互动、关系和安排是什么。早期干预提供者的工作就是支持儿童能否参与到他们日常生活中最典型的地方，并促进儿童的学习。在少数情况下，早期干预服务或支持在儿童的自然环境开始不太容易，那么关键就是要确定怎样才能使早期干预服务能够在孩子的自然环境里提供。

补充阅读材料 7－5

良好的学习环境特征①

1. 条件性和回应性的环境

条件性和回应性的环境(contingent and responsive environments)即幼儿的行为会导致某些可预期事物的发生的环境，也就是创设的环境中幼儿的行为和后果之间形成某种因果关系。举例而言，成人需要在环境里及时观察幼儿的行为，及时作出反馈，当幼儿采用适当的行为进行表达的时候，成人要及时给予积极反应，但是如果幼儿采用不恰当的方式，如抢同伴的玩具，那么他的行为后果应该是暂时无法继续玩玩具等，在这样的环境里，儿童会学会规范自己的行为以及认识环境对他的行为的期待，学会更好的互动。

2. 健康、安全与卫生的环境

这对于特殊婴幼儿而言十分关键，健康、安全与卫生的环境的建构和维护需要一系列的考虑，也需要制度化和标准化的程序。国外建筑物标准中"无障碍"是很重要的内容，环境中要包括因障碍所需的特殊设施、设备和器材等，帮助儿童安全独立地在环境中进行探索和学习。

3. 适合年龄的环境

设计环境的时候要注意特殊幼儿的年龄所产生的相关需求。比如 0～2 岁的婴幼儿游戏活动最好是在地板上开展，稍微大龄的幼儿使用幼儿尺寸的桌

① 苏雪云. 如何理解早期干预与自闭谱系障碍[M]. 北京：北京大学出版社，2014：142－150.

椅设施。运动对于儿童发展非常关键，应有供大、小肌肉活动使用的设备和器具。读写准备也是儿童很重要的发展内容，应有供阅读、艺术、想象或戏剧游戏活动使用的空间。环境的组织性也很重要，器材应依功能加以整理，并每次仅以少量或特定项目供儿童使用，以免造成混乱。幼儿天性喜欢探索，光洁明亮、令人感觉愉快，且能让幼儿探索的环境，最有益于他们学习和发展。

4. 能满足特殊需求的设备

主要是基于特殊婴幼儿不同的需要，为他们的学习和生活提供便利的各种特殊设备，可以是专门的特殊设备或器材，也可以对原有的设备或器材进行修改（比如手部抓握力不够，可以在勺子上缠一圈橡皮筋增加阻力，有助于儿童抓握）。辅助设备的目的是让特殊幼儿在环境中无障碍，而能充分满足其生活与学习上的需求（详见第十章辅助技术）。

5. 物理环境的安排

特殊幼儿教育的环境中需要考虑到儿童的行动/移动的便利性（accessibility），这需要在细节上去加以保障。比如乘坐轮椅的儿童，能否自己打开门，自己上厕所，台阶等的设计都需要符合标准。另外视力障碍或者听力障碍者学习环境内的光线、噪音都需要加以调整，以免影响到他们的学习，很多时候自闭谱系障碍儿童也会有类似的要求（具体见本章第四节的论述）。考虑到特殊婴幼儿免疫力可能会比较低，房间的温度也最好是适宜的。通常的教育环境会功能分区，便于儿童理解和开展活动。

6. 提供特殊幼儿及其家庭社会融合的机会

这也是自然环境最重要的启示，及为特殊婴幼儿尽可能安排“正常”的环境，可以最大程度地促进特殊婴幼儿沟通行为、注意力、社会行为、学习技能的发展。目前我国学前融合教育还在发展的阶段，融合需要考虑家长的态度、行政管理的配合、相关资源的条件等因素，以保证儿童的教育质量，同时融合的方式也是多样：可以全部时间，也可以部分时间融合，也可以部分活动融合等。

二、家庭学习环境的安排

家庭环境是特殊婴幼儿，特别是0～3岁的小年龄段的特殊婴幼儿生活和活动最久的地方，他们在这个地方与他们的亲人互动，在这里得到照料，当然家庭就成为他们非常重要的获得早期经验和学习机会的环境。家庭的物理环境根据每个家庭的经济水平和资源不同可能会有所不同，基本上保证环境的健康安全是很必要的。很多家庭会认为环境中需要很多的玩具，特别是很复杂的电子玩具等，其实最好的玩具是父母，儿童需要一些适合其年龄和发展的玩具来操作、学习和认识事物以及进行游戏。但最重要的是，家庭还为儿童的成长提供最重要的心理环境，后者在我国的文化里最容易被忽视。

家庭环境的创设中要努力保证以下几点：①

第一，儿童的积极参与（engagement）：也就是儿童可以保持注意力在一个活动或者持续积极与人互动。这样的话，家里需要有一块舒服的可以自由活动的空间，比如地板；玩具放的位置便于儿童看到和取到。另外也要积极创造与同伴互动的机会，可以邀

① 何华国.特殊幼儿早期疗育[M].台北：五南图书出版公司，2015：257－259.

请邻居来家里游戏，或者到社区草地和游乐场里跟其他孩子一起玩，发条小汽车等都是不错的玩具。

第二，提供选择和决定权(choice and decision-making)：物理环境创设时要考虑哪些安排会有助于儿童练习做选择和决定。简单的环境安排如开关灯、上床和下床、每天选择穿什么衣服等，都可以给孩子机会发展自我决定的能力。通过一些环境调整可以达到这个目的，比如把衣物放在地板上的篮子里或者一个容易打开的比较低的抽屉等，让特殊婴幼儿很容易拿到自己的衣服；通过提供儿童增高凳，帮助儿童可以使用厨房和卫生间的水龙头，或者对马桶和浴缸进行一些改造，使得儿童更容易独立使用；行动不太便利的儿童，可以把门口的地毯收起来，家具挪动位置，便于儿童可以自己移动，给孩子更多的机会可以自由出入家门等。当然，我们需要考虑安全，家长们需要一起讨论家中可能的危险因素，但同时要鼓励儿童的自主性，这对于特殊婴幼儿来说尤其重要，会直接影响到他们未来的各项发展。

第三，控制和管理(control and regulation)：孩子们通常喜欢控制和尝试调节环境。看看橱柜里的东西，在楼梯上爬上爬下，这些都是日常管理和调控的经验。对于有身体或认知障碍的儿童，家长必须要更积极地去设计这样的学习机会，让儿童可以控制和调节环境。可以自由接触并被允许使用辅助装置的儿童比起那些受限制的儿童，他们自由移动探索的可能就越多。儿童可以有自己的头戴式耳机(当环境过于嘈杂)、帐篷，和个性化的小房间，可以自己调节灯光、声响以及社会交往，这都是对于周围环境的调控。

第四，积极的自我概念(positive self-concept)：积极地与其他儿童互动、自己选择和决定、独立调控自己的环境，这些都是形成儿童自我效能感的基础步骤。随着儿童变得更加自立，儿童的信心也逐渐增加。有些家长很周到地提供机会让他们的儿童可以看到自己，看到自己能做的事情，比如家里在儿童视线的范围和适宜的高度安装镜子、留言板、展示家庭照片和孩子们的手工/绘画作品，这些都表达了一个重要消息：儿童的价值以及儿童的作品的价值。儿童的自我概念对儿童后续适应学校和社会学习和生活，起着非常关键的作用。

从上面的四点要素可以看出，家庭环境对于特殊婴幼儿的社会—情绪的发展非常重要，我国文化中可能会存在更强调特殊婴幼儿的“认知”学习的倾向，但也有越来越多的家长意识到特殊婴幼儿的积极的心理品质的重要性，特别是要与家长形成健康的依恋关系，在家庭生活中可以参与和选择，形成一个积极健康的自我概念，享受到成功的体验，这些都会帮助儿童在未来的集体生活和学习生活里更好地坚持和努力。

另外，家庭环境还要特别关注下面两个方面①：

第一，建立积极的亲子互动关系。

✓ 家长要仔细观察自己的儿童，多陪伴儿童，可以正确解读，并及时回应幼儿的行为线索。

✓ 注意沟通时的轮流与相互性，父母用注视、微笑、触摸、声音等来鼓励儿童的言

① State Interagency Coordinating Council. Implementation Guide to Natural Environments [EB/OL]. http://www.michigan.gov/documents/mde/ImplementationGuidetoNatEnvironments_226445_7.pdf.

语和非言语的沟通行为，同时要耐心，需要给儿童时间回应，接受儿童不完美的回应（比如无法用单个手指指点，如果可以用手朝着一个方面也值得鼓励）。

✓ 了解沟通的特征，还是要基于对儿童的观察来理解儿童的行为，有的儿童需要多些反应时间，有的儿童的注意力比较容易转移，有的儿童在不同的情境下可能会有不同的回应，家长需要了解儿童的沟通的步调和方式，做出及时和积极的回馈。

✓ 模仿儿童，家长可以模仿儿童的语音、行为和活动，这样一方面可以吸引儿童的注意力，同时也可以增加儿童的积极的自我概念，同时，家长可以有意识地加入一些变化，比如赋予语音社会意义，游戏可以增加一些变式（儿童在用积木敲桌子，爸爸可以也敲击积木，并说："嘭嘭"，"敲敲"；然后把两块积木相互碰击等）。

第二，在日常生活的自然情境下抓住"可教导时刻"（teachingable moments）。

正如我们强调的自然环境的重要性，我们要把学习和干预融入日常生活，更有利于促进特殊幼儿的发展。"可教导时刻"很多，基本上随时随地，比如换尿布、喂食、穿着、看电视、游戏、上街购物等，都是和孩子互动并提供学习机会的重要时刻，家长需要有创造力和灵活性，在这些时刻可以为儿童安排丰富的认识和探索环境的机会，也为儿童提供机会学习如何在自然环境内与他人与物进行互动。

三、机构学习环境的安排

这里的机构是一个广义的概念，包括民办机构，也包括幼儿园以及早教中心和康复干预中心等，是指比较系统化的中心式的学习环境。除了前面强调的自然环境和良好的学习环境的特征需要满足，有学者总结了机构学习环境的一些要素①：

第一，机构的整体物理环境的要求：

✓ 选址要安全。

✓ 有自来水设施。

✓ 卫生设备适合幼儿。

✓ 要有换尿布等区域与清洁区。

✓ 有简易食用食物调理区或厨房。

✓ 易于分隔使用的大面积空间。

✓ 要有室外游戏场。

✓ 设备、玩具、器材、个人物品等存放区。

✓ 办公空间。

✓ 小型会议室。

✓ 交通便利。

✓ 便于利用社区资源。

第二，空间的设计合理科学。

---

① Cook, C.C., Brotherson, M.J., Weigel, C., et al. Children with Disabilities: Opportunities in the Home Environment [EB/OL]. http://www.informedesign.org/_news/dec_v05r-p.pdf.

学前教育机构每一个幼儿在室内应有 35 平方英尺(3.25 平方米)，室外则需有 75 平方英尺(7 平方米)的空间，便于儿童探索和活动；另外空间的组织和分区与特殊幼儿的干预方案的有效运作息息相关，需要基于机构的理念合理进行创设和组织，一般来说，指导原则包括功能性、方便性、效率性、安全性、能培养幼儿的主动性与独立性。

第三，活动组织安排合理。

活动的安排上要兼顾一对一个别化教育、小组活动、集体活动，以及静态和动态活动、低结构和高结构活动、教师主导活动和儿童主导活动、室内和室外活动等，要注意合理分配，特别要根据不同障碍类型和障碍程度进行安排。另外也要特别根据儿童的需要来设计活动的时长、活动转化等环节，因为特殊婴幼儿的注意时间一般比较短，一般而言一个系列的活动安排在 15～30 分钟是比较合理的，当然也要考虑儿童的个别需要。

第四，教师与幼儿的师生比应合理。

我们希望师生比越高越好，但实际上，我们需要考虑儿童的年龄、幼儿的障碍程度和类型、教育方案的性质等因素，通常早期干预/学前特殊教育机构的师生比，控制在一个成人面对 2～4 个幼儿。如果是亲子活动，有父母、助教等参与，可能会达到一比一的比率。

总体而言，机构的教室需要合理组织，以促进儿童对学习材料的探索，可以注意以下几点①：

✓ 学习材料应该是具体的，并且与儿童自己的生活经验相关的。

✓ 教室环境里应该充满给儿童进行选择的机会。

✓ 应该为儿童提供儿童主导的活动机会，教师主导的活动也需要合理设计，应有一些小组活动机会以促进儿童学习掌握新的技能。

第四节　特殊幼儿教学策略

教学(instruction)是指经过专门设计的教育教学方法等。那么什么情况下，教师的言行才算是教学呢？比如当一位小朋友跟他的老师讨论一幅画，教师是在教学吗？也许是教学，如果教师特意在其中安排设计了让儿童用口语表达或者练习轮流的学习机会，这就是一次教学。教学是教师有意识地为儿童的学习提供支持或者机会，只有教师意识到每一位儿童的学习需要是什么，才能进而去寻找各种策略和途径来支持儿童的学习发生和发展②。

一、融合环境的教学策略

融合教育不仅仅是个理念，也是在全世界范围内被广泛应用的实践，但有效的融合不仅仅是把特殊幼儿安置在一个普通教育环境内，还需要很多支持。

---

① 何华国.特殊幼儿早期疗育[M].台北:五南图书出版公司,2015:260－261.

② 何华国.特殊幼儿早期疗育[M].台北:五南图书出版公司,2015:261－263.

(一) 高质量早期融合教育的三个特征

美国特殊幼儿协会下属的幼儿分会(DEC)与全美幼儿教育协会(NAEYC)共同起草的声明里,对早期融合教育的三个特征进行了强调,只有具备了这三个特征,才能为所有的儿童提供一个高质量的早期融合教育:①

1. 获得机会(access)

为儿童提供多种多样的易于获得的学习机会、活动、学习情境、学习材料和学习环境。很多时候只要一些简单的调整,就可以使得障碍儿童获得这些学习机会。

2. 积极参与(participation)

即使障碍儿童可以在项目和所在的环境获得机会,但要真的与同伴一起积极参与到游戏和活动中去,还需要一个额外的个别化的调整和适应的环境。

3. 系统支持(support)

想要为障碍儿童提供高质量的融合教育,还需要有一个系统化的强有力的支持体系来确保个体的努力、服务项目的努力以及不同机构组织的努力都可以成功地持续提供。系统层面的支持强调持续的在职培训、工作步骤清晰、不同主体间(家长、治疗室和工作人员等)合作的流程明确等,这样才能保证提供高质量的特殊化的服务。

接下来让我们看看在融合教育环境内,教师具体可以采取什么样的策略为儿童提供高质量的融合。

(二) 早期融合教育中的教师和工作人员的理念和要求

首先,教师需要为儿童提供机会,也就是接纳特殊婴幼儿进入普通教育环境,这是第一步,很多教师会觉得自己缺乏相关的知识和技能,但很多研究都发现,好的教学策略只有在积极的教育理念和态度的基础上才能开展。特殊幼儿教育工作者和早期教育教师需要:②

- ✓ 相信所有的儿童都有学习的潜能。一个积极的态度可以帮助所有的儿童成长和发展。
- ✓ 了解并理解儿童的发展。早期教育工作者要了解儿童发展的序列,才能为儿童安排适合其发展的教育目标,正如儿童要学会站立才能行走,合理现实的教育目标非常重要,特殊婴幼儿还特别需要把一个目标分解为小步骤来实现。
- ✓ 认识到特殊婴幼儿与典型发展儿童的相同之处要远远多于不同之处。比如2岁的特殊婴幼儿的很多困难和挑战其实是每一个2岁幼儿都可能会有的,为儿童设定相类似的期望值,有助于儿童被同伴接纳。
- ✓ 鼓励儿童的独立性。儿童都喜欢自己去完成任务。但对于特殊婴幼儿,我们时常会帮助"过度"。早期教育工作者要努力去鼓励这些儿童去自己做力所能及的事情,可以极大促进他们的发展。

---

① Barresi, J. The Early Childhood Learning Environment [EB/OL]. http://ok.gov/sde/sites/ok.gov.sde/files/EarlyChildLearnEnv.pdf.

② Boat, M., Dinnebeil, L., Bae, Y. Individualizing Instruction in Preschool Classrooms [J]. *Dimensions of Early Childhood*, 2010,38(1): 1-10.

✓ 物理环境要适宜于这些特殊幼儿的需要。大部分时候我们无需改变全部的教室和室外的环境，只需要做一些调整，但需要根据儿童的特殊需要进行一些调整（我们将在本节第二部分详细说明）。

✓ 安排活动时考虑到全部儿童都可以参与。在安排活动、点心时间、午饭及游戏等的时候，要让每个儿童都有可能参与进来。

✓ 与家长和其他可能提供协作的专业人员合作。一般特殊婴幼儿会有其他的资源来为他提供专业支持，与家长和这些专业人员保持积极的沟通，有助于安排班级的日常活动与个别化干预和治疗之间的衔接。

（三）融合环境的教学策略

融合不仅是理念，或者安置形式，教师是否能让儿童积极地“参与投入”（engagement）到环境中的所有活动当中是关键。下面从两个角度来看具体的策略①。

1. 教师引导的策略

正如上文提及的教师引导和儿童主导活动需要平衡，在早期融合教育环境内，教师可以进行的一些调整和引导策略包括：

（1）安排有助于学习的环境

教师可以考虑的因素包括物理空间的规划、材料的选择和运用，以及对活动结构的设计等，因为这些都有可能影响环境中人和物互动的需要或机会。比如将玩具或点心置于特殊幼儿看得到但拿不到的地方，则会增加一次特殊幼儿跟你主动求助或者发起沟通的机会。

（2）促进接纳

接纳特殊幼儿是真正“融合”的重要条件，同伴和典型发展儿童的家长的支持很重要。教师可以通过合作性活动、说故事、强调彼此异同的讨论、角色扮演的方式，来促进对不同能力幼儿的了解与接纳。

（3）提供提示（prompts）和激励

教师可以通过提示或者激励，来促进幼儿投入于融合的环境中。激励的方式可以是口头表扬或者具体的奖赏，多尝试自然的结果作为激励（行为理论一节有论述）。而提示则有口头直接提示、示范、动手协助、空间提示、视觉或图片提示、给予暗示等不同的程度，可以根据儿童的需要和任务的难度来进行选择。

（4）接受不同的参与程度及方式

指教师调整对特殊幼儿参与团体活动的程度和方式的期待值，即接受部分参与（partial participation）或适应性参与（adapted participation）。如特殊幼儿以单字而非完整的句子回答，算是部分参与；而暂时没有口语的特殊幼儿如果可以用眼神注视而非说出或指出某个物品做回应，即适应性参与。

（5）教师的沟通方式的调整

① Delaware Health and Social Services, Birth to Three Early Intervention System, Delaware Department of Education. Guide to Promoting Inclusion in Early Childhood Programs [EB/OL]. http://www.dhss.delaware.gov/dms/epqc/birth3/files/guidetoinclusion2013.pdf.

教师在面对特殊婴幼儿的时候，使用口语时在速度和复杂度上可适当调整，有助于孩子的理解，也增进他们在团体活动中互动的能力，比如使用简单的词汇、较短的语句，语调的变化丰富，说话的速度慢些，根据当时情况及时反应，提供支持架构(scaffolding)等。也可以使用一些手势、面部表情以及一些图片(视觉提示)(辅助沟通的内容，包括AAC，我们在第十章会论述)来辅助和促进沟通的有效性。

当然，教师也可以运用幼儿园或者机构的一些例常活动，如游戏、点心时间、活动转化的时刻、集体教学等，来增加特殊幼儿许多社会互动的机会，即特定的日常活动有特定的目的，但也可以作为教学的时间，但是应该预先设计好，所有参与干预的工作人员间应相互协调，知道在同样的例行活动中可以强化的各种技能，并持续注意是否需要做出改变。比如点心时间，可以作为特殊婴幼儿沟通技能和认知技能教育的时机，等待儿童给出沟通意向，再给予点心，老师可以教儿童认识食物等。

2. 同伴引导的策略

典型发展的幼儿可以帮助特殊幼儿学习与投入团体活动，这有助于促进特殊幼儿的社会和沟通技能。但要特别注意慎重挑选同伴(儿童的语言和认知发展要比较好，且社会性比较好)，并给予融合伙伴特别的训练和指导，提供给幼儿结构性并有彼此互动的机会，在互动中给予必要的激励和支持。

(1) 同伴带领的干预(peer-initiation intervention)

让同伴示范带领特殊幼儿进行一些游戏和活动，同伴带领的策略，有助于增进特殊幼儿的主动回应、分享等社会行为。很多研究也表明该策略有利于典型发展儿童对于差异性的接纳，以及其认知和语言的发展。

(2) 合作学习(cooperative learning)

通过小组的形式，共同完成某项活动或作业的学习形式，让特殊婴幼儿有机会部分参与任务，可以促进社会沟通积极的、相互依赖的关系。

补充阅读材料 7-6

自然情境的教学策略[①]

这里介绍一些情境策略(milieu strategies)，其特点是幼儿主导(child-directed)，但是教师给予指导(teacher-guided)，利用自然的环境(人员、材料、活动)去增进语言的能力(特别是在社会互动的情境里)。

1. 偶发教学(incidental teaching)

利用自然发生的机会去从事教学，有助于促进各种不同能力的幼儿的沟通技能，除了利用幼儿主动沟通的意愿外，还可以采用一些策略如示范、延伸、指引、时间延缓等来进行。

---

① Delaware Health and Social Services, Birth to Three Early Intervention System, Delaware Department of Education. Guide to Promoting Inclusion in Early Childhood Programs [EB/OL]. http://www.dhss.delaware.gov/dms/epqc/birth3/files/guidetoinclusion2013.pdf.

偶发教学的步骤：

(1) 找出特殊幼儿沟通的目标以及达成这些目标的活动或适宜的时间；

(2) 安排环境以增加特殊幼儿主动沟通的可能性，也就是提高孩子有表现主动沟通需要的环境；

(3) 待在接近孩子的地方，观察并等待他们的主动沟通；

(4) 当幼儿主动沟通的时候，遵循以下步骤：

✓ 聚焦于幼儿正要求的。

✓ 要求幼儿更详细的语言叙述。

✓ 等待幼儿更精细的语言反应。

✓ 如果幼儿提供更多的语言，则奖励他们，延伸他们的叙述，并给予所要的东西或行动。

✓ 如果幼儿未给予适当反应，则提供示范，并给予期待的注视，且再等待他们的反应；要是幼儿模仿教师的示范，则提供他们所要的(如协助或者东西)。

具体的技术或策略：

(1) 示范(model)与延伸(expansion)

✓ 出示幼儿所要的东西后，成人给与幼儿提供语言或手势的示范。

✓ 成人给予期待的注视，并等待幼儿的反应。

✓ 如果幼儿提供所要的反应，则成人提供所要的东西或行动，并延伸儿童所说的话。

(2) 指引—示范(mand-model)

即成人呈现给幼儿如何要求其能做到的语言或手势反应的方向、命令或问题，具有指导性，也更具介入性，如幼儿喝完果汁，明显想要多喝一点(东张西望)，大人可以说："告诉我你要什么"，如果幼儿有所反应，则给予其要的，并提供语言的确认或延伸，如未反应(或未正确反应)，则提供示范说"我要果汁"，接着给予所要的果汁。

(3) 时间延缓(time delay)

✓ 有系统地运用短暂的等待，以教导儿童去启动彼此的互动。

✓ 特别有助于学前特殊幼儿及较大的中重度障碍儿童的语言和反应行为。

✓ 每个儿童所期待的行为(desired behavior)或所要的行为的范围，要依据儿童个人的目标先行制定。

2. 阻断的例行活动(interrupted routine)

这一策略，目的是激起儿童主动沟通的意图，可以促进儿童投入团体活动，并可借此教导他们沟通、社会、认知、自我照料的技能。

其运用方式通常有三种：

(1) 提供不完整的材料(儿童可能会说出缺少什么，或者要求缺的东西)。

(2) 保留或者延迟所预期或高度感兴趣的项目或活动(如给儿童餐巾纸和果汁，保留饼干，但告诉儿童"开始吃饼干")。

(3) 很明显的错误：违反某样东西的功能，或和儿童所知道的正确做法或语言相悖(鞋子穿在手上、帽子戴脚上、故意说错答案，皆可以激发儿童的反应)。

应用阻断例行活动的策略，需要有以下几个条件：
(1) 儿童必须能预知例行活动进行的步骤。
(2) 例行活动应包含各种高趣味性的东西。
(3) 全部例行活动应迅速完成，以增进多重互动的可能性。
(4) 例行活动应是功能性的，以增进技能迁移的可能性。

二、特殊班级的教学策略

某些情况下，特殊婴幼儿可能会被安排在同一个班级进行教学，我国大陆地区上海等某些城市，普通幼儿园会设立特教班，一般为混龄且不同障碍类型的婴幼儿在一个班级，包括脑瘫儿童、智力障碍、发育迟缓、听力障碍、自闭症等类型；另外就是一些民办机构或者康复机构可能会有一些相同障碍类型，比如听力障碍、脑瘫、自闭谱系障碍等，安排一些集体课程。特殊班级的教学相对而言会挑战更大，教师也需要具备积极的态度和信念，以及一定的特殊教育专业知识和技能。但前面提及的很多策略都是可以采用的。在教师和专业人员相对缺乏的情况下，基层也开展了很多基于现状的探索，包括小组教学、按能力分组教学、个别化康复训练、室外融合活动等，以期为特殊幼儿提供更高质量的服务。

补充材料 7－6，归纳了不同障碍类型的儿童在集体教学中可能需要的调整和支持。特别需要强调的是这里只是根据特殊教育的实践和研究对某一种类型的儿童的特征和通常运用的策略进行了小结，在具体应用的时候，必须要注意个别化和差异化，即使是患有相同障碍的儿童，其功能水平、兴趣和动机水平等也会是完全不同的，必须要经过教师的仔细观察，基于系统评估的基础上，与干预目标结合，也与课程结合来采取适当的教学策略。

补充阅读材料 7－7

不同障碍类型儿童的特殊调整和教学策略[①]

1. 视力障碍幼儿

视力障碍一般分为低视力和全盲；同时要看发生的年龄、残余视力、病理性质（进行性或非进行性）、行动能力以及是否出现其他的障碍； 幼儿视力障碍的出现，如果其特殊需要在早期没有得到满足，可能会对其社会性、语言、认知、知觉动作发展等方面有不利的影响。	
学习环境的调整	(1) 采光应该良好； (2) 幼儿座位应避免刺眼的强光、阴暗或光线闪烁不定； (3) 避免噪音水平干扰幼儿对听觉讯息的获取； (4) 训练幼儿在目前环境中的定向与行走的能力。

① 何华国. 特殊幼儿早期疗育[M]. 台北：五南图书出版公司，2015：262－263.

续 表

教材与设备的调整	一定要考虑到每个儿童的个别需要，并非全部都适用，在视觉、触觉或听觉方面去做调整： (1) 视觉的协助(visual aids)：大字体课本、高强度桌灯、放大镜等； (2) 触觉的协助(tactile aids)：点字课本、点字机、触摸式地图、盲道等； (3) 听觉的协助(auditory aids)：有声图书、具听觉信号的钟表或红绿灯、可将文字教材转化成语音的设备等。
教学方法的调整	(1) 教授某一特定技能所用的语言应有一致性，避免幼儿因为看不到而产生困惑； (2) 由于不像视力正常的儿童能充分运用所获得的视觉信息，对视障幼儿提供回应时要有耐心，循序渐进，给予适当的语言指导；然后教师提供的协助程度应逐渐降低，以增进儿童的独立功能； (3) 应向幼儿解释环境所出现的声音与视觉的信息； (4) 技能的教学，特别是自我照顾技能的学习，应该在自然发生的时间和地点进行教学； (5) 在教学之前，应该让视障幼儿先熟悉教学中用到的相关模型、教具、设备等，以使他们在教学时更能专注于所教的概念，而非这些相关的模型等； (6) 关注视障幼儿对通过特定感官以获取信息的需求。除了听觉，还有其他的感官，如嗅觉等。

2. 听力障碍幼儿

听力障碍一般分为重听和全聋； 在教育上，最重要的区分在于语言获得前聋(语前聋)和语言获得后聋； 听障儿童的需求个体差异也很大，如果未加以满足，对于社会性、认知、语言等领域均有不利影响。	
学习环境的调整	(1) 采光适当，说话者避免站在阴暗或者强光处，以免造成听障幼儿获得视觉线索的困难； (2) 座位应该安排在教师的正前方，如果幼儿依赖某一侧的听力，则安排在教师的左边或右边； (3) 允许幼儿可以在教室内作必要的移动，以方便获取视、听信息； (4) 教师不可背对幼儿讲话，且讲话时要避免遮掩嘴巴，以免影响儿童的“读”话； (5) 教师应管理教室内的噪音水平，以免干扰戴助听器的幼儿。
教材与设备的调整	确定助听器的佩戴是否正确； 存放助听器备用的电池； 确定助听器的功能是否正常； 与家长的沟通等； 其他设备，如 FM 系统等。
教学方法的调整	沟通技能是关键！ (1) 尝试运用其他的沟通渠道，如触觉或视觉的方法或材料(使用照片、图片、图表、手势等)； (2) 提供多方面的机会，以增进听障幼儿社会互动的能力； (3) 教师应了解各种不同的沟通方式，如口语法、手语法、综合沟通法的性质，采取适当的方式和听障幼儿沟通；

续 表

	(4) 与听障幼儿接触的所有成人(特别是父母)和同伴,应懂得如何与幼儿沟通; (5) 鼓励每个人都学会听障幼儿所使用的沟通方式,有助于相互的互动; (6) 听障幼儿也能如教师一样采用相同的沟通技术(如说话时面向听障幼儿),将促进同伴互动; (7) 和听障幼儿沟通时,应运用正常的声音、手势与触摸(适当时),过度夸张的声音、手势与触摸可能让幼儿产生困惑。

3. 动作发展迟缓与病弱幼儿

动作发展迟缓:脊柱裂、脑瘫、肌肉萎缩症、脊髓损伤等; 病弱:哮喘、糖尿病、白血病等慢性疾病等; 虽然性质各异,但是教学策略上有些共同之处。	
学习环境的调整	基本要考虑的是行动/移动的便利性的问题; 如果无法像其他幼儿那样到达学习或其他活动的情境,无法使用相关的设施设备,学习机会就会受到剥夺; (1) 建筑物的无障碍:走道的宽度、升降机的加设、坡道等; (2) 基于培养儿童独立性,教室的设备应该配合儿童特殊的身心状况进行必要的设计和修改; (3) 为就座(seating)和确定姿势(positioning)有特殊需求的幼儿提供必要的设备协助; (4) 应有为特殊服药需要的幼儿在设备、服药指导、副作用监控及与家长联系等方面进行考虑和安排。
教材与设备的调整	(1) 物理治疗师和作业治疗师对于器材和设备可以提供必要的专业咨询; (2) 应考虑使用适应性设备如轮椅、助步车、适应性座位等; (3) 对于需要儿童操作的器材,应考虑其体能是否足以负荷,否则要做出必要的调整; (4) 如果可能,应尽量修改日常器材以适应儿童的需要(如勺子上缠胶带等)。
教学方法的调整	(1) 如果幼儿有体力缺乏、容易疲惫的情况,则在活动时间、时间长度、课程步调等方面,进行适应性调整; (2) 对不同活动场地的转换所造成的人员、设备、器材等配合移动的问题,应事先做好安排; (3) 应尽量让幼儿与其他同伴有机会分担日常的服务工作,以增进他们的领导能力、独立性、自尊心与归属感; (4) 注意儿童因障碍经常缺席而导致的学习问题,安排弥补的方式; (5) 教师和家长都应注意到幼儿因为身体障碍而产生的心理适应问题,必要时可进行专业咨询; (6) 教师对其他同伴,有可能看到特殊幼儿的身心障碍而产生的困惑和焦虑,应适时给予咨询和协助理解。

4. 认知发展迟缓幼儿

可能学习比较缓慢、记忆力不佳、对本身行为的控制与学习的迁移也有困难；需要更多成人的指导和直接教学，需要依赖具体的学习活动，且可能不容易了解太多的口头指示；也要注意个体差异。	
学习环境的调整	(1) 提供丰富且具有激励性的学习情境； (2) 了解幼儿对玩具、食物、活动等的兴趣所在，以作为安排活动与提供激励的参考； (3) 尽量在自然情境下进行教学，以减少幼儿学习迁移与类化的困难； (4) 日常例行活动的安排应有其一致性，以有助于幼儿的安全与自我确定感； (5) 由于不像一般幼儿在社会互动与游戏中自然学到认知、语言或社会技能，因此和一般同伴结构性游戏(structured play)的安排，有助于提高语言发展和社会化的示范。
教材与设备的调整	(1) 尽量提供具体、可以亲身体会的学习经验； (2) 应用具体(真的钱币)、多渠道(如讲解、示范、融入游戏等)的方式，以指导抽象概念的学习； (3) 考虑幼儿的认知能力差异，所提供的学习材料应包括各种不同程度的难易繁简水平，让幼儿有成功的机会，也具有挑战性； (4) 在选择教材或玩具时，应考虑其具有增进社会互动的价值或可能性； (5) 克服记忆力的缺陷，可多运用照片、图示等视觉性的辅助(如洗手台边的步骤图示)，以支持幼儿独立的能力。
教学方法的调整	(1) 了解并认识认知发展迟缓的幼儿在学习上的优势并善加运用，以增加他们成功的机会，提升自尊心，维持学习兴趣，并减少挫折感； (2) 即便在结构性游戏当中，教师或家长也应经常注意与支持认知发展迟缓幼儿与他人的互动(如提示、表扬等)，以促进社会化并提升沟通能力； (3) 应将语言技能的学习融入课程的所有方面，包括活动的转换时刻(如问“我们接着到哪里去?”)、自我照顾的活动(“告诉我，你在做什么?”)及游戏活动(“小美，让扬扬帮你。”)，来扩展他们的沟通和社会交往的机会； (4) 由于认知发展迟缓儿童的记忆力问题，他们在一般化或迁移已学习的知识和能力的时候存在困难，要采取一些策略来促进他们的迁移能力： 不同的人参与教学，让幼儿习惯于不同的人的教学，但是大家对于儿童的指导与期望要有一致性； 技能的教学可安排于自然发生的活动中； 学习活动课安排于尽可能类似需要迁移的情境内进行； 教学情境应有变化，扩充情境和活动，接触他人等，增进其技能迁移的可能性； (5) 运用任务分析将某一技能或活动细分成更小、更容易掌握的步骤； (6) 通过伴随日常活动的惯用语或歌曲的教学，在儿童朗朗上口之后，用之来提示工作的步骤，有助于幼儿顺利完成日常的活动； (7) 工作分析也可以采取“倒退串连法”(backward chaining)，教师/家长为幼儿完成到只剩下最后一个步骤，再由孩子去完成，促进幼儿的成就感，然后提高期待，要求他往前面的步骤进一步学习； (8) 提供给幼儿必要的支持架构(scaffolding)，将新的知识和过去所学联结，学习新技能时给予支持，以逻辑顺序呈现，儿童掌握后，教师支持逐渐减少。

5. 社会与情绪发展迟缓幼儿

异常症状可能包括：注意力缺陷、多动、攻击性行为、破坏行为、焦虑异常(分离焦虑、过度焦虑、逃避、退缩)等；这些症状可能会在未来成为真正的行为问题；这个群体异质性很高，也要考虑个别化的需要！	
学习环境的调整	(1) 幼儿行为问题的发生和某些时间、空间、人员、事件、活动、物件、成人的期待等因素是否有关；如果确定了关系，将之作为情境调整的方向； (2) 对于行为异常的儿童，提供一个可预期且一致性的环境十分重要。基本行为规范与例行活动的确立与贯彻以及在有改变的时候，给予幼儿适当的引导，让他们知道将有什么活动发生，能提供给他们安全感。
教材与设备的调整	(1) 如有特殊的服药要求，要注意提醒定时服药，也要注意药物的副作用而产生的行为变化，与家长保持联系； (2) 善用可作为自我表达的器材(如泥土、画材、录音机等)，并通过适当的活动让行为异常幼儿有机会借助这些材料表达自己的情绪、感受、愿望和意念； (3) 应注意材料的安全性，且应以有助于积极的社会互动为宜，避免幼儿接触具有攻击性的玩具、书刊、电视节目或游戏，以免儿童出现不良的模仿行为； (4) 游戏器材或设备的购置，应以能促进行为异常幼儿的合作行为作为优先选择； (5) 所提供的器材、设备与活动应对幼儿具有激励作用，以提升他们的学习兴趣。
教学方法的调整	行为的改变是焦点！消除不良行为。 (1) 了解行为问题的原因，并指出某一特定不当行为是在何时、何地及跟谁发生的(“功能性行为分析”)； (2) 如已确定幼儿的某一行为需要改变，则可针对该行为拟定个别化行为改变计划(IEP 一部分)，选择适当的活动、材料与人员，来激励目标行为； (3) 无论采用的激励策略是何种活动、材料与人员，相关的教育人员事先应有讨论和协调，保持做法的一致； (4) 当可能的时候，儿童可以选择，而非对他们进行要求(如儿童拒绝离开游戏区去绘画区，老师可以给予选择：“我们现在要去绘画区，你可以带一块红色的积木，或者蓝色的积木去，你要带什么?”，“你可以像一只小兔子或像一只青蛙一样跳着去绘画区……”)； (5) 应提供幼儿多方面活动的机会以供选择，让儿童有能控制环境某些方面的感觉； (6) 安排小团体活动时，同伴的选择要很谨慎，以让他们在行为、社会化与沟通上成为行为异常儿童的良好典范； (7) 妥善运用隔离(time-out)的策略，以处理行为异常幼儿的攻击行为。

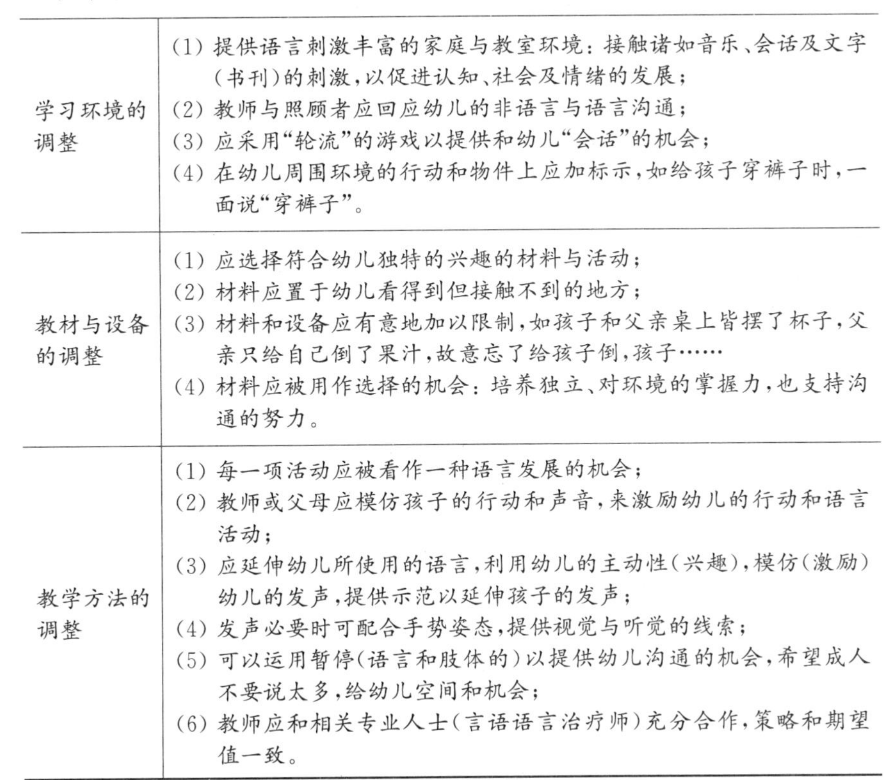

6. 沟通和语言发展迟缓幼儿

<table>
<tr><td colspan="2">沟通：信息的交换；
语言：对符号、句法或文化规则的运用；
言语：口部的动作行为；
很多障碍的儿童都可能存在沟通和语言发展迟缓的问题；注意个体差异！</td></tr>
<tr><td>学习环境的调整</td><td>(1) 提供语言刺激丰富的家庭与教室环境：接触诸如音乐、会话及文字（书刊）的刺激，以促进认知、社会及情绪的发展；
(2) 教师与照顾者应回应幼儿的非语言与语言沟通；
(3) 应采用“轮流”的游戏以提供和幼儿“会话”的机会；
(4) 在幼儿周围环境的行动和物件上应加标示，如给孩子穿裤子时，一面说“穿裤子”。</td></tr>
<tr><td>教材与设备的调整</td><td>(1) 应选择符合幼儿独特的兴趣的材料与活动；
(2) 材料应置于幼儿看得到但接触不到的地方；
(3) 材料和设备应有意地加以限制，如孩子和父亲桌上皆摆了杯子，父亲只给自己倒了果汁，故意忘了给孩子倒，孩子……
(4) 材料应被用作选择的机会：培养独立、对环境的掌握力，也支持沟通的努力。</td></tr>
<tr><td>教学方法的调整</td><td>(1) 每一项活动应被看作一种语言发展的机会；
(2) 教师或父母应模仿孩子的行动和声音，来激励幼儿的行动和语言活动；
(3) 应延伸幼儿所使用的语言，利用幼儿的主动性（兴趣），模仿（激励）幼儿的发声，提供示范以延伸孩子的发声；
(4) 发声必要时可配合手势姿态，提供视觉与听觉的线索；
(5) 可以运用暂停（语言和肢体的）以提供幼儿沟通的机会，希望成人不要说太多，给幼儿空间和机会；
(6) 教师应和相关专业人士（言语语言治疗师）充分合作，策略和期望值一致。</td></tr>
</table>

➢本章小结

特殊幼儿教育是早期干预中非常关键的内容，无论是课程，还是教学的策略，都需要基于对儿童的了解，过程性评估非常重要。环境的创设和活动的选取也都要基于儿童的需要和优势，尊重家庭，关注家长的参与等。对特殊婴幼儿而言，自然环境是学习的最佳环境，给予融合机会，为儿童在日常生活中创造更多有意义的学习机会和学习经验，促进儿童的发展是很关键的。特殊幼儿教育必须要关注儿童的个体性和差异性，对特殊幼儿教育工作者而言，知识和技能是基础，但积极的态度和信念也会对儿童的发展起着非常重要的作用。我们也需要思考在中国的家庭和社会文化背景下，如果促进多学科的协作，各个主体如何可以在系统水平上密切沟通共同合作，充分利用社区资源等，来为我国的特殊婴幼儿提供高质量的教育服务。另外，课程开发，以及以课程为基础的评估工作也是目前和未来研究的重点。

➢关键术语

特殊幼儿课程　教学策略　环境创设

➢讨论与探究

1. 分析我国特殊幼儿课程的发展的现状和存在问题。

2. 结合本章内容，选择一类障碍类型的儿童，设计一堂课(集体融合活动)，关注儿童的特殊需要和相应的课程调整。

3. 案例分析：结合本章内容，请分析下面的案例，如果个案是在融合环境内进行教学，你会给予什么样的调整和支持?

案例分析 1

小欣的故事——视听障碍儿童早期康复教育

上海市第四聋校　江敏红

小欣，女，出生于 2005 年 8 月，双耳听力损失均为 75 dB，患有先天性永久玻璃体增生症，左、右眼的最佳矫正视力分别为 0.03/0.04，属于二级盲，是一个听觉和视觉双重障碍的儿童。来我校语训部时，实龄 2 周岁。不会发音，没有语言，没有坚持佩戴助听器。小欣的父母都有大学学历，重视孩子的教育，而且有积极向上的心态。

综合分析了小欣的各种情况以后，我们认为，小欣听觉障碍程度比视觉障碍程度轻，相对来说，听觉是优势领域。以补偿—发展教育思想为指导，在发展中补偿，在补偿中获得发展，优先发展她的优势领域，因此在开展康复教育时，以听觉语言康复为主，视觉康复为辅。

由于儿童的年龄比较小，康复教育的时间定为每周一次，每次一小时，家长陪同辅助教学。采取一对一的形式，针对儿童的特殊需要开展个别化的教学。整个过程以游戏为主要形式，创造轻松的氛围。

研究过程与主要成效

回顾小欣学前阶段的教育康复活动，基本可以分为三个阶段。

(一) 第一阶段教育康复措施与结果

教师主要从“听”入手，培养聆听习惯和基本的听觉技能，培养小欣模仿发音的习惯。主要措施有：

(1) 听觉功能的训练，包括听音乐，找声源；声音的听觉察知和辨识；听简单的言语指令，并执行。

(2) 利用动物叫声，诱导模仿发音。

(3) 手眼协调能力的训练，比如用奶瓶给玩具娃娃喂奶。

(4) 家庭教育康复建议，包括再次调试助听器，提高佩戴的舒适度，坚持佩戴助听器；除了听觉、视觉上的辅助，其他方面尽量按正常孩子的养育方式，比如说运动、生活自理、应有的游戏互动、外出游玩等。

第一阶段小欣的变化主要表现为听觉技能水平提高，能模仿发几个简单的音，但是几乎没有语言交流方面的表现。表 7－4 呈现了教师部分的观察记录。

表 7－4

康复教育第一阶段教师记录的部分儿童行为表现

行为表现
1. 对低、中频的音乐有反映，从舞蹈动作能体现一定的节奏，对高频为主的音乐声，几乎没有反应；听到大约 80 dB 的音乐声，能根据节奏拍打，玩，节奏越强烈，拍打越明显。(2007－9－21)
2. 当音乐声响度在 60 dB 时，宝宝仍能按音乐节奏拍手；学习一一对应打鼓，在玩的过程中，指导对应与模仿，这是很大的进步。(2007－10－12)
3. 在本次训练中，孩子能根据不同的声音，寻找乐器，打出对应声音；但是对不同的两个声音还需训练；孩子已经能够根据父母的声音，找出爸爸、妈妈；有了说“爸爸”和“妈妈”的起始音。(2007－10－26)
4. 背听锣、三角铁的声音，回头寻找声音；听到猪、猫、狗的声音，会轻轻地发音，而且听到不同的动物叫声发音不同。(2007－11－16)
5. 会模仿老师玩打击乐游戏。老师敲一次，她也敲一次；老师敲两次，她就敲两次；老师连续地敲鼓，她也连续地敲鼓，而且玩得很开心。……一开始听“一、二、一、二”跟着老师踏步，听“咕噜噜”向上摇手，听到“咚咚咚”向下摇手。玩了几次以后，老师分别说“一、二、一、二”、“咕噜噜”、“咚咚咚”，不演示，儿童也能用不同的动作表示；特别让人高兴的是，孩子一边踏步，一边大声地跟着老师说“一、二、一、二”，但比较含糊。(2007－11－23)
6. 当孩子听到“爸爸在哪里?”“妈妈在哪里?”，能相应地找到爸爸和妈妈。相同地，还能相应地找到“弟弟”、“妹妹”、“马”的图片。听到“再见”，孩子向老师招手。(2007－12－7)
7. 孩子听到“亲一口”、“再见”等，能做相应的动作；听到“眼睛”、“鼻子”、“耳朵”、“嘴巴”等，会指自己的身体部位。(2007－12－14)
8. 听到指令“爸爸/老师/宝宝的眼睛/鼻子/耳朵/嘴巴/头发在哪里?”，会指相应的实物；听儿歌“拍拍手，拍拍肩，拍拍肚子，宝宝抱”，会做相应的动作。(2007－12－21)

注：(　)内为记录到该行为表现的日期。

从表 7－4 中，我们不难看到，在最初的两个月时间内，小欣的听觉敏感性得到了很大的提高。能够引起听觉察知的声音响度降低了，从 80 dB 下降到 60 dB；从“对高频为主的音乐声几乎没有反应”变化为“背听锣、三角铁的声音，回头寻找声音”，锣、三角铁这两种乐器的主频率分别为 4 000 Hz、6 000 Hz，这表明能引起小欣听觉察知的频率范围也拓宽了。此后，小欣的言语听觉识别和理解能力也取得了很大的进步，能够识别不同动物的叫声，识别和理解自己和他人的身体部位名称，并执行三、四音节的指令。更令人可喜的是，小欣在此阶段开始模仿发音，轻轻地模仿猪、猫、狗的叫声，“大声地跟着老师说‘一、二、一、二’”。虽然比较含糊，构音清晰度不高，但是对从来没有说过话的孩子来说，这是一个很大的进步，对老师和家长都是很大的鼓舞。

（二）第二阶段教育康复措施与结果

当小欣形成基本的听觉技能、学会模仿发音之后，教师调整了康复教育方案，把言语听觉识别，语音、字、词、句的模仿和诱导自发语言作为重点，主要措施有：

（1）言语的听觉识别与听觉理解功能的练习。如螃蟹和虾，肚子和裤子。

（2）诱导发声，玩声音游戏，配合身体动作，音调、响度、速度有变化地发单音节或双音节，不强求构音清晰度；逐渐增加句长，诱导儿童模仿。如玩“过家家”游戏时，老师逐步说出句子：“香蕉”“吃香蕉”“狗狗吃香蕉”。

（3）诱导模仿语言，刺激自主语言。当儿童模仿时，给予情感强化，增强语言模仿的意识，让她知道老师需要她做什么，从而增加语言模仿的频率；在不同的情境中，用相同的句式，替换部分句子成份，重复出现目标词，强化言语的听觉信息，诱导其学习并模仿目标词；在对话中补充完整句子；捕捉小欣的沟通交流欲望，及时给予语言刺激。

(4) 学习与视觉信息有关的词句，在儿童尚有残余视力时，尽可能多地积累视觉信息。

(5) 家庭教育建议。由于小欣在形成语言之前常常是用体态来表达自己的需求，家长也常用体态来回应，在听力补偿之后，家长还延续了这个习惯，教师要求家长及时修正自己的交往方式，给予丰富的语言刺激；同时，要求家长在家庭教育中除了照顾儿童视觉和听觉的特殊需要，在其他方面都要将其视作一般的儿童来教养，比如适当的室外活动、与他人交往等。

在第二阶段中，小欣的听觉技能进一步得到了提高。能识别音节数相同且部分音节相同的词语，如裤子、辫子和肚子，草莓和话梅，菠萝和萝卜等，但是必须建立在对目标词非常熟悉的基础上。

这段时间里，家长反映小欣在家的时候"话很多，叽里咕噜的，就是听不懂她在说什么"(2008－3－6)，"会叫'啊呀'(爷爷)、'ne ne'(奶奶)、爸爸、妈妈"(2008－6－20)，"拿着洋娃娃，拿个餐巾纸给娃娃擦屁股，一边擦一边说'擦擦屁股'"(2008－6－27)，"在家里会说'老师好''爸爸好''奶奶好''哥哥好'……"(2008－9－11)等。

收集小欣的自发语言100句，分析发现：自发语言的平均句长为3音节，相当于1岁半～2岁正常儿童的水平，与听龄一致；最长五句的平均句长为5.6音节，预示着小欣可向更高的水平发展，是教师制定方案的依据之一。

(三) 第三阶段教育康复措施与结果

在为小欣听力和语言方面获得发展而欢欣鼓舞的同时，教师和家长也发现她自发的语言大部分是陈述事实，而很少用于发起交流，在人际交往中基本上处在被动地位，无法主动表达自己的交流意图。我们反思对孩子的语言输入，基本上都是属于指令性的，或者说是关于眼前事物或事件的描述，孩子缺乏获得语言交流与沟通技能的机会，也缺少有关交流主题的知识。所以，在第三阶段，除了一般的词汇、语句的学习，我们改进了语言交流技能获得的教学。

主要的改进措施是设计情境游戏。老师、家长调整了自己的角色，从一个指令的发出者，变成了一个共同活动的参与者，另外，利用玩偶扮家家，模拟同伴交往的情境，比如说怎么样来表扬同伴，和同伴有矛盾怎么办，怎么样来邀请同伴一起游戏等。09年9月开始，孩子进入了普通幼儿园学习，这些同伴交流技能的学习，可以帮助孩子与同伴交往，从而获得更多发展语言和人际交往能力的机会。

2012年4月，小欣通过了上海市的聋儿康复考试，为小学学习做好了准备。

反思

回顾分析本个案的教育康复经过，教师注重与家庭沟通，及时提供合理的家庭教育建议，帮助家长树立康复的信心，而家长乐观、积极的教养态度，也促成了小欣开朗性格的形成，使小欣成为一个乐于交往的孩子，通过各种人际交往丰富语言经验。这也在一定程度上避免了生理缺陷所可能带来的心理健康问题，比如过分胆小、怕生等，对小欣的整体发展产生了良好的推动作用。

第二，以儿童现实经验为基础设计和实施康复教育活动，使生活和教育康复活动能有机地融合和渗透。除了向家长了解儿童的生活事件，也可以通过投放游戏材料，给儿童自由的空间和时间，让儿童通过游戏来反映他们的生活经历。在本个案中，教师曾用一个娃娃和儿童玩"给娃娃洗手"，小欣就假装拿起一块肥皂擦在娃娃的手上，然后放下肥皂，给娃娃洗手。"拿肥皂"这样的细节是教师事先没有想到的，但是小欣根据她的生活经验在游戏中进行了反映，这时教师立刻配合语言指导"拿肥皂"、"擦擦手"等。以现实经验为基础的康复活动，能帮助儿童学习生活中的语言，在生活中运用学习到的语言。

第三，运用多元评估，了解"动态"发展的儿童，提供更合适的个别化教育康复方案。现实教学过程中，儿童是动态发展变化的，单一的手段不能准确、全面地反映儿童在某领域的潜质和变化，而且也不足以提供教育教学所需的信息。相对于正常儿童，每一个特殊幼儿个体的独特性更加明显，当我们面对特殊幼儿个体时，已有的群体特征似乎总是"似是而非"。因此，我们需要运用多元的评估，对儿童进行合理的判断。从评估类型而言，需综合使用诊断性、过程性评估和总结性评估。通过诊断性评估，收集材料来确定幼儿康复教育的需要；通过过程性评估，发现幼儿潜质，修正每一次活动的目标和方案，尽量使康复教育活动过程正确，完善前进；阶段性的总结评估，帮助教师确定幼儿是否已经达到预期的目标，恰当地预测下一阶段可能达成的目标是什么。每一次的评估结果都被存放在听障幼儿的康复教育档案中，展现儿童的康复进程。就评估手段而言，量表、描述性记录、观察、访谈等标准或非标准的手段均需被用来记录和预测幼儿的发展，反映听障幼儿在某领域的现时水平和潜质。

视听双重障碍的发生率低，这类个案的教育康复成效和经验能为类似儿童的早期教育康复提供一定的借鉴，同时这些经验也需要更多的案例实践来不断验证和丰富。

案例分析 2

斌斌的故事——融合教育个案

华东师范大学特殊教育学系　吴择效

斌斌是出生于 2010 年的 7 月的一个小男孩，出生时仅仅有七个月，体重仅三斤多。由于早产，斌斌有发育迟缓的状况，在实足年龄 3 岁半接受评估时，体重只有 20 斤左右，身高在 80 厘米左右。斌斌基本无语言，多数时候都是发简单的"a"音，词语只能发"爸爸、妈妈"且不清晰。但斌斌的语言理解能力尚可，评估过程中可以理解评估者或其他成人发出的简单指令，并配合参加一些活动。斌斌有一定的粗大运动能力，比如走一小段平衡木、原地跳跃或是从小椅子爬到桌子上。但由于其骨龄当时只有 1 岁半，握笔、串珠等很多精细动作并未完成。在评估过程中，斌斌的爸爸非常关注斌斌，喝水、吃东西等都是由爸爸帮助完成。斌斌的情绪状态较好，他喜欢与人交往，愿意配合评估者的要求活动，有较强的社会互动意识，看到周围有人会很高兴地朝他人微笑并发出"啊、啊"的声音。他的模仿能力也比较好，看到别人在做的事会很感兴趣地跑过来并自己也尝试要做。但斌斌的注意力集中时间不长，玩一会就会跑去玩别的东西，且认知能力就其实际年龄而言是比较弱的。

根据评估的情况，斌斌的能力尚未达到完全在普通班接受教育的程度，因此他被安排在了一所普通幼儿园的特殊班中，平时在特殊班接受教育。但考虑到斌斌的社会性比较好，且具有一定的模仿能力，老师们为他设计了融合活动，希望通过和普通班小孩的互动提高斌斌的观察模仿能力，掌握一定的生活自理和游戏技能。同时为了保证同伴能够起到一定的示范和辅助作用，老师选择了年级更大一些的中班小朋友，在区角游戏活动、体育活动和点心时间时让斌斌融入其中一起活动，其中点心课基本每天都有，而区角游戏和体育活动差不多是每周1～2次。

以下以区角游戏活动为例介绍一下斌斌的融合活动是如何开展的。

前几次区角游戏时，老师制定的主要目标是斌斌能够熟悉这里新的游戏环境，不因为来到陌生的地方而有不适应感，因此，这一阶段主要是让斌斌自由地活动为主。区角游戏时间开始了，中班的小朋友们像往常一样三三两两地选择自己喜欢的区角进行游戏，这时特教班的Z老师便带领斌斌来到区角游戏。斌斌不停地到处转来转去，拿起娃娃家区域的娃娃看一看，或是把医院区的听诊器等拿起来敲敲打打。Z老师静静地跟随着斌斌，如果斌斌在某个区域有所停留，Z老师便向斌斌简单地介绍这个区域，比如“斌斌，你现在在医院里，这里有医生、护士，可以给生了病的病人看病”。斌斌自由玩一会之后如果离开，Z老师也跟随他离开去往别的游戏区域。

大约2～3次之后，斌斌对区角游戏的环境比较熟悉了，这时Z老师决定开始进行一定的介入，希望他能更加有功能性地进行游戏，同时与普通班的小朋友的融合也能更加深入。区角游戏时间又到了，Z老师将斌斌带到了活动区域，首先仍然是斌斌自己选择了一个游戏区角(如娃娃家)走过去。Z老师向这个区域的小朋友介绍了斌斌：“这个小朋友叫斌斌，他比我们要小，是我们的小弟弟，但是小弟弟还不会说话，希望你们能帮助小弟弟，和他一起玩，有了你们的帮助，小弟弟就可能慢慢学会说话了。”其中有小朋友AA表现出对斌斌很喜爱，因此Z老师就邀请了AA与斌斌一起玩。看到斌斌拿起了饼干，Z老师说“斌斌现在拿起了饼干，你能喂给娃娃吃一点吗?”斌斌没有理解，于是，Z老师又重复了一遍，斌斌仍然没有反应，于是Z老师就拿起了斌斌的手和他一起把手里的饼干放到了AA抱着的娃娃的嘴里，说“斌斌给娃娃喂了饼干，你很棒”，并比了很棒的手势，斌斌也露出了开心的笑容。这样玩了一段时间之后，斌斌可能失去了兴趣，于是就离开了娃娃家区域走到交通站。Z老师也跟着来到交通站，同样地向这里的小朋友介绍了斌斌，邀请他们和斌斌一起玩。老师同样地根据斌斌拿的玩具或是做的动作教他如何正确地玩这些玩具，比如“斌斌你可以把小轿车开到下一个车站吗”。该阶段主要是以Z老师的引导为主，通过老师的示范和提示，帮助斌斌了解一些玩具的适当玩法。

之后，Z老师希望普通班的小朋友可以介入示范和共同游戏中，比如，当斌斌又回到了娃娃家区域后，Z老师说，“斌斌和AA一起玩吧，AA在做什么呢”，AA说“给娃娃喂奶”，Z老师说“你需要斌斌帮你做什么吗”，AA说“请他切一点青菜吧”，Z老师说“你能和他一起切吗，弟弟还小，需要你的帮助”，于是AA就领着斌斌一起找到青菜和小刀来切菜，Z老师在旁边解释“你们一起在切青菜”。这个阶段是在老师的帮助下普通班小朋友和斌斌建立起互动的关系，在经过若干次这样的示范后，班级里有不少小朋友都知道了斌斌的存在，有几位小朋友也经常帮助斌斌，带着他一起游戏。Z老师尝试逐渐减少自己介入的程度，鼓励中班的小朋友和斌斌一起玩。

每次区角游戏结束时，Z老师和普通班的老师会一起进行一个小小的总结，普通班的老师会请几位小朋友描述自己今天在区角游戏时玩了哪些活动，并进行点评。而那些帮助了斌斌的小朋友老师也会请他/她描述自己今天和小弟弟玩了什么游戏、怎么玩的、有什么想法等。同时Z老师会和斌斌一起回顾自己的活动，帮助他表达出来，比如"斌斌今天和AA姐姐一起玩了'过家家'的游戏，我们切了青菜，还给娃娃喂了饼干"，并请斌斌和与他一起玩的小朋友击掌、拥抱等，帮助他认识自己的玩伴。

在经过了老师引导、老师和小朋友一起带斌斌玩之后，Z老师开始让斌斌自己选择游戏的伙伴。在开始区角游戏时，老师告诉斌斌，"你自己找个小朋友一起玩吧"。目前在区角游戏时，大部分时间斌斌都是自己和小朋友们互动，Z老师只偶尔过去进行一些指导和帮助，避免斌斌完全脱离了游戏或是互动状态。

与区角活动类似，体育游戏时间也是按照自由活动——老师引导——老师和同伴共同引导——斌斌自己选择伙伴这几个阶段进行融合，让斌斌和中班的小朋友们一起玩拍皮球、走平衡木等体育游戏。但考虑到斌斌的动作水平相对于中班的小朋友还有些弱，通常在体育活动时会适当地降低要求，如中班小朋友要来回走过平衡木，而斌斌只需要在同伴帮助下走平衡木的单程就可以了。而点心时间，Z老师会带领斌斌和中班小朋友一起喝水、喝牛奶或是吃饼干，在这个过程中，Z老师引导斌斌观察和模仿小哥哥小姐姐是如何拿、放杯子，收拾自己吃掉下来的垃圾，保持桌面干净等。

通过一个学期的融合活动，老师反映目前斌斌在这些融合活动中基本都能自己选择小伙伴，班级中的小朋友都很自然地接受他在自己班级，有几位小朋友还特别喜欢照顾和帮助斌斌。目前，斌斌在区角游戏时已经能在小伙伴的陪伴下愉快地玩游戏，甚至可以在一个地方安安静静地玩10分钟以上，能够配合小伙伴的要求做一些切菜、打针等动作，也认识了诸如小汽车、饼干、青菜等玩具，刚开始只是拿着玩具敲敲打打的不适当的玩法已经减少了不少。此外，斌斌现在也可以独立吃点心，自己可以拿杯子喝水了。特教班和普通班的老师都认为斌斌通过融合活动有了较大的进步。

普通儿童作为融合活动的另一大重要参与者，Z老师和普通班老师同样重视参加融合的中班小朋友们通过融合活动获得了什么，因此会尽可能提供他们锻炼语言和交流能力、合作和指导能力的机会，引导他们学习如何示范、如何保持耐心等，关注他们在融合活动中的进步。斌斌所在幼儿园的老师们希望可以通过上述这样比较自然的方式让特殊儿童与普通班级的儿童融合到一起，达到普通儿童和特殊儿童双赢的效果。

➢进一步阅读的文献/网站

Johnson-Martin, Hacker, Attermeier (2004). The Carolina Curriculum for Preschoolers with Special Needs.

Johnson-Martin, Hacker, Attermeier (2004). The Carolina Curriculum for Infants and Toddlers with Special Needs.

www. dec-sped. org.

Delaware Health and Social Services, Birth to Three Early Intervention System, Delaware Department of Education (2013). Guide to Promoting Inclusion in Early Childhood Programs. [EB/OL]. http://www. dhss. delaware. gov/dms/epqc/birth3/files/guidetoinclusion2013. pdf.

Council for Exceptional Children (2008). What every special educator must know: Ethics, standards, and guidelines (6th ed.) [EB/OL]. [2015 - 9 - 24]. https://www. cec. sped. org/~/media/Files/Standards/News% 20and% 20Reports/Redbook% 202009. pdf.

DEC Recommended Practices in Early Intervention/ Early Childhood Special Education [EB/OL]. [2015 - 9 - 24]. http://www. dec-sped. org/recommendedpractices.

第八章

特殊幼儿心理治疗

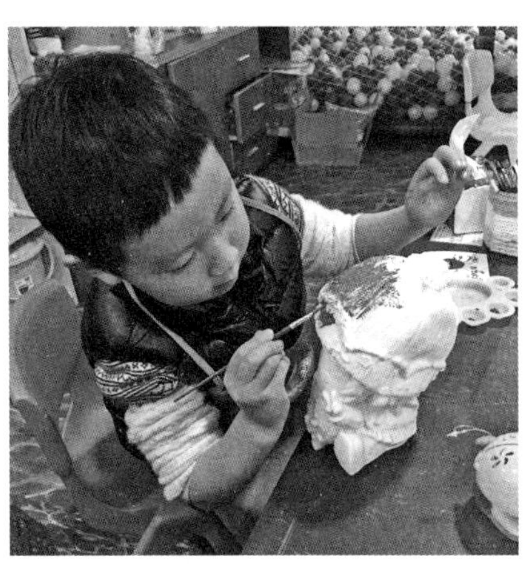

特殊幼儿的心理治疗包括美术治疗、音乐治疗和游戏治疗。请你思考一下，美术、音乐和游戏为什么可以用于特殊幼儿治疗？在将这些治疗方式应用于实践时我们需要考虑哪些原则？请将你的想法记录下来，带着你的思考一同进入本章的学习。

通过本章的学习,你能够

- 了解特殊幼儿美术、音乐和游戏治疗的概念、性质及主要类型;
- 了解几种常见的美术、音乐和游戏治疗的方法;
- 理解并掌握美术、音乐和游戏治疗的应用过程和原则。

本章内容索引

第一节　特殊幼儿美术治疗

无论是博物馆内的艺术收藏,还是儿童的简笔画,美术作品始终表现和反映出人类自身的感受、情感和认识经验。研究者发现绘画可以反映儿童发展阶段特点,因此出现了大量绘画用于治疗的临床实践,即美术治疗。以下我们就简要地介绍一下美术治疗的性质、方法和原则等内容。

一、美术治疗概述

(一) 美术治疗概念

美国艺术治疗协会认为:艺术治疗是采用有创造力的方式通过艺术来促进个体的身心健康,而其中绘画是比较常用的形式,我们这里以绘画作为主要的媒介来讨论。艺术治疗还可以包括戏剧治疗等其他的形式。

美术治疗是通过运用绘画介质或材料、艺术创作的意象、创作性的艺术活动和患者对作品的反馈,来呈现个体的发展、能力、人格、兴趣、关注和冲突的一种治疗方法。这种以绘画艺术为介质的治疗实践是以人类发展的理论和心理的理论知识,如教育、心理动力、认知、人际关系等为基础，并辅以其他评估诊断标准和辅助治疗手段，主要解决来访者的情绪冲突，提升他们的自我意识，提高社交技巧和管理行为的能力，解决心理困惑和减少焦虑，辅助来访者取得适应生活的能力，提高自尊水平①。

美术治疗提供了非语言的表达和沟通机会。美术治疗有两个主要倾向：第一是美术创作即是治疗，而创作的过程可以缓和情绪上的冲突并有助于自我认识和自我成长；第二是把美术治疗用于心理治疗中，其中所产生的作品和作品的一些联想，对于个人维持内在世界与外在世界平衡一致的关系有极大的帮助。美术若被用于治疗中，那么治疗师给个人提供了自我表现、自我沟通和自我成长的机会。美术治疗注重的是个人的内在经验而非最后的作品。在美术治疗中，治疗的过程、方式、内容和联想变得非常重要，因为每一部分都反映出个人的人格发展、人格特质和潜意识②。

（二）美术治疗的性质

美术治疗的本质是将美术作为个人内在和外在经验的媒介，通过这种媒介不仅个人可以抒发其认知情绪的经验，而且治疗师将有机会去诠释、解读、分析其心理的需求、冲突和兴趣，从而通过适当的介入，以协助来访者获得心理健康。从美术治疗的内涵来看，一般认为它具有以下性质③。

- ✓ 美术治疗具有非语言沟通的特质，较不受口语表达的限制，因此比一般传统的心理治疗的适用对象更广泛。
- ✓ 美术创作过程可以降低当事人的防备心理，有助于治疗关系的建立。
- ✓ 美术作品不受时空限制，而且是具体存在的。
- ✓ 美术创作的表达往往能透露潜意识的内容。
- ✓ 美术创作为当事人提供一种能被社会接受的负面情绪的宣泄通道。
- ✓ 美术创作是自发和自控的行为，有助于缓和当事人的情绪。
- ✓ 美术治疗过程是一个建构、陈述的过程，当事人透过其美术创作作品可以统整其情感和意念。
- ✓ 治疗师不必干扰到当事人的防御机制而获得其潜意识的素材。
- ✓ 美术治疗中当事人的作品是一种诊断指标，其一连串作品的表现也可用以评估病情的发展。
- ✓ 美术治疗团体成员对作品的陈述与分享，将可激励其他成员的情绪反应和积极参与的动机，并流露出真情感，且较易接纳已开放的经验。
- ✓ 美术治疗涉及当事人知识和感官的并用，可促进幼儿的感觉统合。
- ✓ 美术治疗具有时空的整合性，当事人能将所表达的意念与情绪联系到过去、现在事件，甚至投射到未来的活动。
- ✓ 当事人能直接由美术创作的过程感受到能量的改变，并释放其创作的潜能。

因此美术治疗适用于很多不同障碍的特殊婴幼儿，特别是发展迟缓、情绪行为障

---

① 何华国.特殊幼儿早期疗育[M].台北：五南图书出版公司，2015：264－265.
② 何华国.特殊幼儿早期疗育[M].台北：五南图书出版公司，2015：268－291.
③ 孟沛欣.艺术疗法[M].北京：化学工业出版，2009：4.

碍、自闭症、智力障碍等,年龄段一般是2岁以后。

(三) 美术治疗的主要类型

美术治疗从不同的标准出发,有不同的分类方式。从参与治疗的成员数目上看,有个体治疗和小组治疗;从基于心理学流派上看,包括了客体关系、发展方法、发展或行为方法和心理治疗方法。其他的美术治疗可能会基于一种主要的干预方法,或者综合运用了以上的方法。

从治疗的目标上看,主要强调表征形成和沟通、社会化、早期干预和自我刺激;从治疗使用的研究方法上看,包括了个案研究、调查和标准化评估,还有运用了录像作为刺激物和肖像评估技术。

二、常见美术治疗流派

(一) 精神分析人格理论

1. 基本理念

弗洛伊德认为病人的大多数有意义的事情就是对视觉现象的描述。同时,他觉得梦也是这样的。在他的治疗对象中,有一个病人是这么说的,"我可以画出我做的梦,但是我不知道怎么说出我的梦"。正是因为精神分析人格理论的发展,美术治疗越来越成为心理治疗方法的一种。弗洛伊德的最大贡献是潜意识的提出,他的潜意识的理论促进了精神分析美术治疗方法的发展和投影图像技术的发展。弗洛伊德的自我防御机制的理论,尤其是生化作用也对精神分析美术治疗方法有一定的贡献。在这里我们也会提到弗洛伊德的女儿安娜,安娜认为美术治疗是一种非常重要的治疗方法,因为孩子不会像成人那样善谈或者有很好的人际关系。其实,人格分析心理学是荣格的主要思想,他认为美术创造可以帮助病人回到自己生活的原型中,从而到达他们的意识中。从上述描述来看,弗洛伊德注重潜意识,而荣格比较注重意识。

2. 临床应用

第一,(情感)迁移。

在精神分析人格理论中,情感迁移是治疗的基础。情感迁移是指来访者对治疗师无意识情感的投射,这些投射是治疗师进行治疗的最基础的条件,而治疗的成功需要治疗师对来访者的绘画有正确的分析。迁移在美术治疗中有非常重要的地位。Naumburg认为情感迁移在美术和语言交流两个方面有重要的作用,作品的制作发展了来访者与治疗师的情感,也使来访者进行了自我的表达①。而通过作品本身的这种情感连接和表达,促进了治疗关系中的情感迁移的发生。其实这同样可以类比到把美术治疗应用于特殊幼儿中,特别对于那些不会说话或者不愿意说话的特殊幼儿来说,美术治疗这种方法是一种非常好的选择。因为美术治疗刚开始最重要的就是和治疗师建立良好的关系,以及让治疗师了解他们所想所做。

---

① 何华国.特殊幼儿早期疗育[M].台北:五南图书出版公司,2005:284-285.

补充阅读材料8-1

在特殊幼儿的美术治疗过程中，我们需要考虑一个问题：以下哪一种方法更有利于治疗师与儿童建立良好关系？第一，儿童是在治疗师面前当场绘画；第二，儿童接受治疗师所给的任务，回家画。左边是一幅治疗师不在儿童身边，儿童所画的画。

第二，自我表达。

在精神分析人格理论中，作为治疗师需分析来访者无意识的材料，自我表达就是来访者被要求进行绘画或者做与美术有关的事，在这过程中，他们可以选自己喜欢的材料进行绘画。Rubin认为自我表达的目的与自由联想的目的一样，就是帮助来访者能够轻松地表达自己的烦恼[①]。在美术治疗中，一些美术治疗师发明了一种方法，即潦草技术(scribble technique)。潦草技术包括两个步骤：第一，如果儿童画即兴画有难度，潦草技术可以帮助他画出画，从而有顺序地表达自己的想法。儿童可以先画一些潦草的线在图画纸上，然后把这些潦草的线看成不同的形状、图形和物体，儿童还可以通过自己的想象再在上面加一些细节或者涂上颜料。第二，儿童做完第一个步骤后，治疗师鼓励儿童用自己的语言表达自己的创作过程。与潦草技术方法类似的还有涂鸦游戏和潦草追逐。潦草追逐就是治疗师和儿童各自选一种颜色，然后两人在图画纸上进行一场追逐玩闹，完成这一活动过后，治疗师叫儿童添加一些细节，让他们变成一种画[②]。

(二) 客体关系

1. 基本理念

客体关系学说认为人际关系中他人与我们主体的互动方式决定着我们主体的发展。一般认为人在3岁之前与母亲，或主要照顾者之间的互动会对日后与他人的关系产生深远的影响，是人的人格形成的关键。客体关系学派强调存在于个人内心的人际关系状态。他们认为自我客体关系的形成是人格发展的实质，强调母亲是儿童最为重要的客体，母婴关系也因此成为影响人格发展的首要因素，早期幼儿与母亲的角色建立的关系模式，将会反映在日后的人际关系形态中。以客体关系理论为基础的美术治疗认为美术反映了来访者的内部客体关系、相关防御和发展问题，美术形式为来访者提供了一个既非内心世界也非外部客观世界的过渡空间，这个空间成为主观现实和客观现实的桥梁。Clements把美术载体看成是特殊幼儿与典型儿童相处的公共空间，强调借

---

① 杨晓庆. 论弗洛伊德精神分析理论对超现实主义及达利美术创作的影响[J]. 河西学院学报，2007，23(1)：114-116.

② Naumburg, M. Dynamically Oriented Art Therapy: Its Principles and Practice [M]. Chicago: Magnolia Street Publisher, 1987.

助美术活动帮助儿童以健康的方式与他人相处。治疗师通过指导提升特殊幼儿与典型儿童互动的美术活动，帮助特殊幼儿回归主流学习，提高特殊幼儿的社会适应性①。

2. 临床应用

治疗师在临床运用过程中，需要知道客体关系的马勒阶段（Mahler stage theory of objection relations）。马勒认为母婴的成功依附关系影响孩子一生的人际关系。因此他提出了客体关系的马勒阶段，每一阶段都有自己的特点和发展任务。第一阶段，儿童在子宫里到刚出生，被称为是“正常的自我中心”（normal autism）；第二阶段，新生儿到四个月这个阶段被称为“母婴同体”，也就是婴儿还不知道自己已经离开母亲的体内；第三阶段，大约在婴儿五到六个月时，这个阶段被称为是“孵化”阶段，就是指婴儿刚刚有了自我个体存在的意识；第四阶段，幼儿在三岁左右，被称为“客体永久性”，这个阶段与皮亚杰发展理论有重合的地方。这个马勒阶段可以作为治疗师评估特殊幼儿人际关系状态的一个工具。当治疗师了解特殊幼儿的人际关系发展到哪个阶段，他就可以制定相应的目标或计划，来解决儿童依附问题，让他发展到自动发起人际关系和维持或发展人际关系。

（三）认知行为

20世纪60年代，一些精神病学家发现认知过程可以影响和改变情绪和行为，在大量的临床实践中创建了行之有效的认知疗法。与此同时，行为疗法的学者也确定了认知疗法实践与行为治疗具有相辅相成的效果，开始尝试对焦虑症等患者实施相应的认知行为治疗，通过修正不良认知来校正由此导致的病态情绪和行为。认知行为疗法也就成为建立在认知理论基础上的行为矫正技术。一些美术治疗师利用图像特有的优势，在美术治疗实践里加入认知行为治疗成分，以此处理和改变来访者的问题行为。认知行为学派的实践者把美术活动作为行为或概念习得的强化物，借助图像交流重新调整当事人的经验，塑造其行为，运用结构化的艺术表达和系统化的行为改变策略实施治疗，推进治疗进程，强调在治疗过程中进行严格的行为评估，设定治疗目标与计划，并借助客观测量工具实施量化评估②。可是在临床上，以认知学说为基础的美术治疗，他们关注的与其说是来访者的创作体验和作品意义，还不如说是他们的认知或思维内容。因此，对特殊婴幼儿来说，用这种方法来干预或治疗比较难。

（四）发展心理美术治疗

1. 基本理念

发展心理学派的治疗师根据典型儿童的阶段特征对来访者进行能力的评估，通过提高代表心理机能成长和发展的艺术表达，实现促进来访者心智成长的教育治疗目的。该治疗模式既关注生命中承载的遗传可能和成长经验，又重视行为关系性的发展，为我们整体认识人的认知、智力、思维、心理的发生和发展提供了参照，具有一定的指导性。

---

① Rubin, J.A. Child Art Therapy [M]. New Jersey: Wiley Press, 2005.

② Scribble Drawing-what is it and what's it good for? [EB/OL]. https://lifeimitatesdoodles.wordpress.com/2011/07/10/scribble-drawing-what-is-it-and-whats-it-good-for/.

表 8-1 儿童绘画发展阶段[①]

时期	年龄	特点
涂鸦期 1. 随意涂鸦 2. 控制涂鸦	1.5～2.5 岁	涂鸦是儿童绘画的先兆。最初是无秩序的信手涂鸦，此时，儿童以指掌式握笔，单纯由手腕动作产生反复的线条。由于手腕还不够灵活，线的方向与长度视手臂挥动的幅度而定，缺少手指的动作，有时儿童在涂鸦时甚至并不注视，但随着手臂的运动和线条的出现，儿童感到很愉悦。发展到第二阶段为有控制的涂鸦，表现为儿童注视自己画出的线条。此时画法也多样化，如出现复杂的轮状和涡状形。手腕动作变得更细致，画笔的握法类似于成人。
象征期（命名）	2.5～4 岁	儿童开始对自己画出的图画赋予事物的名称，进入象征期——本质上是“命名的涂鸦期”。儿童常常画一些大圈圈、小圈圈，或模仿成人的文字书写动作，并懂得以一个单独的线条来命名一种物体。通常，儿童并不是先有主题再作画，而是画完后再赋予意义的。这时的成人如欲理解儿童的解释，没有一番想象能力是不行的。这时儿童对作品所赋的含义又是不确定的，经常会加以改变。有时，儿童也会先决定画个什么东西，然后一边画一边说，一副怡然自得的神态。儿童对自己的图画赋予含义对认知的发展具有十分重要的意义，因为这是儿童表征和思维的表现，对将来的抽象思维的形成具有不可低估的作用。
图示期	4～6 岁	儿童开始努力将头脑中的表象用图画的方式表现出来。这一时期的儿童表达意愿、发泄情感的欲望增强，但又受语言尤其是文字符号的限制，不得不借助动作和表象来表达，图画便成了他们最有效的交流形式。儿童画不仅表示意中之物，也多少有点像所画的对象。

2. 临床应用

① 感觉刺激

感觉刺激是指儿童运用绘画或美术材料来提高自己的视觉、模仿等能力，甚至也可以加强与治疗师或者同伴的互动关系。例如，治疗师可以向儿童介绍“水桌”游戏，准备毛笔和装了水的杯子，以及其他玩具，可以直接在桌子上玩水。在这过程中，儿童可以触碰杯子，最后会使用杯子、笔或者其他的玩具。治疗师通过这个游戏，可以帮助儿童过渡到使用画笔在其他材料上绘画。

② 技能获得

儿童通过一系列的步骤，完成一些特定的动作，为以后模仿复杂或画复杂的画做铺垫。比如，治疗师布置一个用水彩笔绘画的任务，他需要把任务分解几个步骤：

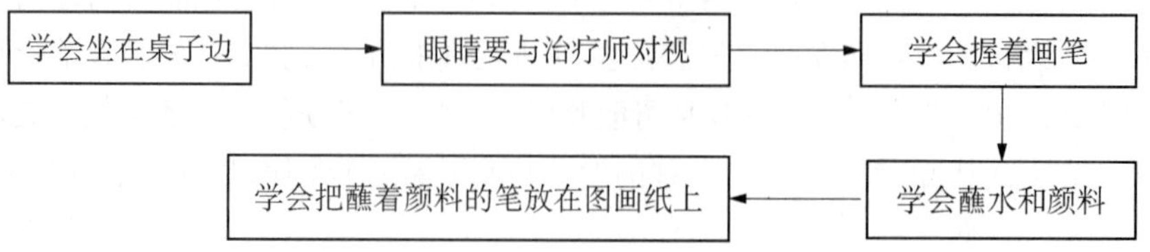

① Agell, et al. Transference and countertransference in art therapy [J]. *American Journal of Art Therapy*, 1981,21:13-24.

这个过程有些儿童需要几次就可以完成，但是有些孩子需要几天甚至几个月。

三、美术治疗的过程和原则

（一）美术治疗的过程

不同的美术治疗师运用不同的技术，但是基本上具有以下过程：

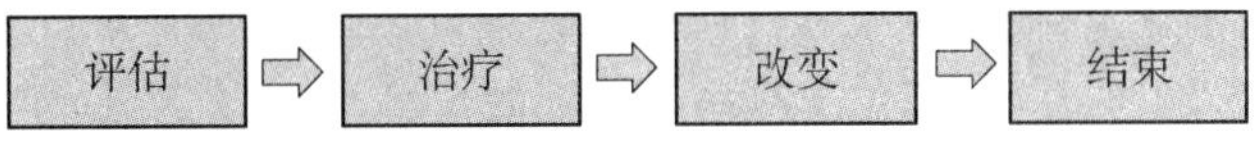

图 8-1 美术治疗的基本过程

美术治疗评估没有一个标准的或普遍适用的方法，依据儿童创作方式的不同，可分为非结构性和结构性两种方法。非结构性方法指治疗师提供多种材料，儿童可以自由选择主题、自发创作；结构性方法是指治疗师对创作主题和媒介选择进行了明确规定，且会运用大量投射技术，如各种主题绘画测试、按一定顺序排列的作业组等。无论治疗师采取何种方法，他都要仔细观察和评估儿童的行为，如儿童与治疗师的互动、与美术材料的互动、对作业的反应、对作品的解释等，依此进行相应诊断，制定详细的治疗计划与目标。①

然后进入治疗阶段，治疗师与儿童需要多次会面，每次大概 15 分钟到 30 分钟，每周 1 到 2 次，活动主要围绕鼓励儿童美术创作、对作品进行反思或反应等展开。

在改变阶段初始时期，治疗师一般采取口头鼓励、热身活动等方式，帮助儿童克服心理防御和阻抗，激发其美术创作，以进入治疗过程。之后，治疗师一般通过布置主题绘画作业或建议儿童更换美术媒介完成作品。作品完成后，治疗师可以与儿童围绕作品展开互动。治疗师鼓励而非强迫儿童对自己的作品进行解释，同时提供适当的反馈和共情支持。改变阶段通常发生在治疗阶段中间或者后端，治疗师通过对作品或者过程的观察和评估，发现特殊幼儿的情况的变化。

在结束的时候，治疗师应该带着儿童按创作顺序观看治疗过程中创造的所有作品，帮助儿童回顾、明晰整个治疗过程。同时，治疗师也应鼓励儿童自发绘画或做美术活动来表达自己的情绪。

补充阅读材料 8-2

“屋—树—人”测验

“屋—树—人”(House-Tree-Person, HTP)原是巴克和哈莫开发的智力测验工具，后被运用到诊断个体人格投射评估。其任务是让儿童画出一间房子、一棵树和一个人组成的画面，通过人物和环境之间的关系，探索其人格特质、人际关系、认同感及情感状态。

“屋—树—人”的图像表现，主要围绕三个意识形象展开：屋、树、人，这三

① 孙霞.特殊儿童的美术治疗[M].北京：北京大学出版社，2011.

个意象也就成了探索投射意义的分析重心。详细来说："房子"被认为象征着画者对自己生活环境的感受，也反映着画者与外界的关系和现状，可以"反映家庭或家庭成员的相关信息和问题"。[①]"人"则反映了画者现在的状态。借助人物在画中的关系，可以了解儿童的人格特点、人际关系、对外在的认同和情感状态。"树"是个体成长的象征，会呈现较深的自我投射现象。可以显示个体人格特质和潜意识。树枝结构能够展现画者人格的组织，反映画者从外在环境获得的满意度，也体现了画者内外的能力和需求，是画者对内在驱动力的协调程度。树干的表现，可以呈现画者自我的控制，常被看做是反映个体基本力量和心理潜在状态。因此，"树"可以显现儿童的心理发展，反映出他们对外在的感受。研究者分析的重心，便是儿童画出的屋—树—人的特征。包括"儿童画出的细节、比例、透视、颜色使用和对所画的形象进行评估。此外，对儿童评估时还要参考一份问卷结果。"[②]

但是需要说明的是这个测验跟绘画治疗还是不同的。

（二）美术治疗的原则

1. 个别化，基于儿童的特征和需要

治疗师在对特殊幼儿进行美术治疗时，必须按照孩子的发展水平来制定目标。一些绘画水平比较低的儿童或刚开始对美术没有兴趣的儿童，我们可以先从玩色开始，先给予他们色彩的刺激；对于绘画水平比较高的儿童，我们可以从简单的蜡笔画开始。

2. 循序渐进，建立良好的治疗关系

美术治疗过程中，首先先是让孩子对美术有兴趣，同时与治疗师建立良好的关系。等到孩子进入状态，治疗师可以先选一个主题让儿童进行绘画或做美工，儿童可以从做简单作品到复杂作品来表达一个主题。或者治疗师随着儿童的成长，逐渐加深主题内容。还有，材料也可以由易到难，如，在玩色的过程中，从汽车到勺子。还有一个也需要循序渐进的原则，就是在治疗过程中的人数的变化，从个人到同伴再到集体。

3. 生活化和自然情境的观察

在特殊幼儿婴幼儿阶段，涂鸦对他们来说非常重要。因为涂鸦记录了儿童自己身体动作的轨迹，也满足了他们幼小的心灵对自我探索的好奇。在儿童的日常生活中，事实上有许多活动与涂鸦有关。黑暗中的光点，能促成儿童对焦点光源的追寻；黑夜中儿童手里的荧光棒，能刺激儿童对自己身体动作的探索；冬天起雾时玻璃上的涂鸦、雨后路面上的水渍及路人或自己的足迹等，都是涂鸦的活动。只要我们把握各个阶段的涂鸦原则，在日常生活中去发现或发展合适的涂鸦游戏，相信将会为儿童创作出更难忘而有趣的视觉游戏，促进他们感觉统合的发展。

---

① Children's Developmental Benchmarks and Stages [EB/OL]. http://journal.naeyc.org/btj/200407/ArtsEducationPartnership.pdf.

② 何华国.特殊儿童早期疗育[M].台北：五南图书出版公司，2015：289.

第二节　特殊幼儿音乐治疗

从远古时期开始，人们就已经意识到了音乐和健康之间的关系，而真正将音乐应用于治疗则是始于二战，之后美国两所大学先后建立了专门的课程训练治疗师，音乐治疗(music therapy, MT)作为一门新兴的学科诞生。本节就让我们一起来了解音乐有何性质使其具有治疗作用，常见的应用于特殊幼儿的音乐治疗学派以及音乐治疗实施的一般过程和原则。

一、音乐治疗概述

(一) 音乐治疗的概念

关于什么是音乐治疗，不同国家的音乐治疗协会、不同的研究者都有自己不同的定义和表述方式，其中较为经典的是美国音乐治疗协会(American Music Therapy Association, AMTA)前主席布鲁夏(Bruscia, 1989)的定义，即“音乐治疗是一个系统的干预过程，在这个过程中，治疗师运用各种形式的音乐体验，以及在治疗过程中发展起来的，作为治疗的动力的治疗关系来帮助治疗对象达到健康的目的。”①可以看出，治疗对象、治疗师、音乐以及治疗关系是构成音乐治疗的四大基本要素。

在特殊教育领域，我国台湾地区特殊教育家林贵美教授则提出了更具有针对性的定义，即音乐治疗是“使用音乐活动或音乐的手段而使残障或病弱个体恢复健康，或改进残障状况；或者维持现状使个体的病情或残障程度不再恶化；或者使用音乐方法，使个体透过音乐性的游戏或音乐活动的演练而更了解其生存环境史的人、事物，因而更能适应其环境，则便有治疗的意义。”②这一定义因为融合了特殊教育领域的理念，因此更适合为特殊幼儿的音乐治疗提供指导。

(二) 音乐治疗的性质

音乐之所以可以起到治疗的效果，是因为音乐有以下一些性质③：

✓ 音乐是有系统与组织的听觉讯息。

✓ 音乐非语言的特性，使它成为普适的沟通方式。

✓ 音乐是跨文化的表达方式。

✓ 音乐的声音刺激具有直接穿透人们心灵与身体的力量。

✓ 音乐内在的结构与性质具有让个人与团体自我组织的潜力。

✓ 音乐会影响音乐与非音乐的行为。

✓ 音乐可促进学习与技能的获得。

✓ 音乐能诱发人们的生命活力。

✓ 音乐可以激发人们的想象力。

---

① Malchiodi, C. A. 儿童绘画与心理治疗——解读儿童画[M]. 北京：中国轻工业出版社, 2005：7.
② Malchiodi, C. A. 儿童绘画与心理治疗——解读儿童画[M]. 北京：中国轻工业出版社. 2005：7.
③ 高天. 音乐治疗学基础理论[M]. 北京：世界图书出版公司. 2007：14.

✓ 音乐能影响或改变一个人的情绪状态。

✓ 音乐有助于宣泄内在的情绪。

✓ 音乐能使人感到愉悦。

✓ 音乐能促进一个人的感觉统合。

✓ 音乐能使一个人获得美的感受。

✓ 团体音乐活动有助于促进人际关系。

基于音乐的这些特性,有人认为音乐可以影响任何智力水平或受过任何程度教育的人。在专业治疗师精心设计的音乐活动以及有技巧地安排的互动氛围中,音乐便因为这些特性在多个方面起到治疗的作用。根据研究报告归纳来看,音乐可以起到的作用大致包括:促进言语和非言语表达能力的提高以及沟通的技能;促进儿童对自我、对他人、对环境的意识和觉察;促进感觉统合和身体运动能力;促进情绪表达和社交能力、互动合作能力的发展;促进注意力集中行为;增强儿童的动机和自尊、自信;通过在音乐中嵌入知识促进认知发展;减少挑战性行为的发生发展;培养休闲兴趣和技能等。因此音乐治疗对于智力障碍、脑瘫、自闭症、沟通障碍、视听觉障碍等多类特殊幼儿来说都是可以起到治疗作用的①。

补充阅读材料 8-3

音乐与特殊幼儿

音乐可以用于特殊幼儿治疗,一方面是基于音乐本身的性质,另一方面也是基于特殊幼儿表现出的对音乐较显著的敏感性和兴趣。

有一部分儿童在音乐方面有较强的能力。如非常出名的重度先天愚型患者舟舟,在只是每天跟随父亲交响乐队的情况下无师自通拥有指挥的才能;曾经参加过《中国达人秀》的自闭症患者魏俊也以其专业级的二胡演奏赢得了很多人的喝彩。

虽然拥有独特音乐才能的特殊幼儿只是少数,但多数特殊幼儿对于音乐都有较强的兴趣。在实际接触特殊幼儿时,通常会发现他们对某些动画片或是电视剧主题曲记忆深刻,或者是播放他们喜欢的歌曲时马上会安静下来。甚至还有研究显示自闭症儿童普遍对于音高有较显著的知觉,且播放音乐时注意力也会更加集中。

目前,已有越来越多的实践者和研究者在干预和教育中使用音乐,美国《障碍者教育法案》中也规定,制定个别化教育计划(IEP)时若小组成员认为儿童可以通过音乐治疗受益,则应将音乐治疗纳入 IEP 之中。

(三) 音乐治疗的主要类型

根据治疗对象的数量,音乐治疗可以被分为个体治疗和集体治疗。

---

① 陈蒄. 儿童音乐治疗理论与应用方法[M]. 北京: 北京大学出版社,2009: 5.

个体治疗即针对一个治疗对象由一名或两名治疗师(一位主训、一位辅助)进行治疗。根据治疗对象的具体问题,治疗师会制定符合该治疗对象特点和需求的计划和目标,进行个别化的音乐治疗。在个体治疗中,治疗对象与治疗师之间能否形成友好、信任、依赖的良好治疗关系对治疗效果有着至关重要的影响。

而在集体治疗中,一名或若干名治疗师与若干个治疗对象共同形成一个群体,治疗师要努力促使每个成员都参与到互动中,治疗师关注的是为不同的个体提供一个与他人交流沟通的环境,使个体在与集体共同进行音乐活动的过程中学会调整和控制自己的行为,促进个体社会性的发展。

根据治疗方法的不同,音乐治疗可以被分为聆听法、再造法和即兴法①。聆听法又称接受法或被动法,即在音乐治疗的过程中,主要是通过聆听现场弹奏的或是录制好的、治疗对象所喜爱的音乐引起生理、心理的共鸣,刺激其感觉系统。具体方法包括歌曲讨论、音乐回忆、音乐同步、音乐想象等,还有一些将音乐与某些物理性的刺激相结合,使用特殊的设备进行治疗的方法(如体感振动音乐疗法、音乐电疗法、可视化音乐治疗等)也被归入其中。但由于歌曲讨论、音乐想象等方法通常需要治疗对象能够表达自己的想法,有时还需要一定的生活经验,因此在特殊儿童的音乐治疗中更多会采取再造法和即兴法,儿童在治疗过程中通过自由的敲、唱、奏、律动等多种多样的活动形式进行音乐的表达、演奏甚至是创作,主动地产生音乐,进行互动。

根据治疗方式的来源不同,音乐治疗可以被分为心理治疗取向、教育取向和音乐取向②。心理治疗取向的音乐治疗通常是以不同的心理治疗学派为理论基础,使用相关学派的概念和理论来解释自己的治疗理念,如心理动力取向的音乐治疗、行为取向的音乐治疗、完形取向的音乐治疗等。教育取向的音乐治疗通常是将音乐教育方法中的技巧和理念与治疗相结合发展而来,如奥尔夫音乐治疗、柯达伊音乐治疗、达尔克罗兹音乐治疗等。教育取向的音乐治疗注重的是改善治疗对象的身心状况,促进治疗对象的发展,这也是音乐教育与音乐治疗的最主要区别。通俗来说,就是音乐教育是帮助普通的个体学习,掌握一定的音乐技巧,提高音乐审美的能力等,而音乐治疗则是要通过音乐帮助有障碍或是发展挑战的个体,达到音乐之外的一些目的,虽然也有可能将音乐技巧的获得纳入目标当中,但更注重的是在音乐活动的过程中促进个体的认知、语言、社交等其他能力的发展。音乐取向的音乐治疗是从音乐本身出发发展而来的治疗方法,如鲁道夫—罗宾逊音乐治疗即为音乐取向治疗的典型代表。音乐取向的治疗会注重音

---

① 何华国.特殊幼儿早期疗育[M].台北:五南图书出版公司,2005:291-292.

② Gold, C., Voracek, M., Wigram, T. Effects of music therapy for children and adolescents with psychopathology: a meta-analysis [J]. *Journal of Child Psychology and Psychiatry*, 2004,45(6):1054-1063.

乐要素的介入和分析，这也对音乐治疗师的音乐素养有较高的要求。

二、常见音乐治疗学派

目前，音乐治疗被系统地划分为十大学派，分别是鲁道夫—罗宾逊音乐治疗、心理动力取向音乐疗法、临床奥尔夫音乐治疗、柯达依概念的临床应用、达尔克罗兹节奏教学的临床应用、引导想象与音乐治疗法、发展音乐治疗法、音乐治疗和沟通分析、完形音乐治疗法以及应用行为矫正的音乐治疗法①。而其中，奥尔夫临床治疗法和鲁道夫—罗宾逊音乐治疗是在特殊幼儿音乐治疗领域使用最为广泛的两大学派。

(一) 奥尔夫临床治疗法

1926年，德国音乐家、教育家卡尔·奥尔夫(Karl Orff)创立了奥尔夫音乐教学法，这也是音乐教学法中最为著名的教学法之一。随着奥尔夫音乐教学法逐渐发展和成熟，不少心理学家、特殊教育学家意识到了这种教学法可以应用到特殊幼儿的教学和治疗中，在特殊教育领域也开始发挥日益重要的作用。

1. 基本理念

奥尔夫音乐治疗特别强调音乐的原本性和整体性。奥尔夫认为："原本的音乐是接近土壤的、自然的、机体的、能为每个人学会和体验的、适合于儿童的……"，"原本的音乐绝不只是单纯的音乐，它是和动作、舞蹈、语言紧密结合在一起的；它是一种人们必须自己参与的音乐，即：人们不是作为听众，而是作为演奏者参与其中……"②。动作、语言、音乐彼此之间相互联系，是有机的、不可割裂的整体，在进行音乐治疗时，儿童自然而然地产生不同的声音、做出不同的身体姿势和动作，或是用不同的乐器自发的演奏，从而体验音乐、表达感受。

奥尔夫的音乐教育法中强调以过程为导向，即相比于关注具体的音乐效果，更加看重的是儿童在奏、唱、动的过程中发生了什么，这一点与追求非音乐目标的音乐治疗的宗旨完全吻合③。在奥尔夫音乐治疗中，不同大小、颜色、声音的乐器，儿童的精细、粗大运动的律动组合等从视觉、听觉、动觉等多个感觉通道促进儿童的发展。奥尔夫认为"所有儿童都有能力在各自的水平上进行创造和表达他们自己"④，因此奥尔夫临床治疗特别强调创造游戏性的、独特的环境促进儿童利用整个自己自发地进行音乐的创造。

2. 临床应用

在奥尔夫临床治疗法中，节奏训练、律动训练和乐器训练是最为主要的活动。

节奏训练：在奥尔夫临床治疗法中特别强调节奏，不论是音乐、动作还是语言中都包含节奏，因此节奏就成为将语言、动作、音乐融合在一起的关键，从而形成治疗中的整体因素。通过声音节奏的训练，可以将特殊幼儿本身具有的一种潜在能力激发出来，提

---

① 张馨，张文禄. 音乐元素与特殊儿童教育干预[M]. 上海：上海音乐出版社，2014：76.
② 胡世红. 特殊幼儿的音乐治疗[M]. 北京：北京大学出版社，2011：21－22.
③ 汪青彦，林芳兰. 音乐治疗——治疗心灵的乐音[M]. 我国台湾地区：先知文化出版社，2002：62－64.（引自史琼，樊嘉禄，叶建国，陈军. 音乐治疗的历史及展望[J]. 中国康复理论与实践，2007，13(11)：1044－1046）
④ 王琳琳. . 奥尔夫音乐治疗对河南农村留守儿童焦虑情绪的干预研究[D]. 北京：中国音乐学院，2012.

升他们敏锐的反应、感知、创造的能力，并促进特殊幼儿的身心平衡发展①。治疗师鼓励儿童进行节奏听说，朗诵字词、谚语、童谣或儿歌，玩嗓音游戏等，由此发展他们模仿、创造节奏的能力。

律动训练：在节奏练习的基础上，儿童可以进行有节奏的动作、律动的训练，通常训练从拍手、拍腿、跺脚等开始，之后可以包括拍肩、拍头、捻指、转动手腕、跨步走等更多样式的动作练习及不同动作的相互结合，之后还可加入更加复杂的形体表演、即兴动作等。

乐器训练：奥尔夫发明有一套独特的乐器，即"奥尔夫乐器"，其中包括一些无固定音高的乐器，如沙锤、响板、小铃等，也包括一些有固定音高的乐器，如音条、木琴等。这些乐器多数为敲击或是打击乐器，即使没有乐器学习经历的特殊幼儿也可以轻松地参与到乐器演奏过程中。治疗中治疗师鼓励儿童自由地选择乐器，并即兴参与到演奏中，演奏不仅可以使用已有的乐器，也可以使用自己的身体拍击出各种声音作为乐器。通过乐器的玩奏，特殊幼儿进行模仿、探索，也学习配合、坚持、等待等品质。

在治疗过程中，初期是让儿童自由地尝试操作音乐，探索声音、运动的各种可能性，并同时或是交替使用模仿，由治疗师展示特定的节奏、动作或是演奏模式让儿童进行模仿，当儿童培养一定模仿能力后根据儿童能力在治疗师引导下鼓励其参与到即兴演奏或动作中，如有可能还可尝试让儿童进行自己的创作。

（二）鲁道夫—罗宾逊音乐治疗

鲁道夫—罗宾逊音乐治疗学派，又称创造即兴式音乐治疗，是由美国作曲家、钢琴家保罗·鲁道夫(Paul Nordoff)和英国特殊教育专家克莱夫·罗宾斯(Clive Robbins)合作创立的。这一治疗方法原本就是用于特殊幼儿治疗和训练，之后由于良好的效果也逐渐将使用范围扩展到成人。

1. 基本理念

鲁道夫—罗宾逊提出了"音乐儿童"的概念，他们认为，"音乐儿童"是每一个儿童天生的、具有个人特点的音乐能力。这个概念是指人类普遍的对音乐的敏感性，是对调性、节奏运动的结构以及关系的先天遗传的复杂敏感性。同时每一个儿童对音乐的反应也是明显不同的②。而特殊幼儿由于自身条件的限制，他们的"音乐儿童"的潜能受到了阻碍，但这种能力还是可以通过治疗得到激发。鲁道夫和罗宾逊认为使用即兴演奏音乐的方式是最有效的唤醒方式，且在创造过程中对于克服治疗对象的情绪、生理和认知方面的困难也会起到较好的作用。

---

① 高天. 音乐治疗学基础理论[M]. 北京：世界图书出版公司，2007：169.

② 李妲娜. 奥尔夫音乐教育思想与实践[M]. 上海：上海教育出版社，2002：34.

鲁道夫和罗宾逊音乐疗法中贯彻着人本主义的思想，治疗师重视让儿童产生自我实现的感觉，儿童通过自如选择喜欢的乐器，使用不需费力进行乐器学习和训练也能使用的乐器，自由地表达和宣泄自己的情绪，在此过程中治疗师会关注儿童的优势和潜力，增强儿童的自我意识、自我接纳和自信心，促进儿童产生交流的愿望和人格的发展。治疗师也适当会给予儿童一些挑战，提供成长的机会。同时，治疗师也重视儿童对爱、安全和尊重的需求，在与特殊幼儿交往时注意营造他们自由、安全、和谐的氛围。鲁道夫—罗宾逊疗法的治疗目标不包括具体行为的改善，而是将关注点放在儿童内在的成长和独立性、表达、创造的发展。

2. 临床应用

鲁道夫—罗宾逊音乐疗法是典型的即兴音乐治疗，因此在实际操作中即兴的音乐演奏是最主要的治疗手段。这一方面包括特殊幼儿的即兴演奏，另一方面则包括治疗师的即兴音乐创作。首先，对于特殊幼儿来说，初期可能是治疗师即兴创作音乐，特殊幼儿在没有意识的情况下可能会做出一些反应，无论是哼哼声，或者是某些动作反应和一些利用了乐器的反应，在治疗师看来都是音乐的即兴创作，治疗师据此再进行一些即兴的音乐弹奏从而让儿童意识到他人的存在和交互的作用。当儿童对音色以及节奏的速度、强弱等有了一定的意识后儿童会自主控制产生声音，进行有意识的创作。对于治疗师来说，钢琴和吉他是他们最常使用的乐器，但他们的即兴创作并不是根据自己的习惯、爱好进行，而是要以儿童为依据。治疗师通常会通过观察治疗对象的面部表情、情绪状态、行为特点或是分析他们的性格特征，通过即兴弹奏或演唱对治疗对象的情绪、行为和性格进行描述，对他们的状态做出反应(如当儿童显示出攻击性、暴躁等状态时就弹奏比较激烈、快节奏的音乐)；或是对儿童有意识或无意识产生出的声音或乐音进行模仿，或是通过自身的弹唱引发儿童创造音乐的兴趣。总之，治疗师的即兴创作是围绕治疗对象展开，主要的目的就在于引起儿童的意识，与儿童建立起一种沟通和互动关系。而如果是在集体治疗中，治疗师更多是充当辅助、支持的作用，将不同儿童创造的声音连结起来，让不同儿童之间形成互动。

鲁道夫—罗宾逊治疗法并没有通过较多量化的测试和检查来进行效果的评估和监控，他们对治疗进行评估时通常是采用录像分析的方式，治疗结束后将治疗过程的完整录像进行回放，对儿童的音乐行为和非音乐行为进行详细的描述，评估儿童乐器演奏的能力、在治疗过程中的反应程度、表情和动作、与治疗师或其他治疗对象交流沟通的意向和态度、参与活动的兴趣和程度、创造性的表现多少以及是否有过多抵抗、冷漠、交流等不良状态等诸多的方面。儿童在治疗中创作的一些节奏、旋律等治疗师也会根据录像进行整理记录，作为评价治疗效果的依据之一。同时为了能保证实效性，治疗师通常会在治疗结束后立即进行日志记录，对录像分析起到补充作用。

(三) 其他音乐治疗学派

除了上述两个应用最为广泛的治疗学派，还有一些音乐治疗学派也在特殊幼儿领域有一些应用。比如，心理动力学派中，英国的阿尔文创立的自由即兴音乐治疗较多应用于特殊幼儿尤其是自闭症儿童的治疗和干预中，阿尔文认为音乐可以成为现实和非现实世界之间的桥梁，音乐在本我、自我和超我三个不同的水平上工作，可以促进原始本能的释放和宣泄，进而有助于儿童学习情绪控制和增强自我力量。应用行为分析学派常将应用行为分析中的几大基本原理，如强化、提示、任务分析、泛化等与音乐活动相结合，从而从行为角度更好地促进儿童在音乐活动中达到既定的目标。达尔克罗兹学派强调替代律动，并与视唱练耳和即兴演奏相结合，在音乐律动中增强儿童对自己的身体意识及其在空间中的运动控制能力，在此过程中促进表达、集中注意力和对他人接纳能力的发展。而柯达伊音乐治疗法则强调民间音乐的使用，以及利用手势学习音调、音高，通过独有的“首调唱名法”学习歌唱的知识和技巧，在歌唱中体验成就感。

三、音乐治疗的过程和原则

(一) 音乐治疗的过程

不同的治疗学派具体的治疗过程可能都不尽相同，但从不同的文章描述或是研究报告来看，多数的音乐治疗都会包含以下几个步骤，通常包含的过程如图 8－2 所示[①]。

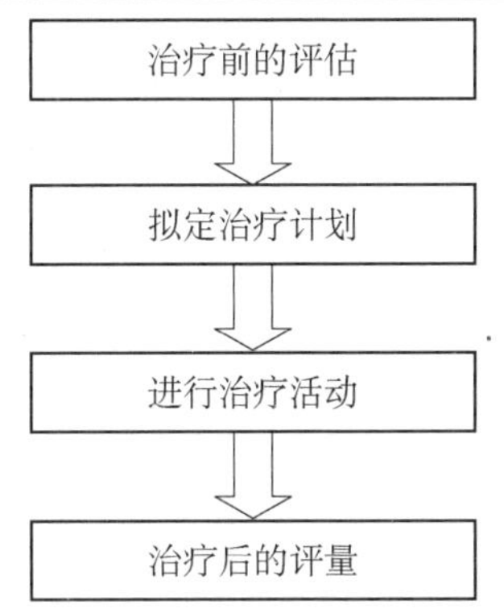

图 8－2 音乐治疗的一般过程

1. 治疗前的评估

治疗前评估是首要阶段，通过多种方式从教师、家长、儿童本身等多个渠道收集关于儿童和治疗的足够信息对于后续的计划制定和实际治疗可以起到很多的指导作用。治疗师需要收集儿童的音乐行为和非音乐行为方面的信息，其中音乐行为是指儿童对音乐的偏好、反应、技巧等，而非音乐行为包括儿童的沟通、社交、认知技巧、身心状况、性格和行为特征等。

2. 拟定治疗计划

在考虑家庭需求和评估的基础上，治疗师需要确定儿童的长短期治疗目标，以及为

① 王琳琳. 奥尔夫音乐治疗对河南农村留守儿童焦虑情绪的干预研究[D]. 北京：中国音乐学院，2012.

了达到目标需要采用的具体治疗方式、治疗的程序、需要使用的相关音乐和非音乐的资源等。一份详细的治疗计划需要对这些内容预先都做出安排。

3. 进行治疗活动

每次治疗的具体活动并不相同，但每次活动的基本过程大致包括：①欢迎歌或导入的活动；②主要的活动，即通过演奏、歌唱、创作、律动等多种方式进行互动活动；③结束的活动和再见歌。需要强调的是，欢迎歌是国内外公认的特殊需要儿童与音乐治疗师初步建立关系的重要媒介，而再见歌是与被治疗儿童告别和结束治疗活动的通行办法①，但考虑到音乐治疗的灵活性，治疗师可以考虑通过多种方式来呈现而不应僵化这个过程。在整个治疗实施阶段，治疗师应根据实际效果不断进行反思和调整。

4. 治疗后的评量

治疗结束后需要进行后测，以了解治疗目标实现的情况，同时也为后续治疗的改进提供依据。根据治疗目标治疗师可以选择不同的工具进行评量，可以是针对性的或是综合性的、标准化的测评量表或工具，也可通过视频分析、家长访谈等多样化、生态化的方式呈现治疗效果。有些学派还拥有一些特有的评估工具，如鲁道夫—罗宾逊学派制定的《13类反应，评价量表Ⅰ、Ⅱ》(*Thirteen Categories of Response, Evaluation Scales Ⅰ and Ⅱ*)、《音乐反应量表Ⅲ》(*Musical Response Scale Ⅲ*)，以及《速度—力度图标》(*Tempo-Dynamic Schema*)等②。

(二) 音乐治疗应用于特殊幼儿的原则

1. 个别化原则

与其他的特殊幼儿干预方式一样，音乐治疗同样要遵循个别化的原则。在治疗过程中，治疗的目标、方式要与儿童的年龄、障碍类型、能力水平匹配。比如，沟通、社交能力尚可的智力障碍儿童通过音乐治疗可能是为了促进其认知的提高，则可以教唱一些包含较多日常知识的歌曲并帮助理解其中的含义；程度较重的自闭症儿童可能初期主要是帮助儿童产生音乐兴趣以及与治疗师建立关系，选择比较复杂的音乐可能就不是很合适。此外，儿童的偏好也会对音乐治疗过程有影响，应选择儿童喜欢的音乐(如舒缓的、节奏性较强的等)和喜欢的活动形式(如乐器、律动等)，只有儿童感兴趣，才能更好地参与到活动中，获得更大的效果。

2. 生活化

生活化原则可以指音乐治疗的内容生活化，选取的音乐内容应是儿童在日常生活中会体验到的，比如如何交朋友、如何洗脸刷牙、如何运用自己的身体等。音乐工具的来源也可以是生活化的，比如锅碗瓢盆、水、沙、石头等都可以成为音乐活动中利用的素材。此外，生活化原则还指将音乐治疗或是更广泛意义上的音乐干预贯穿应用在日常生活中，比如教师或家长可以通过熟悉的曲调自己编词唱排队歌、洗手歌等，辅助儿童顺利完成转衔活动，通过播放或清唱儿童喜欢的歌曲安抚儿童的情绪，将音乐作为儿童良好行为的奖励等。

---

① 高天.音乐治疗学基础理论[M].北京：世界图书出版公司，2007：191.

② 何华国.特殊幼儿早期疗育[M].台北：五南图书出版公司，2005：294－295.

3. 个体治疗与集体治疗结合

前面介绍了音乐治疗可以分为个体治疗和集体治疗两种类型,两种治疗方式具有不同的功能。根据儿童的情况应注意将两种治疗方式相结合,共同促进儿童的发展。通过个体治疗儿童获得了在集体中参与音乐活动的能力后,应更多地鼓励和安排儿童进行集体式的治疗,在音乐营造的团体氛围中学习社会性的技能,并注重将其迁移到日常生活中。集体治疗时还可以邀请普通儿童参与,在音乐活动中普通儿童和特殊幼儿的交往会更加自然,这不仅有助于促进儿童之间的融合,也有助于普通儿童提供给特殊幼儿示范和模仿的榜样。

第三节　特殊幼儿游戏治疗

游戏贯穿人的一生,无论是婴儿期啃咬自己的小脚,幼儿期和小伙伴一起"扮家家",或是再大一些时更具规则性的娱乐项目,我们一直在游戏着。而对儿童来说,游戏尤其被认为是他们的天职。随着对游戏和儿童及其关系认识的不断加深,游戏也逐渐成为一种治疗的手段,即游戏治疗(play therapy)。同样的,游戏有何独特的性质?游戏治疗的常见方法有哪些?游戏治疗应用时的过程和原则是什么?本节就一同来了解这些内容。

一、游戏治疗概述

(一) 游戏治疗的概念

将游戏用于治疗,其源头可以追溯到19世纪二三十年代。精神动力学派考虑到通常的治疗中治疗师与成年来访者进行大量语言沟通的方式不适合儿童,因此通过儿童在游戏过程中的反应来了解和分析他们,即"游戏分析(play analysis)"的方法。之后,一些心理学家发展了这种方法,在游戏的过程中心理治疗师同时进行介入,达到治疗的效果。

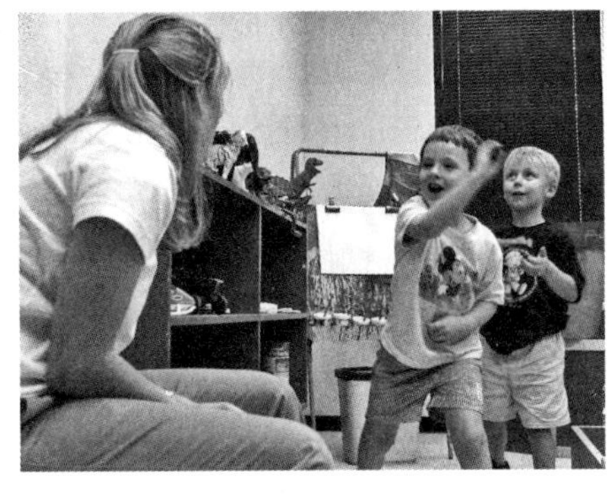

通俗来说,任何通过游戏作为主要沟通媒介的治疗和咨询过程都可以称之为游戏治疗。周念丽(2011)在综合不同学者的具体表述的基础上,提出了游戏治疗的概念,即"游戏治疗是指游戏治疗师通过创设一个自然、自由和宽松的游戏环境,与需要接受心理治疗的儿童建立信任之关系,使这些儿童能在自然、和谐的游戏环境中真实地表现自己,既宣泄内心的负面情绪,又可获得增强发展感觉运动能力、言语能力、认知能力、情绪调控能力、社会交往技能等的机会。"[①]通常,游

① 陈菀.儿童音乐治疗理论与应用方法[M].北京:北京大学出版社.2009:52.

戏治疗用于3～12岁的儿童，不仅包括遭遇心理创伤（如虐待、性侵、父母离婚、学校适应不良等）的儿童，特殊幼儿的干预中也越来越多使用游戏治疗来促进他们的发展。

（二）游戏治疗的性质

关于游戏的性质有很多，以下选取何国华所总结的游戏性质的相关观点中一些与治疗和干预密切相关的性质进行简要的介绍①：

- ✓ 游戏是活动，有内在的兴趣和动机。
- ✓ 游戏不限于任何特定的活动形式，它可以是神经肌肉、感觉、心智的，或是这些活动形式的组合。
- ✓ 游戏是自然发生与自愿参与的，包含游戏者某些主动作为的成分。
- ✓ 游戏可以有目标，由于目的或目标的存在，既赋予活动以意义，也给予游戏有从事活动的价值。儿童在追求与完成这些目标时将会产生满足感。
- ✓ 游戏是令人觉得快乐有趣的。
- ✓ 游戏和包括如创造活动、解决问题、语言学习以及社会角色的培养等非游戏之间，存在某些系统性的关系。
- ✓ 游戏就是行为的表现，且游戏行为可借由经验而改变，因此游戏也具有学习的性质。
- ✓ 游戏能帮助儿童表达他们许多不能用言语清楚沟通的感觉、愿望、需求、情绪和经验，并能将他们的能力表现得淋漓尽致。
- ✓ 游戏能提供儿童跟同伴与成人互动的机会。
- ✓ 游戏可分为探索性、创造性、想象性、身体活动性、问题解决性以及社会性六类。

柏拉图说过，相比于一年的谈话，通过一个小时的游戏可以更多地了解一个人。上述游戏的性质也可以帮助我们更好地理解这句话的丰富涵义。而游戏性质的多样性也决定了其应用于治疗时可以达到多样化的治疗目标。自闭症儿童、脑瘫儿童、智力障碍儿童、多动症儿童、学习困难儿童、情绪行为障碍或心理障碍儿童等各类特殊幼儿都可以从有效的游戏治疗中获益。

（三）游戏治疗的主要类型

游戏治疗大体上可以分为两大类，分别是指导性游戏治疗和非指导性游戏治疗。

指导性游戏治疗强调游戏治疗师在游戏选择、设计、安排等方面的作用。治疗前通过对儿童问题的诊断，事先有针对性地选择一些玩具或是设计一些游戏方案，帮助儿童在游戏过程中透射和反映自己的心理状态，释放自己的心理能量。这种治疗类型通常是结构化程度较高的。而非指导性游戏治疗则更强调儿童在游戏过程中的主导地位。儿童被认为是有自我发展的愿望和能力的，而治疗师主要的任务是营造温馨、安全、宽容的氛围，以及让儿童感受到治疗师对他/她的尊重、关注和陪伴。在治疗过程中，治疗师可以根据儿童的情况灵活地使用不同的治疗方式。

---

① 高天.音乐治疗学基础理论[M].北京：世界图书出版公司,2007：198.

补充阅读材料 8-4

游戏治疗室的安排

游戏治疗室是开展游戏治疗的主要场所，通常来说，治疗室的大小应在25—40 m^2之间，治疗室过小可能造成活动受限制，而过大则可能导致儿童没有安全感。游戏室的布置要舒适且安全，可以尽量多安排一些不同类型的游戏区域供儿童选择。下图为北德州大学游戏治疗室的大致设计，可供参考①。如果受到学校地方限制无法提供专门区域进行游戏治疗，也应注意尽量每次进行游戏治疗时保证地点的一致性，即让儿童有安全感，也是避免给儿童一种过分随意的感觉。

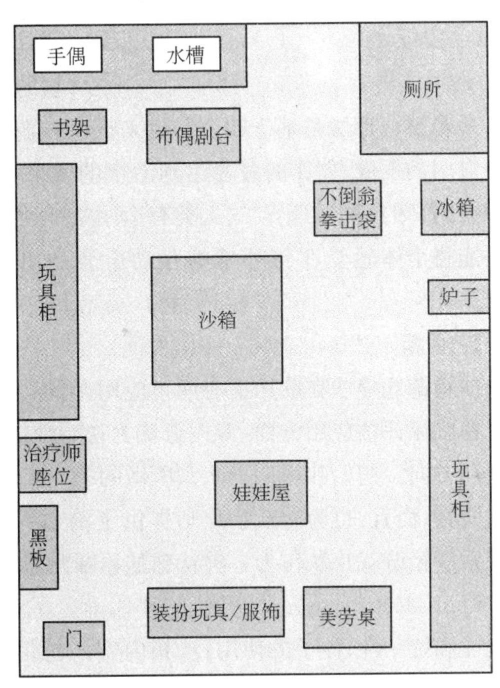

游戏室内的玩具应尽量多样化，从而满足儿童不同的需要。通常，游戏室中应包含以下一些玩具类别②：

抚育类：如婴儿娃娃、奶瓶、婴儿床、医药箱、医生服、烹煮用具等；

建立能力类：如积木、篮球筐、保龄球等；

发泄攻击类：如塑料攻击性动物（如老虎、蛇）、拳击袋、玩具枪、手铐、玩具士兵等；

真实生活类：如娃娃屋、各类人物手偶、运输工具、清洁工具等；

想象类/戏剧类：如面具、小丑帽、装扮类服装等；

创造性表达及情绪发泄类：如沙、水、画笔、粘土等。

需要注意的是：如果游戏室和玩具是为特殊幼儿服务的，必须还要考虑到他们在感知觉方面可能存在的特殊需求。

二、常见的游戏治疗方法

（一）沙箱游戏疗法

1. 基本理念

沙箱游戏疗法作为目前国内外流行的一种心理治疗方法日益受到关注，在特殊教育领域引起了很大反响，已有不少学者和一线教师将沙箱游戏疗法作为特殊幼儿进行

① 周念丽. 特殊幼儿的游戏治疗[M]. 北京：北京大学出版社，2011：5-6.
② 何华国. 特殊幼儿早期疗育[M]. 台北：五南图书出版公司，2005：299-301.

干预的重要手段。

沙箱游戏疗法的构成要素有一盘细沙、一瓶清水、与现实生活中真实物品极为相似的各种玩具模型，以及沙箱游戏疗法治疗师无条件的关注和支持。沙箱是一个装着沙子、供人在上面进行建构活动的特殊盒子，其内侧一般要涂成浅蓝色，从而使人在挖沙子时产生像在挖水一样的感觉，这是沙箱游戏疗法的关键内容之一。细微玩具模型是连接儿童和游戏治疗师的纽带，对儿童而言，这些玩具是被他们个人赋予某种特别意义的象征物的细微形式。

沙箱游戏疗法是基于四个假设来证明在游戏治疗师的帮助下，儿童能够通过在沙箱中自由的摆放、创作的过程达到治疗的效果。一、人类具有超越现有环境、趋向整合和治愈内部的基本力量；二、人类有运用象征、隐喻、神话等重要的交流方式的能力；三、人类能将个体感受在与环境的互动中表达出来；四、人类具有平衡理性与非理性的力量。

2. 临床应用

沙箱游戏疗法在临床上有两个应用：临床治疗的应用和临床评估的应用。

在临床评估应用方面，卡夫卡认为初始沙箱既呈现出儿童的问题，也显示出治愈的希望和方向。初始沙箱是指儿童所做的第一个沙箱。初始沙箱不但呈现了儿童的问题本质所在，而且，也为游戏治疗师提供了治愈的希望、方向和线索。于是一些研究者开始探索沙箱游戏疗法作为一种特殊的诊断测量工具的可能性。

Laura Ruth Bowyer为沙箱的评估确立了五个标准：沙箱面积的使用；攻击主题；控制性和统一性；沙子的使用；沙箱内容。当儿童沙箱出现以下三种情况时，说明可能需要干预：①儿童的沙箱特征不符合其心理年龄的发展阶段；②儿童有意识地用与问题有关的材料；③沙箱中出现了临床人群表现的特征，如空洞的沙箱、混乱的无组织的沙箱、攻击性的沙箱、过度防御的沙箱和人物缺失的沙箱。

在临床治疗应用方面，沙箱游戏疗法比较适用于言语能力水平比较低的儿童。由于大多数特殊幼儿伴有一定程度的智力障碍、语言障碍或者情绪障碍，甚至有不少特殊幼儿是三者兼而有之，加上儿童本身语言发展还没成熟，他们很难用语言表达自己所体验到的情绪，如焦虑、无助或压抑。而在实施沙箱游戏疗法过程中，借助于沙箱这一象征性语言，儿童的无意识会自然流露在沙箱游戏作品中，游戏治疗师陪伴特殊幼儿并观察沙箱，根据沙箱上的情境或情节去观察儿童的潜意识内容，游戏治疗师在适当时候以语言描述儿童的某一行为，从而让儿童有机会面对自己的潜意识，以此增强儿童的意识和潜意识相互交流和协调，增强意识的力量。

（二）儿童中心游戏疗法

1. 基本理念

阿克斯莱茵根据人本主义心理学家罗杰斯的自我人格理论，创建了儿童中心游戏疗法。该疗法的核心在于相信每个儿童都有自我发展的能力。阿克斯莱茵认为治疗师与儿童的良好关系是治疗是否成功的关键。他认为只有当儿童感受到治疗师的无条件接纳、理解、真诚以及移情时，他们才可能真正自我改变。如果治疗师能够给儿童提供温暖的个人关系，儿童就会发现他有能力运用这个关系来成长和改变，因此，他们个人的发展便会发生。阿克斯莱茵还认为，游戏是适合儿童心理特点并可以促进他们发展经验和帮助实现自我需要满足的良好方法。在游戏室之外，儿童可能被看做为不完全的、有缺陷的人，是被人命令和不尊重的人，其真实的自我无法得以表现。但是在游戏室中，因为有治疗师无条件地接受和积极的关注，他们因此能够体验到宽容、真诚等相处方式。

根据阿克斯莱茵的儿童中心游戏疗法的理念，儿童在游戏室可以根据他们喜好自由地做自己想做的事情，说想说的话。通过自己喜欢的游戏活动使自己的消极情绪得以释放。通过这样的释放，儿童逐渐学会控制和化解自己的负面情绪，学会适当地表达自己的各种情绪。儿童通过这样的游戏疗法，他们将会逐渐发现自己的需要和满足，慢慢意识到自我所拥有的力量。当他们逐渐习惯于通过自我思考做出决定后，会相信自我能力，并以此获取自我实现需要的满足。

2. 临床应用

目前儿童中心游戏疗法在一些发达国家已被广泛用于有情绪和行为障碍的儿童，多适用于年龄在 3～12 岁且具备一定的言语表达能力和运动能力的特殊幼儿，主要包括社会适应障碍、不良行为、学校恐惧症、孤独症、多动症、抑郁症、神经性厌食、口吃、缄默等儿童，其中以社会适应障碍和不良行为的疗效最佳。①

在儿童中心游戏疗法临床应用中最好是有专门的游戏室。如果没有条件，在托幼机构或教室里腾出一块放玩具的地方作为游戏治疗室也行。如果有专门的游戏治疗室，最好做到以下几点：有隔音设备；在墙壁和地板上用那些容易去除黏土、颜料和水等的材料来保护；用纸或布把透明的窗子遮起来；房间里放上录音机。在游戏治疗室中，所有的玩具应该是简单易操作的，不容易引起特殊幼儿的烦躁心理。在治疗室中，玩具应该有家庭玩偶、大的沙箱和沙、舞台、“过家家”的玩具和绘画材料。

儿童中心游戏疗法应该每周进行 1～2 次，每次 30 分钟左右。治疗师通过与家长及儿童本人的接触，明确诊断。如果儿童需要儿童中心游戏疗法治疗，治疗师应该向父母介绍该疗法的性质、内容及疗效，让儿童父母决定是否让特殊幼儿接受这种治疗。治疗师让父母在接待室等候，然后将儿童带入游戏室，并亲切地对他说：“这里有许多玩具，你可以自己选择玩具做你喜欢的任何游戏活动。”儿童初次参加这种活动，也许不习惯，但是治疗师应该尽可能创造出一种和谐愉悦的气氛，使儿童能够在短时间内投入到游戏中去。当游戏进行到一定程度时，如果儿童感觉到自己是被治疗师无条件地接受和积极

---

① 王孟心，王世芬. 建立游戏治疗关系实用手册[M]. 台北：五南图书出版公司，2008：15.

地关注，那么他们就会把自己压抑的情绪表现出来。治疗师的无条件接受就是帮助儿童释放情绪的过程。因此，治疗师应该随时观察儿童的情绪变化，并及时接受这些情绪。随着儿童不好的情绪得到释放，他们的内在情绪就会逐渐向肯定、积极的情感方向转变。

总之，儿童中心游戏疗法的核心就是相信每个特殊幼儿具有自我发展能力。只要治疗师为他们创造适宜的条件和营造自由的气氛，无条件地接受和理解他们，那么儿童就会获得自信，从而达到自我实现。

（三）亲子游戏疗法

1. 基本理念

亲子游戏疗法是以特殊幼儿及其父母为治疗对象的方法，它是儿童中心主义学派游戏治疗与家庭治疗的结合体，对那些由于不健全的家庭关系或不适当的育儿方式而造成心理障碍或行为异常的儿童的治疗更为有效。在亲子游戏疗法中，游戏治疗师不仅以特殊幼儿为治疗对象，还需要训练及督导他们的父母。通过以儿童为中心的游戏治疗程序，帮助父母改善与孩子的亲子关系，使之为特殊幼儿营造出一种可接受的、安全的环境，借此增进家庭成员之间良好的互动以及鼓励他们多去了解自己及子女。同时，父母在游戏治疗师的督导下学习与其子女进行亲子游戏，既可使父母成为改变儿童心理问题和行为的重要来源，又可使儿童能充分表达他们的感受，并重新建立起对自己以及父母的信心①。

2. 临床应用

游戏治疗师向特殊幼儿的家长具体介绍游戏治疗的基本概念，让家长对整个治疗的目的、方法和过程有基本和全貌性的了解。治疗师在游戏治疗室中将治疗性游戏方法示范给家长看，让家长感受到自己应该更多地扮演接纳者的角色。亲子游戏疗法最重要的就是家长要持续地参与游戏治疗的全过程，不能因为某些原因而轻易终止治疗。因此，示范的过程其实就是强化家长参与意识的过程。当家长对游戏过程相当熟悉后，就应由家长与自己的孩子一起接受游戏治疗。家长通过与孩子一起接受游戏治疗，在治疗师的督导下，掌握基本的游戏治疗技巧，以便在家中能对自己的孩子实施相应的游戏治疗。治疗师在每周的会面中，可以针对家长的游戏治疗实施过程中的问题给予及时的反馈。游戏治疗师通过评估，确认家长已完全掌握游戏治疗的理论和技巧后，应鼓励家长将所学到的游戏治疗技巧推广到实际生活中去。

三、游戏治疗的过程和原则

（一）游戏治疗的过程

一般来说，游戏治疗和绘画治疗、音乐治疗的大致过程都是相似的，即包括信息收集和评估、治疗计划的制定、实施治疗以及治疗后的评估结案几大方面。而在具体每次实施游戏治疗时不同学派必然有自身不同的特点或过程。我国台湾地区咨商博士郑如安结合前人的治疗过程以及自身多年在学校进行游戏治疗的经验，提出了较具有实用性的三段式游戏，将每次游戏治疗过程分为正向接触阶段、主体的游戏阶段以及结束仪

① 王孟心，王世芬. 建立游戏治疗关系实用手册[M]. 台北：五南图书出版公司，2008：13－14.

式和历程回顾阶段①,以下做简单介绍以供参考。

1. 正向接触阶段

这是三段式游戏的第一阶段,通过正向接触在治疗师与儿童之间建构良好的治疗关系。治疗师在第一次治疗时可以先任意选择一个布偶、手偶或是模型与儿童打招呼,做自我介绍,并准备几个玩偶让儿童选择最喜欢的一个作为接下来游戏治疗时的陪伴者。之后每次的游戏治疗开始时都可以请儿童与他/她选定的玩偶进行一些日常的交流,之后再过渡到后续的治疗阶段。在治疗结案时也可以将这个玩偶送给儿童作为纪念。该阶段的目的在于借助一个儿童喜欢的客体在治疗师与儿童之间建立起联系。

2. 主体的游戏阶段

通常每次的治疗在30～50分钟之间,第二阶段应占据其中大部分的时间。通过第一阶段建立了良好的关系之后,儿童就可以与治疗师进行各类游戏。根据事先制定的计划,治疗师与儿童进行指导式或非指导式的游戏。也可根据需要将同伴互动游戏或是亲子互动游戏纳入其中。

在主体的游戏阶段,治疗师不断进行介入和干预,同时也不断发现儿童的问题并对后续的治疗进行调整。在此过程中,治疗师可以以过程为导向,关注儿童在做些什么以及儿童本身的改变,如是否主动地参与游戏、是否获得了愉快的经验、是否整体的发展水平有所提高、在游戏中的互动关系是否有改善;也可以以结果为导向,关注儿童在游戏中获得了什么,如儿童通过游戏其行为是否更加合宜、是否获得了一些日后生活所需的技能、是否扩展了思考或动作等方面的能力等。

3. 结束仪式和历程回顾阶段

在该阶段治疗师和儿童总结和回顾当天治疗的主要内容和收获。治疗师可以向之前构建了良好关系的玩偶描述儿童的活动和进步,也可以让儿童自己抱着或拿着玩偶表达。儿童在游戏阶段的作品也可以直接或是通过相片保留下来作为见证。这一过程既可帮助儿童顺利地结束游戏时间,也有助于培养和增强儿童的自信。

(二) 游戏治疗应用的原则

1. 向儿童展现绝对的尊重

与其他治疗一样,良好的治疗关系是治疗获得良好效果的基础。在此过程中,治疗师必须接纳儿童最为真实的一面,向儿童表现出宽容、接纳的态度,让儿童感受到自由与安全,建立温暖、友好的关系。治疗师还需要敏锐地把握儿童的感受和需求并用适当且易懂的方式回应给孩子,让孩子感受到治疗师对自己的理解。

2. 以儿童为主导

在治疗过程中,治疗师应跟随儿童的引导,避免过度干预到儿童的活动中,打断儿童的游戏、语言,让儿童参与到治疗师预设的活动中是不可取的,更加不能随意决定或改变治疗的进度。即使是在指导性的游戏治疗中,治疗师要进行某项活动前也应提前告知儿童,如“今天你要玩一个动物家族的游戏”或是“自由玩五分钟后你需要去玩一会拼图”等。在遇到问题时,应承认儿童有解决问题的能力,给予其选择、决定的机会,只

① 刘敏娜.儿童游戏治疗的研究进程[J].儿童游戏治疗的研究进展,2004,8(15).

有当儿童提出要求时才给予必要的帮助，尽可能让儿童体验到成功的乐趣。

3. 给予必要的限制

虽然游戏治疗中儿童是足够自由的，但这并不意味着儿童就可以完全随心所欲。在游戏治疗开始时，治疗师并不需要列出过多需要遵守的规矩，因为这可能会增加儿童的负担，让他/她在治疗开始前就感觉受到了约束。但当儿童表现出一些不适当的行为时，还是需要作出一些回应。通常需要设限的情况包括：儿童的行为会伤害自己、治疗师或是其他共同参与治疗的个体；儿童故意破坏游戏室中的玩具或是相关设备时；预先告知儿童游戏治疗的时间，时间到了就要结束；儿童不能擅自离开游戏室。设限可以遵循 ACT 三步骤，即指出孩子的感受（acknowledge the feeling）、表达限制（communicate the limit）以及提供另一个可行的选择（target an alternative）[①]。例如，当儿童要用玩具枪射击治疗师时，治疗师可以用坚定而平和的语气说“我可以感觉到你现在很生气，可是你不能用枪射我，你可以假装那个小兔子玩偶是我，射在上面”。如果设限奏效则继续游戏，如果无效，在重复要求后可以说出后果并付诸行动。给予必要的限制，有助于使游戏治疗与现实更加符合，让儿童了解到在治疗中他/她也应承担一定的责任。

➢本章小结

特殊幼儿由于具有儿童和特定障碍的双重特征，用于成人世界的心理治疗方式并不适合他们。美术、音乐和游戏对于儿童来说是具有吸引力和亲和力的，它们可以在多个方面促进儿童的发展，也可以成为儿童自我表达的工具。每种治疗方法都有不同的治疗流派，它们基于不同的理念，提出了各种各样的临床应用方法。

总体来说，几类心理治疗都要经历治疗前的评估、具体治疗和治疗后的再次评估。在应用于特殊幼儿时，应根据具体的治疗目标选择或设计活动，并遵循尊重儿童、以儿童为中心、注重治疗的个体化和生活化等原则。

➢关键术语

美术治疗　音乐治疗　游戏治疗　治疗关系

➢讨论与探究

1. 你认为作为特殊幼儿心理治疗师需要具备哪些素质或能力？

2. 美术治疗与美术教育的区别有哪些？

3. 针对后面的音乐治疗和游戏治疗的个案，思考接下来如果请你继续进行干预，你会怎么设计方案？

4. 结合本章内容，任选以下一组材料，并自己设想任意年龄和障碍类型的一名特殊幼儿，针对该特殊幼儿设计一堂干预活动课（可以自己添加最多两种可获得的材料/工具）。

---

① 刘敏娜．儿童游戏治疗的研究进程[J]．儿童游戏治疗的研究进展，2004，8(15)．

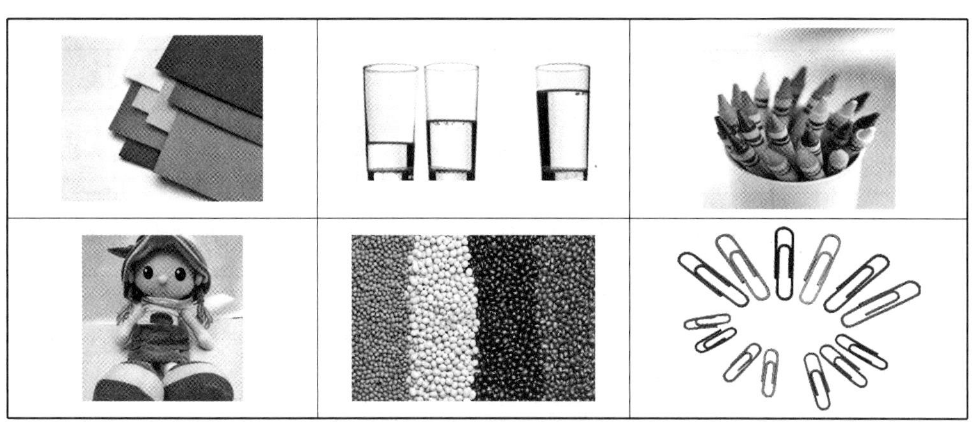

案例分析1

小军的故事——体育活动游戏在自闭症儿童中的应用

上海宝山培智学校　陈　奇

小军(化名),男,04年9月出生,08年被上海市精神卫生中心诊断为自闭症。小军在接受训练前没有参与过专业的康复训练,只是在幼儿园的特殊班就读。小军6岁来我中心接受训练,在初步的观察与访谈时发现,小军生活上由母亲照顾,缺乏自理能力,母亲做家务时会长时间一人在外玩,无聊时就想出去玩,不被同意时会大喊大叫,哭闹;在家中能简单地表达自己的需要,但内容较为单一。喜欢自主地发出声音,但多为同一单音和哼唱。不愿意仿说,在家也是一样,只有在食物刺激下才愿意模仿;能听懂指示并进行模仿,但需要辅助。粗大动作方面不会跳也不能单腿站立,在抛、踢等动作方面也存在一定问题。精细动作方面,只会拿笔随意地涂鸦,对于小肌肉的控制能力较弱。

在初期的评估中,小军的能力不到一岁。但我发现小军粗大动作的发展远远好于其他能力,在与其家长的访谈中也了解到小军好动且多以粗大动作为主。有研究表明运动能力的发展能促进大脑,促进语言和交往能力的发展,稳定情绪,改变行为等,因此我选择体育游戏活动进行教学,抓住学生兴趣点,以优势能力带动小军的全面发展。

针对学生的发展轨迹,我从人际关系、社会性、沟通和肢体发展这几方面,设定了以下的教学阶梯。如图一所示:

学习阶段	人际发展	社会性	沟通	肢体发展
第一阶段 教师安排	师生建立关系	等待	同意,拒绝	上下肢的大肢体动作
第二阶段 图片选择	师生建立关系	游戏规则	选择,意愿表达	单项运动技能发展
第三阶段 情境游戏	同伴	轮流	邀请	综合运用身体技能

图8-3

体育游戏活动教学架构

续 表

学习阶段	人际发展	社会性	沟通	肢体发展
第四阶段 情境自选游戏	同伴	合作	协商	综合运用身体技能
第五阶段 对抗性游戏	同伴	协调	分工	综合运用身体技能

第一阶段，主要是建立起师生的依恋与合作关系，以单一大肢体活动为主，帮助学生建立等待、听指令的基础规则意识。

第二阶段，主要在已有的感情基础上加深对彼此的信任，以单项运动技能为主，涉及器具的使用，帮助学生学习轮流、听游戏指令的社交规则。

第三阶段，在已有师生合作的基础上加入同伴，以轮流性游戏为主，帮助学生学习关注他人的习惯。

第四阶段，进一步深化同伴关系，以合作性游戏为主，帮助学生学习配合、协调等基础融合技能。

第五阶段，以常态化的同伴形式出现，以分工对抗游戏为主，为学生更好地融入班级打下基础。

体育游戏活动的游戏内容安排如下：依据肢体发展设定，单项体育游戏活动有爬垫子、穿山洞、过小河运水果、投球、来回跑、钓小鱼、蚂蚁搬家、跨越障碍、兔子蹦蹦跳等。合作游戏有运西瓜、合作仰卧起坐、集体挑战赛、合作夹球、建筑小工人、接力跑等。

在实施体育游戏活动时，有以下的教学建议：

1. 以活动主导学习过程，在游戏中潜移默化地学习

体育活动游戏以体育游戏贯穿在整个教学活动中，强调学生解决实际问题的能力的习得。

2. 以学生能力为基础，选择适合学生的游戏活动

活动形式只是媒介，活动的选择是立足于学生的能力基础，而不是教师的活动安排。

3. 以学生学习特点为先，小步子、多循环实施教学

自闭症儿童在建立技能、规则意识时需要小步子，多重复。

4. 以学生全面发展为重，教师不断协调与改善教学

自闭症康复教学多数是在一个框架的，其中的内容方法都需要依据学生当日的情况、近阶段的情况、发展需求等进行不断的调整和完善。因此阶段性的评价对教师实施教学是很重要且必要的。

通过这一年多来的实践，小军在体育游戏活动中培养了规则意识，发展了沟通能力，在同伴的带领和自身能力提升的影响下，小军在学校中的适应情况也得到了很好的改善，详见下图：

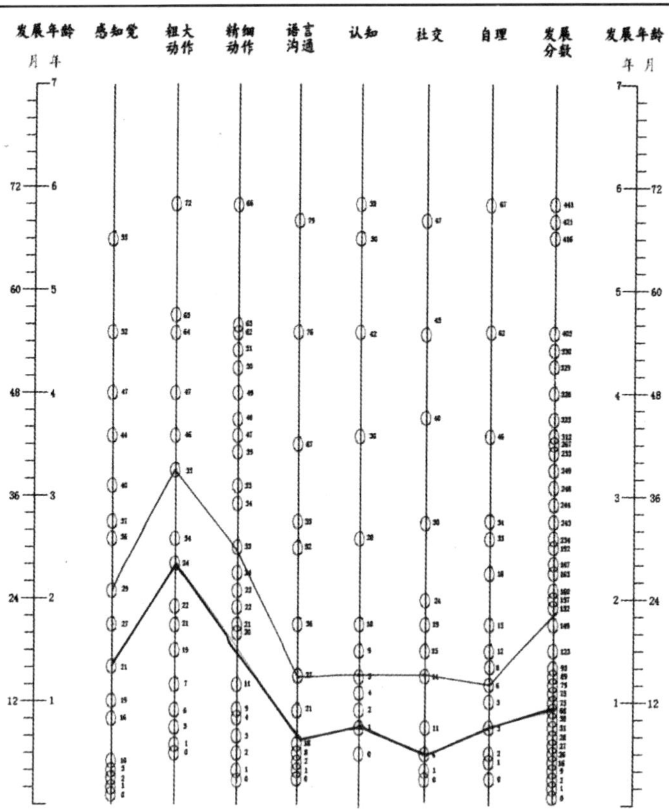

图 8-4 学生前后测能力发展图

从以上的数据我们可以看出：体育游戏活动在自闭症儿童干预中是可行的、有效的。它以自闭症学生优势能力和兴趣作为出发点，以自闭症学生的发展规律为线轴，有效落实自闭症学生的发展目标，体现出了教学做合一的精神。因此，体育游戏活动，以身体运动智能带动自闭症学生的全面智能发展是可行的。而且以体育游戏作为教学形式，让学生在感兴趣的前提下，潜移默化地学习规则、沟通等帮助其更好地适应学校生活。由于学生在训练的情况下仍接受班级教学，因此并不能完全验证学生的改变仅来自于这一教学方式，但对于我们而言，体育游戏活动是可行的，它能对学生的能力发展和对学校的适应起到促进的作用。

案例分析 2

小易的故事——自闭症儿童奥尔夫音乐治疗个案

上海市长宁区特殊教育指导中心　黄牧君

小易(化名)，男，入组时 7 岁，外祖父、外祖母为主要养育人。8 个月能够完成爬行动作，11 个月学会走路，2 岁时，家长发现小易没有开口说话，带儿童到华东师范大学进行 ASD 综合评估。结果显示，小易的感知觉、运动、认知领域的发展较好，基本达到实际年龄水平，但在社会交往、语言沟通、模仿、想象力方面出现迟滞现象，建议加强相关部分的训练。直至小易 3 岁时，仍无法进行语言沟通行为，表现为重复大人的语言，且只能重复两个词语。家长于 3 岁 10 个月时带儿童去上海市精神卫生中心进行检查，诊断结果为自闭症,IQ值为72。在ASD评定量表的评估中被评定为轻—中度自闭症。

研究者使用《婴幼儿发展评估表》对儿童进行初次整体性发展评估,其中包括认知发展、情感与社会性发展、交往能力和语言发展、感知运动发展四大领域。结果显示,被试的感知运动领域的发展最好,得分率达到86%,为其发展的优势领域。其他三个领域发展相当,得分率均在60%左右。从各个子项目得知,被试的粗大运动和精细运动发展最全面,而交往技巧、谈话技巧等涉及与外界沟通互动的项目则得分率最低,为其整体发展的弱势。由《生态化评估表》得知,研究者呼喊小易名字,儿童有所反应,有短暂目光接触,但很快注意力分散到其他地方;对陌生人表现出紧张、焦虑的情绪,躲避在母亲身后;运动能力发展较好,下肢能正常地进行走、跑、跳等动作,上肢能力稍弱,无法将双手臂完全伸直;精细动作发展也较好,能画直线、曲线等图形,能用手指拿起小件物品等;没有主动性语言,偶尔有回应性语言,能模仿说出词语,简单回答答案是"是"、"不"的判断性问题;不能分辨常见的关系,逻辑思维能力、想象力差,能说出几种常见的蔬菜、水果、动物,认识0到9的数字。母亲反映,该儿童容易受外界环境变化影响,由于失眠,常无法正常开展第二天的生活学习,常需要强化物进行实物奖励才能听从指令。教师反映,小易在课堂上持续注意力时间短,有课堂逃避行为,没有规则意识,无法正常地和同伴交流、活动。《音乐能力测评表》结果显示,被试者对音乐有一定感受力,除对复杂节奏、慢速音乐反应不明显外,对其他音乐要素基本有反应,能完整演唱儿童歌曲,并跟随音乐自由律动。在音乐记忆力方面,对歌曲的记忆最好,不能完成对舞蹈动作的记忆。在音乐情绪反应方面,除单独演奏、与人合奏乐器不能完成以外,对歌唱、音乐律动、音乐游戏的部分均有积极反应。在使用乐器方面,能使用的乐器有:音块、大鼓、铃鼓、沙球、摇铃。

依据对被试者的前期评估的分析结果,并且综合了家长与教师对治疗的关注点,重点集中于认知能力的提升,语言沟通能力的增强,社交能力的提升。具体制定了以下短期目标:(1)增加持续注意力的时间、目光接触、共同注意、听从指令的次数。(2)改善说话、唱歌的发声方式,增大音量,符合正常语音语调。(3)对认知结构概念的扩充,掌握生活用词的概念及用法,会简单加减运算。(4)增加与他人的社交行为,其中包括言语与非言语两类沟通方式,能简单表达需求与意愿,掌握基本的社交礼仪。

研究者针对各个目标选择了相对应的奥尔夫音乐活动,并依据不同的治疗阶段,将治疗形式定为个别训练、同伴学习以及集体活动三种形式有机结合。被试者首先接受的是个别训练,当达到一定的治疗效果,以及被试者各方面条件允许的时候,加入同伴学习以及集体活动,与个别训练同时进行,视具体情况而定。治疗内容基本分为4大类:歌唱训练、节奏训练、音乐律动、音乐游戏。歌唱训练分为两个部分:一部分是发声训练,其中腹式呼吸法能帮助被试增加气息量,发声方式能改善儿童咽喉部、口腔肌肉的紧张度,使之更好地进行控制。另一部分的歌唱训练贯穿于整个治疗过程,治疗师更多地将认知内容的教授、社交沟通的互动用歌唱的形式表达出来,同时,根据被试者所达到的效果将部分歌唱内容转化为语言表述的方式,起过渡交流媒介的作用。节奏训练使被试者能更专注于长短不一的节奏组合,多变的节奏型以及丰富的打击乐器,能增加儿童的趣味性,更有效地提升注意力持续时间及共同注意的次数。同时,视觉图形的提示，乐器的使用，能对手眼协调、多任务处理能力起促进作用。音乐律动的重点是将生活化的动作融入音乐律动活动中，帮助儿童了解相关生活技能，以此提升生活自理能力，也可适时帮助父母，增加亲子间的沟通互动的机会。音乐游戏的目的，主要在于增加被试者与人沟通的机会，促进社交技巧的养成。设计的游戏尽可能地创设机会让儿童之间进行互动，从最容易做到的肢体动作作为切入点，再逐步过渡到语言和眼神阶段。

治疗分为三个阶段（第一阶段：第1～9次，第二阶段：第10～15次，第三阶段：第16～20次），每个阶段作为治疗的一个周期，周期结束，将对被试使用《孤独症儿童发展量表》进行整体性评估，包括感知觉、粗大运动、精细运动、语言与沟通、认知、社会交往、生活自理、情绪行为8个领域。在每一次的治疗过程中，研究者填写《音乐治疗观察表》，将目光接触、听从指令、回应性沟通、主动性沟通、主动回答问题、适时表达需求、发脾气、逃避任务8项内容设定为目标行为，并对行为出现的次数进行观察记录，以此来评估被试者在社会交往、语言沟通领域的发展情况。同时，研究者设计《家庭观察表》，由家长一周填写一次，内容包括：饮食起居、生活自理、学习情况、情绪控制、语言沟通、社会交往、运动情况、在校情况、休闲生活、其他共10大类。希望家长在治疗以外，在家庭自然环境中对被试进行辅助的干预，将治疗过程中一些内容进行强化，巩固治疗效果，并及时全面地对被试在自然情境下的表现，目标行为的泛化效果进行了解。治疗结束后，研究者针对共同参与的家长、教师以及同伴进行访谈，以全方位地对治疗效果进行了解，同时希望能获得一些意见和建议。

通过各阶段、各方面的记录评估结果，研究发现：奥尔夫音乐治疗对自闭症儿童的作用是积极的，其丰富的活动内容和灵活的活动方式为自闭症儿童提供了音乐感知、身体律动、言语表达、情感体验的机会，能有效促进其感知运动、社会交往、语言沟通、认知等各方面整体发展。尤其在认知领域、语言沟通领域、社会交往领域具有显著进步。其中儿童的感知觉领域主要的进步在于听觉领域的敏感度提高。具体表现在：听觉反应、听觉注意、听觉辨别等项目。同时，视觉、听觉的同时加工，也促进了其他感官对外界环境的感知，触觉、味觉、嗅觉的辨别和记忆项目从没有感知过渡到了对此有所意识。儿童运动领域主要提升的能力集中于手眼协调的部分。虽然被试者在治疗结束后仍不能用完整的"主谓宾"结构的长语句进行语言表达，但是他已经逐步具有语言表达的意识，尝试用所要表达内容中的名词短语，进行部分表达。被试者的认知能力主要进步在对概念的掌握，其中空间概念、形状概念、数的概念与运算进步最为明显。儿童能在同伴的带领，没有治疗师和辅助人员等成人的帮助下，有序地参与同龄儿童的活动中，并获得愉快的体验，偶尔向同伴有意识地微笑，用适当的肢体语言表现出互动交往。通过与生活技能相结合的音乐律动活动，儿童跟随音乐的旋律节奏，了解并模仿生活化的动作，并尝试在生活中实际应用，生活自理能力有明显提升，主要的进步集中在穿衣、梳洗、家居三个部分。儿童在感受音乐，参与有趣多彩的音乐活动的过程中，结合音乐本身所表达的情感基调，逐步对治疗师、辅助人员、同伴所表达的情感与面部表情、肢体动作、说话语气进行理解，并尝试使用语言和非语言的需求表达。家长、教师以及一同参与治疗活动的同伴都对被试者的表现给予正面的评价，从语言沟通、社会交往、生活技能等多个方面肯定了治疗效果以及治疗环境外的泛化效果。参与的同伴也表示出乐于帮助被试者,能和被试者一同参与活动非常愉快,希望能多参加这一类型的游戏活动。

由于各方面因素的限制,本研究在理论以及实证方面均存在诸多不足,有待改进:自闭症儿童的个体差异性大,本研究的个案研究对象只有一名,所得到的结果和分析的结论有局限性,不能进行普遍意义层面上的推广。需在以后的研究中增加更多的研究个案,为所得的结论提供依据与支持。由于研究时间有限,本研究的治疗期为 3 个月,每周 2 次,在后续的研究中,需要增加治疗的时间,并加强治疗的强度。

➢进一步阅读的文献/网站

Nicole, M. Art as an Early Intervention Tool for Children with Autism [M]. London: Jessica Kingsley Publishers, 2009.

Kern, P. , Humpal, M. Early Childhood Music Therapy and Autism Spectrum Disorders: Developing Potential in Young Children and Their Families [M]. London: Jessica Kingsley Publishers, 2012.

托尼·W·林德. 在游戏中发展儿童——以游戏为基础的跨学科儿童干预法[M]. 陈学锋,江泽菲,译. 上海:华东师范大学出版社. 2008.

http://www. musictherapy. org/.

http://www. arttherapy. org/.

第九章

特殊幼儿康复治疗

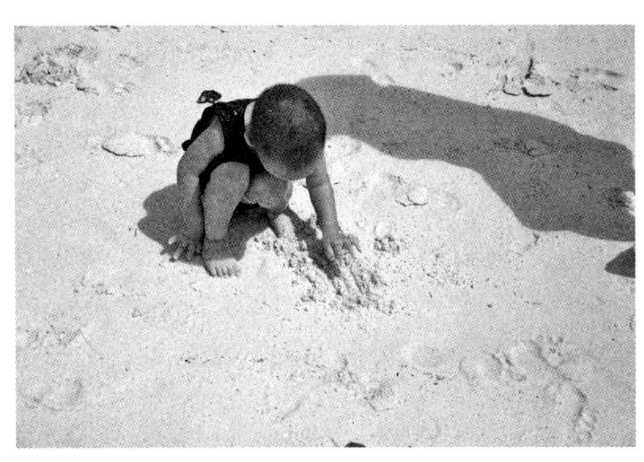

特殊幼儿的康复治疗应当包括哪些内容和要素？在为他们提供治疗的时候，都需要考虑哪些要素（与成人的康复治疗是否会有差异）？如何实施康复治疗服务对于儿童及其家庭来说是最有效的？请你先思考一下这几个问题，然后浏览一下本章的内容。

通过本章的学习，你能够

- 了解特殊幼儿物理治疗、作业治疗及言语—语言治疗概念；
- 了解早期干预中的物理治疗的相关内容和实施原则；
- 了解早期干预中的作业治疗的相关内容和实施原则；
- 了解早期干预中的言语—语言治疗的相关内容和实施原则。

本章内容索引

第一节　特殊幼儿物理治疗

残联和教育部门都非常关注残疾人的康复治疗，也积极促进相关专业人员的发展。在美国等早期干预康复体系相对比较成熟的国家，康复治疗为特殊幼儿享有的相关服务包括作业治疗（occupational therapy）、物理治疗（physical therapy）及言语语言治疗（speech and language pathology）等，但通常不是单一实施特定的治疗或者教育方式，而是多种不同学科专业共同参与的系统性工作；早期干预的目的是为儿童及其家庭提供整合式的干预服务，它包含很多内容和要素，是一个动态发展的过程，需要不同学科专业人员的共同协作，以处理儿童及其家庭在儿童成长的各个不同阶段所遇到的各种发展问题。

在我们之前介绍的跨专业协作模式和PSP模式中，根据儿童的能力评估结果和不同发展需要，物理治疗、作业治疗、言语—语言治疗及其他治疗手段都可以视为干预的要素进行自由组合，形成属于每个儿童独特的干预和服务计划。下面，就让我们具体来看看在早期干预中，作业治疗、物理治疗以及言语—语言治疗都包括哪些具体的内容。

一、什么是物理治疗

具备正常的功能性运动能力(functional movement)是衡量个体身体健康与否的一个重要指标。根据世界物理治疗联盟(The World Confederation for Physical Therapy,简称 WCPT)的定义,物理治疗是指在生命全程中为因意外损伤、疾病、障碍、环境、老化等因素造成运动功能受损的个人或者群体提供相应服务,以帮助他们发展、保持或者最大限度地恢复功能性运动能力①。物理治疗所关注的重点是通过训练、干预等帮助个体恢复受损的运动功能,发展潜在的运动能力。物理治疗是针对残障人士的各种健康服务项目和福利项目的重要组成部分,在康复领域发挥着重要作用。特别是以特殊婴幼儿为对象的早期干预中,很多儿童都存在运动技能方面的缺陷或障碍,如果能够及早地得到恰当的物理治疗,那么对他们今后的发展是有很大裨益的。

从事物理治疗的专业人士被称为物理治疗师(physical therapist),由于各国社会、经济、文化等因素的差异,对于物理治疗师的教育要求和临床执业认证规范也不尽相同;但是作为一个对专业技能要求较高的职业,通常都需要先在大学里完成专门的本科或更高层次的培训课程并合格后,才能获得从业资格②。物理治疗师通过运用自己的知识和专业技能,与病患、家属、照料者、其他专业人士等进行互动,以便对病患的运动技能现状进行准确的评估,并达成一致的康复目标,继而进行训练,以帮助个体提升生活质量。概括来说,物理治疗师主要在以下领域发挥作用③:

- ✓ 促进个体的健康和幸福,提升公众和社会对于身体活动和锻炼重要性的认识。
- ✓ 预防由于健康因素、社会经济因素、环境因素、生活方式等对个体造成的运动损伤,降低活动限制、参与限制、残疾等发生的风险。
- ✓ 为个体提供干预和治疗,帮助他们重建身体运动功能系统的完整性,最大限度地恢复功能性运动能力,提升生活质量;帮助有运动障碍的个体实现独立生活,减少由于他们的残疾或障碍所造成的局限性。
- ✓ 对环境进行无障碍改造,减少个体出行的困难和障碍,帮助他们参与正常的社交生活和工作。

二、早期干预中的物理治疗

在早期干预领域,物理治疗发挥着极其重要的作用,是服务实施模式的重要组成部分。很多特殊婴幼儿都存在运动技能方面的障碍,常见的例如脑瘫儿童的粗大运动和精细运动能力受损,需要进行物理治疗;自闭症儿童往往存在运动笨拙、感知觉异常等问题,也需要物理治疗师的帮助,来更好地适应日常生活环境;此外,很多儿童都有肌张力过高或过低的问题,也属于物理治疗的范畴。

---

① 郑如安.学校游戏治疗实务——接触、游戏与历程回顾之三段式游戏介绍[M].台北:五南图书出版公司.2008:7-12.

② 王孟心,王世芬.建立游戏治疗关系实用手册[M].台北:五南图书出版公司,2008:110.

③ World Confederation for Physical Therapy. WCPT guideline for the development of a system of legislation/regulation/recognition of physical therapists [M]. London, UK: WCPT, 2011.

对于早期干预来说，普遍的观念是越早进行干预越好。实际上在美国，很多早产儿或者因为其他并发症而入住儿童监护病房(Neonatal Intensive-Care Unit，简称 NICU)的婴儿，就已经开始接受物理治疗了，以最大限度地降低他们日后运动技能受损的风险。物理治疗师会根据每个儿童不同的身体状况进行及早的干预，如对他们的姿势等进行调整、利用辅助工具帮助他们坐立、调整体位姿势等。

抚育一个特殊幼儿对于家长来说是一件极其具有挑战性的事情，需要长期的关爱、付出和耐心。家里有一个特殊幼儿，往往会对整个家庭的结构、功能、经济状况等产生巨大的影响。因此，早期干预的一个重要指导理念就是，干预的对象并非单纯是儿童或者儿童的障碍本身，而是以整个家庭作为疗育和支持的对象，帮助家长提升育儿能力和自我效能感，以实现在家庭自然环境中对儿童进行干预的目的。因此，物理治疗师除了对儿童提供直接的服务外，也同时对家长进行相关的育儿知识培训，以帮助他们更好地照顾自己的孩子，减少障碍造成的影响。

物理治疗在早期干预过程中所遵循的基本原则是帮助特殊幼儿保持、发展并提升独立运动能力。物理治疗师利用自己的专长帮助儿童参与到日常自然化环境中的各项和年龄适切的活动中，并通过运动技能方面的训练，帮助他们更好地参与到普通学校的课程和学习中，在最小限制性的环境中(the least restrictive environment)获得进步。物理治疗师还为家庭成员和学校老师等提供指导、建议和相关策略，为儿童的进步提供支持。所有的干预、策略和调整都是为了提升儿童的功能性运动能力，让他们能够安全、有效地参与到日常生活和活动中。①

(一) 治疗目标

根据美国《障碍者教育法案》的C部分的规定，物理治疗属于早期干预服务的一种，根据儿童状况的不同，物理治疗可以是某个儿童接受的唯一的早期干预服务，也可以是一个儿童所接受的多学科干预服务中的一个组成部分。根据评估结果，如果儿童需要接受物理治疗，那么物理治疗将被纳入儿童的个别化家庭服务计划中，并遵循以家庭为中心的服务原则，由专业人员帮助家庭提升儿童运动技能的发展，使他们更多地参与家庭生活和社区生活。物理治疗师作为个别化家庭服务计划团队的重要成员，运用他们的知识和技能，帮助儿童处理运动相关的问题，提升儿童的功能性运动能力，并为他们提供所需要的辅助器具(如轮椅、助行器等)。和团队其他成员交流信息，并指导家长将干预策略整合到日常生活惯例中，促进儿童的发展。

物理治疗需要由具备专业服务资格认证的物理治疗师来进行。根据C部分的规定，在早期干预中，具体的服务是通过个别化家庭服务计划来实现的，根据儿童的评估结果和家庭的需求，由物理治疗师提供相应的支持服务。物理治疗师通过直接干预、家长支持和训练等，来促进儿童自我意识的发展，通过在自然化环境中和儿童进行互动，帮助儿童习得运动技能，改善感知觉体验等。治疗师协助家长帮助儿童获得运动方面的独立性，让他们能够更好地参与到日常生活中，进行游戏并和他人互动等，为日后进

---

① World Confederation for Physical Therapy. WCPT guideline for the development of a system of legislation/regulation/recognition of physical therapists [M]. London, UK: WCPT, 2011.

入学校做好准备。

对于 0 至 6 岁的儿童来说，在这段发展的关键期里，能否及早地获得高效的早期干预服务直接影响着他们未来的发展状况。具体来说，物理治疗在早期干预中的治疗目标主要包括以下几个方面①：

- ✓ 促进发育：利用专业观念和方法，激发儿童潜在的身体发育能力。
- ✓ 分析问题趋向：通过专业的评估，密切注意儿童在肌肉骨骼及运动能力方面的发展状况，以便能够预防异常的发育趋向。
- ✓ 降低残障程度：降低或减轻已有的异常发育所造成的障碍程度。
- ✓ 预防并发症：维持骨骼肌肉系统的最佳状况，防止肌肉萎缩、关节挛缩、骨骼发育异常等可并发性问题的产生。
- ✓ 促进全面的发展：物理治疗师通过与其他专业人士的沟通与合作，引导儿童健全地全面发展。比如除了着重肢体感觉运动功能的治疗外，同时也关注孩子的口腔动作能力、认知功能及社会情感性的发展等。
- ✓ 对家长提供支持：帮助家长树立并获得正确的育儿观念与方法，使家长能够更有效地照顾儿童，促进他们的发展。

人体是一个精妙的整体系统，物理治疗所关注的不仅仅是儿童动作的习得，而是整体的发育发展情况，包括骨骼系统、肌肉系统、步态姿势等。物理治疗师在对儿童的运动功能进行全面细致的观察和评估基础上，对照正常儿童的运动技能发展里程碑，设定合理的干预和治疗目标，促进特殊幼儿取得进步。早期干预中经常用到的物理治疗方法主要有主动性运动治疗（如学步训练）、被动性关节运动（如按摩）、挑选适合儿童的辅助器具、协助儿童适应家庭日常生活等。物理治疗师会通过观察与评估，提供儿童及其家庭所需要的治疗与指导，促进儿童的功能性运动能力发展，帮助他们更多地参与到日常生活及活动中。

（二）治疗范围和服务对象

需要接受物理治疗服务的特殊幼儿大致可以分为以下五类②：

1. 发展或神经肌肉病变：包括发展迟缓、脑性麻痹、智能迟缓、脊髓损伤、先天性脊柱裂、脑部外伤、脑部感染等。

2. 外围神经与肌肉障碍：包括多发性神经炎、臂神经丛损伤、小儿麻痹症等。

3. 骨骼肌肉系统疾病：包括先天性髋关节脱臼、斜颈症、脊柱侧弯、幼年型类风湿性关节炎等。

4. 心肺系统疾患：包括先天性心脏病、哮喘等。

5. 遗传性疾病及其他：例如早产儿、唐氏综合症、自闭症造成的运动障碍等。

（三）物理治疗师的职责

在早期干预中为特殊幼儿提供作业治疗或者物理治疗的目的是促进儿童认知、运

---

① World Confederation for Physical Therapy. Ethical principles [M]. London, UK: WCPT, 2011.

② The Role of Physical Therapy with Infants, Toddlers, and their Families in Early Intervention [EB/OL]. https://pediatricapta.org/special-interest-groups/early-intervention/pdfs/Role%20of%20PT%20in%20EI.pdf.

动、沟通、社会情感、适应性行为五大领域的发展,帮助他们参与到正常的家庭和社区生活中。在前文中我们详细介绍过个别化家庭服务计划和个别化教育计划的内容。对于0至6岁的特殊幼儿,特别是0至3岁的特殊幼儿来说,家庭等自然环境是他们日常活动的主要场所,因此,干预和训练都需要在自然化的情境下展开,而不是将他们隔离开来进行缺陷补偿式的训练。服务团队要着重考虑儿童的优势和需要以及家庭的忧虑,制定切实可行的服务计划。就物理治疗来说,所提供的服务和支持应该考虑到生态化的因素,以游戏活动为主要方式进行,为家长和其他儿童照料者提供简洁、实用、操作性强的策略,并将干预策略植入每天日常的家庭生活和惯例中,促进儿童的发展,提升整个家庭的生活质量。

1. 鉴定评估

物理治疗和作业治疗是为0至6岁儿童提供早期干预服务的重要组成部分,在确定服务资格、能力评估、干预计划制定及执行等方面发挥着重要的作用。确定儿童是否符合享受各种早期干预服务的资格是一个很关键的问题。根据C部分的规定,资格评估需要由具备专业资质的人员进行,包括物理治疗师、作业治疗师及言语—语言治疗师等。专业人员需要根据儿童的生理年龄和发展年龄,选用恰当的标准化或非标准化评估工具,并结合观察、访谈等多方面收集关于儿童的资料,尽量准确、严谨、细致地对儿童的能力发展水平作出评估。如果儿童在五大发展领域(认知发展、运动发展、沟通能力、社会情感发展、适应性行为)中的一个或多个领域中有25%以上的发展迟缓,即被认为符合接受早期干预服务的资格。在接受早期干预服务的资格标准问题上,各国由于社会经济文化等的差异,法律规定都有所不同。美国的标准是25%的迟缓,或者在某一领域有显著的异常发展出现。我国目前还没有一个明确的标准界定。

在确定了儿童享有接受早期干预服务的资格后,物理治疗师作为多学科干预团队的一员,需要在整个干预的过程中持续收集关于儿童的各项资料,并和其他团队成员进行沟通交流,以便更好地促进儿童的发展和家庭需求的实现。

2. 提供干预服务

物理治疗师熟悉正常儿童的动作发展历程及特殊幼儿的独特性,可以根据特殊幼儿的具体情况提供相应的训练,例如各种姿势的控制和变换、平衡能力、跑跳能力等,设计适合每个儿童的训练干预计划,以增强儿童的心肺功能、提高或降低肌张力、提升关节柔韧度等。

除了对身体机能进行改善外,物理治疗师还应关注儿童生活的日常环境,对环境进行无障碍改造,最大限度地提高儿童参与日常活动的可能性;为需要辅助器械帮助的儿童提供咨询和建议,如有需要,协助家长选择合适的轮椅、助行器、足部辅具等,让儿童能够更容易地在室内外进行活动。

3. 家长培训

此外,物理治疗师需要对家长进行相关知识的普及和培训,帮助他们了解关于自己孩子运动技能的发展模式,协助家长设计制定在日常家庭生活环境中可以进行的动作训练方案,抓住每一个自然化的学习机会,让儿童能够用最有效、最便捷的方式执行各种动作技巧,参与到日常生活活动中,同时减轻家长的育儿压力和负担。物理治疗师在为家庭提供支持和服务时需要将重点放在以下方面：

✓ 协助家长作出适合孩子能力发展的决定。

✓ 利用自己的专长，帮助个别化家庭服务计划团队或者个别化教育计划团队制定有意义的、实际的干预目标。

✓ 帮助家长理解在自然化情境中对儿童进行干预训练的意义，并帮助他们确定哪些日常惯例是他们儿童可以参与并发生改变的，提高儿童的参与度。

✓ 在干预进行的过程中对儿童的能力发展进行持续性的观察和评估，适时地调整方案，更好地促进儿童发展。

✓ 在感知觉、粗大运动和精细运动、姿势和动作、自理技能训练等方面为家长提供具体的指导和示范。

✓ 确定儿童是否需要适应性设备和辅助器械。

三、物理治疗应用实例

上文中我们简要介绍了物理治疗的相关内容以及物理治疗师在早期干预中发挥的重要作用。下面，让我们通过一个具体的个案——吉姆的故事，感受一下物理治疗是如何帮助特殊幼儿发展能力并为其家庭提供支持服务的。

吉姆是一个只有31周的早产儿。由于难产导致脑部缺氧，在出生后不久，他就被诊断为患有脑瘫。鉴于吉姆的状况，他一出生就被转入了加护病房NICU，并开始接受物理治疗师的帮助。物理治疗师首先和吉姆的父母进行了沟通，对他们说明了吉姆的身体状况，并对他们提供了一系列指导，教会他们应该如何抱他，并帮助他翻身、变换体位等，以便他能够获得一定的身体控制能力，并在醒着的时候和父母进行互动，保持警觉且安全的状态。

在NICU住了两个月之后，吉姆出院回到家里，主要由母亲照料。到他6个月的时候，吉姆已经能够和家人进行良好的情感互动，并对周围的物体产生浓厚的兴趣。但是由于脑瘫造成双腿肌肉张力过高，缺乏躯干控制能力，吉姆不能独立坐或爬，需要大人的支撑才可以勉强坐起来。在随后的复诊中，吉姆被确诊为患有痉挛型脑瘫，并被医生转介到早期干预服务系统，接受进一步的评估和服务。

一名具备丰富早期干预经验的物理治疗师每周到吉姆家家访一次，观察和了解家庭的日常生活惯例，并和吉姆的父母进行访谈和沟通，了解吉姆的情况，以及他们的忧虑和需要。吉姆的运动功能损害主要影响了他日常的游戏活动，例如他无法抓握玩具；由于双腿肌张力过高产生持续性的痉挛，他无法独立站立和行走。根据吉姆的情况，物理治疗师为他量身定制了双腿足部矫形器，并教会父母应当怎样帮助他穿戴和使用。物理治疗师和吉姆的妈妈一起研究了一系列可以帮助他站立和行走的辅助器械，并挑选了一些如折叠式婴儿车、学步车等，帮助吉姆获得行动上的独立性。物理治疗师还教给了妈妈很多实用的策略和技巧，可以在日常活动中尽量多地为他提供练习机会，来训练坐立、爬行、站立等。例如把吉姆最喜欢的玩具汽车放在他面前，但是稍有距离的地方，和他进行开心的互动，引导并鼓励吉姆爬向玩具车。

经过持续的早期干预训练，到吉姆3岁的时候，他已经能够佩戴足部矫形器，拄着双肘拐独立行走了。妈妈把吉姆送到了家附近的一所幼儿园，在那里他借助辅助器械和技术，能够参与到正常儿童的活动和课程中。当然这归功于物理治疗师提前和幼儿园的教职工针对吉姆的情况进行了沟通，在获得他们支持的情况下，进行了一系列的适应性调整，帮助吉姆能够成功地参与到课堂中。吉姆是个聪明温和的小男孩，尽管因为身体的原因他不能像其他小朋友一样奔跑跳跃，但是借助辅助器械和老师为他做出的课程调整，吉姆可以参与到绝大多数正常的课程和活动中，和其他小朋友一起分享成长的喜悦，他很喜欢在幼儿园的时间，还交到了几个好朋友，并邀请他们到家里参加他的生日聚会。

到吉姆6岁的时候，他接受了腿部的矫形手术，来解决肌张力过高的问题。手术后在物理治疗师的帮助下，吉姆进行了一段密集性的训练，来改善臀部和膝盖的控制能力。吉姆是个好奇心很强的孩子，非常喜欢在社区里探索新鲜的事物。通过这次手术和训练，吉姆能够拄着肘拐进行比较长时间的行走了，这也大大拓展了他可以独立行走的活动范围。现在吉姆马上要进入家附近的一所普通小学就读，他对自己即将到来的学校生活非常向往，渴望交到更多的好朋友。

第二节　特殊幼儿作业治疗

作业治疗对很多人来说可能是一个陌生的概念。对于“occupation”这个词，国内通常翻译成“作业”或者“职业”，实际上它是指完成一项任务、一个日常活动的意思，类似于我们中文中完成一份作业的概念。

一、什么是作业治疗

作业治疗是指作业治疗师利用自己的专长帮助各个不同年龄阶段的人通过在日常活动中进行治疗和训练，掌握完成一项活动所需要的技能和步骤，参与到他们想要或者需要做的事情中。

作业治疗可以应用于生命全程中的各个阶段，比较常见的有在早期干预中帮助残障儿童参与到学校和社交生活中，帮助因为意外受伤的人重新获得生活技能（例如穿衣服、系鞋带等），以及帮助老年人逐渐适应由于身心老化所带来的身体和认知上的改变等。作业治疗所提供的服务主要包括[①]：

✓ 对个体进行观察和评估，由作业治疗师和个体一起确定治疗所要达成的目标。

✓ 制定个别化的干预方案，改善个体进行日常活动的能力，达成治疗目标。

✓ 对干预结果进行评估，确定目标是否达成。

✓ 根据结果对接下来的干预方案进行调整。

作业治疗所提供的服务可能还包括对个体的家庭环境、学习环境等进行全面的观察和评估，由治疗师针对个体的发展需要，对环境进行适应性的改造。如有需要，还可以增加一些必须的辅助性设备，并对家庭成员或者主要照料者进行培训，教会他们如何

---

① 早期疗育与物理治疗[EB/OL]. http://www.kmuh.org.tw/www/kmcj/data/8802/4165.htm.

使用这些设备。作业治疗师需要具备全局观，关注点应当聚焦于如何改造环境来适应个体的发展，并将个体视作治疗团队的一个有机组成部分。

二、早期干预中的作业治疗

早期干预服务最初通常是由医疗机构提供的，因此医院往往是特殊婴幼儿接受物理治疗、作业治疗的最初场所。例如，出生时伴有各种并发症的婴儿（早产、呼吸困难、脑室内出血、肺部感染等）一般要在婴儿加护病房 NICU 待上几周到几个月不等的时间①。从这时候开始，作业治疗师就会对他们进行早期的干预和训练了，例如通过一些活动来帮助婴儿改变体位，加强自主呼吸能力等；等到婴儿出院后，医院会继续对他们进行复诊或者随访，以确保能够对他们的发展状况和需要进行持续的观察、评估和监测②。

需要注意的是，医院等医疗机构所提供的物理治疗、作业治疗等早期干预服务跟以社区为基础提供的早期干预服务是有所区别的。在美国，医院中的早期干预团队通常采用学科间协作的模式，由医生或者护士来为婴儿提供相关服务，关注的治疗重点是婴儿的身体状况、营养情况等会对能力发展产生影响的方面，由医疗保险公司或者医疗补助计划（Medicaid）来报销相关费用。以社区为基础进行的早期干预服务项目则通常是由治疗师或者老师为主要团队成员进行干预服务，关注的重点是婴幼儿在五大发展领域的技能发展水平，以个别化家庭服务计划或者个别化教育计划为引导进行，通常是由国家或者所在州提供财政支持。

（一）治疗目标

作业（occupation）是指那些能够对个体的健康、幸福和发展起到支持作用的活动（AOTA，2008）。在早期干预领域，作业治疗所遵循的一个基本原则就是帮助儿童参与到有意义的日常生活和活动中。具体到对特殊幼儿来说，作业主要是指那些能够让他们学习和获得生活技能（如独立穿脱衣服）、发展创造性并体验愉悦感（如游戏活动）的活动。不同年龄、不同能力水平的儿童都可以接受作业治疗。

作业治疗师运用他们的专业技能，帮助特殊幼儿提高功能性活动的完成度，帮助他们有效地参与到日常活动和任务中，并协助家庭成员、教师、照料者等对环境或活动进行恰当的修改和调整，以便提高儿童的参与度。作业治疗需要由具备专业资质认证的作业治疗师来进行，主要在以下方面发挥作用：

- ✓ 改善、发展或者恢复由于疾病、意外损伤等所造成的功能损害或丧失。
- ✓ 提升功能受损或丧失的个体独立生活和完成任务的能力。
- ✓ 通过早期干预，防止进一步的功能受损或丧失。

在对儿童进行早期干预的过程中，作业治疗师通过设计具有目的性、意义性、娱乐性的活动，引发儿童主动参与，掌握各种技能，并发挥创造力，进而提升其能力水平和生

---

① 物理治疗师在早期疗育提供的服务[EB/OL]. http://ccf073.myweb.hinet.net/early-intervention/authority-3.htm.

② About occupational therapy [EB/OL]. http://www.aota.org/about-occupational-therapy.aspx#sthash.c97Bwso0.dpuf.

活质量。

（二）治疗范围和服务对象

儿童生命成长的前几年时光是非常重要的，尤其是0至3岁这段大脑发展的关键期，儿童需要不断地接受新的刺激，获得经验和体验，来发展自己的认知能力、社会情感性，以及身体上的成长。如果能够在这段时间里为儿童提供一个充满新奇刺激和体验、富有情感滋养和安全感的生活环境，那么儿童将会取得更好的发展。对于有特殊需要的残障儿童来说，通过早期干预，也可以大大降低障碍对其日后生活所造成的不良影响。

在早期干预领域，实际上在提到干预服务时，往往是一个整体的概念，很多游戏活动都是综合式的，会促进儿童多项能力的整体发展。在实践中我们也发现，儿童物理治疗和作业治疗有很多交叉和重叠的地方，但是也有各自不同的侧重点。概括来说，物理治疗更关注儿童运动技能的发展，尤其是大肌肉的训练、粗大运动能力的发展，以及各种辅助器械的应用；作业治疗则更关注精细运动能力的发展，以及生活自理能力的训练，帮助儿童更好地完成一项活动，获得某种技能。精细动作包括手眼协调、手部的知觉动作能力（如画几何图形、模仿堆出各种积木）、手部操作能力（将物体在指间移动、传送物品由手指至手掌或手掌至手指，或旋转物品的能力）、单手指的动作、手指间的协调、两手的协调、手指的动作计划能力等①。

作业治疗作为早期干预服务的一种，可以为很多有特殊需要的儿童提供服务，包括早产儿、低体重儿、先天畸形、神经失调、神经肌肉病变、感觉统合障碍、有问题行为的儿童等。治疗着重于喂养技巧、感觉统合、运动技能发展、游戏技能、适应性行为以及增强儿童和他人的互动。在早期干预阶段，作业治疗师工作的重点是为家庭提供服务和支持，增强他们照料和养育特殊幼儿的能力，帮助儿童获得更好的发展；当儿童进入幼儿园或学校后，作业治疗发挥作用的重点就变成了帮助儿童适应学习生活，参与各种活动，训练重点为社交技能、运动技能、自理能力、口语发展以及适应性行为及自我照料能力的习得。作业治疗师会协助老师设计一系列活动，对课程进行改编等，帮助特殊幼儿融入课堂集体教学和活动，和其他儿童一起发展和成长。

概括来说，作业治疗的服务对象主要包括以下三类幼儿：

(1) 有确切诊断的幼儿(established conditions)：例如被诊断为唐氏综合症、脑瘫、自闭症的儿童等。

(2) 发展迟缓的幼儿(developmental delays)：是指在认知、运动、沟通、社会性、适应性行为五大发展领域中的任意一个或多个领域有发展迟缓现象的幼儿（通常以落后于正常群体25%为界限）。

(3) 高危幼儿(at risk)：是指目前没有出现异常情况，但是由于生物或环境的因素，将来有可能在认知、运动、沟通、社会性、适应性行为等领域出现发展迟缓的幼儿。例如受到家长忽视或虐待、被遗弃的幼儿等。

对于有残疾或发展障碍的特殊幼儿来说，如果想要获得最佳的发展，那么作业治疗

---

① Hunter, J. Neonatal intensive care unit [M]//Case-Smith J, O'Brien J C (Eds.). Occupational therapy for children (6th ed.). St. Louis, MO: Mosby/Elsevier, 2010: 649 - 680.

可能会为他们提供很大的帮助，让他们更好地适应生活，参与到各种日常活动中。经过评估后，如果儿童需要进行作业治疗，那么作业治疗将会被纳入儿童的个别化家庭服务计划或者个别化教育计划中。作为早期干预团队的重要一员，作业治疗师会和其他成员，包括医生、护士、物理治疗师、言语语言治疗师、心理学家、老师、家长等紧密合作，共同制定干预计划和目标，并为达成目标而努力。作业治疗作为早期干预服务的一个重要组成部分，会使很多有发展障碍的儿童受益，促进他们的认知、语言、动作等技能的发展；即使没有明确的诊断或障碍的标签，作业治疗也可以为有轻微问题的儿童提供一些帮助，使他们更好地发展。

概括来说，作业治疗在早期干预中主要聚焦于以下几个方面来发挥作用①②：

1. 社会情感性发展：主要干预方法和策略包括以接触和抚摸为手段的干预，例如袋鼠疗法（kangaroo care）和按摩；以关系为基础的干预，为家长提供促进滋养亲子互动关系的策略；注意力训练，以促进儿童在活动中共同注意能力和分享能力的发展；促进同伴关系发展的活动；社会故事法（social stories）等。

2. 对儿童的喂食、进食以及吞咽功能的训练：可以分成生理性训练、行为性训练、适应性训练，以及家长指导训练等。

3. 运动技能，尤其是精细动作能力的发展：为高危儿童提供发展性干预；为患有脑瘫等影响运动技能发展的疾病的儿童提供运动干预；为其他有运动障碍、手眼协调性问题等的儿童提供干预服务。

4. 认知技能的发展：对儿童认知能力的发展主要包括在家庭等自然环境中设计一系列符合儿童认知发展水平的游戏活动，将认知训练嵌入日常活动中，反复进行，提升他们的共同注意能力。

5. 自我照料及自理能力的训练：穿脱衣服、洗脸刷牙、大小便训练等日常生活所必须的自理技能训练。

对于患有自闭谱系障碍的儿童来说，他们需要接受的作业治疗服务可能会包括：感知觉处理训练；社会性情感和行为训练，包括人际互动技能、同伴交往等；自我管理技能，例如穿衣服、吃饭、上厕所、睡觉等日常活动的自理；在学校中的适应性行为，独立学习和参与团体活动的能力；使用辅助性沟通用具等。

补充阅读材料 9-1

作业治疗在自闭谱系障碍早期干预中的重要作用及所提供的服务

根据美国疾病与控制中心最新发布的统计数据，自闭症谱系障碍的发生率已经达到了 1/68。如果按照这个比率推算的话，我国的自闭谱系障碍儿童

① Dudgeon, B.J., Crooks, L. Hospital and pediatric rehabilitation services [M]//Case-Smith J, O'Brein J C (Eds.). Occupational therapy for children (6th ed.). St. Louis, MO: Mosby/Elsevier, 2010: 785-811.

② 儿童职能治疗[EB/OL]. http://ccf073.myweb.hinet.net/early-intervention/authority-3.htm.

的绝对数量将会达到一个惊人的数字。在美国,很多自闭谱系障碍儿童在早期干预或学校系统中都接受作业治疗的帮助。作业治疗师通过直接干预、家长咨询、团体干预等方式为儿童及其家庭提供服务。Tomchek 等人提出了自闭症儿童和青少年作业治疗的服务指南①,主要包括:

- 尽早地进行干预;
- 干预应当是密集型的,并持续进行;
- 家庭要积极地参与到儿童的干预过程中并发挥重要作用;
- 治疗师要具备关于自闭谱系障碍的充足的专业知识;
- 干预应当经过仔细策划,并以相关实证研究为基础;
- 除了直接的干预外还要注重技能的保持和在不同情境下的泛化。

下面,让我们具体来了解一下作业治疗可以为自闭谱系障碍儿童提供哪些服务和支持:

- 鉴定评估:作业治疗师可以对个体的技能水平、参与有意义活动的能力以及对由于自闭谱系障碍对个体从事日常作业活动所造成的影响进行详细的评估,找出个体的优势能力所在,以及在干预过程中需要改善和提升的方面。
- 治疗服务:为个体提供量身定制的个别化服务,包括一对一干预(occupation-based intervention)、目的性行为(purposeful activity)、准备方法(preparatory methods)等,所设计的活动要和现有能力发展水平相匹配,最大限度地满足个体发展的需要。
- 家长支持:为自闭谱系障碍儿童及其家庭成员提供如何应对由于自闭症所带来的各种挑战的资源和相关支持,帮助他们处理好日常生活。
- 环境改造:对个体生活的环境、日常需要进行的活动等进行适应性改造,帮助个体更好地参与到日常活动中。
- 团队合作:和儿童、家长、其他专业人员一起,精诚合作,努力为个体提供高质量的服务。

(三) 作业治疗师的职责

沟通合作(collaboration)、团队协作(teamwork)和以家庭为中心(family-centered)提供服务,是作业治疗在早期干预系统中所贯彻的原则。在之前第六章中我们介绍过各种不同的团队协作模式。在早期干预中,多学科协作、学科间协作、跨学科协作(包括主要服务提供者模式)都可以得到应用,需要根据儿童和家庭的具体需求,以及服务人员的现实可得性进行灵活的组合和选择。美国作业治疗协会(American Occupational Therapy Association,简称 AOTA)结合美国国家早期干预技术支持中心(National Early Childhood Technical Assistance Center)提出的指导准则,对作业治疗师参与早期干预团

① Case-Smith, J., Frolek-Clark, G. J., Schlabach, T. L. Systematic review of interventions used in occupational therapy to promote motor performance for children ages birth-5 years [J]. *American Journal of Occupational Therapy*, 2013, 67:413-424.

队协作提出了如下的指导原则[①]：

✓ 婴儿和学步儿学习技能的最佳方式是通过和熟悉的成人在其熟悉的环境里每天进行互动，获得经验。

✓ 家庭是儿童成长和发展过程中最重要的力量。在得到必要的支持和资源的条件下，家庭是可以增强能力，来促进儿童的学习和发展。

✓ 早期干预的全过程，从最开始的接触、转介到评估、干预，整个过程都必须是动态的并且个别化的，应当能够准确地反映出儿童及其家庭成员的偏好、学习方式、文化信仰等。

✓ 个别化家庭服务计划所确定的干预目标和想要达成的结果必须是具备功能性的，以儿童和家庭的需要为基础。

✓ 早期干预必须要以明确的指导原则(explicit principles)、经过实证的实践(validated practices)、最优的研究方式(best available research)以及相关的法律法规作为其顺利实施的保障。

实证研究证明，在早期干预中，最好的实施方式是采取团队协作的模式，以家庭为中心，以建立良好关系为基础，为儿童及其家庭提供多元化的服务和支持，以满足他们的需要[②]。此外，很多研究者呼吁要将早期干预服务和情境化实践模式(Contextually Mediated Practices)结合起来进行，会达到事半功倍的效果，与第七章中的"自然环境"的理念是呼应的。所谓情境化实践模式，是指在日常自然化的生活和活动情境中，由父母或其他主要照料者为儿童提供以激发其兴趣为基础的学习机会，促进和鼓励儿童的功能性能力和社会适应性的发展[③]。这些概念和模式与早期干预领域的作业治疗师的实践是相一致的。治疗师在自然化情境中为儿童提供学习和练习的机会，通过游戏和任务的方式让儿童参与到日常生活中，促进儿童认知、运动、沟通、社会情感、适应性行为五大领域的全面发展。

在自然化的环境中提升儿童的能力和活动参与度，促使他们获得最佳的发展，是根植于早期干预和作业治疗的一个核心原则和根本准则。作为早期干预服务中的一个重要组成部分，作业治疗不仅关注儿童能力的发展，同时也注重加强家庭的育儿能力，并维护他们所应得的权益。作业治疗的场所是由治疗的目的和儿童、家庭的具体需要决定的，可以是治疗师和儿童一对一地进行，也可以以团体的方式进行。儿童除了在家庭、学校或者医疗机构中接受作业治疗外，还可以在其他自然化的情境里，例如在操场、幼儿园、家庭经常去购物的超市等跟日常生活密切相关的环境里接受治疗，在真实化的

---

① Frolek, C. G. J., Schlabach, T. L. Systematic review of occupational therapy interventions to improve cognitive development in children ages birth-5 years [J]. *American Journal of Occupational Therapy*, 2013, 67:425 - 430.

② Tomchek, Case-Smith. Scope of occupational therapy services for individuals with an autism spectrum disorder across the lifecourse [EB/OL]. http://www.aota.org/-/media/Corporate/Files/Practice/Children/Browse/SI/Scope%20of%20OT%20Services%20for%20Individuals%20With%20an%20Autism%20Spectrum%20Disorder%20Across%20the%20Lifecourse.pdf.

③ American Occupational Therapy Association. Statement: Occupational therapy services in early intervention and school-based programs [J]. *American Journal of Occupational Therapy*, 2004, 58:681 - 685.

情境中练习和提升技能。

从事早期干预的作业治疗师应当具备人类发展学、儿童心理学、解剖学、神经学、行为分析等方面的专业知识。在美国，想要获得作业治疗师的执业资质需要首先在大学完成专门的教育课程项目，在导师的督导下进行实习，并通过国家的资格认证考试。根据儿童的具体情况和家庭的需要，作业治疗师作为早期干预团队协作的重要成员，也经常被选为服务协调员(service coordinator)，统合整个个别化家庭服务计划的制定和服务的实施。

在我国我国台湾地区和香港地区，也有类似的专业审查认证过程。但是在大陆地区，作业治疗还处于萌芽阶段，没有普及开来，仅在北京、上海等大城市里有极少数的作业治疗师，大都是在私立机构中提供服务，收费昂贵。尽管目前我国早期干预还处于发展中，相关专业人员非常缺乏，特殊教育还没有像美国等发达国家那样分化出不同的细分专业，但是物理治疗、作业治疗等服务中的一些基本原则和方法，特殊教育工作者完全可以取其精华为我所用，将一些实用的策略、技术等用于特殊幼儿的早期干预中，一切从实际出发，以儿童的发展为根本，根据实际情况做出适应性调整，为家长提供服务。

在对儿童进行过能力评估之后，如果儿童符合享受早期干预服务的资格标准，那么就需要召开个别化家庭服务计划会议，并制定符合儿童发展和家庭需求的个别化家庭服务计划。作业治疗可以作为儿童接受的若干种早期干预服务的一种，来帮助儿童及其家庭达成目标。根据《障碍者教育法案》的要求，早期干预要在自然化的情境中进行，将干预结合到家庭每天的日常活动和惯例中。所谓自然化的情境，是指那些没有发展障碍的普通儿童日常活动的场所，包括家庭、学校、游乐园、幼儿园等。因此，作业治疗也必须要在这些自然化的情境中进行，并充分考虑到整个家庭的需求。

作业治疗师在早期干预中所发挥的作用和进行的工作主要取决于家庭想要儿童达成的干预目标是什么，并为此而努力。治疗师先对儿童的能力状况进行评估，然后找出那些在自然化情境中家长或者其他主要照料者可以进行干预的活动，在每天的家庭日常惯例中加强对儿童技能的训练，例如帮助他们改善感知觉体验，或者学习一项新的技能等。对于特殊幼儿，尤其是0至3岁的特殊婴幼儿来说，将他们安置于隔离的环境中进行一对一的强化训练并没有任何实际的意义，简单地教会他们一些认知方面的知识对于他们每天的生活也没有什么实质性的帮助。这些幼儿需要在真实的自然化情境中去学会并精熟各种需要掌握的技能，他们还缺乏泛化技能的能力，需要在具体的情境下去学习，在需要应用这项技能的情况下利用自然化的学习机会去学习。举例来说，父母可能对三岁的孩子不能自己独立用手拿着东西吃感到担忧。治疗师在了解了父母的担忧之后，可能会和父母一起先梳理家庭每天的日常活动有哪些，找出那些孩子可以练习使用手指抓握细小物体的机会，以这些机会为契机，去训练孩子使用食指和大拇指的精细动作能力。治疗师可以指导父母将水果、蔬菜等切成适合孩子抓握和食用的大小，让他可以更容易地在吃饭时去练习抓握；还可以在看电视时将遥控器给孩子，让他去按键，练习手指动作的灵活性；还可以利用睡觉前给孩子讲故事书的机会，让孩子帮忙翻页、用手指指点图片等。家长对于这些日常活动往往习以为常，不觉得这些时刻是重要的学习机会，而忽视了对孩子的训练。实际上这些恰恰是我们所一直强调的非常重要的自然化学习机会，孩子在这些时刻每天进行重复的训练，往往会有意想不到的成长和进步。作业治疗师需要做的一项重要工作，就是帮助家长意识到将干预策略和训练融入到这些日常活动中的重要性，尽量多地为儿童提供自然化学习机会。将治疗纳入日常常规是作业治疗的核心原则。

作业治疗师还致力于帮助家长和孩子之间建立紧密的亲子关系①。幼儿学习和探究的欲望在很大程度上受到生命最初阶段亲密关系的影响，父母或其他主要照料者能否为幼儿提供一个充满关爱、依恋、安全感的情感环境，对于他们日后的发展有着长远的影响。在互动中来自于父母等人的积极反应，例如拥抱、微笑、亲吻、爱抚等，都会成为激发幼儿学习和进步的自然强化物，他们会对自己的存在有所意识，并在陪伴和互动中感受到愉悦和快乐。很多家长在面对自己有障碍的孩子时，往往会出现三种反应：一种是非常焦虑，时刻以孩子为中心，孩子的一点风吹草动都会引起家长过度的保护性反应；第二种家长可能难以完全接纳自己孩子的障碍以及由此带来的一系列问题，不能够坦然面对孩子的问题，选择逃避和漠视；第三种家长则是理智、克制，又对孩子充满期待和关爱，既能坦然面对孩子的问题，又能为孩子提供发展所需要的各种支持和情感滋养。我们当然希望所有家长都能够成为第三种，这对孩子的发展来说是至关重要的。但是现实情况是，很多家长缺乏正确的育儿观念，也对孩子的情况缺乏客观的认识，期待目标过高或过低；很多人不知道该怎么和孩子互动，怎么陪孩子玩耍，怎么在日常生活中让孩子的各种能力得到发展。作业治疗师需要做的，就是为家长提供支持和鼓励，帮助他们和自己的孩子之间建立起亲密的联系。

单靠作业治疗、物理治疗等早期干预服务每周提供有限时间的家访和训练对儿童的发展来说是远远不够的。真正发挥作用的是看家长能不能在治疗师到访之时，和儿童进行有效的互动，抓住自然化的学习机会促进儿童能力的进步和发展。父母是孩子最初的，也是最好的老师。他们是关于自己孩子问题的专家。在早期干预中，治疗师必须清楚地认识到这一点，遵循以家庭为中心(family-centered)的原则，为整个家庭的康复和成长提供资源和支持。治疗师需要清晰地认识到，每个儿童的家庭都是独特的，有着自己的行为准则、家庭文化和家庭成员相处方式，这些在治疗和介入时必须予以尊重；家庭对于幼儿的发展来说是最重要的资源，家庭成员有权利参与到早期干预服务的全程中，并决定哪些服务是他们所需要的。治疗师所要做的并不是替家长做出决定，而是通过沟通和相互了解，帮助家庭树立正确的育儿发展观，提升他们应对障碍儿童各种问题的能力，让他们自己做出符合儿童和家庭利益的最好的选择。

作业治疗关注的重点是如何发展儿童的能力，让他们更多地参与到日常活动中并发挥作用。通过观察和评估后，治疗师会对儿童的疾病、残疾、障碍及其对儿童的发展所产生的影响有一个确切明晰的认识。针对儿童现有的能力发展水平和参与各种日常活动的情况，治疗师会因地、因时制宜，为儿童设计简单易行的训练活动，提升他们的技能水平，将干预活动嵌入每天的家庭生活中，提高儿童的参与度。

---

① Dunst, C.J., Bruder, M.B., Trivette, C.M., et al. Characteristics and consequences of everyday natural learning opportunities [J]. *Topics in Early Childhood Special Education*, 2001, 21: 68 - 92.

作业治疗师还为家长、主要照料者等提供关于残障的基本知识，帮助他们了解儿童的发展历程和需求。作业治疗师运用自己的专业技能和经验，和团队中的其他专业人士一起合作，力图完成以下工作：

✓ 为儿童参与日常活动提供策略和建议。

✓ 评估儿童的发展和学校需要。

✓ 计划并执行能够促进儿童发展的干预策略。

✓ 尽量减少儿童参与家庭、学校、社区生活和活动的环境障碍，对环境进行恰当的调整。

✓ 评估是否需要为儿童提供辅助设备和技术的支持。

✓ 为儿童进入幼儿园、学校等转衔工作做好准备。

治疗师在设计活动时需要考虑特殊幼儿的四种主要需求：发展性需求(developmental needs)、教育性需求(educational needs)、与损伤相关的需求(injury-related needs)以及情感—行为需求(emotional-behavioral needs)①。治疗师会根据每个儿童的不同状况进行具体的评估和分析，并针对儿童的问题、发展目标和家庭的需求制定切实的干预活动和目标。

1. 发展性需求

特殊幼儿的主要作业活动是和父母等主要照料者进行互动和游戏。治疗师对幼儿的发展状况进行评估，并提供促进技能发展及对影响幼儿发挥正常功能的环境障碍进行改造的建议。举例来说，针对儿童的发展性需求，作业治疗师可能会制定以下具体的干预目标：

✓ 促进运动发展，帮助儿童独立坐立或爬行。

✓ 帮助儿童学会听从两步或三步指令。

✓ 帮助儿童学会独立穿脱衣服。

✓ 如果儿童很容易分心的话，要尽量降低环境中的噪音、光线等的干扰。

✓ 训练儿童分享、轮流、和同伴互动的能力。

✓ 帮助儿童学会如何处理自己的情绪，例如失败时或感到失望时如何让自己平静下来。

2. 教育性需求

当儿童稍大一些开始进入幼儿园或者小学时，作业治疗师工作的重点就变成了如何帮助他们更好地适应学校生活并取得成功的体验，为他们能够顺利地参与到学校日常课程和活动中提供支持。

3. 与损伤相关的需求

如果儿童出生后患有严重的疾病，或者受到意外的伤害造成残疾或者损伤，那么作业治疗师就需要为儿童提供以康复为主要目的的训练活动。这些活动和训练必须是要和儿童的个体发展水平相匹配，通过体能训练来增强运动能力、手眼协调能力、肌肉柔

---

① Dunst, C. J. Parent-mediated everyday child learning opportunities: I. Foundations and operationalization [J]. *CASE in Point*, 2006,2:1-10.

韧性等，恢复儿童受损的功能；训练儿童的适应性技能、认知能力、感知觉能力、社交能力等，提升儿童的功能性水平及独立性。

4. 情感—行为需求

作业治疗师还需要关注儿童的社会情感性发展以及对问题行为的处理。治疗师需要具备儿童心理健康方面的专业知识，帮助儿童学会处理跟日常活动相关的各种情感和行为需求。例如，治疗师会通过一些活动帮助儿童学会在遇到困难时该如何忍受挫折、平息怒火、控制冲动等，让他们能够在家庭、学校、社区等环境中更成功地与他人进行良好的互动。随着儿童年龄的增长，生活自理和独立性的问题就变得愈发重要。作业治疗师会着重于自我管理和自我决策技巧方面的训练，帮助儿童更好地把握自己的生活。

三、作业治疗应用实例

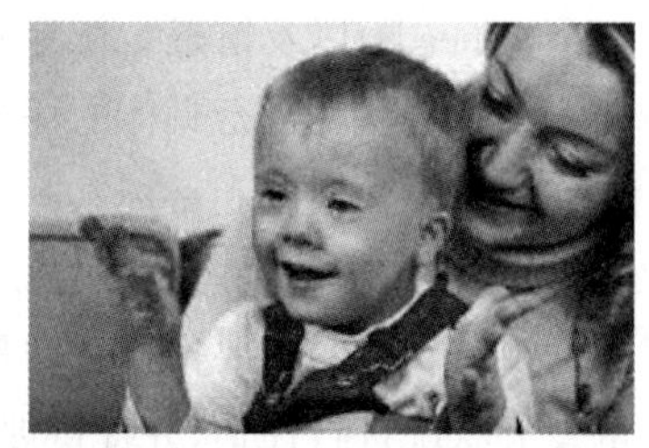

由于染色体异常，约翰在出生后不久就被诊断患有唐氏综合症。他今年已经3岁10个月了，是个非常快乐的小家伙，脸上时常挂着可爱的微笑。平时约翰在家里和妈妈呆在一起，除了照顾他，妈妈还要同时照顾比他大两岁的哥哥。哥哥是个没有障碍的正常小朋友，已经上幼儿园了。他很喜欢自己的弟弟，每天从幼儿园回家后，都会陪着弟弟一起玩儿。他很享受和弟弟一起游戏的快乐。

除了唐氏综合症外，约翰在出生时还伴有先天性心脏病，免疫功能很低。在接受了手术后，他在儿科监护病房住了4个月才被允许出院。在NICU的日子里，鉴于约翰身体状况的复杂性，作业治疗师及早地对他开始了早期干预，希望能够尽量减轻障碍对他日后发展造成的影响。出院后，在父母的精心照料下，虚弱的约翰一点点变得健康起来。尽管身体发育存在异常，智力发展水平也受到了很大的影响，但是跟出生时的复杂状况相比，他已经有了很大的改善。在约翰9个月大时，他的主治医生将他转介到早期干预服务系统，开始正式接受早期干预服务。

物理治疗师、作业治疗师以及言语—语言治疗师在分别对约翰进行了评估，并和约翰的家人进行了充分的沟通后，认为由作业治疗师担任他的主要服务提供者，在家庭环境下为他提供早期干预服务，并对他的父母进行支持是对他来说最好的选择。约翰的父母在了解了唐氏综合症的基本知识后，对约翰日后的发展也有了一定的预期和心理准备。他们希望自己的儿子能够快乐健康地成长，在此前提下尽量促进他各项能力的发展，融入主流社会，实现自主独立。

根据评估结果和商谈内容，早期干预服务团队为约翰制定了个别化家庭服务计划，并由作业治疗师每周上门一次提供服务，对父母进行指导。约翰存在腹部肌张力较低，不能有效控制躯干的问题，手部的精细动作能力也比较差。针对他的这一特点，作业治疗师和物理治疗师进行了沟通，将最初的训练重点放在训练约翰独自坐立以及用手抓握物体上。她设计了一系列活动来帮助约翰练习这些技能，例如挑选约翰最喜欢的彩色玩具球，鼓励他伸出手指并用食指按压玩具球，以锻炼胳膊的运动能力和手部的精细动作;为了训练约翰的模仿能力和头颈部控制能力,治疗师用夸张的面部表情吸引约翰的注意力,并鼓励和引导他模仿自己的动作——慢慢地将头部从左向右转动,再转回到原位。在进行这些训练的时候,约翰的妈妈一直在旁边观察和学习,治疗师一边进行活动,一边对她进行指导,帮助她掌握活动的要领,并鼓励她每天帮助约翰进行类似的训练,尽量多地为他提供练习机会。

在治疗师和家长的共同努力下,经过一段时间的训练后,约翰的身体运动能力有了很大的进步,他的父母对于儿子的发展成果也很满意,同时希望儿子可以有更大的进步,例如独立进食,自己穿衣服等。作业治疗师根据约翰的具体状况,决定以他感兴趣的物品为切入点,设计一系列的游戏,用游戏来吸引他的注意力,并在游戏的过程中对他进行干预。

经过长时间的接触,治疗师发现约翰存在感觉过敏的现象,他对一些物品的触感非常敏感,在探索周围环境的时候显得非常犹豫,不敢用手去碰触没有见过的物品和玩具。针对他的这一特点,治疗师准备了很多材质不同的小球(约翰很喜欢各种玩具球),有塑料的,有皮革的,还有纸质的,玻璃的等,让约翰自己挑选并逐个把玩,熟悉各种不同材料的质地和触感。她还和约翰的父母一起带着他到家附近的海滩上,和约翰一起玩沙子,堆城堡,了解和体验沙子、石头的不同感觉,并指导父母在玩耍的过程中和约翰进行互动。

为了训练他的手部精细运动能力,作业治疗师建议父母买了很多各种颜色、造型各异的冰箱贴,约翰对这些五颜六色的小玩意非常感兴趣,会主动伸手去够取,在拿的过程中胳膊的肌群和手部的活动能力都得到了锻炼。每天父母在准备晚餐的时候,哥哥都会陪着约翰一起在旁边帮忙。当妈妈需要从冰箱里拿一些需要的材料时,哥哥会打开冰箱将东西拿出来,并告诉约翰他拿的是什么,教约翰一些关于食物的名称、颜色等的词汇。

如此,每天都要进行的日常惯例,对于约翰来说变成了一个个有趣的又具有挑战性的游戏和学习的机会;对于父母来说,也不再是每天无意义的劳动,而是在自然化的情境中每天一点点教会这个可爱的小家伙新的能力。看着他一天天地成长和进步,整个家庭也从最初得知约翰是个发展障碍儿的悲伤和阴影中慢慢走了出来,重新变得充满爱和希望。

第三节　特殊幼儿言语—语言治疗

人类婴儿的语言发展是很神奇的,他们的母语一般是一个获得的过程,似乎不需要特意去教。在一个丰富的语言环境里,典型发展儿童可以自然习得母语。但有一部分特殊婴幼儿由于种种因素,他们的语言发展会出现迟缓或者异常,而沟通能力是人与人互动,以及幼儿学习和发展的基础。当然我们要特别强调的是,语言是社会性的,就像我们学习游泳必须在水里学习,语言的习得和学习,包括治疗和干预也必须要有一个自然的环境、一个有意义的情境,这是很重要的。

一、什么是言语—语言治疗

(一) 言语、语言和沟通

为了表述清晰,我们首先需要厘清几个概念。很多人对言语和语言的区别并不清楚。言语(speech)是指音声语言(口语)形成的机械过程。为使口语表达声音响亮、发音清晰,需要由与言语产生相关的神经和肌肉参与活动;当这些神经或者肌肉发生病变时,就会出现说话费力或者发音不清的情况,造成言语障碍。语言(language)则是指人类社会中约定俗成的符号系统,包括文字语言、口语、姿势语言、哑语等。人们通过对这些符号的运用来达到交流的目的,包括表达性语言(表述主观意愿)和接受性语言(理解他人意图)。儿童语言发育迟缓(delayed language development)则是指处在发育过程中的儿童由于物理性病变或后天养育环境贫乏等造成其语言发展落后于实际年龄应具备的语言水平(主要指 0 至 6 岁的学龄前儿童)。

沟通(communication)技能是儿童五大发展领域中非常重要的一环,无论是言语的产生还是语言的表达,都是为了进行有效的沟通,表达自己的意图,并理解他人的想法。表 9 - 1 简要列出了人类沟通的构成要素。

表 9 - 1 人类沟通的构成要素①

听力(hearing)	● 言语知觉(speech perception) ● 言语处理(speech processing)
言语(speech)	● 清晰度(articulation): 包括语音(sounds)和音节(syllables) ● 声音(voice): 包括音高(pitch)、音质(quality)、音强(intensity)
音韵(prosody)	● 节奏(rhythm) ● 超音段(uprasegmentals) ● 语速(rate) ● 重音(stress)
语言(language)	● 语态(form): 包括句法(syntax)、词法(morphology)、音位(phonology) ● 内容(content): 语义(semantics) ● 运用(use): 语用(pragmatics)

具体来说,要发展出正常的语言沟通能力,听力是一个很关键的因素。如果儿童的听力存在器质性损伤,那么势必会对语言的发展产生不良的影响,造成语言发展的滞后。对于很多患有发展性障碍的儿童来说,例如自闭谱系障碍、唐氏综合症、脑性麻痹,在经过听力检查后,他们的听觉器官往往是正常的,并不存在听力方面的问题,而是由于其他功能的障碍导致语言发展受到影响。听力包括言语知觉和言语处理两个阶段,即要先能感知到声音的存在,再对不同的声音进行重新编码,以便大脑皮层进行进一步的处理。刚刚出生的婴儿就具备感知到周围环境中不同声音的能力,并能够对这些声响进行过滤并赋予意义。

言语是指音声语言(口语)形成的机械过程。空气经由喉咙呼吸进入肺部,为声带

① Occupational Therapy in Early Intervention: Helping Children Succeed [EB/OL]. http://www.aota.org/About-Occupational-Therapy/Professionals/CY/Articles/Early-Intervention.aspx#sthash.8iMO3X0U.Kfu1EL8E.dpuf.

振动提供了动力，从而产生声音。由于口腔中舌头、嘴唇的不同运动位置和速度，产生一系列不同的模式和结构，从而形成并发出不同强度、不同清晰度的声音。

音韵则是指在口语中运用不同的节奏、语速、声响、重音等来传递不同的信息。要达到有效沟通的目标，就需要训练儿童具备能够将音节、单词、词组等用流畅的方式自然组合起来，而不需要特别地费力思索或重复语句，即语言的流利性。

语言是人类社会中约定俗成的符号系统，包括文字语言、口语、姿势语言、哑语等。人们通过这些符号达到交流的目的，包括表达性语言（表述主观意愿）和接受性语言（理解他人意图）。语言的形成是一个复杂的过程，包括语态、内容和运用。概括来说，当我们有了一个想法想要表达出来的时候，我们的大脑会将想要传达的信息编码成相应的符号（例如单词或句子），并选择恰当的音位、词法、句法等将这一意图表达出来，达到和他人进行沟通的目的。

言语语言治疗正是针对这些不同的机制和阶段，根据个体的具体功能损伤和发展情况，通过特定的手段和方式，对特殊幼儿进行康复训练，帮助他们达到有效沟通的目的。

（二）语言发展阶段及警戒线

有效的沟通能力是一个人成长和发展的重要基础，直接影响到他的社交互动、学习发展等。人类的沟通能力从出生伊始就开始发展了，小婴儿尽管不会说话，但是可以用面部表情、身体动作、哭闹等向成人表达自己的诉求。随着生理的逐渐成熟，沟通能力也随之跃上新的台阶——语言的出现，是儿童成长过程中最为重要的里程碑之一。研究者们发现，一般的儿童语言萌芽和发展遵循着一定的顺序。具体来说，可以分为八个阶段①：

（1）哭声和愉悦声：几乎每一个新生儿都有发声的能力，而父母对婴儿不舒服时的哭声及快乐时的愉悦声有适当的反应，是鼓励幼儿语言发展的第一步。

（2）牙牙学语：约在二至四个月左右开始出现，婴幼儿会发出一些简单但无意义的声音。但此时只是婴儿自我玩弄，是非预期且没有实际意义的发生。失聪的婴儿也会经历这一阶段，但因听不到自己的声音回馈而日益减少发声。

（3）社交性发声：婴儿大约五、六个月大时，会开始利用不规则的声音与外界沟通。

（4）语调练习：到了八个月大，小婴儿已经发展出类似大人讲话的语调，但是还是不能清晰地发声。

（5）第一个字：通常是出现在婴儿十至十八个月大时，并且通常先具备一定的语言理解能力后，才开始说出有意义的话。

（6）呢喃儿语：十八个月大后，随着肢体动作的成熟，幼儿可以配合着手脚功能一起玩跟声音相关的游戏。这个阶段可利用十至二十个有意义的字来进行多方面的沟通训练。

（7）鹦鹉学舌：两岁左右的幼儿开始重复大人说的话，直至约两岁半时逐渐消失。

---

① American Occupational Therapy Association. Occupational therapy practice framework: Domain & process (2nd ed.) [J]. *American Journal of Occupational Therapy*, 2008, 62: 625 - 683.

(8) 语言交谈：鹦鹉式学语减少后，幼儿开始与大人有真正的对话，随着生理的成长与经验的累积，幼儿的语言能力也急速增加。由于词汇的缺乏，却急于表达自己的意见，有时幼儿会出现发展性的口吃，但只要父母有耐心，同时使用简短易懂的字眼和不疾不徐的说话速度，以轻松的态度面对，帮助孩子练习语言交流，通常会逐渐步入正常的发展轨道。

造成儿童语言发展迟缓的原因相当的复杂，主要有听觉障碍、神经或大脑损伤、智力障碍、情绪障碍、环境剥夺等。以上八个阶段是一般正常发展的婴幼儿语言习得和发展的顺序。由于每个孩子先天条件和后天生活环境的不同，其语言发展的速度也略有不同，具备个体差异。但是尽管如此，研究者们总结出了一些重要的参考指标，来判断儿童是否可能患有语言发展迟缓。如果儿童出现这些症状，就必须引起成人的重视，向医生等专业人士求助了：

表 9－2

需要引起成人注意的语言发展迟缓现象

年龄	需要引起注意的语言发展警戒症状
0 到 6 个月	对周围环境的声响或者他人说话的声音没有反应。
3 至 4 个月	不能用手势或者发出声音让大人知道自己想要什么； 缺乏眼神互动和交流。
12 个月	不能听从简单的指令，或者理解简单的问题，例如大人对幼儿说：“把球扔过来”，“抱抱我”，“你的娃娃哪去了？”时，幼儿不能理解也无法听从指令。
24 个月	无任何语汇出现； 不能用简单的词句表达自己的需求； 词汇量极少； 不能理解代词等。
36 个月	不能理解简单词汇的区别，例如大和小、上和下等； 无任何句子出现或者不能用简单的句子表达自己的意思； 不能回答大人的问题。
48 个月	不能理解和学习新的概念和词汇； 有语言但是语音模糊，让人听不清楚，难以理解； 不能进行简单的解释和说明； 仍然只是重复他人的话语，缺乏主动语言； 越长大越不说话，出现倒退现象。

(三) 言语—语言病理学家

在上世纪八十年代之前，这些从事言语或语言相关方面治疗的专业人士被称为言语治疗师或语言治疗师，现在美国、西欧等发达国家已正式使用言语—语言病理学家来指称这些专业人士，但在一些发展中国家仍然沿用言语治疗师或语言治疗师的叫法，其工作的内容和实质是大体相同的(为了表述方便，在本书中我们有时会用治疗师来指称言语—语言病理学家)。根据美国言语—语言—听力治疗协会(American Speech-Language-Hearing Association，简称 ASHA)的定义，言语—语言病理学家(Speech-Language Pathologist，简称 SLP)是指那些经过专业资格认证的，从事言语—语言评价、研究和治疗工作的专业人士。在早期干预领域，言语—语言病理学家在个别化服务团队中发挥着重要作用，为残障儿童及其家庭提供相关服务，包括言语发展、语言沟通、早期读写能力、喂食、吞咽功能训练等。言语—语言病理学家必须至少具备硕士学历，通过国家认证考试，并在完成督导实习期后，才能获得美国言语—语言—听力治疗协会的认证，取得执业资格。

言语—语言病理学家所提供的服务是以家庭为中心的，尊重每个家庭独特的文化和习惯，并遵循以下的服务准则：

✓ 所提供的服务应当是能够促进儿童发展的，并提高儿童在自然情境下进行的日常活动的参与度。

✓ 所提供的服务应当是综合性的、以团队为基础进行的，事先需要团队成员进行充分的沟通和协调。

✓ 所提供的服务中所应用的策略和手段必须是以现有的经过实践验证的、高质量的实证研究为基础的。

二、早期干预中的言语—语言治疗

（一）治疗目标

根据美国言语—语言—听力治疗协会的规定，言语—语言病理学家必须经过专业的培训和考试认定，具备一定的实习经验，在取得执业资格证后才能为特定的人群提供相关服务。除了正式的言语—语言病理学家外，言语—语言病理学家助理（speech-language pathology assistants）也需要通过考试取得相关认证后，才能在言语—语言病理学家的督导下，为病患提供筛查及干预等服务；为其助理提供监督和指导的言语—语言病理学家承担着为病患提供恰当且高质量服务的全部责任。根据世界卫生组织的功能、残疾和健康国际分类（2001）的框架，言语—语言治疗在评估、干预中主要涵盖以下部分[①]：

（1）身体结构和功能：确认并优化个体跟沟通功能及吞咽功能相关的解剖学、生理学方面的功能，这包括心理功能，例如注意力情况；进行语言沟通所需要具备的发音的清晰性、熟练性、流利性以及语句法的准确性。

（2）日常活动和参与度，包括能力水平（在理想的情况下）和行为表现（在日常环境中）：

✓ 评估个体在日常活动中所需要的跟沟通能力及吞咽功能相关的能力。

✓ 鉴别和优化个体进行社交、学业及职业活动等的能力，尽管个体沟通技能的损伤及相关障碍可能是持续性的。

✓ 帮助个体克服由于损伤带来的障碍，参与到日常的社交、学业及职业活动中。

（3）情境化因素（contextual factors），包括个体因素（例如年龄、性别、种族、教育程度、生活方式等）和环境因素（例如物理环境、技术支持、社交环境、他人态度等）：

---

① Batshaw, M., Roizen, N., Lotrecchiano, G. Children with Disabilities (7th Edition) [M]. Baltimore: Brookes Publishing, 2012: 336.

- ✓ 确定并优化个体日常生活中那些可能会促进成功沟通或者给沟通带来障碍的个体因素和环境因素，例如个体的沟通能力、来自日常生活中他人对个体的支持行为等。
- ✓ 对沟通障碍的诊断，对个体沟通能力差别的识别以及预后变化；干预和支持及对它们有效性的评估；如有需要可以转介个体进行其他评估或服务。
- ✓ 尽管接受言语、语言、听力方面的治疗和服务的效果并不能得到完全的保证，治疗师仍然需要对病患个体及其家人、主要照料者等作出一个合理的预后描述，即可能会达成的结果。
- ✓ 要对服务的效果进行监测和评估，以确保治疗师所提供服务的质量，以便以后更好地进行改进。
- ✓ 需要对个体进行后续的跟踪服务，以确定干预和治疗的功能性成果，以及是否需要进行进一步的治疗和干预。

在上述的服务框架指导下，在早期干预领域执业的言语—语言病理学家既可以单独为儿童提供服务，也可以作为早期干预团队的成员之一，和其他专业人员一起为儿童及其家庭提供特殊服务。

（二）治疗范围和服务对象

言语—语言病理学家通过针对个体具体的能力发展情况来设计独特的活动并协助个体进行练习，帮助有沟通或吞咽功能障碍的患者，改善他们的沟通技巧或吞咽功能，使他们能与别人更有效地进行沟通，并得以安全地吞咽与进食，提高其生活质量和社会融合程度。具体来说，言语—语言治疗服务的对象和范围主要包括①：

- ✓ 声音异常：患者说话声音异于常人，包括音调、音质、音量的不正常，最常见的疾病有声带结节、声带息肉、喉炎等。
- ✓ 构音异常：说话的语音不正确或不清楚，卷舌严重。
- ✓ 吞咽障碍：通常是在口腔期造成的口部和舌头的动作与协调方面有问题，造成诸如嘴唇不能闭紧、婴儿吸吮动作存在障碍、在牙齿健康的前提下不能有效咀嚼食物、食物咀嚼后没有办法带到咽喉吞下等；或者存在咽喉期的反射动作迟缓，例如吃东西时常常会噎到、感觉吞不下去等。
- ✓ 失语症：患者由于脑部受到伤害，失去运用语言的技巧，无法理解别人的意思，或是别人无法明白患者所表达的意思，例如中风、老年痴呆症、脑外伤等疾病。常见的有布洛卡失语症、维尔尼克失语症等。
- ✓ 语言发展迟缓：常见于儿童早期，患者的整个语言发展过程相对于正常发展的儿童出现明显的迟缓，在语言理解和口语表达方面都存在障碍。造成语言发展迟缓的原因有很多，多半由于神经障碍、情绪障碍、环境匮乏等因素所造成，如脑性麻痹、自闭症谱系障碍、唐氏综合症等造成语言能力落后。
- ✓ 口吃：患者由于生理或心理因素，说话节律出现问题，无法完成流畅的言语沟通，因而出现说话结结巴巴的现象。

---

① 儿童语言发展迟缓的界定与教育[EB/OL]. http://www.kmuh.org.tw/www/kmcj/data/8802/4168.htm.

✓ 听力障碍：儿童如果由于耳部出现病变或伤害而无法听到声音，或只能听到部分声音，运用声音及构音器官来学习正确的言语就会发生困难，语言理解和口语表达能力也极为可能受到影响。

✓ 喉切除者：患者因为喉部癌变或意外伤害，经外科手术切除咽喉及声带，造成永久性失声，需要使用助讲器等辅助设备来进行口语沟通。

✓ 脑性麻痹：患者因为脑神经障碍，无法正常地控制肌肉活动与协调，尤其是唇、舌等口腔器官，造成构音异常或吞咽障碍等现象出现。有些患者无法用口语表达，治疗师会协助他们发展其他沟通方式，例如脑瘫儿童常用的语言合成器、电动符号沟通板等。

✓ 唇颚裂：患者由于先天性口腔唇颚部位呈现有裂缝，以致造成构音困难及鼻音过重。

实证研究结果显示，越早对儿童进行干预越好。在5岁前进行言语—语言早期干预的儿童，比那些更晚接受服务的儿童发展结果更好；但是这并不意味着那些年龄较大的儿童不能够从干预和治疗中受益。他们也会取得进步，只不过速度相对来说会慢一些。

（三）言语—语言病理学家的职责

沟通能力的发展是一个动态性的过程，既受到儿童内在先天性因素的影响，又受到后天养育环境的塑造，是两者相互依存、交互作用的产物。生物性因素和后天经验的交互，对儿童的发展产生共同的影响。对于治疗师来说，最重要的是能认识到通过为有障碍的特殊婴幼儿提供早期干预服务，这个发展过程是可以发生改变的，以促进婴幼儿获得更好的发展。在早期干预中，言语—语言病理学家是通过和家庭成员、儿童主要照料者、其他专业人员等进行合作来发挥作用的。概括来说，他们的工作主要包括以下方面①：

（1）障碍预防。

（2）筛查和评估。

（3）计划、执行并监测干预过程。

（4）为团队成员提供咨询和技术支持。

（5）根据需要成为服务协调员。

（6）帮助儿童顺利转衔。

（7）提升公众意识，促进早期干预的发展。

下面，让我们具体来了解言语—语言病理学家在特殊幼儿早期干预领域中发挥的重要作用。

1. 早期筛查

早期筛查主要是由经过认证的言语—语言病理学家或者受到其督导的助理进行，是指对婴儿、学步儿或者青少年等进行以通过或不通过为判断标准的筛查，以决定个体

① Preferred Practice Patterns for the Profession of Speech-Language Pathology [EB/OL]. http://www.asha.org/policy/PP2004-00191/#sec1.2.

是否需要接受进一步的言语—语言或沟通能力的评估，并转介其到专业的医生或机构进行更详细的检查并接受治疗。

言语—语言病理学家会使用标准化测试或者非标准化的方法（例如家长访谈、观察、标准参照评价等）对儿童的口腔运动功能、沟通技能、社交互动技能、口语和书面语的理解能力等进行测试。施测的场所可以是医院、诊所、学校或者家庭等。

2. 言语—语言能力评估

评估的内容包括对儿童家长或主要照料者的访谈，以了解儿童的日常表现和主要问题；对儿童口腔运动机制和功能的精密检查；对儿童表达性语言和接受性语言的测试；对语音、语调、语言流畅性等的测试。在由治疗师对儿童进行详细的言语—语言能力评估之前，需要先让儿童到医院接受听力测试，以确定其听觉器官及听力是否存在异常。

在进行正式评估时，言语—语言病理学家会对儿童在评估过程中和成人、玩具或者读本等的互动进行仔细的观察，根据不同的目的和需求，他们选择恰当的标准化评估工具以及非标准化的检核表等，对儿童的能力进行测试。使用标准化评估工具的目的是为了确定儿童落后于正常同龄发展儿童的程度。在美国等早期干预和特殊教育比较发达的国家，已经发展出了很多成熟的评估工具，经过多年实践验证，被证明拥有良好的信效度。例如韦克斯勒智力测验工具中的语言智力测试部分，可以对儿童基本的语言发展水平进行评估；Bankson-Bernthal 语音测试（Bankson-Bernthal Test of Phonology, BBTOP）可以评估儿童的发音和语音情况；皮博迪图片词汇测验（PPVT）可以对儿童语音或词汇获得水平进行评估；通过使用一些以拼图项目为主的非言语测试工具，可以对儿童运用语言进行归纳、推理的能力进行测查。

这些评估工具在我国得到了一定的应用，但是由于文化背景的差异和语言发展模式的不同，它们并不能为我们提供汉语言儿童言语—语言发展状况的准确信息。因此尽快建立符合汉语言发展和汉民族儿童认知特点的儿童言语语言障碍诊断工具，是当前我国大陆地区儿童言语—语言治疗的首要任务①。

3. 提供干预、咨询和支持

在对儿童进行完评估之后，言语—语言病理学家需要向家长对评估结果进行解释，确保他们完全理解自己孩子的状况，并和其他专业人员进行沟通，共同制定符合儿童实际能力状况及整个家庭发展需要的干预计划，并将其纳入儿童的个别化家庭服务计划或者个别化教育计划中。如果儿童的主要障碍是沟通障碍，那么言语—语言病理学家可能会被选中作为儿童的主要服务提供者，和儿童及其家庭进行长期、持续的接触，确保干预计划顺利实施。

干预和治疗方案的确定需要考虑的因素有很多，其中最重要的有三点：一是要以评估的结果作为依据，制定适切的治疗目标；二是要以最新的、有实证支持的治疗方法为指导和手段；三是要灵活处理，满足个体多样化的个性需求。这就需要治疗师和家长、其他专业人员进行充分的沟通和讨论，对儿童的障碍严重情况、优势能力、家庭可以

---

① 语言治疗是什么[EB/OL]. http://www.kmuh.org.tw/www/kmcj/data/9603/16.htm.

提供的资源，以及言语—语言障碍对儿童参与家庭日常活动的影响进行综合性的考虑，在最大化符合儿童及其家庭利益的前提下，提供特殊服务和支持，持续性地收集儿童的言语—语言样本进行分析，并对服务过程进行监控和反思，及时调整干预目标和方法。

在早期干预中，言语语言病理学家对儿童的言语、语言、认知沟通能力，以及口腔运动、进食、吞咽功能等进行检查和评估，以确定儿童是否存在沟通障碍，包括发音障碍、失语症、接受性或表达性语言障碍等，并为其提供干预服务，帮助他们取得进步。

在言语—语言治疗中，传统的方式是由治疗师和儿童进行一对一的互动，或者以小组为单位进行团体治疗。治疗的场所可以是学校、机构或者家庭。治疗师使用一系列的方法和策略，帮助儿童补偿缺陷，习得有效的沟通技能。这些干预方法和策略主要包括①：

(1) 语言干预活动(language intervention activities)

治疗师和儿童一起游戏和互动，和儿童交谈，运用图片、书籍、物品或者正在进行的事件为导体，刺激儿童语言功能的发展。在互动过程中，治疗师会关注于示范正确的发音，并不断地进行重复，鼓励儿童进行模仿，来重建儿童的言语和语言技能。

(2) 发音治疗(articulation therapy)

为了使儿童能够清晰地发出语音，治疗师会设计一些能够吸引儿童注意力的游戏活动，并在活动的过程中不断地进行正确发出语音和音节的示范。治疗师要能够清晰且具体地向儿童展示如何进行正确的发音，如让儿童观察自己的嘴部动作、舌头位置等，如何发出音节。需要注意的是游戏活动的难度要和儿童的发展年龄水平相当，并能够满足儿童的具体需求。

(3) 口腔肌肉运动(oral-motor)及喂食和吞咽功能治疗(feeding and swallowing therapy)

治疗师将指导儿童进行各种各样的口腔肌肉运动练习，包括面部按摩、舌头伸缩练习、唇部闭合练习、下巴肌肉练习等，来加强口部肌肉群的灵活性，提高其性能。治疗师也可能会在治疗中使用不同质地和温度的食物，让他们获得不同的感受，来提高儿童在进食和吞咽时的敏感性，加强功能练习。

通过长期的研究和实践，研究者和相关从业者都越来越意识到家庭在儿童早期干预中所发挥的重要作用。跟传统的由治疗师和儿童进行一对一直接训练的干预模式相比，在家庭、学校等自然环境中，利用日常活动和自然的学习机会为儿童提供练习的机会，会使训练效果得到长效的持续，并能帮助他们更好地适应真实化的生活。因此，不仅仅是我们前面两节所介绍的物理治疗和作业治疗，言语—语言治疗作为早期干预服务的重要组成部分，也在服务提供模式上发生了很大的变化，从之前的一对一训练模式逐渐将服务重点转化为由治疗师为家长提供咨询、示范和指导，提升他们在家庭等自然

① Roles and Responsibilities of Speech-Language Pathologists in Early Intervention: Position Statement [EB/OL]. http://www.asha.org/policy/PS2008-00291/.

化环境下促进儿童沟通能力发展的能力。

三、言语—语言治疗应用实例

安琪已经2岁5个月了,是个非常可爱的小姑娘。但是和一般的同龄小朋友叽叽喳喳每天忙着学习讲话不同,安琪非常的安静。除了没有语言,安琪其他方面的发展并不存在问题。她在8个月时开始爬行,12个月时学会走路,但是除了偶尔发出一些含糊不清、没有意义的音节外,她从来没有真正的说过话。安琪自出生以后各项指标都很正常,也没有生过什么病,她并不存在智力方面的障碍,也没有脑部损伤等器质性的病变。父母带她到医院进行听力检查结果也显示正常。

父母对于安琪一直不说话的状况表示非常的担心。在儿科医生的建议下,他们带着安琪来到言语—语言门诊,接受了言语—语言病理学家的专门评估。在评估中,治疗师先是试着让安琪模仿她的动作,并发出声音。她们一起坐在一面很大的镜子前面,治疗师做出各种不同的表情,并让安琪模仿她的表情。安琪迟疑了一会儿后,听从了她的指令,并试着做出相同的表情。治疗师接着又让安琪看一本图画书,并问安琪图片的内容是什么。安琪的注意力被有趣的图画书吸引了,她兴致勃勃地翻弄着书,不时地抬头看治疗师,彼此有眼神接触,但是她还是一言不发。在完成了对安琪的观察和测试后,治疗师和父母进行了访谈,了解安琪平时在家里的表现和与他们互动的情况。父母表示平时自己的工作都非常繁忙,由于经济方面的压力,他们不能留在家里亲自照料安琪,只能请了一位保姆请她在白天的时候帮忙照看安琪。保姆文化程度不高,是个寡言的中年妇女,虽然很疼爱安琪,但是在对安琪的教育上心有余而力不足,只是确保她吃饱穿暖不哭不闹,很少跟安琪说话,也不知道该怎么陪她游戏和互动。

在收集了相关信息后,言语—语言病理学家完成了关于安琪的评估报告。评估结果显示,虽然安琪已经2岁5个月了,但是她的接受性语言能力只有18～20个月的水平;而她的表达性语言能力只相当于9～12个月婴儿的水平。安琪对事物的基础概念不理解,无语,不能以各种符号进行有意义的表达,偶有无意义的自发音,如“呜”、“啊”等,缺乏主动表达的意愿。至于她为什么会出现这种言语和语言发展迟缓的现象,还不能确定具体的原因,由于没有检查出安琪患有先天性的疾病或者后天造成的损伤,治疗师猜测很可能是由于养育环境的匮乏,缺少丰富语言环境的刺激,导致她的语言发展出现滞后。

针对安琪的情况,言语—语言病理学家建议安琪的父母尽量多抽时间和她相处,并在互动的过程中为安琪提供丰富的语言刺激,帮助她习得语言。治疗师每周末到安琪家一次,对她进行干预训练,并让父母在旁边进行观摩和学习,以便在日常生活中加强对安琪的训练。

言语—语言病理学家发现,安琪的舌部活动很不灵活,自主活动稍有困难,她决定以刺激物来介入,诱导其舌部进行伸缩、上舔下舔、左右侧摆、弹舌活动等。她挑选了安琪很喜欢的苹果味棒棒糖来帮助完成口腔肌肉的运动练习,减轻安琪对训练的排斥和抗拒;选取她所喜爱的洋娃娃来吸引她的注意力,让她注意治疗师的面部;同时治疗师做出咂唇的动作,引导其发音;除此之外,还结合玩吹纸条、吹泡泡等游戏来加强安琪的呼吸训练。渐渐地,在家长的大力配合下,安琪的构音器官运动得到了很大的改善,舌部活动较为灵活,口部操模仿较好,并能模仿发出“baba”、“mama”的音来。

接下来,言语—语言病理学家开始加强安琪对语言的理解能力的训练。首先,从最基础的认识事物名称开始教起,每次选 4 张图片或实物进行训练,都是日常生活中出现频率较高且容易理解的事物,例如安琪爱吃的水果、家里的各种家具等,通过游戏的形式,让安琪尝试理解口语和图片之间的内在联系,并能将它们匹配起来,提高她对语言的理解能力。在治疗师的努力以及家长的配合下,安琪的进步很快。

当安琪在对各种名词开始理解的同时,她也逐渐开始能模仿发出一些简单单音和叠音字了,如“包包”、“狗狗”、“娃娃”等。经过几个月的干预,安琪由原来的一言不发逐渐变为现在的程度,这让安琪的父母欣喜不已,也对接下来的早期干预训练充满了期待。他们相信女儿一定能够取得更大的进步,慢慢追上同龄人的语言发展水平。

➢本章小结

本章主要对特殊幼儿康复治疗中所应具备的内容和要素进行了介绍,包括物理治疗、作业治疗、言语—语言治疗的相关内容。这三种治疗方式是早期干预中最为重要,也是最为常见的。要特别注意的是,在为特殊幼儿及其家庭提供相关服务时,必须充分考虑到儿童和家庭的个别化需求,因时因地灵活化地提供服务,注重干预治疗的生态化效度。

➢关键术语

特殊幼儿康复治疗　物理治疗　作业治疗　言语—语言治疗

➢讨论与探究

1. 什么是物理治疗?早期干预中的物理治疗应当包含哪些内容?
2. 什么是作业治疗?早期干预中的作业治疗应当包含哪些内容?
3. 什么是言语—语言治疗?早期干预中的言语—语言治疗应当包含哪些内容?
4. 请结合本章每节后的案例思考一下,在早期干预中为特殊幼儿及其家庭提供服务需要注意什么?对我国的康复治疗有什么借鉴?
5. 请阅读章后个案,讨论一下在我国开展康复治疗的过程中,医学与教育如何结合?

案例分析

培培的故事——脑瘫儿童运动康复个案

普陀区早期教育指导中心　王　红

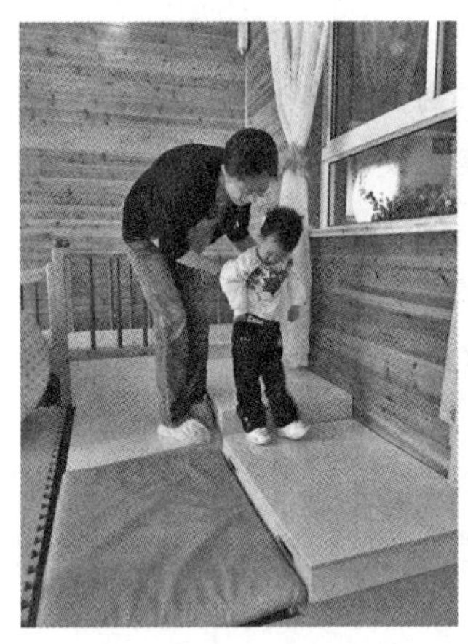

培培，女孩，2008年3月出生，早产2个月。6个月时，家长发现孩子的身体比较软，头不能竖起。8个月时到复旦大学附属儿科医院康复科就诊，被诊断为手足徐动型脑瘫。

2010年9月，进入普陀早教中心，开始接受每周两次，每次一小时的个别化早期干预训练。刚进中心时，培培的大肢体运动能力很弱，只能扶坐，不会爬、不会走。语言发面也存在构音障碍，气息较短、声音很轻，无法正常说话。

脑瘫儿童的中枢神经系统有不同程度的损伤，他们不但会出现运动功能障碍，而且对各种感觉信息的统合能力也会出现异常，主要表现在身体协调平衡功能障碍、空间形态视感觉异常、触觉防御敏感、重力感觉与本体感觉失常。对于脑瘫儿童来说，他们的康复工作应该以运动功能的训练为主。运动是指人通过神经系统控制，使自己的外部肌肉去完成某种动作的过程。动作既是感觉的源泉，又是思维的基础。脑的发育需要丰富的刺激，因此感觉与运动训练是弥补脑功能受损，促进全面发育的有效方式。

"医教结合"的"医"有两层含义：其一是指利用先进的临床医疗技术对严重危害儿童身心健康的各种疾病实施专项检查、诊断、治疗；其二是利用了康复医学的手段消除和减轻人的功能障碍，弥补和重建人的功能缺失，设法改善和提高人体各方面的功能。"医教结合"的"教"是指对学龄前的特殊幼儿，根据其身心发展的特点，通过教育、训练、医疗和康复综合的方法，在家庭和社会影响下对其所进行的补偿与补救性教育。简单地说，"医教结合"就是将医学与教育相结合的一种康复模式，医学康复是主导，教育康复是基础。

医学康复主要包括医疗机构的康复训练以及营养医学的家庭营养保健支持。而教育康复则是通过一对一式的康复训练、小集体康复活动以及随班就读等途径来实现。目前，在我们早教中心针对脑瘫儿童开展的"医教结合"康复训练主要由以下几个板块组成：(1)评估板块，主要涵盖医学评估和教育评估，医学评估主要依托复旦大学附属儿科医院康复科来进行，而教育评估则是与华东师范大学学前与特殊教育学院合作开展。(2)康复训练板块，主要通过医学康复和教育干预的途径来实现，其中既有455医院的感觉统合训练，也有早教中心的个别化教育干预。(3)营养保健板块，在此板块中，我们更多是发挥营养医学在家庭营养膳食支持上的优势。

我们的实践

（一）评估过程中的"医教结合"

1. 医疗机构的医学评估

作为复旦大学附属儿科医院"医教结合"的实践基地，我们每年都会邀请儿科医院康复科的医生来中心给特殊幼儿提供两次格里菲斯的评估(GMDS),两次评估的时间间隔半年。在今年六月份儿科医院的评估报告中显示:培培的运动控制能力较之前有明显的进步,主要体现在手眼协调领域,尤其在精细动作的发育上表现更为突出。综合GMDS各领域的测评结果,医生建议下一步可加强训练腰部、手腕、手指等处的控制水平,以求更稳定的肢体和精细运动的控制能力。

但是,对于手足徐动型脑瘫的培培来说,单一的格里菲斯评估是远远不够。因为培培肢体和精细运动控制能力的不完善,动作的稳定性差,与她身体各部位的肌肉发育有着密切的联系。因此,我们还建议家长带培培去儿科医院进行了手持式电子肌力的测评,以便我们对培培各部位的肌力有一个更为准确的了解。培培的肌力测评报告显示所有的测评数据均在6以下,最低的仅为1.73,而正常儿童的肌力数据大致在20～30之间。由此可见,培培的整体肌力很弱,仅为正常儿童的10%～20%,存在力量小、用力方向不对的问题。医生分析这种情况的出现,一方面与她的先天障碍有关,另一方面主要是由于缺少运动。两方面的综合影响导致了培培肌力整体发育的落后。为此,医生建议不仅要给培培提供充分的运动机会,增加运动量,同时还要关注营养的支持,尤其是需要增加富含高蛋白质食物的摄入。

2. 高校机构的教育评估

在儿科医院医学评估的基础上,我们还将培培带到华东师范大学学前与特殊教育学院,请王和平教授对培培各方面的身体机能进行教育评估。王和平教授不仅在特殊幼儿康复治疗方面有较深的研究,而且在感觉统合训练方面具有极为丰富的经验。王和平教授一方面向家长了解了孩子出生时的情况、当前家庭的喂养现状,另一方面则通过一系列的评估工具对培培的运动能力、感知能力和言语能力等三大领域进行了全方位的测评。运动能力的评估可以帮助我们清楚地了解孩子的肌肉力量、运动方式、动作的精细水平以及动作的协调性;感知能力的评估则从前庭觉、平衡觉、本体觉、触觉、听觉、视觉等领域对患儿进行客观的评价分析;言语能力的评估则借用汉语拼音的方法对孩子的发音、发声等方面的能力进行测量与评估。

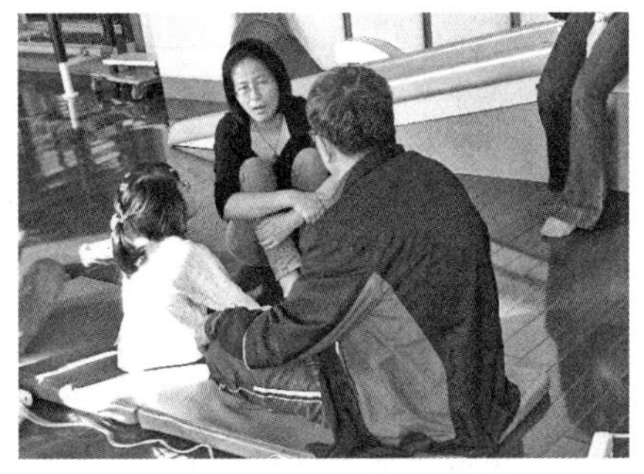

综合这三方面的评估结果,王和平教授建议我们当前对培培的康复训练应重点从营养、肌力和动作的自主性这三方面入手。在营养康复方面,王教授建议家长可以通过中药、中成药饮片对孩子的脾胃、肺进行调理,更重要的是调整家庭的饮食结构,增加杂粮以及高蛋白质食物的摄入。在肌力康复方面,王教授则提出了“多运动,少支持,少替代”的康复理念。在动作自主性训练方面,王教授则强调对孩子进行不同属性的动作整合训练,关注动作的方式、幅度、力量、速度、数量等多纬度的整合,增加多项目的运动训练,从而增加肌肉的控制能力,调整大脑不随意的运动。

不论是医学评估还是教育评估,都关注到了培培当前的营养问题对今后康复训练的影响,一致认为加强营养是目前所有康复训练的基础,只有营养跟上,之后的康复训练才会凸显效果。其次，医院和教育机构在评估的基础上，也都提出了“多运动”的建议。有所不同的是，教育机构的评估还在康复途径上提出了更为细致、更具操作性的康复建议。

（二）家庭康复训练过程中的“医教结合”

既然营养与培培的康复训练效果有着密切的联系，因此，营养师的家庭营养膳食指导也就自然而然地成为我们个别化康复训练的一个重要组成部分。

培培既是一个脑瘫患儿，又是一个早产儿（早产2个月）。由于身体的缺陷和先天的不足导致她身体体质较弱。年初时我们测得患儿的体重仅为13公斤，而正常5岁的女孩体重应为18公斤。营养师在与家长的沟通交流过程中得知：为了咀嚼方便，家长给培培提供的饮食主要以粥面为主，水果也是以果汁的形式来呈现。培培每天摄入的食物品种较少，仅仅局限在自己常吃的几样东西上。类似于奶酪、三文鱼、牛肉等那些高蛋白质的食物，她都一概不吃。营养师对培培的家庭饮食结构进行分析后发现，由于摄入的食物品种较少，导致患儿身体内的蛋白质和热量不均衡，铁、锌等微量元素的缺乏造成了患儿的贫血，严重的挑食现象是营养不良的根源。中重度的营养不良，使得培培在训练过程中的耐力明显不足，在一定程度上影响了康复训练的开展。鉴于此，营养师对培培的家庭饮食进行了一对一式的干预指导。根据季节特征及患儿的特点及康复训练的需要营养师为培培量身定制了一系列的家庭保健营养食谱。

表9-3 脑瘫儿童冬季家庭一周健康营养食谱

星期	早餐	午点	晚餐	备注
周一	薏仁枸杞冰糖糯米粥、水果蛋糕	牛奶、坚果	酱煨鹌鹑蛋、炒双菇、牛肉罗宋汤（洋葱、卷心菜、番茄）	建议每天提供两种水果。 食用的时间尽量安排在每天下午的康复训练之后。
周二	麦片粥（糯米、牛肉末、胡萝卜、卷心菜）、白煮鹌鹑蛋	牛奶、核桃糕	水饺（虾、肉、香菇、木耳、芹菜、青菜）、骨头汤（豆腐、紫菜、香菜）	
周三	黑洋酥蛋花粥、糖藕	牛奶、豆腐干	盐水鹅肝、菠菜拌花生、鸡汤（山药、黑木耳、蘑菇）	
周四	山药胡萝卜蛋片肉末粥、豆沙包	牛奶、葡萄干	煮三文鱼片、炒三丝（百叶、海带、红椒）、萝卜牛奶汤	
周五	水果羹（年糕、香蕉、枸杞、红枣）、卤汁鹌鹑蛋	牛奶、栗子	茄汁牛肉丸、炒什锦（胡萝卜、香干、青椒）、冬笋鲫鱼汤	

续 表

星期	早餐	午点	晚餐	备注
周六	菜粥(蛋花、花生、胡萝卜、青菜)、刀切馒头、奶酪	牛奶、豆腐干	栗子红烧鸡、卷心菜炒香菇、素笋汤(冬笋、香菜、黑木耳)	
周日	赤豆红枣莲藕羹、开洋糯米烧卖	牛奶、坚果	红烧鸭腿、糖醋胡萝卜青椒、三丁豆腐羹(豆腐、香菇、黄瓜)	

备注：患儿目前在小红帆幼儿园随班就读，早点和午餐由幼儿园提供。下午2:00—4:00在455医院进行感觉统合训练。

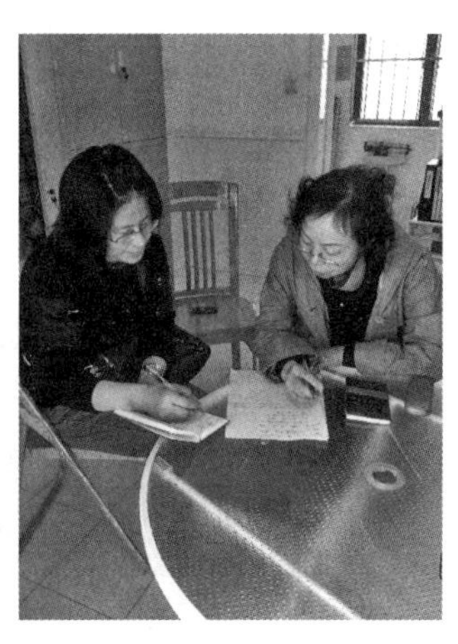

人体的组织从脑、心肺、肾、脾直到血液、骨头、皮肤的发育均需要提供大量的蛋白质。因此，在这份食谱中，营养师给家长提供了蛋、肉禽类、鱼、豆类等大量的高蛋白质食物。鱼肉的混食有利于蛋白质的吸收，粮豆的混食则可以发挥彼此的互补作用，提高食物中蛋白质的含量。

由于脑的发育与神经发育有关。因此，我们在家庭饮食的指导中尽可能地给患儿提供谷物、小麦、动物内脏等富含B族维生素的食物，以促进神经系统的发育。坚果类食物的添加则起到了补脑的作用。而米面的搭配不仅有效地增加患儿的食量，还能有效地提高患儿身体内的热量。

人体的骨骼生长需要补充大量的钙。牛奶及乳制品是含钙量极高的食物，而且易于人体吸收。因此，营养师将牛奶和乳制品作为钙摄入的首选食物，建议家长每天坚持给患儿提供一定数量的牛奶。除此之外，营养师还将虾皮、海带、豆制品、芝麻酱等含钙量极高的食物融进食谱中，以增加钙的摄入量。单纯的食物补钙其实效果并不明显，还需要维生素D来帮助吸收。因此，我们在营养膳食指导的基础上还强调要增加孩子户外运动的时间，尽可能地让患儿每天在阳光下活动1～1.5个小时，以帮助食物中钙、磷的吸收，从而促进骨骼的生长发育。

在食物的制作方面，营养师提醒家长注意“碎”和“软”这两个制作原则，即要将食物切细、剁碎、煮烂，易于肠道吸收。在食物的烹饪方面，营养师则指导家长注意食物的色、香、味，以提高患儿的食欲。

经过一年的家庭营养膳食指导，培培的家庭饮食状况有了较大的改善。首先，摄入的食物品种丰富了。培培每天大致能摄入15～20种食物，而且之前许多不吃的食物，如奶酪、肉、坚果等培培也逐渐开始愿意接受。其次，对于食物的态度，有了较为明显的改善。从之前的严重挑食，到现在的样样都吃，尤其是对水果的态度，改变更为显著。培培从之前的只接受橙子到现在常见的水果都可以食用，从只喝果汁到现在自己开始咀嚼水果。第三，食欲明显增强。由于家长烹调技术的提高，色香味俱全的食物引起了患儿极强的食欲，患儿的食量增加，体质明显增强。

（三）机构康复教育过程中的"医教结合"

1. 医疗机构的感觉统合训练

一直以来，培培都在455医院坚持进行感觉统合训练，训练内容涉及触觉、平衡觉、本体觉等方面。由于肌力的训练是当前培培运动功能康复的基础，因此，在王和平教授的教育评估之后，455医院的康复治疗师也随之调整了感觉统合训练的内容，除了进行常规的推拿按摩、独角凳掷球、秋千、大陀螺训练之外，还特意将负重训练纳入康复训练之中，并将此项训练作为本阶段康复训练的重点，以提高患儿的肌力。

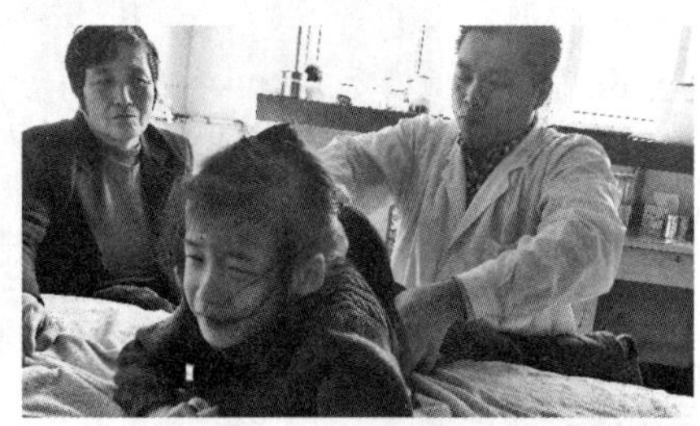

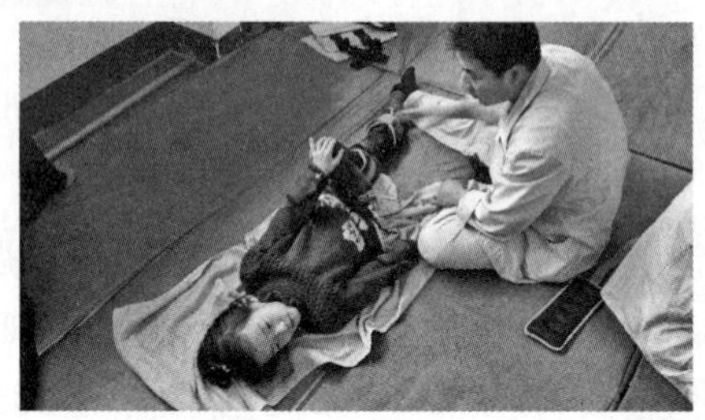

2. 早教中心的康复训练

既然医学评估和教育评估均显示当前培培的康复训练应以运动训练为主，而且有研究表明感觉与运动的训练是弥补脑功能受损，促进全面发育的有效内容。因此，早教中心也利用一对一的康复训练模式加强了患儿感觉统合方面的训练。我们在引导式教育理念的引领下，利用孩子认知领域的优势，设计了各种多领域、多内容、多形式的感觉统合游戏。在训练过程中，我们不仅关注患儿触觉、平衡觉、本体觉等领域，而且更多地关注患儿动作主动性的训练。例如：我们利用音乐活动的形式开展"动一动"游戏，旨在引导患儿在音乐的伴奏下主动尝试用不同的方式活动自己身体的各个部位，对手指、颈部、肩部、肘部、肩部、髋、膝等关节的活动度进行有针对性的专项训练，提高患儿的基本运动能力。又如，我们鼓励患儿利用推滚和按压的方式玩各种材质的球，主动体验不同的触觉刺激，并且通过刺激方向、强度、速度等维度的改变，感知刺激的各种动态信息。当患儿具备了一定的基本运动能力之后，我们又给患儿提供了踮脚走、大步走、小步走、向前走、向后退、跪爬等各种动作姿态的卡片，不仅鼓励患儿模仿不同属性的动作，而且还引导患儿将这些动作自由地整合起来，并与老师一起在这些组合的动作中添加数字，共同解读数字的含义，利用患儿的认知优势，开展高位统合训练。在整个游戏进行的过程中，患儿不但表现出较强的动作企划意识，而且参与游戏活动的主动性与积极性也表现得尤为强烈。与此同时，患儿的成就感与自信心也在训练过程中不断地增强。

我们的思考

(一) 运动功能的康复对脑瘫儿童的康复治疗意义重大

脑瘫患儿的运动功能障碍与感觉统合失调、身体机能差有关，而且两者之间呈正相关。感觉统合障碍给脑瘫儿童的康复带来巨大的困难。

以前脑瘫患儿的康复多以粗大动作、精细动作等运动功能的康复训练为主，感觉统合的训练往往容易被忽视。感觉统合训练是机体在环境中有效利用自身感官，将从环境中获得不同感觉通路的信息(视觉、听觉、味觉、嗅觉、触觉、前庭觉和本体觉)输入大脑，大脑对输入的信息进行加工处理，并做出适应性反应的能力。它能为脑瘫患儿提供大量的感觉刺激，并形成相应的运动方案。感觉统合训练能够不断地给患儿输入比较良好的感觉信息，并且不断地促进脑部的成熟和分化，从而帮助患儿形成一种习惯性的动作。通过对身体的各部位进行被动和主动的训练方法，提高脑皮层活动的活动效率，使一些受累的关节和肌肉能够通过比较有规律的治疗和训练，渐渐地达到主动性的动作。

脑瘫儿童的运动障碍另一方面与他的身体状况较差有着密切的关系。脑瘫儿童多瘦弱、免疫能力弱、体质差。在运动方面，脑瘫儿童因脑部损伤造成整体运动能力差、姿势异常，这是脑瘫儿童的核心特征。具体表现为：肌力、肌张力、关节活动度异常，耐力、速度、协调性不足，相当一部分患儿存在关节等的畸形。脑瘫患儿的这些表现往往与肌肉、骨骼的发育异常直接相关。因此，从营养医学的角度关注脑瘫患儿的营养膳食，能够有效地增强患儿的体质，提高患儿各方面的身体机能，促进脑瘫患儿的生长发育，为他们顺利完成运动康复训练提供必要的生理基础。

(二) 关注康复训练过程中的医教结合

1. 充分发挥教育康复的优势

脑瘫儿童的全面康复包括医疗、教育、社会及职业康复。其中医疗康复是全面康复的基础，而教育康复同样是一个非常重要的环节。

脑瘫儿童的教育是一种采取特殊方法和形式进行的教育，不同于盲、聋、哑儿童的教育。由匈牙利神经学、心理学和教育学家 Pet 教授在 20 世纪 40 年代创立的引导式教育，最初是针对脑瘫儿童的，以后逐渐扩大应用到多种残疾儿童及成年人。引导式教育是一种为中枢神经系统的受损而导致的活动机能有所失调者设计的一个很有效的治疗方法。它不是一种康复技巧和治疗，而是一个针对运动功能障碍者的教育系统，其目的是通过引导主动学习，激发和发展中枢神经系统受损儿童的性格和主动参与社会的积极性，使他们在体能、言语、智力和掌握日常生活技巧方面同步发展，发展其潜能代偿功能障碍，使之尽可能独立适应社会和所生存的环境。

引导式教育可以将被动的、单一的、枯燥的运动技能训练变为在引导员的带领下，在愉快的儿歌、童谣环境中运用所掌握的动作，学以致用，提高和巩固康复的效果，使患儿运动功能显著提高。我们将引导式教育法运用在脑瘫患儿的感觉统合训练中，强调以主动参与为主，只有患儿主动参与了训练，才能充分调动患儿的兴趣，引导出正常的感觉—运动发育。以游戏运动的形式进行的感觉统合训练不但可以加强患儿的触觉、本体感觉及重心转移和平衡、肢体协调能力，同时也能够摒弃患儿的恐惧心理，大大改善了患儿的情绪，使患儿能愉快、主动地完成大运动的训练，在训练过程中表现得更加配合。感觉统合的训练内容往往又是那些难易程度适中，能使患儿享受到挑战乐趣的活动。因此，引导式的教育能够充分地调动了儿童和家长的积极性，使得每个接受治疗的脑瘫患儿得到较好的康复训练，同时在认知和学习以及语言表达、社会活动等方面有了比较全面的恢复。

2. 充分发挥家庭康复的优势

机构康复与家庭康复结合是持续康复的有效方法。脑瘫儿童康复治疗的关键在早，重点在全，贵在坚持。对于脑瘫儿童的早期康复，家长的参与显得尤为重要。因此，我们不仅要对患儿家长进行康复知识的教育，帮助家长正确认识脑瘫儿童的特点及康复的长期性，还要鼓励家长与患儿共同努力来完成康复训练。由家长参与在家庭中开展的训练，既可以增加患儿康复训练的机会，还能够让家长在训练过程中及时发现患儿遇到的困难和新出现的问题，根据患儿的具体情况适时调整计划，对其进行教育，帮助其树立信心，从而提高患儿整体康复疗效。

此外，脑瘫儿童大都以家庭带养为主，家长与孩子相处的时间最长，关系最为密切，尤其是在日常生活的照料上对孩子的喜好更为了解。因此，利用这一优势我们对家长进行家庭营养膳食的指导，一方面可以帮助家长根据患儿的体质有针对性地调整膳食结构，结合季节特征制定适宜的营养食谱，另一方面还能指导家长掌握科学的烹饪方法，为患儿调制各种色香味俱全的营养餐，使患儿获取更为全面的营养，不断地增强患儿的体质，为患儿的感觉—运动训练提供坚实的物质基础。

➢进一步阅读的文献/网站

http://ptjournal.apta.org/.

http://www.aota.org/about-occupational-therapy.aspx.

http://www.asha.org/slp/.

McEwen I. Providing Physical Therapy Services Under Parts B and C of the Individuals With Disabilities Education Act (IDEA) [M]. Alexandria, VA: Section on Pediatrics, American Physical Therapy Association, 2000.

American Occupational Therapy Association. Occupational therapy practice framework: Domain & process (2nd ed.) [J]. American Journal of Occupational Therapy, 2008, 62: 625-683.

第十章

辅助技术在早期干预中的运用

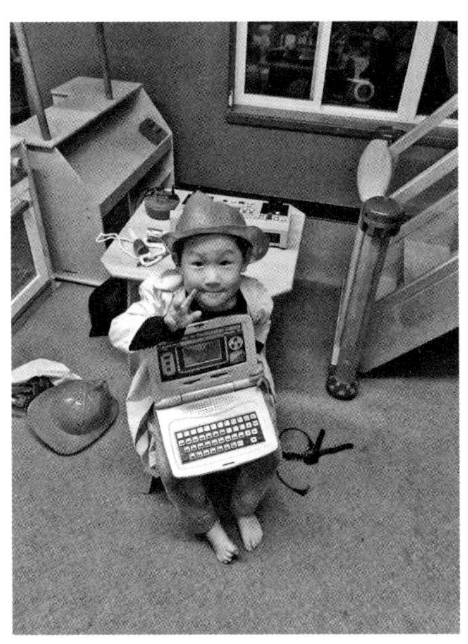

特殊幼儿的早期干预与辅助技术之间有什么联系？辅助技术在早期干预中对特殊幼儿有什么样的影响？请你思考一下，辅助技术运用于特殊幼儿早期干预需要经过哪些流程？然后请你花3～5分钟时间浏览一下本章的内容，结合上面三个问题进行思考。

通过本章的学习,你能够

- 了解辅助技术的含义及其发展
- 理解辅助技术对特殊幼儿的影响及其运用于早期干预的基本原则;
- 清楚辅助技术服务的基本过程;
- 熟悉辅助技术分类及其适用对象等。

本章内容索引

第一节 辅助技术的界定

科学技术日新月异,辅助技术(assistive technology, AT)的发展越来越成为现代特殊教育关注的新趋势。辅助技术不断参与到特殊幼儿早期干预、教育教学、康复训练、就业、独立生活和休闲娱乐等活动中,促进了特殊教育发展与身心障碍者平等地融入社会,帮助特殊幼儿在游戏、运动、学习、沟通、行动上拥有更大的独立性和更多的积极性。那么,辅助技术的内涵是什么?辅助技术对特殊幼儿的影响体现在哪些方面?如何才能更好地把辅助技术运用于早期干预?

一、辅助技术的含义及发展

当代著名科学家霍金在为一本介绍辅助技术的书所撰写的序言中写道:“所谓辅助技术就是发现什么正好适合你,评估你的需求,进而寻求一种满足需求的技术的过程[①]。”

(一) 辅助技术概念界定

辅助技术(assistive technology, AT)又称辅助科技。一般而言,辅助技术包括辅助

① 言语语言障碍的评估工具[EB/OL]. http://www.yyyy2000.com/index.asp?bianhao=646.

技术设备(assistive devices)与辅助技术服务(assistive technology services)两部分内容。

目前国际上通用的定义是美国1998年的《辅助技术法案》(Assistive Technology Act, ATA)对辅助技术所下的定义,包括辅助技术设备与辅助技术服务两部分:辅助技术设备是指任何用来增加、维持或改善身心障碍者的功能的物品、设备零件或产品系统,可以是现成购买的或改造的,或是定制的;辅助技术服务是指任何能协助身心障碍者在选择、获得或使用辅助技术装置方面提供的服务。1998年在东京举办的"老年人和残疾人辅助技术研讨会"上欧共体代表对辅助技术的定义为:"用来帮助残疾人、老年人进行功能代偿,以促进其独立生活并充分发挥潜力的多种技术、服务和系统[①]。"2004年版的国家标准《残疾人辅助器具分类和术语》中对"辅助器具"所下定义为:"由残疾人使用的,特殊生产的或通常可获得的用于预防、代偿、监测、缓解或降低残疾的任何产品、器具、设备或技术系统。"

我国学者对辅助技术没有提出明确的定义,但是不少学者关于辅助技术也提出了一些自己的看法。郑俭认为,辅助技术是帮助残疾人处理日常生活、学习以及工作中的各种问题的重要手段,是残疾人有尊严生存的基础。同时她认为辅助技术大致可分为康复辅助技术、教育辅助技术、日常生活辅助技术与环境无障碍辅助技术。张济川教授认为,辅助技术的广义概念包括辅助器械、器具产品的研发和辅助技术服务两个重要组成部分[②]。在中国大陆地区,与身心障碍者相关的辅助技术通常用"康复技术"、"残疾人用品用具"或"(残疾人)辅助器具/辅助产品"来表示,比如我国各地残疾人联合会下属的专为残疾人提供辅助技术设备的机构就多数以"残疾人用品用具供应站"命名。近年来,我国也开始逐步与国际上常用的专业术语接轨,更多地使用"辅助技术"、"辅助器具"和"辅助产品"等术语,比如,中国残疾人用品开发供应总站已于2006年更名为"中国残疾人辅助器具中心",深圳伤残人用品用具中心也改名为"深圳市伤残人辅助器具中心"[③]。

由上述定义可知,辅助技术包括了设备与服务两大方面。辅助技术设备能用来替代或扩大身心障碍者的能力,而相关的服务也能协助身心障碍者顺利地取得、使用、维修、更新辅助科技设备。辅助技术设备是指不管是购买、修改或定制,用于增进、维持,或改善身心障碍者的功能的任何器具、设备或者产品系统。包括高技术设备和低技术设备,高技术需要专业技术基础,如电子沟通板与配套的APP,或电动轮椅等;低技术设备包括一般的适应性设备(adaptive equipment)与其他手工制作的器具等,涉及日常生活、沟通、运动、娱乐、学习等各个领域。高技术设备辅助科技设备的成功运用,需要经过审慎的评估、建议、试用,同时需为使用者进行训练并协助其发展出使用的技能。辅助技术服务是指在身心障碍者选择、获得或使用辅助技术设备时提供协助的任何服务。这些服务具体包括对辅助技术需求和使用技能的评估;辅助技术的获取;辅助技术的选择、设计和维修;与其他治疗或干预间的协调;对身心障碍儿童及相关人员的训练和技

---

① Speech-Language Therapy [EB/OL]. http://kidshealth.org/parent/system/ill/speech_therapy.html#.

② 许家成,李启隆.以信息无障碍为中心的特殊教育辅助技术的发展与运用[J].互联网天地信息无障碍专刊,2005,11: 16-17.

③ 杜静,曲学利.辅助技术在特殊教育中应用的研究[J].中国康复理论与实践,2009,15(3): 286-288.

术协助等内容。

总之，辅助技术不仅是指辅助器具等软硬件设备与产品系统，还包括辅助技术设备的评估、获得、使用训练及后续追踪与维护、更新等相关服务，二者不可偏废。

(二) 辅助技术发展概况

美国辅助技术和相关的辅具发展比较突出，各种高科技的辅具也相继开发出来，就ABLADATA里收集的产品中，达到35 000多种辅具，其中目前可在美国广泛应用的达22 000多种，涉及各种高科技的电子产品。美国专门颁布了《辅助技术法》，以保障残疾人权利的实现。并设立了辅助技术服务中心以及培训了专门的人员，以提供适合残疾人的辅助技术服务。

加拿大的无歧视立法及各省辅助技术政策提供了保障，并且联邦政府对辅助技术开发利用加以积极引导和参与，使得加拿大残疾人的辅助技术在社会意识、经费、辅助器具的利用品种和品质、辅助技术适配、所需要的社会环境和公共服务等方面得到全方位的高品质的保障[①]。

我国台湾地区辅助技术发展较快，各种各样的辅具发展起来，包括从美国引进、自己研发，各种低高科技辅具已广泛用于残疾人的各种生活中。2001年，据有关身心障碍需求调查表明，40%的残疾人已经用上辅具，并成为他们生活不可或缺的一部分[②]。此外，台湾地区2002年《身心障碍者辅具资源与服务整合方案》、2004年《身心障碍者保护法》等法律对身心障碍者辅具利用进行专门的规定。还专门培训了各种治疗师团队(语言、物理、职业、社会工作、康复工程师等)以提供辅助技术服务专门的服务。

我国大陆地区在近年来已开始逐渐重视残疾人辅助技术事业的发展，大陆地区残疾人辅具主要在假肢和矫形器方面发展较快，大多以低科技为主，还引进了不少国外的高科技辅具，如电子耳蜗、读屏软件等。有关的大学和相关的研究机构还初步研制出了监护系统、综合听力评估系统等。根据初步统计，国内生产的辅助器具不足200种，仅占标准所列种类的四分之一左右。存在的问题是政策法规还不完善，经费投入还缺乏稳定性[③]。

2006年第二次全国残疾人抽样调查数据显示，目前我国大陆地区残疾人口总共为8 296万，占总人口的6.34%，其中曾经接受过辅助器具配备和服务的残疾人为残疾人总人口的约7.31%，而调查显示，有辅助器具需求的残疾人比例为38.56%。由此可见，目前我国残疾人的基本需求与已提供的服务之间存在巨大差距[④]。《中国残疾人事业"十一五"发展纲要(2006～2010年)》中"人人享有康复"的目标具体为实施一批重点康复工程，即"完成白内障复明手术300万例、低视力者配用助视器10万名、盲人定向

---

① 郑俭，许晓鸣，许家成，等. 论发展中国残疾人辅助技术高等教育的必要性[J]. 中国康复理论与实践，2007，13(4)：331-333.

② 何川. 美国辅助技术法律研究及对我国立法的启示[D]. 重庆：重庆师范大学，2009.

③ 郑俭. 加拿大残疾人辅助技术保障中的法规政策与政府的作用[J]. 中国康复理论与实践，2011，17(6)：589-591.

④ 祝旭东. 科技辅具——身心障碍者的好帮手[EB/OL]. 身心障碍者服务资讯网：http://disable.yam.org.tw/node/877.

行走训练3万名、肢体残疾矫治手术1万例、装配假肢和矫形器8万例、聋儿听力语言训练8万名、智力残疾儿童系统训练10万名、肢体残疾人系统训练12万名，帮助480万名重症精神病患者得到综合治疗，组织供应各类辅助器具300万件”。而对比我国广大残疾人的需求，即使以上重点工程的目标得以实现，仍将有大多数人对于辅助技术设备和服务的需求得不到满足，我国辅具的利用还处于初步发展的阶段①。

（三）辅助技术发展的新趋势②

首先，辅助技术设备可用性增强，辅助技术服务的范围与途径不断扩展。科学技术的发展促进辅助技术设备和辅助技术服务不断更新与完善。科技的发展不但改进了辅助技术设备的元件及材料，提高了辅助技术的可用性，也扩展了辅助技术服务的范围与途径，辅助技术产品涉及身心障碍者生活的方方面面，如日常生活、沟通、运动、娱乐、学习等各个领域③。

其次，辅助技术进入发展新阶段，辅助技术设备逐渐呈现电子化趋势。科技的发展促使辅助技术设备不断更新换代，越来越呈现电子化趋势。盲杖、助听器、轮椅和假肢等是比较成熟的辅助技术设备，现今不乏高科技产品，如为盲人提供的带有计算机芯片的阅读机，为有运动障碍者提供的高技术轮椅，为有语言障碍者提供的带有语音合成技术的扩大性沟通设备，为有严重手足障碍者提供的环境控制设备，使其能够操作家用电器等。

第三，辅助技术产品不断走向“主流”，与教育技术之间的区别变得模糊。辅助技术与教育技术之间的区别变得模糊，特别是当同样的技术用于帮助所有类型的学习者时。例如，屏幕阅读器能为有视觉障碍的人大声读出计算机屏幕上的资料，也能帮助有阅读障碍的学习者，还可以用于教学演示为普通学生提供多感官渠道的学习。事实上，许多辅助技术产品正在成为“主流”④。

（四）辅助技术及其观念的转变

社会思维方式和观念的转变无疑会促进辅助技术的运用及其发展，进而提高身心障碍者的独立性与参与性，促进他们更公平、更好地融入主流社会。

首先，“缺陷观”到“障碍观”的转变。“缺陷观”认为，残疾人的缺陷是固有的；而“障碍观”认为，在一个缺乏支持的环境中“缺陷”才会导致障碍。“弱势群体”、“残疾人”等标签也会使身心障碍者拒绝使用辅助技术，如有些低视力的人不愿意使用盲杖，事实上，残疾只是个体某一功能上的障碍，就像近视眼的人需要戴眼镜一样。

其次，“能力观”到“功能观”的转变。“能力观”希望提高残疾人自身能力适应社会；而“功能观”认为，能力与环境相互作用形成一定的功能，如一个运动障碍者能力有限，但运用支持性环境（电梯）和辅助器具（轮椅）就可以实现上下楼梯的功能，辅助技术成

---

① 王宏，许晓鸣. 辅助器具供应服务在中国（摘要）（C）. 中国残疾人辅助器具网，2010.

② 第二次全国残疾人抽样调查领导小组，中华人民共和国国家统计局. 2006年第二次全国残疾人抽样调查主要数据公报[J]. 中国康复理论与实践，2006，12（12）：1013.

③ 何川. 美国辅助技术法律研究及对我国立法的启示[D]. 重庆：重庆师范大学，2009.

④ 刘志丽，许家成. 辅助技术——特殊教育发展值得关注的新趋势[J]. 中国康复理论与实践，2007，13（4）：334-336.

为实现残疾人缺失功能的重要思路和手段[①]。此外，对辅助技术的关注点也从康复的医学模式向社会模式转变。

因而，辅助技术有助于缩小差距，促进身心障碍者潜能充分发挥。关注身心障碍者的需求，提供恰当的支持，辅助技术可大大缩小身心障碍者与健全人之间的差距，如利用语音识别与合成技术，能够实现语言与文字的相互转换，使听觉或视觉障碍者获取信息无障碍；各类替代性输入输出设备，如头部跟踪指示器、眼神交流器、无键键盘等可使肢体残疾者操作计算机。通过辅助技术的支持，能够对身心障碍者进行部分功能补偿，从而实现与他人进行正常的沟通与合作，增强独立性，提升满意度与幸福感。应用辅助技术对特殊教育进行支持，能够扩展学生获取信息的途径，提供更多选择工作的机会，增加职业成功概率。辅助技术在特殊教育中的应用不仅使残疾人的教育安置多样化，而且为残疾学生提供了更多参与教学的机会，促进融合教育，融入社会。

（五）促进辅助技术在特殊教育中的应用

我国特殊教育发展起步晚、基础薄弱，师资力量和各种环境条件等方面都存在很多问题，提高和发展需要时间，不可能一蹴而就。此外，国内也缺乏辅助技术设备的研发机构。虽然从 1992 年正式将为残疾人提供辅助事业纳入国家计划以来，辅助器具的研发、生产和配送发展速度已经相当迅速，但至今很多设备和装置都还需从国外进口。自主研发符合我国残疾人需要的辅助技术设备迫在眉睫。

第一，转变思维方式和固有观念，提高社会对辅助技术的关注度。

通过提供辅助技术和服务可以让残疾人实现同样的功能，甚至还可能做得更好更强。特别是随着计算机时代的到来，无论残疾与否，任何人都可借助先进技术改变自身的学习和教育。辅助技术运用于特殊教育将成为一种必然的趋势，谁能转变观念、改变思维模式，谁就会在辅助技术运用方面获得关键而重要的帮助[②]。同时，也必须认识到，辅助技术设备只是一种辅助性工具，并不是残疾人成功的唯一通道，避免产生辅助技术决定论的思想。同时，相关组织与机构也应认识到，提供辅助技术是保证残疾人获得平等参与、公平对待的前提，而非一种特殊照顾。

第二，完善法律法规，加大政策支持。

我国关于特殊教育及辅助技术等方面的法律法规还不健全，完善的法律法规将有力地支持辅助技术的发展，如相关设备及其服务的规定等，另外，政策上的改变也会有助于辅助技术的推动。

第三，提升辅助技术的服务，构建完善的辅助技术服务体系。

辅助技术设施的应用有赖于辅助技术服务的完善，相关研究表明，造成辅助技术设施不实用或束之高阁的主要原因是相应的服务不到位，包括缺乏对残疾人及其家庭需

① Sandra Alper Sahoby Raharinirina. Assistive technology for individuals with disabilities: A review and synthesis of the literature [J]. Special Education Technology, 2006, 21(2): 47 - 64.

② Scherer M J. Assistive Technology: Issues and Trends [C] //107th Annual Convention of the American Psychological Association. Boston, Massachusetts, August 22, 1999.

求的考虑、选择的决定并非多方合作的结果、缺少对相关人员的技术培训等①。

第四,加强相关组织的合作,培养专业教育辅助技术人员。

为个体提供辅助技术是一个多方合作的过程,包括残疾人个体、家庭成员、教育者、康复医师及相关企业等。其中企业是产品、技术与服务的提供者,而其他各方是需求的提出者与使用效果的评估者。学校作为残疾学生生活的主要场所,是联系各方的纽带,加强企业与学校的合作,是保证辅助技术实施效果的关键。加强大学、科研机构与中小学校的合作,建立支持网络,进行以大学教师与研究者为主、中小学教师为辅的理论研究,以及以中小学教师为主、大学教师与研究者为辅的应用研究,是加大辅助技术应用范围、提高应用效果的重要举措。

二、辅助技术与早期干预

(一) 辅助技术对特殊幼儿的影响

近年来,辅助技术在特殊幼儿教育与早期干预上的应用已逐渐受到重视。国内外已有相关研究显示,辅助科技为特殊幼儿的学习、沟通、生活等带来正面的影响。Judge (1998)等研究者更进一步指出辅助技术对特殊幼儿的益处:辅助器具可以帮助特殊幼儿探索周围环境,表达生理或社会互动需求;有助于增强特殊幼儿自身活动的控制力。也有研究者指出,运用辅助技术对重度且多重障碍幼儿参与环境的能力有显著的贡献,即便是三到十八个月的幼儿也可以借由微电脑发展沟通技巧或提升社会互动。

这里主要从三个方面讨论辅助技术对特殊幼儿的积极影响。

第一,辅助技术有助于改进和增加特殊幼儿的学习机会。辅助技术运用于特殊幼儿,能够为特殊幼儿提供试探、互动及发挥功能的富有激励性的机会。对特殊幼儿尽早提供适当的辅助器具,可以让特殊幼儿更早体验到重要的学习机会。如对语言发展迟缓幼儿来说,良好的语言环境有助于激发他们的沟通与互动欲望,通过卡片、符号系统等辅助器具能够帮助他们表达需求。反之,学习机会的缺乏会使得特殊幼儿变得被动,缺乏动机,缺少与环境互动的兴趣与能力。

第二,辅助技术有助于改善幼儿的功能和技能。辅助技术有助于幼儿学习基本的因果关系,比如使用卡片可以获得相应的食物或玩具,使用开关玩具,儿童只要打开开关,玩具就会有动作表现出来;辅助技术还能提升幼儿的分辨能力,学习轮流概念,促进儿童基础技能的学习,为幼儿进一步的发展和高层次的概念学习打下良好的基础。

第三,辅助技术有助于促进特殊幼儿心理的积极发展。辅助技术可以帮助特殊幼儿探索其周围环境、表达生理或社会互动需求,并增强对自身活动的控制力,让特殊幼儿变得更独立与具有能力,从而积极地影响其动机、主动性、自尊与自我认同。

此外,辅助技术还有助于增强特殊幼儿日常生活的独立性,提升其活动速度与安全保障度,经历人性化的支持环境;辅助技术的开发与应用,可以扩大特殊幼儿的残存能力,补偿较为不足或有待提升的能力,解决部分肢体、沟通或心智障碍所造成的困扰,使

① Reed, P.R. Six Steps to Improved Assistive Technology Services in Schools [M]. Wisconsin: Wisconsin Assistive Technology Initiative, 1999.

特殊幼儿在学习、独立生活、环境控制等方面都有可能获得改善。

(二) 辅助技术运用于早期干预的基本原则

辅助技术运用于特殊幼儿的早期干预,需要根据特殊幼儿的身心特点及辅助技术自身特点,遵循一定的基本原则,详见表10-1。

表10-1 辅助技术运用的基本原则①

	基本原则	内　涵
1	配合儿童感觉动作技能的水平	儿童的感觉动作技能遵循一定的发展规律,具有目的性和针对性的活动才能促进儿童功能的发展。辅助技术要诱发儿童的适应性反应(adaptive response),必须配合儿童感觉动作技能水平。 此外,可以通过活动、其他专业人员的资源等来评估儿童的发展水平,进而决定儿童是否达到预备使用辅助技术的程度。 注意:在适当技能发展完成之前,如果贸然引用复杂的辅助技术系统,可能对特殊幼儿及其家庭造成挫折,并打消他们使用辅助技术的念头。
2	发挥其在功能性技能上的角色	针对特殊幼儿在感觉输入、动作输出及感觉回馈上的缺陷,所做的增强、调适或变通性的协助。
3	应注意幼儿的职能需求	职能需求即人类天生的探索与控制环境的内驱力,帮助幼儿更加独立,积极地满足其动机、主动性、自尊与自我认同等心理需要。
4	克服特殊幼儿的无助感	特殊幼儿在与环境互动的过程中,因其自身障碍而不断遭遇失败挫折,如无法像一般幼儿一样操作或使用各种小工具、玩具等,便极易自觉对环境失去掌控的能力,而养成无助感;这种无助感可能会变成第二种障碍,不但影响功能性技能的表现,并造成在动机、认知与情绪方面的问题,让原本就处于弱势的特殊幼儿变得更为不利。因而,要及早教导与激励他们去克服可能无法掌控环境的无助感。

这四点是运用辅助技术,协助特殊幼儿克服障碍,获得独立的身心功能的一般性指导原则。事实上,在实际运用辅助技术时,我们仍须根据特殊幼儿的需求进行个别化评估。

第二节　辅助技术服务

技术想要改变个体的生活,还需要在宏观层面上的政策、经费得到保障,使得特殊婴幼儿可以获得这些辅助技术服务。国家或地区的相关法律法规将有力地支持和促进辅助技术事业的发展,进而推动辅助技术运用于特殊教育。完善的立法为辅助技术服务的提供奠定了立法基础,保障了特殊幼儿能够获取相应的辅助技术设备与服务。本节主要介绍美国、我国大陆地区及港澳台地区辅助技术服务的立法基础,并详细说明辅助技术服务基本流程。想一想,辅助技术服务应该包括哪些内容呢?

---

① 刘志丽,许家成. 辅助技术——特殊教育发展值得关注的新趋势[J]. 中国康复理论与实践,2007,13(4):334-336.

一、辅助技术服务的立法基础

（一）美国辅助技术服务相关法案

美国等国家的教育法案或者专门的法案中规定要为特殊幼儿提供辅助技术服务，包括以下内容：评估幼儿在习惯的环境内的功能表现；协助儿童选择、获得或运用辅助技术；安装、维护、调换辅助器具；借用或者购置辅助科技器具；提供儿童、家人和教师等协调运用与辅助技术相结合的治疗、训练以及技术协助。

美国特殊教育辅助技术立法可以追溯到1879年的《盲人教育促进法案》(*The Federal Act to Promote the Education of the Blind*)，法案强调应该提供盲生适当的点字教材与可摸读的教具。后来与辅助技术相关的法案逐渐增加，辅助技术的定义与所涵盖的范畴越来越广，相关规定也越来越明确。相对来说，美国形成了比较完备的辅助技术法律体系，《康复法案》、《辅助技术法案》、《残疾人教育法案》、《美国残疾人法案》为主的立法及其相关规定，使得特殊幼儿在康复、教育、生活等诸多领域的辅助技术需求得以保障，如资金来源，辅助的选择、获得与使用。此外，这些法律法规还从教育培训、研发、信息服务、机构协调、维权和政策反思等诸多方面全面促进辅助技术事业的进步①。

补充阅读材料10-1

美国辅助技术相关立法

- 1973年，《康复法案》(*Rehabilitation Act of 1973*, as amended)
  相关规定：支持使用科技来协助身心障碍者更能掌控他们的生活，能参与家庭、学校及工作环境的活动，能和非身心障碍同伴交往，且能用别的方法进行非身心障碍者视为理所当然的活动。
- 1975年，《全体残障儿童教育法》(*the Education for All Handicapped Children Act*; PL 94-142)
  相关规定：提到应用科技来协助身心障碍者在教育环境下学习，如提供身心障碍者教育在设计、调试与运用科技方面的支援。
- 1986年，《障碍者教育法修正案》(*the Education of the Handicapped Act Amendments*; PL 99-457)
  相关规定：鼓励针对身心障碍学生所需的科技、教学媒体、教材进行研究与发展制作，法案中也强调早期干预的部分，鼓励专业人员尽早评估儿童在最早的适当时间使用科技协助的可能性，及早提供训练与服务。
- 1988年，《辅助技术法案》(*The Technology Related Assistance for Individuals with Disabilities Education Act*, PL 100-407)

① Reed, P.R. Six Steps to Improved Assistive Technology Services in Schools [M]. Wisconsin: Wisconsin Assistive Technology Initiative, 1999.

相关规定：首次对辅助技术做出明确定义，提出辅助技术包括辅助技术设备与辅助技术服务，并强调政府应提供障碍者必要的辅助技术。除了采用上述辅助技术定义外，还扩大强调辅助技术和教育的关联性，进一步规定早期干预、入学阶段及转衔服务中必须加入辅助技术设备与服务，并将辅助技术列入身心障碍学生的个别化教育计划中，学校也必须免费提供所列举的设备与服务。另外，法案中也提及特殊教育专业人员的训练方案中，必须加入教育与辅助技术的内容(Cook & Hussey, 2002; Galvin & Scherer, 2004)

- 1990 年，《美国残疾人法》(*Americans with Disabilities Act of 1990*)
  相关规定：规定禁止歧视身心障碍者，并确保其公民权，使其充分融入社会。法案中提出了合理的调整(reasonable accommodation)与公共调整(public accommodation)，合理的调整指在工作方面用来协助障碍者的辅助策略，公共的调整则在公共服务方面提供辅具与服务。
- 1997 年，《残疾人教育法案》(*The Individuals with Disabilities Education Act Amendments of 1997*, IDEA 97)
  相关规定：要求在为每个残疾学生制定个体化教育计划(IEP)时都要考虑辅助技术的需求。当儿童进入幼儿园，开始正规的学校教育时，辅助技术就成为 IEP 的一部分，以保证其能够在最少受限制的环境中进行支持性安置，从教育中获益，实现 IEP 的目标。当然，并不是要求学校要为学生提供所有可能的辅助技术，但是如果辅助技术的使用能够使学生朝着 IEP 小组制定的目标前进的话，就必须提供[①]。
- 1998 年，《辅助技术法案》(*Assistive Technology Act of 1998*)
  相关规定：此法案首次对辅助技术设备和服务立法提出具体扩展政府资金，以发展或执行辅助技术的方案或活动，并建立倡导服务的概念，提供身心障碍者及其家人、监护人、法定代理人充分的服务，强调辅助技术服务和辅助设备一样重要(Cook & Hussey, 2002)
- 2004 年，《残疾人教育法案》(*Individuals with Disabilities Education Act Amendments of 2004*)
  相关规定：指出辅助技术服务也应扩大残疾人对电子与信息技术的利用。

从美国辅助技术相关的法令规定来看，美国对辅助技术的重视程度，除了立法支持辅助技术设备的提供，法案中也强调辅助技术服务的重要性，如将服务过程中涉及的评估、选择、获取、安装、运用、维护、调换辅助技术器具、人员协调等内容都纳入到立法之中；此外，辅助技术涵括了生活、教育、职业、医疗康复、物理环境等范畴，让身心障碍者能同等地享有机会，使用社会资源。

(二) 我国辅助技术服务的相关法律法规

我国目前的《残疾人保障法》里也对辅助技术在残疾人的康复过程中的重要性给予了肯定，各个地区也有相应的机构提供辅助技术方面的服务，主要涉及辅具的提供或者

---

① 何华国. 特殊幼儿早期疗育[M]. 台北：五南图书出版公司，2005：314－315.

提供一定的经费补贴；国内提供辅助技术设备与服务的制度规划仍不够完善，在设备的研发与采购上投入较多的人力与经费，对辅助技术服务的重视显得不足。2008 年 7 月 1 日，中华人民共和国第十一届全国人民代表大会常务委员会修订施行了《中华人民共和国残疾人保障法》，在总则的第四条中规定："国家采取辅助方法和扶持措施，对特殊幼儿给予特别扶助，减轻或者消除残疾影响和外界障碍，保障特殊幼儿权利的实现。"第三章有关教育的第二十九条要求："政府有关部门应当组织和扶持盲文、手语的研究和应用，特殊教育教材的编写和出版，特殊教育教学用具及其他辅助用品的研制、生产和供应。"我国目前还缺乏专门的辅助技术研究，特别是其与教育、训练的结合。关于国内辅助技术的应用，具体参照杜静等学者研究，详见表 10－2①。

表 10－2

国内辅助技术在我国特殊教育中的应用

<table>
<tr><td rowspan="2">政策保障</td><td>相关规定</td><td>《残疾人教育条例》第四十八条规定，县级以上各级人民政府及其有关部门应当采取优惠政策和措施，支持研究、生产残疾人教育专用仪器设备、教具、学具及其他辅助用品，扶持残疾人教育机构兴办和发展校办企业或者福利企业。</td></tr>
<tr><td>发展趋势</td><td>对有特殊需要的学生辅助事业的投入在逐年增加，各地各种优惠政策和保障体系也在逐步建立和完善。特殊教育改革本身也在不断发展。特殊教育教学观念、形式和方法都有改革和创新。各类信息技术和教育辅助技术的出现，为满足各类学生教育需求的多样化提供了可能性。</td></tr>
<tr><td rowspan="2">具体应用</td><td>计算机网络技术</td><td>1. 运用网络远程教育手段将优质教育师资送到受教育的弱势群体面前，为更多条件不便者提供学习的机会和条件。
2. 无障碍思想在计算机操作系统和网页设计方面的应用，为各类障碍人群使用计算机浏览网页提供了一个绿色通道。
3. 适用于特定人群的专用软件的开发提供了极大的便利。例如针对盲生使用电脑而设计的读屏软件、盲人考试系统等。</td></tr>
<tr><td>多媒体技术</td><td>1. 多媒体可以同时提供多感官刺激，激发个体的学习兴趣，提高学习效率。
2. 多媒体不受时空限制，可以提供丰富的感性材料，从而能适合各类有特殊需要的学生，为盲生提供听觉材料，为聋生提供视觉材料，还可根据智力落后学生反应慢的特点，放慢速度、多次循环进行教学。</td></tr>
<tr><td></td><td>电子和机械类辅助器具</td><td>模拟教具为有特殊需要的学生提供一个模拟的工作环境，在这个模拟的工作环境中练习和实践。例如培智学校使用的电子辅助器具，盲人按摩课使用的电子触摸教具。</td></tr>
<tr><td rowspan="2">问题</td><td>对待态度</td><td>公众对辅助技术及其使用者的态度和观念仍需改变，国家和社会需提高对辅助技术的关注程度，增强应用辅助技术的意识。</td></tr>
<tr><td>专业教育辅助技术人才</td><td>国内有庞大的辅助技术需求群体，然而只有为数不多的几所高校开设了辅助技术方面的专业，培养的人才数量极为有限，并且在辅助技术方面还没有形成自己的理论与知识体系，没有可以作为教材的辅助技术学术专著。</td></tr>
</table>

① 何川．美国辅助技术法律研究及对我国立法的启示[D]．重庆：重庆师范大学，2009．

续 表

	辅助技术系统的运转	建立辅助技术系统，辅助技术是一个系统工程，包括研发、生产、供应、服务和管理。国内相关各单位、部门、社会和个人的合作有待加强，比如学校与企业的合作，应该由学校提出需求，企业根据需求研发生产出符合有特殊需要的学生需要的辅助器具，不仅能够保证辅助器具的使用效果，还能减少很多不必要的调试和修改；供应商和服务部门合作，也应该由辅助技术适配人员为有特殊需要的学生提出配备方案，然后由供应商供应设备，才能为学生配备符合需求的辅助技术设备。
	辅助技术设备的研发机构的需求	国内缺乏辅助技术设备的研发机构。虽然从 1992 年正式将为有特殊需要的学生提供辅助事业纳入国家计划以来，辅助器具的研发、生产和配送发展速度已经相当迅速，但至今很多设备和装置都还需从国外进口。因而自主研发符合我国需要的辅助技术设备迫在眉睫。

此外，我国台湾地区有《身心障碍者就业辅助器具补助办法》和《身心障碍者医疗及辅助器具费用补助办法》等关于辅助技术设备与服务的相关规定。台湾地区所提供的辅助技术多偏重在设备以及相关的经费补助，而辅助技术服务的部分，则在《身心障碍者权益保障法》的第二章保健医疗权益中指出，规范个案出院须进行辅具评估与使用建议，以及主管机关应奖励设置机构提供辅具服务，对其他相关的评估、服务及专业人员等，则无具体的明文规定。在教育领域，相关的法规都强调要依据身心障碍学生的需求来提供辅具与服务，至于辅具内容的界定多偏重于感官障碍类别，也没有进一步规范完整的服务内容，对相关人员的专业训练也没有规定①。

二、辅助技术服务基本过程

（一）辅助技术服务基本过程

辅助技术服务是辅助技术设备应用的关键环节。辅助技术服务的提供，需要对特殊幼儿进行评估，设计、选用适合不同个体的辅具，教育训练家长、教师等相关人员使用辅具等一系列过程。一般辅助技术服务的通过需要通过团队的力量，才能提出最适当的建议。辅助技术的适配常常需要考量特殊幼儿及其家庭的因素，这是其中非常关键的问题，如幼儿的技能水平、家庭的目标与优先事项、经费因素。具体来说，辅助技术服务包括收集背景资料，确定经费来源，技能水平评估，决定辅具选择标准，辅具的选择、修改与制造，辅具的安装与训练等过程。

表 10 - 3 辅助技术服务基本过程

	基本过程	具体内容
1	收集背景资料	最近的医疗记录、健康检查报告、认知及语言测验、视觉、听觉、语言评量、目前和过去使用辅具的情形、特殊幼儿及家庭的目标、期望、优先事项、特殊的社会文化因素等。

① Netherton, D. L., Deal, W. F. Aaaistive Technology in the Classroom [J]. *Technology Teacher*, 2006, 1: 10 - 15.

续　表

	基本过程	具体内容
2	确定经费来源	了解当事人使用辅具可能的经费来源，如是否可以获得政府补助、医疗保险是否可以支付或个人能否负担等。政府的补助部分，针对指定的辅助器具项目，依据身心障碍类别、障碍等级、当事人收入状况决定其补助的标准。
3	技能水平评估	服务团队确定特殊幼儿及其家庭的目标与期望，进行特殊幼儿"技能水平评估"。评估针对儿童的感觉、知觉、动作、认知、语言等方面的发展性与功能性的技能水平、需要表现的技能、需要运用辅具的情境。
4	决定辅具选择标准	服务团队在决定辅具选择标准时，需要考虑五方面的因素：特殊幼儿的因素、家庭的因素、环境的特征、活动的特性、辅具的特性。具体内容见表10-5。
5	辅具的选择、修改、制造	在初步决定辅具选择标准之后，辅助技术服务的专业人员如有需要可以安排试用辅具，用来确定是否能够达到预期功能性目标。对于比较复杂的辅助技术系统，在决定是否购置之前，可能需要数周的试用期。试用辅具后，辅具的选择标准经必要的修正即可定案。
6	辅具安装与训练	安装辅具之后，对特殊幼儿及家人进行辅具操作训练也是非常重要的环节。如复杂的辅具，需要较长的训练时间，特殊幼儿开始使用辅具之后，辅具提供者需要进行定期追踪，便于根据特殊幼儿的需求进行适当的调试和必要的维护。

Swinth(1998)指出为特殊幼儿评估、设计及选用辅助技术的过程包括七方面的内容，详见表10-4[①]。

表10-4

辅助技术服务过程[②]

1	服务团队	列出重要的团队成员，以组成辅助技术服务团队
2	家庭因素	确定特殊幼儿家庭的目标与优先事项
3	社会文化因素	指出任何社会文化因素的考虑与关切事项(如经济因素)
4	特殊幼儿评估	a. 需要及运用辅助技术的情境 b. 幼儿需要表现的活动 c. 幼儿发展性的与功能性的技能水平
5	辅助技术类型	资料收集好时，列出与考虑辅助技术的类型
6	执行服务与人员训练	执行辅助技术服务并训练相关的重要人员
7	评鉴与改进服务	持续评鉴与改进对幼儿及家庭的辅助技术服务

(二) 辅助技术服务团队

辅助技术服务团队多采取专业间团队模式进行合作，团队成员可能包括作业治疗

① 杜静，曲学利. 辅助技术在特殊教育中应用的研究[J]. 中国康复理论与实践，2009，15(3).
② 黄霈婕. 学前特教教师辅助科技专业知能之研究[D]. 台湾：台南大学，2011：9-15.

师(Occupational Therapists，OT)、物理治疗师(Physical therapist，PT)、语言治疗师(Speech-language Therapist，SLT)、康复治疗师(rehabilitation engineer)、个案管理员(case manager)、特殊教育人员、特殊幼儿家人等。实际参与服务团队的成员，会因情境的不同而有差异，需视特殊幼儿所需辅具的类型、参与者的专长、辅具运用的特定场合而定。通过整个团队与特殊幼儿家人的意见，进而作出符合特殊幼儿多方面需求的决策。此外，涉及政府补助或医疗保险给付的辅具，服务团队的评估报告对经费的申请尤为重要。

(三) 辅助技术适配评估

辅助技术适配评估的内容一般来说，包括评估特殊幼儿是否有辅助科技的需求；需要及运用辅助科技的情境；需要表现的活动；特殊幼儿在感觉、动作、认知、语言等方面的技能水平；分析评估特殊幼儿表现的资料，提供给专业人员作为评选辅助科技设备的参考；根据特殊幼儿的需求选用合适的辅助科技设备；评估特殊幼儿需求是否能与辅助科技相配合；评估特殊幼儿活动环境是否能与辅助科技相配合等内容。

大量的资料和调查显示，美国一半或80%的辅具被使用者弃用是因为给使用者提供了不恰当的辅助器具，没有考虑到使用者的能力、需要、行为、所要完成的任务以及使用的环境等。因此，辅具评估对于学生辅助技术服务起着重要的作用①。Cook 辅助技术评估模式理论认为人、环境、活动、技术是构成辅助技术适配评估不可缺少的因素。Scherer 等 2002 年提出来人与技术适配模式，这个模式强调人、活动、技术三个要素的配合。Cook 和 Hussey(2002)发展的人与活动辅助技术适配模式(HAAT)强调考虑情境、人、活动以及辅助技术四个要素。

国内外辅助技术的适配评估的程序已经形成一致意见，大体做法都是一致的，基本按照需求评估、制定计划选择辅具、实施、成效评估等几个步骤完成。关于残疾人辅助技术适配评估执行的程序，比较有代表性的是辅具专家 Cook 等和我国台湾地区吴英戴发展的两个评估程序。Cook 等把辅具的实施分为六个步骤，即接受转介、评估、建议报告、执行、追踪、持续再追踪，每一个步骤都需资金的支持②。

(四) 辅助技术选择依据

服务团队在决定辅具选择标准时，需要考虑五个方面的因素，即特殊幼儿的因素、家庭的因素、环境的特征、活动的特性、辅具的特性。其中，特殊幼儿、家庭因素、活动特性可能直接影响辅具选择标准，而环境的特征对其他几个因素存在潜在影响。服务团队只有把这些相关因素充分地掌握与整合起来，方能做出适合可行的建议。此外，在选择辅具时，要特别注意尊重特殊幼儿家长的意见和态度。

---

① Shelley. Assistive Technology Assessment-Finding the Right Tools [EB/OL]. http://www.teehpotential.net/assessment.

② Cook，hussey，等. 辅助科技原则与实行[M]. 杨炽康，译. 台湾：心理出版社，2007：182.

表 10-5

辅具选择标准考虑因素①

	考虑因素	具体内容
1	特殊幼儿的因素	✓ 年龄、障碍类别及程度、健康状况； ✓ 特殊幼儿的发展性与功能性技能水平； ✓ 使用辅具需要用到的基本技能(Behemann Jones & Wilds, 1989),具体如下： a. 动作技能(动作的范围、力量与耐力、按压与放松、可靠与一致的动作表现) b. 认知—语言技能(对因果关系的认知、注意的广度、懂得物体永恒、方法—结果的因果关系、模仿能力、对应、故意行为、符号性表征、可靠的是与否的反应、感受性敏锐的理解指示 c. 视知觉技能(视觉追视与扫描、形象与背景、形状分辨) d. 社会与情绪技能(开始与结束互动、轮流与等待、注意某一物件或人、遵循一个步骤的指示) 这些技能有助于特殊幼儿使用辅具,如果尚未具备,就需要在训练特殊幼儿使用辅具时加以积极培养。
2	家庭的因素	✓ 家庭的目标与期望(当前与未来)； ✓ 优先事项； ✓ 社会文化因素(经济情况、家长对幼儿独立性重要程度的态度等)。
3	环境的特征	✓ 社会环境(同伴、陌生人、独处)； ✓ 场所(家庭、学校、幼儿园、托儿所、社区等)； ✓ 物理特性(采光、噪音水平、温度等)。
4	活动的特性	✓ 活动决定辅具所要达到的目标； ✓ 特殊幼儿可能进行或参与的活动如：自我照料、游戏、学习等；每种活动性质不同,又可细分成一系列的任务,在不同的环境中实施。
5	辅具的特性	✓ 所需辅具的种类、价格； ✓ 使用方式与情境； ✓ 使用训练期； ✓ 维修与保养等。

第三节 辅助技术应用

辅助技术的应用已得到许多国家和地区的高度重视。随着科学技术的发展,辅助器具的内涵也不断发展。依据不同的分类标准,可以将辅助器具划分为不同的类别,那么,常用的特殊幼儿辅助器具有哪些?

① 何华国.特殊幼儿早期疗育[M].台北：五南图书出版公司,2005：321-324.

一、辅助器具的分类

辅助技术设备的种类繁多,国内外的学者对其概念有不同的见解而有不同的分类方式。常见的分类方法有依据使用者的障碍类型分类,也可以依据辅助技术设备的用途来分类。美国的 ABLEDATA 辅助技术信息数据库按辅助器具的功能分为了 20 个领域,目前辅助技术产品的数量已达到 2 万至 3 万种①。依据障碍类别,可以将辅助器具分为视觉障碍、听觉障碍、肢体障碍、沟通障碍、发展性障碍等不同类型的辅助器具;依据人们的日常活动,可以将辅助器具分为个人卫生、饮食家务、室内活动、学习工作、治疗保健、体育娱乐、外出行动等类别;依据适用的环境(场所),可以将辅助器具分为起居室、盥洗室、出访、工作室、公共场所等类别;按照辅具的功能性把其分为最常见的如认知和教育辅具、移动辅具、辅助沟通辅具、环境控制辅具(包括日常生活辅具、职业辅助、建筑改造、娱乐技术)②。国内学者郑俭等把辅助技术分为康复辅助技术、教育辅助技术、日常生活辅助技术与环境无障碍辅助技术③。蒋建荣等把辅助器具按照用途分为生活类、信息类、训练类、移乘类、就业类、娱乐类以及家居环境类等;并且指出此种分类方法具有使用方便、针对性强的优点,但也存在无法反映辅具本质区别的缺点④。此外,美国还把辅具分为低技术辅具和高技术辅具。

(一) ISO 分类标准

辅助技术所提供的帮助,几乎涵盖了身心障碍者的衣、食、住、行、育、乐、医疗等大部分的层面。国际标准化组织(ISO)在 1998 年的标准(ISO 9999: 1998)中,将辅助器具分为十大类别,135 个次类别,717 个支类。2007 年 3 月国际标准化组织(ISO)颁布了第四版 ISO 9999《Assistive products for persons with disability — Classification and terminology》,将辅助器具分为 11 大类。国家标准《残疾人辅助器具分类和术语》GB/Tl 6432—2004;2002(等同采用的国际标准)对特殊幼儿辅助产品进行了分类,将特殊幼儿辅助器具分为 11 个主类、135 个次类和 741 个支类。

表 10-6 辅助器具的国际标准化组织分类(ISO)

	类别	举例
1	个人医疗辅助器具	呼吸治疗辅具 透析治疗辅具 沟通治疗辅具
2	技能训练辅助器具	视觉训练辅具 沟通训练辅具
3	矫形器和假肢	脊柱矫具系统 上肢义肢系统

① 郑俭.特殊教育研究网络资源整合与解析[M].北京: 高等教育出版社,2008: 185.

② The State Department of Education's Assistive Technology. Guidelines for Assistive Technology [EB/OL]. http://www.hawaiipublicschools.org/DOE%20Forms/Special%20Education/assistivetechnology.pdf.

③ 郑俭,许晓鸣,许家成,等.论发展中国残疾人辅助技术高等教育的必要性[J].中国康复理论与实践,2007,13(4): 331-333.

④ 蒋建荣.特殊教育的辅具与康复[M].北京: 北京大学出版社,2012: 3.

续 表

	类别	举例
4	生活自理和防护辅助器具	身上穿着保护辅具 如厕辅具 牙齿照顾辅具
5	个人移动辅助器具	单手操作步行辅具 轮椅 位移辅具
6	家务辅助器具	准备食物与饮料辅具 清洗餐盘辅具
7	家庭和其他场所使用的家具及其适配件	灯光固定器 家具高度可调整辅具
8	通讯、信息和讯号辅助器具	书画与手写辅具 听觉辅具 信号与指示辅具
9	产品和物品管理辅助器具	操作控制器与器具 环境控制系统 固定用辅具
10	用于环境改善的辅助器具和设备	环境改善辅具 手操作工具
11	休闲娱乐辅助器具	练习与运动辅具 摄影辅具

(二) 障碍类别分类

依据障碍类别,可以将辅助器具分为视觉障碍、听觉障碍、肢体障碍、沟通障碍、发展性障碍等不同类型的辅助器具。如视力障碍者需要有导盲和助视的辅助器具;听力障碍者需要有助听器以及专为聋人设计的辅助器具;肢体障碍者需要有假肢、矫形器、轮椅等辅助器具;发展性障碍者需要认知、语言、动作等多方面的辅助器具①。

表 10-7

辅助器具分类(障碍类别)

	障碍类型	常见辅具
1	视觉障碍	● 盲用辅助器具 盲用常用生活学习辅具：盲人手表、钟、语音报时器、体温计、血压计、语音电子秤等。 盲用休闲辅具：盲人黑白棋、象棋、跳棋、五子棋、扑克牌等;盲用球类如盲人足球、篮球、排球、门球、乒乓球、桌球等。 盲用学习用品：盲用量角器、三角尺、算盘、圆规、宜尺、卷尺、写字笔、写字板、打字机、阅读机、读书机、复印机等。 盲用行走装置：各式盲杖、盲用指南针、电子行走辅助装置(ETA)、导盲手机等。

① 蒋建荣.特殊教育的辅具与康复[M].北京：北京大学出版社,2012：2.

续 表

	障碍类型	常见辅具
		盲用电脑辅具：主要有读屏软件（如阳关读屏软件、永德读屏软件）、电脑、盲文刻印机（打印盲文打字机）、点显器（盲人显示器或电字机）构成。 ● 低视力辅助器具 光学助视器：近用光学助视器（手持放大镜和立式放大镜）、远用光学助视器（望远镜）。 非光学助视器：可调节的台灯和照明笔、可调节阅读书架、阅读裂口器。 电子助视器（扩视器）。 其他：语音手机、电子书播放器、手持式文本扫描阅读器、盲文电脑、在线语音书库、卫星定位系统、大字印刷文本、盲文书写工具等。
2	听觉障碍	● 听力补偿辅具：助听器、助听系统、人工耳蜗（如：红外助听系统）。 ● 听力替代辅具：各种信号接收发生器（如声光门铃、震动闹钟、FM 调频声音发生接收装置）。 其他：聋人文本电话（又称 TDD 或 TTY）、视频字幕处理技术。
3	肢体障碍	● 矫形器：上肢矫形器、下肢矫形器、躯干矫形器等。 ● 假肢。 ● 个人移动辅助器具：手杖、助行器、轮椅等。 其他：腕部功能训练器、步行训练器、平衡板、平衡杠、手指功能训练器、翻书器、取物器、粗柄笔、各种根据人体工学设计的计算机输入设备、语音输入技术、各种可以通过计算机操作的学习软件等。
4	沟通障碍	● 扩大和替代沟通（又称辅助沟通系统，AAC）。 ● 计算机的语音输入、输出装置。 ● 各种用口、头、呼吸、眼睛注视控制的电脑、开关技术。
5	发展性障碍	● 生活辅具：生活自助辅具、清洁沐浴类辅具、阅读书写类辅具、特殊家具类辅具、休闲娱乐辅具。 ● 物理治疗专用辅具。 ● 作业治疗辅具。 ● 认知干预的辅具。
6	智力障碍、情绪行为障碍	软件产品较多，包括教育诊断程序、认知技能辅导程序、因果关系训练程序、推理程序、记忆改善程序、感知训练程序、语言训练程序、数学作业完成程序、行为训练程序等。目前我国公开出售的这类软件并不多见，但在美国 ABLEDATA 数据库，以及各种相关产品网站上可以查到大量的该类软件。

（三）特殊幼儿辅助器具

特殊幼儿的辅助器具类别与成人身心障碍者的并无两样，但日常生活中我们常见的为摆位辅具（如站姿辅具、坐姿辅具、俯卧辅具、侧躺辅具、仰卧辅具、副木）、移位辅具（如站姿行走辅具、坐姿移位辅具、趴姿移位辅具、别人协助移动之移位辅具）、裸足部支架鞋、饮食辅具等。为满足特殊幼儿在适应环境、表现独立功能上的个别化需求，还可以量身设计他们所需要的其他各种辅助器具，事实上，只要善于观察和发挥创意，为特殊幼儿量身设计的辅助器具随处可见①。Swinth(1998)列举了一些特殊幼儿辅助器具，如单一开关的玩具、环境控制辅具、个人电脑、辅助沟通器具、电动行动辅具。

二、辅助沟通系统及其运用

(一) 辅助沟通系统概念界定

沟通能力是人类表达思想，传递信息，参与社会生活的一项重要能力。一旦个体的表达能力受限，将影响其社会互动、认知学习、心理发展等，阻碍个体全面参与社会、融入教育、独立生活以及休闲活动。辅助沟通(augmentative and alternative communication，简称 AAC)是任何可以补偿、改善或替代言语表达或书写表达的方法，旨在暂时或永久改善较少有或无功能性语言个体的沟通技能。

辅助沟通系统(Augmentative and Alternative Communication，简称 AAC)过去翻译为扩大性(augmentative)及替代性(alternative)沟通(communication)，在西方国家通称为 AAC，现已将 AAC 通称为辅助沟通系统。AAC 逐步发展成一个独立的学科，并有专业的期刊和国际性的学术组织国际辅助沟通学会(ISAAC)。直到 1989 年美国听语学会(American Speech and Hearing Association，ASHA)为 AAC 作出正式的定义，并分别于 1991、2004、2005 年，将 AAC 的定义作补充和重新界定。根据美国听语学会(American Speech and Hearing Association，简称 ASHA)在 2005 年所做的定义：AAC 是属于研究、临床及教育应用的领域，其目的是为了调查及有必要时来弥补患有严重口语表达及/或口语理解障碍者其暂时或永久的损伤、活动局限和参与限制，这些包含了口说与书写的沟通模式。

辅助沟通系统使用的对象不受年龄、社会地位与种族背景的限制。使用者的共同特征是需要借助辅具，以弥补书写及口语等沟通能力的不足。因此沟通辅助系统的使用对象均为有沟通障碍者，无论障碍是天生还是后天的，如脑瘫、智力障碍、自闭症、语言发展迟缓、脑伤或是中风等，只要使用者的动作、口语或书写能力可能暂时受限或可能是永久性的缺陷，而无法满足沟通的需要时，都可以考虑使用辅助沟通系统。

(二) 辅助沟通系统四大元件

台湾学者杨炽康(2004)将 ASHA 所定义的组成 AAC 的四个组成部分：符号、辅具、技术和策略称为 AAC 的四大元件。

- ✓ 沟通符号：分为非辅助性符号(unaided symbols)和辅助性符号(aided symbols)，非辅助性符号包括肢体语言、表情、手势、眼神等；辅助性符号包括图像、文字等。
- ✓ 沟通辅具：根据是否有声音输出功能分为低科技辅具和高科技辅具。低科技沟通辅具包括沟通簿、沟通板、注音符号、字母板等。
- ✓ 沟通技术：AAC 使用者使用沟通辅具的方法，包括直接选择与间接选择两种。直接选择包括手指、声音、眼睛或身体其他部位移动来控制界面，间接选择包括扫描、莫尔斯码等。

---

① 何华国.特殊幼儿早期疗育[M].台北：五南图书出版公司，2005：327－330.

✓ 沟通策略：是指将沟通符号、沟通辅具、沟通技术整合成沟通介入方案，以帮助沟通障碍者更有效地完成沟通功能。

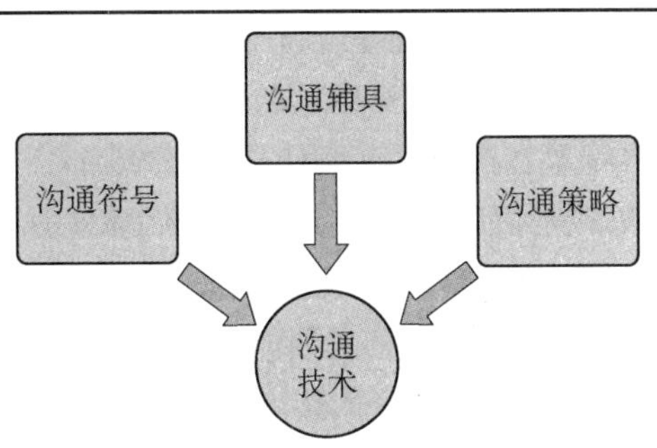

图 10-1

辅助沟通系统要素间的关系

(三) 辅助沟通系统(AAC)使用相关原则

✓ 使用的对象：不论年龄，任何人因口语无法满足其沟通需求，特别是当接收的语言超过表达的技巧时，就可考虑使用 AAC。不论是先天障碍(如自闭症、唐氏综合症、重度听觉损伤、脑瘫)，后天障碍(头部受伤、脊椎受伤)或暂时性障碍(创伤、手术)等，只要是意图沟通者都可以借助 AAC 来满足沟通需求。

✓ 选择沟通符号：非辅助性沟通符号利用肢体来沟通，随时随地可以使用，辅助性沟通符号属于身体以外的物件，可能携带不便，在传送信息上较缓慢，也有可能因图卡不足或储存记忆有限造成使用上的限制。

✓ 选择沟通辅具：低科技沟通辅具如沟通簿、注音符号沟通板、字母板，容易制作，容易取得，价格低。高科技沟通辅具，具有声音输出功能，可依使用者的特性提供专门性及非专门性不同选择，但不易携带。

✓ 选择沟通技术：根据使用者的动作优势与需要去决定，对于某些比较生疏的使用者而言，直接选择比扫描系统实用又易学。

(四) 辅助沟通系统分类

根据传递信息的方式，可以把 AAC 辅具分成无辅助和有辅助两类。人与人之间传递信息最常使用的是口语，而口语本身就是由许多声音符号组合而成，这些符号经过编码的过程传输给聆听者，聆听者接收后解码以了解传送者的意思，这些符号被称为“非辅助性”的沟通符号，因为是由人的身体直接所产生的符号来达到沟通功能。简言之，由人的身体直接产生，不需通过外在物件当作符号，就可以达成沟通的功能者，就是非辅助性沟通符号，除口语外，还有其他如眼神、手势、肢体动作、脸部表情、手语等都属于非辅助性沟通符号。“辅助性”的沟通符号是指由身体以外的对象来完成沟通的功能，并依其特性由实物、彩色照片、黑白照片、小模型、彩色图像、黑白图像、文字，最具体到最抽象依次排序。沟通符号的选择，是由具体的活动而定，再依照使用者的需求予以调整，其目的是提供让严重沟通障碍者可以使用这些辅助性符号达到沟通的功能。

根据操作方式，辅助沟通系统可以分为扫描、编码和直接选择三种操作方式。在扫描方法中，沟通辅具会持续显示符号，这种显示是以一定的顺序呈现的，使用者可以通过特殊开关，暂停在他所想要表达的符号上，让他人知道使用者想要表达的内容。这种使用方法大多用在无法直接选择的人群上，因为扫描法可以借助特殊开关，例如脚踏式开关、吹起开关、单键开关，不会因为使用者动作不灵活而无法使用，但它也存在着一定的缺点，例如沟通速度较慢，使用者需要专注显示内容才能正确反馈。编码方式是指使用沟通符号进行编码，每一个符号都有对应的代码，使用者利用代码进行沟通，例如数字“412”代表单词“妈妈”。使用这样的操作方式沟通速度较快，并且不需要专注显示内容，但由于每个沟通符号都要转换为数字编码，复杂度较高，需要使用者拥有较强的认知记忆能力。直接选择方式是指利用手指、脚趾、头杖、嘴仗等直接指出或者直接从键盘打出所要表达的内容。这种操作方式沟通速度最快，但其缺点为使用者必须能完成这些精细动作，对使用者手部或者头部的控制能力较高。每一种操作方式都有其不同的优缺点，如何进行选择则取决于使用者的具体情况①。

表 10-8 辅助沟通系统特色和适用对象②

类型	优点	缺点	适用对象
脸部表情 身体动作 自然手势	1. 易于表达 2. 极重度孩子较易学习 3. 不花钱	1. 语言有限，无法表达更多内容 2. 易被误解	极重度障碍者
手语	1. 可传达较多内容 2. 不花钱	1. 孩子必须有良好的精细动作和认知功能 2. 沟通对象不普遍	聋人、精细、认知及互动较差者
实物	1. 具体 2. 孩子易于了解和表达	1. 语言有限，无法表达更多内容 2. 物品较大不易携带	极重度障碍和视力不佳者
象征性模型 迷你实物	1. 模型可触摸、易携带和呈现 2. 具体，易于了解和表达	语言有限	多重障碍、极重度智障、视力不佳者
照片 图片	1. 清楚、易了解 2. 取得容易 3. 便于携带 4. 扩充可能性高	语言有限	中重度障碍者
文字符号	1. 扩充性高，语言不受限制 2. 易于与人沟通 3. 便于携带	1. 需要具备基本阅读和书写能力 2. 如果是手写者，应考虑速度和书写工具	轻中度障碍者
凝视架	1. 减轻手部负担 2. 可配合语音沟通器使用以发出声音	1. 不易携带 2. 语言受限 3. 沟通较费时	1. 手部操作困难 2. 认知功能较高者

① 马蓉蓉. 辅助沟通系统(AAC)在孤独症儿童沟通障碍中的应用研究[D]. 浙江：浙江工业大学计算机科学与技术学院，2013.

② 曾线. AAC 干预脑瘫儿童沟通能力的个案研究[D]. 重庆：重庆师范大学，2010.

续 表

类型	优点	缺点	适用对象
扫描板	1. 立即有声音回馈自我 2. 易引人注意 3. 增进对语言的理解，建立口语发展 4. 易引起沟通动机 5. 立即满足需求，减少挫折感和行为问题 6. 较易促进与他人互动 7. 增进内在语言	1. 制作较麻烦 2. 费用较高 3. 携带不方便 4. 不易满足认知功能较高者应对各种情景所需要的沟通内容	各种程度
电脑仪器	1. 具有趣味和变化，增加学习和应用动机 2. 语言不受限 3. 易满足个别的需求可和多种软件组合	1. 重量太重，携带不易 2. 需考虑硬件配置 3. 有些软件需另外设计	各种程度，内容因认知功能和沟通需求而变化
其他辅助器具：头棒、口杖、指点棒、头灯、改良开关	依照孩子肢体需求所设计	须与其他辅助系统配合使用	手操作困难者

（五）辅助沟通系统(AAC)的特性

✓ AAC扩大了使用范畴：由单一的医疗领域扩展到日常生活、教育和研究。

✓ AAC扩大了适用对象：由单纯的沟通障碍者扩大到自闭症、智障、脑瘫等各类障碍领域。也由器质性的口语功能缺陷扩大到适合各种不同智力程度伴随口语功能缺损的身心障碍者。

✓ AAC的介入视角变化：绕过沟通障碍者能力上的弱点，扩充其残存的能力并补偿其能力不足或有待提升之处。

✓ AAC功能扩展：不仅让使用者提升了沟通、独立自主的能力，也增进参与家庭生活及各类活动的机会，改善人际关系。

✓ AAC服务兼顾未来：不仅让参与者的现况需求获得满足，也为未来的沟通需求开启途径。

（六）辅助沟通系统的服务与评估

在辅助沟通系统的服务与评估方面，则是依据参与者模式（participation model）的规定，参与者模式是Beukelman和Mirendar(2005)扩充Rosenberg和Beukelman(1987)所提出的AAC评估与介入原则的服务模型①。主要包括六个阶段：辅助沟通系统的评估、辅助沟通系统的选择、辅助沟通系统的取得、辅助沟通系统的训练、辅助沟通系统的调整与维修、辅助沟通系统成效的评估。根据美国沟通辅具官方网站给出的评估项目

① Beukelman, D.R., Mirendar, P. Augmentative and alternative communication: Supporting children and adults with complex communication needs (2nd ed.) [M]. Baltimore, MD: Paul H. Brooks, 2002.

包括沟通能力、沟通需求、沟通目标、沟通环境、运动能力、感觉能力、认知能力、语言能力、读写能力以及自主行为能力。相关学者指出 AAC 的评估要对使用者及其环境进行评估，评估不同辅具的效益，进行团队合作。

辅助沟通系统用扩大性沟通和替代性沟通方法来发展和增强沟通障碍者的沟通能力。扩大性沟通方法指的是除了语言本身的使用外，所有用来辅助说话的各种方法。扩大性输入策略可以采用图片、视觉符号、时间表(利用图片来说明活动进行的过程，以及活动的转移)、自然语言刺激(在说话时，加上视觉图像符号)等来扩大符号的输入，旨在借助扩大化的外界刺激，使个体更好地理解他人的言语、理解环境的含义、理解沟通的技能等。替代性沟通方法指的是当一个人的说话能力严重受损时，用来替代其进行表达或说话的方法。原则上，替代性沟通方法对那些说话能力严重受损，导致必须完全依赖特殊技术或沟通辅具的人最为适合，因为对此类沟通障碍者而言，其所使用的辅助沟通系统是用来取代个体的说话能力而非只是作为辅助工具而已。替代的辅助沟通系统如图片、符号、语音输出装置的介入扩大了沟通障碍者沟通的形式，利用这些替代策略，他们能实现多种形式的沟通。替代性输出策略的使用还有利于增加和扩大障碍者的沟通兴趣和动机，使他们的基本需求表达、信息传递、维持与他人的亲密关系、建立自己的生活及朋友圈等需求得到了满足，帮助他们提高对自我的认识。替代性输出策略的目的是采用一些手段来促进沟通障碍者的沟通技能以及口语能力的发展。其常用的策略是视觉—空间符号，图片交换沟通系统以及语音输出装置等。图片交换沟通系统是一个沟通计划，其目的是让学习者学会主动请求，对问题做出反应，并利用图片符号做社会评论。语音输出装置是一种便利的、电脑化的装置，它能产生合成的或数字化的语言输出。大量的视觉图像符号用来代表信息并置于屏幕上，个体可以使用手指、开关等从语音输出装置的屏幕上选择符号。由于语音输出装置能提供语言的输出，这更便于个体与不熟悉的人沟通，并融入日常环境中。

➢本章小结

辅助技术在特殊幼儿的早期干预中凸显出越来越重要的作用，设备和服务同样重要，不可偏废。辅助技术给特殊幼儿创设更多的机会，让特殊幼儿更好地掌控其周围的环境，表达需求与互动，改善和增进儿童的功能和技能，促进儿童积极心理的发展。同时，辅助技术运用于早期干预时，需要遵循一些基本原理，如辅助技术的运用要配合儿童感觉动作技能的水平，应发挥功能性技能的角色，注意幼儿的职能需求，克服特殊幼儿的无助感。此外，辅助技术的发展离不开政府相关政策法规的保障和支持，完善的立法无疑将推动辅助技术设备和服务的发展。辅助技术服务流程一般包括收集背景资料，确定经费来源，技能水平评估，决定辅具选择标准，辅具的选择、修改、制造，辅具安装与训练等六部分内容。辅助器具作为辅助技术的一部分，包括各种硬件产品、设备和产品系统，需要提供完善的辅助服务方能更好地发挥其作用。

➢关键术语

辅助技术　辅助技术服务　辅助器具　辅助沟通系统

➢讨论与探究

1. 我国的辅助技术应用于特殊教育事业现状及遇到的困境。

2. 结合本章内容和案例，分析辅助技术评估内容。

3. 案例分析：结合本章内容，请分组讨论分析章后案例，AAC训练和使用过程中需要关注哪些问题?

案例分析

AAC应用视觉艺术活动对提升一名学前中度智能障碍伴随重度沟通障碍幼童功能性语汇之探讨

朱恩馨　台湾台北护理健康大学　听语障碍科学研究所　硕士

杨炽康　台湾东华大学　身心障碍与辅助科技研究所　助理教授

摘要

本研究旨探讨辅助沟通系统(Augmentative and Alternative Communication，简称AAC)应用于视觉艺术活动，对一名学前中度智能障碍幼童伴随严重沟通障碍之功能性沟通词汇的表达成效。研究中通过AAC介入方案在视觉艺术领域的黏土活动中，观察一名少口语中度智能障碍女幼童，学习功能性词汇的成效与类化成效。本研究采用单一受试法中的逐变标准设计，自变项为AAC介入方案，首先进行功能性沟通词汇的教学，从配对、指认及学习沟通笔之使用等三阶段教学。依变项是沟通表达能力，内容包含参与者功能性沟通词汇的学习成效，以及是否能运用AAC作表达，最后再观察参与者将学习成效类化至不同沟通表达方式，例如：自然手势、使用沟通笔或口语等。

归纳本研究结果如下：

1. AAC应用于一名学前中度智能障碍伴随严重沟通障碍之幼童的视觉艺术活动互动中，有助其功能性沟通词汇之学习。

2. AAC应用于一名学前中度智能障碍伴随严重沟通障碍之幼童的视觉艺术活动互动中，能有助于功能性沟通词汇表达之类化。

关键字：智能障碍幼童　辅助沟通系统　视觉艺术　功能性沟通词汇　早期疗育

一、绪论

人类异于动物，乃因人类拥有优越的沟通工具——语言。借由语言的表达，得以在群居的生活中传达讯息、表达感情、进行社会互动(林宝贵，2006)，因此沟通对个人及众人的日常生活有极大的影响力。语言则是人类沟通最便利的工具，是人类生命的基础。语言有很多种表达方式，包括口语与非口语，表达性语言与接受性语言。而说话则是语言表达最普遍、最直接、最方便的形式。

人若不能适当利用各种行为模式，达到与他人交换信息的目的，就会产生沟通问题(林宝贵，2004)。在语言发展的过程，智力发展迟缓的幼童有别于一般正常幼童，大部分会呈现语言发展迟缓的现象。由于智能障碍幼童常受限于生理机能的缺陷、认知发展落后、经验不足、类化能力缺乏、环境剥夺等问题，以致无法发展出有效及清晰的口语表达能力（庄妙芬，2002；谢淑珍，2002）。因此，对中、重度智能障碍幼童来说，沟通及语言能力的缺陷，乃为其主要的显著特性之一（陈荣华、林坤灿，1997），而多数的中、重度智能障碍幼童，会呈现语言能力不佳，甚至没有口语的现象（庄妙芬，2002）。

林宝贵（1995）指出国内外研究智能障碍孩幼童普遍都有沟通障碍的现象，智能障碍程度愈严重，则沟通能力障碍的程度愈严重。林坤灿（1987）归纳国内外文献有关智能障碍孩幼童语言的特征与问题有：一、多数智能障碍幼童具高度语言迟缓的现象。二、智障幼童智能越低，语言发展迟缓与障碍情形越严重。三、智能障碍幼童除了语言发展迟缓外，尚包括：构音缺陷、声音异常、口吃等语言障碍现象。此外，由于智能障碍幼童学习能力有先天的缺陷，如短期记忆不佳、注意力不集中、无口语能力等，使语文的听、说、读、写学习上也受到相当的阻碍，改进智能障碍幼童的实用语文教学方法，则有赖于习得更多的句子、字词以及表达技巧；广泛提供沟通训练的机会；并依照语言发展阶段增加语言指导（林宝贵，1995；陈荣华，1995）。

然而，在国内外的研究及语言治疗过程中发现，视觉艺术活动能提升许多智能障碍幼童的专注力与学习动机。知觉动作是所有学习的基础，智能障碍幼童往往刺激与反应连结缓慢，造成注意力不集中、好动、缺乏耐性、知觉动作整合困难等特质，而所有的学习却是依赖知觉的不断刺激、反应、动作、表现而产生学习结果，而艺术活动正提供了这样的知觉练习机会（何国华，1991）。艺术对于智能障碍幼童是迫切需要，因为艺术能使智障孩幼童心情安适、愉快、处于独立自主的状态。视觉艺术活动能使智障幼童注意力集中，去完成他们能力所及的事（潘元石，1994）。视觉艺术的活动不但能陶冶孩童的情操和审美观念，也提供了成长空间。艺术家提到艺术教育是幼童创作过程中内心世界的反应，是真实生活的感受与认知学习的展现，可以激发孩童的想象力、观察力，视觉美感、线条的曲折长短与每个幼童手部肌肉的发展有相当的关系（徐德成，2000）。艺术治疗取向的活动可以提供身心障碍学生一个兴奋、刺激、快乐、安全和直接的自我表达方式，是有效促进行为、情绪、认知成长的极佳桥梁，对人际社会互动、语言及沟通能力有障碍的学生，深具价值。并且，艺术能提供特殊障碍幼童一种特殊沟通技巧，可以表达情感、情绪，并且增进观察力、知觉、视觉刺激及动作的技能。因此，身心障碍幼童仍能从事艺术活动，在过程中亦能激发语言的能力（林端容，2002）。

学者根据智能障碍孩童的身心特质与潜在需求，认为智能障碍孩童的教学，应侧重于触知觉，肌肉活动与情绪表现为途径，以满足基本需求，促进其自信心与成就感，发泄其内在情绪，得到适当的沟通机会，从而扩大其经验世界（何国华，1991）。视觉艺术活动可提供发展、训练动作与大小肌肉技巧的经验，视觉艺术的操作活动亦可帮助提升手部、手指的灵巧度（Shirrmacher, 1993; Exner, 2000）。视觉艺术活动媒材多样，媒材中的黏土，更是训练视觉、触觉及多种感官探索的功能（吴欣颖，2007）。此为研究者选择黏土作为视觉艺术活动媒材的主要动机。

作者在语言治疗的现场中发现，即使在有学习动机的视觉艺术活动互动中，对于许多严重沟通障碍的幼童，由于语言运动机转或神经心理的问题，仍无法做有效率的沟通或语言学习。传统的语言治疗较著重提升患者的发音功能,使其具有更清晰的口语能力,此种方式对严重沟通幼童而言,通常助益不大(杨炽康、黄光慧,2004)。智能障碍的幼童往往碍于言语的沟通障碍而无法尽情地畅游在视觉艺术活动的乐趣中。然而,沟通泛指任何分享或交换信息、资讯的过程,人类除了用口语沟通外,也利用各种传达工具(不限于口语)和各种媒介,例如符号、姿势、表情、动作、手势、文字、标志、图画、音乐、动画等信号来进行沟通(林宝贵,2004)。智能障碍幼童,由于无法通过口语做有效的表达和沟通,因而有其必要考虑藉助某种沟通辅具及技术帮助这些幼童提升沟通能力,称之为 AAC(王淑娟,1997)。

AAC 的概念,乃是利用符号、手势、图字卡、语音沟通板或电脑辅助教学等方式教导沟通能力有限的个体,使其产生沟通和互动的能力(邓育欣,2007)。近年来利用科技协助无法使用口语障碍者的 AAC 研究和成效越来越受到重视,许多研究肯定 AAC 的确可提供严重沟通障碍者一个沟通管道(李宏俊,2007;梁静琴,2005;赵子娴,1997;叶琼华,1998;苏振辉,2001;胡雅婷,2009;Binger & Light, 2007;Cafiero, 2001;Dada & Alant, 2009)。

其中,在 Dada 和 Alant(2009)的一篇研究中,观察四名 8～12 岁的脑性麻痹及一名唐氏症孩童,在三个星期的视觉艺术活动、点心活动及说故事活动中,藉由有语音输出的沟通板学习词汇。研究结果显示,四名参与者在自然互动的活动中,在有语音输出的 AAC 介入下,能有效习得词汇。目前国内未有针对应用高科技 AAC 在幼童的视觉艺术活动中学习词汇的研究。因此,研究者欲藉由 AAC 之高科技沟通笔(U-PEN 整合型专业版),来协助中度智能障碍伴随严重沟通障碍幼童学习功能性沟通词汇,并提供沟通表达的替代管道,进而类化至生活中尽情表达沟通需求。

综合以上观点,作者欲将“语言”、“视觉艺术”、“AAC”三者结合,运用这样的结合在特殊障碍幼童的语言学习、治疗上,除了提供有别于传统语言治疗的封闭情境,在自然互动下激发学习动机,更可在视觉艺术活动的自然、愉悦的情境下,学习语言、产生沟通表达能力。

二、个案基本资料

个案为足 5 岁 4 个月之女童,领有中度智能障碍之身障手册。家中排行老三,家庭支持佳。个案者之语言理解方面,能理解简单名词并进行指认。语言表达方面,少口语表达,能使用“好”、“不要”等简单短语,量少,清晰度不佳,多以无语意的声音或手势表示需求。此外,个案有左右耳各 52/51 dB 之听损,有配戴助听器,据班级导师及家长表示,对于个案学习、日常生活影响不大。

个案之学习优势为,个性温和、活泼,喜欢视觉艺术活动,亲近人。在鼓励下,能有高学习动机及配合度。学习弱势为,肌肉张力不足,言语机转不能良好地控制,以致在仿说能力方面,在擦音、塞擦音或较长语句上会降低语言清晰度。

根据个案之特质,藉由其喜爱之黏土活动,引发学习动机,延长专注力,并辅以沟通笔做未来学习的沟通辅具,配合简单日常词汇的练习,在视觉艺术活动的自然互动中,学习功能性沟通词汇,提升语言理解及认知能力,盼望能类化至嘴型仿说、口语的仿说,进而为自发说出。

染色体异常。影响语言理解、认知、社会性、精细、粗大动作等发展。

乐于探索四周环境。对于有兴趣的事物，学习动机强，模仿能力及专注力高。喜欢与人互动。

表 10-9

个案背景资料

障碍类别		多重障碍(染色体异常)
家庭背景		与父母同住，为老三，上有一姐姐及一哥哥，哥哥与祖父母住于台中。 父母彼此可沟通，母亲为主要照顾者。 父母对参与者多包容、疼爱，全力支持。
综合研判	障碍影响程度	染色体异常。影响语言理解、认知、社会性、精细、粗大动作等发展。
	个案学习优势	乐于探索四周环境。对于有兴趣的事物，学习动机强，模仿能力及专注力高。喜欢与人互动。
	个案学习弱势	1. 肌肉张力不足。 2. 左右耳各 52/51 分贝听损。目前有配戴助听器。
感官知觉	视觉应用	能转向光源、追视移动的人或动物。视线可以停留在有兴趣的物品，会注视叫他或对他说话的对象超过 10 秒以上。在大人指出物品时，能从物堆中找出指定物；能在背景图案的图画中，找到认识的物品。
	听觉应用	目前有配戴助听器。听到声音能有所反应，对于熟悉的声音，如：门铃声、电话铃声等，反应迅速明显，而对于熟悉的人的声音，会有明显反应。对于自己的名字有时反应快，有时反应慢，需再提醒，在没有干扰的情境下，能倾听声音超过 10 秒。
	触觉应用	能接受身体、脸部、口腔的触觉刺激，能拿握物品达 10 秒钟以上；能对物品有揉、搓、挤、捏、拍打等动作；能触摸物品并做不同质感辨别。
	味嗅觉刺激	良好，可尝试不同味道的食材及接受味嗅觉刺激，但通常一开始会全然拒绝闻(例：低头或身体往后退)，在引导下能配合。闻到不同味道会有不同的反应及表情，且不排斥也不过度偏好。
粗大动作		肌肉张力低，肌力、肌耐力、心肺耐力较差，关节松弛，目前穿一般休闲鞋。
		1. 头部控制良好，能维持趴姿、坐姿、站姿、蹲姿。 2. 站立时腰椎微前凸。 3. 单脚站立及踮脚需扶物或是搀扶单手才能维持几秒钟。
姿势控制	抓放能力	基本抓放能力发展良好。
	操作能力	1. 能推动、端起桌上物品至定点。 2. 能自行握住汤匙舀取食物，并倒于指定位置。 3. 能完成各种插棒、串珠游戏，并能堆叠积木至少 10 块。 4. 能一页一页翻书，并能用手指握住纸张，左右撕开。
	简单劳作技能	1. 能用四块积木仿排简单造型。 2. 能模仿揉、捏及搓长、搓圆黏土。 3. 能用前三指握笔并仿画直线、横线及圆形，仿画十字(“＋”)的能力尚不完整。 4. 能自行撕下贴纸，并贴于指定位置。 5. 口头提示下可在大范围涂胶水并随意黏贴。

续 表

障碍类别	多重障碍(染色体异常)	
言语沟通	语言理解	在情境下,可以对自己的名字或生活常用单一指令做回应,例如:自己的名字、生活常用指令。对于动词指令及名词等,会出现半猜半懂的情况,需要提示。在两个以上的指令的正确回应上仍不稳定,常仅回应一个指令。
	口语表达	少用口语与人沟通互动,偶会出现类似语音,但语意不明确,需要沟通伙伴用猜的方式去猜他说什么。声音的使用意愿和模仿能力都有出现,以单音或出现类似语音,但清晰度不佳。
	沟通能力	在团体或一对一情况下,有主动的视觉接触,维持一段时间。会使用肢体动作的方式表示需求以及表示意图或拒绝。在情绪不佳时,仍旧可以接受他人的互动。可在示范及鼓励下维持与大人互动一段时间不游离。声音的使用已经出现,但频率和量还需要增加。
	言语机转	肌肉张力较低,仍可自行张口咀嚼和吞咽。
认知	物体恒存	可找出眼前被盖住或藏起来的物品,若将物品位置更换,会去寻找,但常中途放弃。
	颜色形状	目前红、黄、蓝、绿四色,以配对方式表现较优,但不稳定,需要提示下协助完成。
	比较空间	目前能在两样物品比较中指认大/小、多/少、长/短简单比较概念。
	数概念	可以尝试拿 1 至 5 数量物品,但数量并不正确。数列的概念尚未具备。
	记忆	可记住自己常用物品位置,或在重点、动作提示下能记住先前所学的事物或动作。
	配对分类	示范后,能完成单一项目的配对。
社会适应	自我概念	能正确指认自己的东西/自己身体部位/自己、家人及学校同侪的照片,可对自己五官正确指认。
	人际互动	看到家人时,会表现兴奋的表情。在互动中,会想要主动接近他人。在分享与帮助他人的部分,需对方要求下才会有所表示。在上课、游戏中,能配合等待与轮流。

三、AAC 介入方案与教学成效

(一) AAC 内容介绍

此 AAC 教学是为了提升中度智能障碍合并严重沟通障碍参与者的沟通表达能力所设计,以下说明本研究 AAC 之内容:

1. 功能性词汇沟通图卡

个案为学前之幼童,考量其日常生活、社交需求、未来生活及视觉艺术领域之黏土活动常用的沟通词汇内容而编制。与个案的疗育中心之班级导师讨论,了解个案在疗育中心的日常沟通内容、学习内容及接触的生活经验等,选出适合个案的词汇后,再进一步与疗育中心之语言治疗师及指导教授评估讨论,选取较常用且需要用的 20 个沟通词汇,并分为人物、常用社交语、常用名词(动物)、颜色、动词(黏土动词)等。因个案的理解能力有限，因此词汇沟通图卡大部分所使用的图像皆为人物、实物彩色照片，少数为彩色线条图，其线条图出自于科技辅具文教基金会研发之图文大师动画语音版专业版编辑软体内的图库。

笔者利用"PMLS 2009"编辑软体，将这20个词汇设计成六个沟通板面。因考虑参与者是幼童，板面依每次的视觉艺术活动单元及类别而规划，前五个板面，每个板面为四格，每次仅呈现该次的目标词汇，以利学习时排除不必要的分心与干扰。高科技AAC(U-PEN)的辅具语音来自图文大师内订发音和自行录音，下载到沟通板面的图后，搭配沟通笔使用。

以图10-2展示单元三沟通板面内容：

图 10-2

功能性词汇沟通板面：常用名词（动物）

2. 沟通辅具

本研究的沟通辅具包含：(1)沟通板面：研究者依沟通内容编制成5个4格的板面，第6个板面为总词汇(20格)的板面。(2)沟通笔：沟通笔具有轻、小之特性，方便携带，便利性较高，且也有语音功能，可以辅助参与者的口语。因此在本研究中使用沟通笔作为主要的沟通辅具(如图10-3)。

图 10-3

沟通辅具：沟通笔

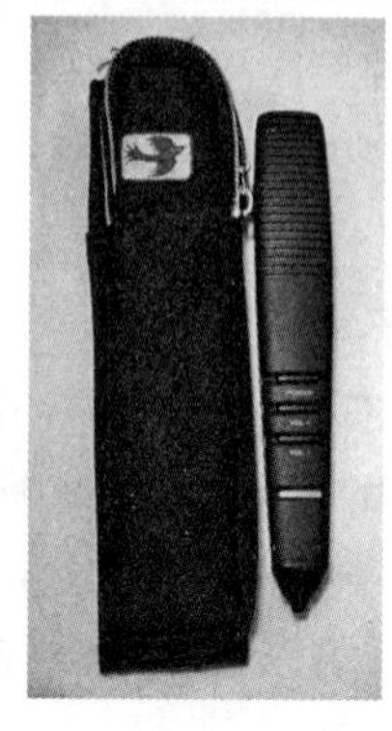

3. 沟通技术

辅助沟通系统的使用方法分为直接选择和间接选择两种(Church & Glennen, 1992)。由于参与者的手部能抓握沟通笔,所以采取直接选择的方式,也就是直接指出或按压所要表达的图片。沟通板面的编排原则:词汇的排列板面,考虑常用度及参与者的肢体移动,将较常使用的词汇放上排,由左排到右,大部分的词汇无使用频率的问题,仅在人物及社交词汇上有此考量。

4. 沟通策略

本研究的参与者在视觉艺术活动的情境中,从配对、指认到使用沟通笔说出词汇的沟通后,在沟通笔及视觉艺术活动互动中的语音呈现,类化至不同沟通表达方式,包括口语、手势等。

5. 功能性沟通词汇表

功能性沟通词汇,主要是让参与者能在视觉艺术活动的自然互动中,习得功能性沟通词汇,并能进行沟通与表达。考虑到参与者的年龄与先备能力,本研究所使用的沟通词汇总共有20个。以下详细描述:

(1) 教学目标:

参与者能从沟通板面上的沟通词汇图卡进行指认、配对,并用沟通笔点选出沟通词汇,并进而类化不同沟通表达方式,包括口语、手势等。

(2) 视觉艺术活动内容、词汇内容:

视觉艺术活动之教学教案,各活动单元之功能性词汇沟通之内容整理如下表10-10。

表10-10 功能性沟通词汇表

板面	主题	词汇类别	沟通词汇
板面1	认识你我他	人物	慈祥、玉欣老师
板面2	我会说……	社交用语	我要、做、请帮忙、谢谢
板面3	动物世界:猜猜它是谁?	常用名词(动物)	瓢虫、鸭子、乌龟、狗
板面4	颜色变变变	颜色	红色、黄色、绿色、黑色
板面5	我来动手做	动词(粘土动词)	捏、搓、压、揉

(3) 功能性词汇沟通评量:

研究之前,使用《功能性词汇之前测评量表》先让参与者对五个板面、20个词汇做指认,了解参与者的功能性沟通词汇之前测能力。研究期间,每次视觉艺术活动,目标为4个词汇。在每阶段,当板面的词汇配对、指认、使用沟通笔的学习,各达75%时正确率时,可进入下一单元,以此类推。

6. 高科技AAC

主要训练参与者将低科技板面搭配沟通笔。在前测结束,研究以先,会先教导参与者学习具备使用高科技辅具(U-PEN),以利将来研究中的沟通使用。使参与者能认识沟通笔的使用方式,能操作沟通笔,并会点选沟通词汇图卡。操作沟通笔的内容包括,教导参与者学习使用沟通笔,包括开关机、如何向他人请求协助、点选沟通词汇图卡。

四、结语

本研究目的是探讨在中度智能障碍幼童的视觉艺术活动中应用AAC，对学前中度智能障碍伴随严重沟通障碍之幼童的沟通表达之影响。以一名中度智能障碍伴随严重沟通障碍之幼童为对象，参与者能理解日常生活中常用的、简单的指令，因本身肌肉张力低，表达能力受限，沟通方式以微笑、手势及肢体动作为主，能理解他人简单的口语，平时日常生活多通过其肢体动作来表达。

本研究采用单一受试研究法之逐变标准设计，自变项为AAC介入方案，包括低科技AAC的功能性沟通词汇符号的学习。依变项是沟通表达能力，内容包含参与者对功能性沟通词汇的学习成效、运用沟通板面、沟通笔做简单语句的表达成效，以及运用AAC作为沟通表达是否能类化至不同方式之沟通表达，例如：手势、使用沟通笔、口语等。

此研究由第一位笔者担任教学，在固定教室中进行，为期共六周，每周3次，每次40分钟。前五周依词汇分类进行不同的单元互动，第六周是类化期，利用统整前五周的20个词汇，进行统整性的视觉艺术活动，以了解整体学习的类化成效。学习成效采用计分换算成百分的评量方式，待前一阶段百分比达稳定水准后才进入下一阶段教学。教学者将研究记录所得之资料以观察者信度分析和视觉分析进行处理，类化期表现为质性描述和量化记录，并访谈参与者之父母、班级导师及疗育中心之语言治疗师，取得社会效度。

➢进一步阅读的文献/网站

林宝贵. 沟通障碍：理论与实务[M]. 台北：心理出版社，2004.

庄妙芬. 替代性沟通训练对低功能自闭症儿童沟通能力与异常行为之影响[M]. 特殊教育与复健学报，2001：181—212.

中国残疾人辅助器具网. http://www.cjfj.org/.

国家康复辅具研究中心网. http://kffj.mca.gov.cn/.

美国辅助技术资源. http://www.adaptivetr.com/.